franck

D1650753

histoire
des
états-unis

321

petite bibliothèque payot

106, boulevard saint-germain, 75006 paris

DU MÊME AUTEUR

La « Ceinture noire » de Chicago, in La Revue de Paris, 15 mars 1920.

La Convention républicaine de Chicago de 1920, in La Revue de Paris, 1er novembre 1920.

Colonies alsaciennes dans la « Prairie américaine » (Illinois et Iowa), in La Revue de Paris, 1er janvier 1922.

Au Nevada : Prospecteurs et Divorcées, in La Revue de Paris, 15 avril 1923.

La question des Noirs aux États-Unis, Payot, Paris, 1923.

L'agonie du Français en Louisiane, in La Revue de Paris, 15 février 1925.

A Harlem (New York) : La « Renaissance noire », in La Revue de Paris, 1er janvier 1929.

U.S.A. : Du côté des Blancs et du côté des Noirs, Champion, Paris, 1929.

Les tensions raciales dans l'Union sud-africaine et leurs incidences internationales, Droz, Genève, 1956.

Histoire de la Race noire aux États-Unis, Payot, Paris, 1959.

(Même ouvrage mis à jour sous le titre de Histoire des Noirs aux États-Unis, Nouveaux horizons, 1964.)

Alabama, U.S.A., in La Revue de Paris, juillet 1959.

Point n'est sans doute besoin de se chercher des excuses pour avoir écrit une nouvelle Histoire des États-Unis d'Amérique.

D'abord cette histoire est proprement fascinante pour tout Européen. En effet, par le jeu de l'immigration les États-Unis ne sont qu'une extension de l'Europe, de notre Europe.

Mais quelle extension ! Quelle métamorphose !

Insensiblement les Puritains d'Angleterre sont devenus tout autres : des Puritains de Salem et de Boston, des Puritains « yankees ».

Transportés en Pennsylvanie, les Irlandais écossais (Scotch-Irish), les Allemands du Palatinat sont devenus de parfaits *frontiersmen* américains.

Le Locke, le Montesquieu lus, étudiés, commentés et *appliqués* outre-Atlantique ont vite pris une couleur américaine. Un spirituel analyste de la civilisation américaine (1) a même pu écrire ce qui est mieux qu'une simple boutade : « Lorsque John Locke est sorti de la machine américaine à transformer, son nom a été Andrew Carnegie et Henry Ford ». Quand à Montesquieu, il est bel et bien devenu John Marshall, le quatrième et prestigieux Président de la Cour suprême, et le système instauré grâce à lui a eu deux aboutissements durables : le droit de la Cour de statuer sur la constitutionnalité ou l'inconstitutionnalité non seulement des lois des États mais de celles de la Fédération elle-même, et une situation qui n'a pas cessé de nous

(1) Max Lerner, *America as a Civilization*, 1957

étonner, celle dont Alexis de Tocqueville a pu écrire : « Jamais un plus immense pouvoir judiciaire n'a été constitué chez aucun peuple. »

Et que dire de la langue même des premiers émigrants, l'anglais que la reine Elisabeth venait de léguer au roi Jacques! Il est devenu la langue « américaine » chère à un Henry Mencken.

Chose surprenante dans l'ère des cataclysmes politiques : la Constitution américaine de 1787 est toujours en vigueur, moyennant quelques concessions à l'évolution des idées. Elle se sont traduites en une vingtaine seulement de brefs amendements. La Constitution américaine est donc, à l'heure actuelle, la plus ancienne constitution du monde, toujours encore gaillardement en vie.

La désignation des candidats à la présidence s'effectue dans une invraisemblable atmosphère de kermesse, de démagogie oratoire, d'outrances verbales, de mutuelles vitupérations. Et pourtant ce système en apparence détestable n'est peut-être pas si mauvais : n'a-t-il pas porté à la Maison Blanche des personnalités aussi éminentes qu'un Lincoln, un Wilson, un Franklin Roosevelt, un John Kennedy?

L'année 1776, celle de l'indépendance des États-Unis dans la plus pure des démocraties, est celle de l'invention de la machine à vapeur. Cette même année est aussi celle de la publication de la *Richesse des Nations* d'Adam Smith, ce manifeste dans lequel s'incarne tout l'esprit de la « libre entreprise » capitaliste. Année fatidique, elle annonce donc, et en quelque sorte symbolise, les deux cents majestueuses années suivantes de démocratie américaine en action, d'essor industriel américain et de capitalisme américain. Et en effet la civilisation américaine résultante, qui est la plus jeune des grandes civilisations mondiales, offre ce trait paradoxal : elle représente maintenant l'un des systèmes sociaux les plus anciennement établis et les plus traditionnalistes. Et cependant c'est peut-être l'*Homo americanus* qui préfigurera, au moins partiellement, ce que sera l'homme de demain en Occident.

Ajoutons que jamais apparemment dans l'histoire une civilisation n'a, en un si court laps de temps, accédé à la puissance mondiale.

Telles sont, prises entre cent et délibérément citées pêle-mêle, quelques-unes des raisons qui font de l'étude de l'histoire des États-Unis une perpétuelle et passionnante aventure.

Mais, sur un plan tout différent, il est une autre justification du présent manuel.

L'histoire tout court — c'est devenu un truisme de le dire — s'accélère sous nos yeux à une cadence telle que tous les dix ans, ou moins encore, de nouveaux et importants événements dans l'histoire de chaque pays viennent s'imposer à l'attention de l'historien. Puisque, pour pouvoir être lu avec quelque attention, celui-ci dispose seulement d'un nombre raisonnable, et donc limité, de pages, il se voit contraint de reviser la part respective précédemment accordée aux événements ou séries d'événements diplomatiques, politiques, militaires, économiques, sociaux du passé. Il est ainsi obligé d'abréger quelque peu le récit des événements anciens pour faire place au passé récent, qui lui-même conditionne plus directement l'avenir. Or c'est cet avenir qui, dans l'ère atomique, préoccupe à un degré croissant l'homme d'aujourd'hui, comme le montrent les études de plus en plus fréquentes et de plus en plus poussées que l'on consacre à la prévision ou « prospective ».

C'est sous l'empire de cette contrainte que l'auteur a par exemple réduit au minimum la présentation des opérations militaires durant la Guerre civile (1861-1865). Dans tel manuel antérieur, une vingtaine de pages avaient pu leur être consacrées. Or, à vrai dire, ce qui importe au lecteur d'aujourd'hui, inévitablement pressé, ce n'est pas de savoir quelles manœuvres se sont déroulées sur le terrain entre la première et la seconde bataille de Bull Run, ou de connaître les péripéties aussi pittoresques qu'héroïques du duel naval entre le petit *Monitor* nordiste et ce Goliath, le *Merrimac* sudiste. C'est bien plutôt d'être renseigné sur le caractère acharné de la lutte entre les deux frères ennemis et sur ses motifs, sur le coût élevé en vies humaines et en dévastations, et surtout sur les conséquences psychologiques et sociales, proches et, plus encore, lointaines de cette guerre proprement inexpiable.

Par contre l'auteur a cru devoir faire une place plus large qu'il n'est coutume aux premiers habitants du pays, les Indiens, que les colons du XVIIᵉ siècle appelaient généralement « les Sauvages ». Il a aussi attiré plus spécialement l'attention sur l'évolution, au sein, ou plutôt en marge, de la collectivité blanche, de la population noire, issue des « immigrants » involontaires débarqués des vaisseaux négriers. Plus de cent ans après la proclamation de l'émancipation des esclaves (1ᵉʳ janvier 1863), le problème de la coexistence sinon harmonieuse, du moins exempte de violence entre Noirs et Blancs n'est pas encore définitivement résolu et les observations pénétrantes formulées en 1835 par Alexis de Tocqueville dans sa *Démocratie en Amérique* n'ont guère perdu de leur valeur prophétique :

> La destinée des Nègres est, en quelque sorte, enlacée dans celle des Européens. Les deux races sont liées l'une à l'autre, sans pour cela se confondre; il leur est aussi difficile de se séparer complètement que de s'unir. Le plus redoutable de tous les maux qui menacent l'avenir des États-Unis naît de la présence des Noirs sur leur sol. Lorsqu'on cherche la cause des embarras présents et des dangers futurs de l'Union, on arrive presque toujours à ce premier fait, de quelque point qu'on parte.

Il est loisible de spéculer sur ces « dangers futurs de l'Union ». Qu'il suffise ici d'en mentionner un qui, à l'heure actuelle, nous saute littéralement aux yeux : le spectacle de la décolonisation massive des Noirs d'Afrique a eu, entre autres effets, celui d'exacerber l'impatience des Noirs des États-Unis, qui, conscients d'être parvenus à un échelon de civilisation bien plus élevé qu'eux, n'en demeuraient pas moins victimes d'une persistante discrimination dans leur propre pays. La difficulté et la lenteur de la déségrégation scolaire et résidentielle, le taux de chômage tellement plus élevé pour les Noirs que pour les Blancs, la délinquance, la criminalité, l'insécurité qui en résultent, toutes ces tensions internes sont pour l'État un grave facteur de faiblesse.

Voire, la vigueur avec laquelle les Noirs réclament l'application intégrale des droits égaux que la constitution leur a accordés il y a plus d'un siècle représente parfois pour Washington une fâcheuse complication jusque dans sa politique étrangère. Le tout premier exemple s'en est offert dès novembre 1964. Dans des lettres adressées au président Lyndon Johnson et au secrétaire d'État Dean Rusk au lendemain de l'aide prêtée par l'aviation américaine pour le sauvetage d'otages blancs à Stanleyville (ex-Congo belges), six leaders noirs américains, dont le très modéré Martin Luther King, ne leur ont-ils pas demandé de revoir la politique africaine des E.U.A. et de leur donner à l'avenir la possibilité de discuter ensemble des questions de cette nature? Depuis lors les Noirs comptent une quinzaine de représentants à Capitol Hill. Ceux-ci se groupent en un fort actif *caucus* au sein duquel ils prennent une position commune. Et il arrive que celle-ci, vigoureusement exprimée, gêne fort le Département d'État dans l'application de sa politique vis-à-vis des États africains.

En son temps (l'ère jacksonienne), le même Tocqueville avait écrit, dans une de ces formules alors aussi justes que saisissantes dont il avait le secret :

> La politique des Américains vis-à-vis du monde entier est simple : on pourrait presque dire que personne n'a besoin d'eux et qu'ils n'ont besoin de personne.

Aujourd'hui, c'est le contraire qui est vrai. Le monde entier a un pressant besoin d'eux. Les exemples foisonnent : que serait devenue l'Europe sans l'aide du plan Marshall? Maintenant encore la Grande-Bretagne, la France, l'Allemagne fédérale ne peuvent se passer du bouclier atomique américain. L'Inde, le Venezuela, l'Éthiopie - pour ne citer que ces trois États -, voire l'U.R.S.S. elle-même dans ses fréquentes années de mauvaises récoltes, doivent, pour nourrir leur population, importer le blé du Minnesota et des Dakotas. Combien aussi d'États africains et latino-américains n'ont-ils pas grand besoin d'une injection de capitaux — qui ne peuvent venir que des États-Unis — pour assurer la détection, puis l'exploitation des ressources de leur sous-sol?

Inversement, les États-Unis ont un besoin impérieux et croissant du restant du monde. Finie, la période de leur histoire où la doctrine de Monroe les incitait à éviter soigneusement toute action dans l'ancien monde qui pourrait les entraîner dans un de ces *entanglements* (engrenages) si redoutés de George Washington! La presse et la radio des États-Unis nous rappellent quotidiennement que toute l'économie de l'Union s'effondrerait si elle ne pouvait importer librement le pétrole du Golfe Persique, le cuivre du Chili, et tant de minerais ou autres produits du sol de tant de continents!

Sous la contrainte d'une évolution irrésistible, bien des événements ou tendances d'un passé récent prennent un relief de plus en plus accusé.

A titre d'exemple, la société américaine progresse à grands pas vers un gigantisme à la mesure de l'immensité du territoire occupé, acheté, conquis, défriché, exploité, surexploité, puis enfin traité avec un peu de ménagement. Par le jeu d'une natalité généreuse et d'une immigration longtemps massive, les 4 millions d'Américains de 1790, les 63 millions de 1890 sont devenus les 217 millions de 1977. Comment contenir dans des proportions humaines l'indispensable centralisation du pouvoir? Comment gérer avec un minimum de souplesse la gigantesque bureaucratie fédérale de trois millions de fonctionnaires?

Au cours des deux siècles de l'histoire de l'Union, un équilibre remarquable a pu être maintenu entre les trois pouvoirs classiques au sein du gouvernement : le législatif, l'exécutif et le judiciaire. Tout au plus, soit en raison de l'urgence imposée du dehors aux décisions à prendre, soit par griserie du pouvoir, le chef de l'exécutif est-il amené à empiéter parfois sur les prérogatives constitutionnelles, surtout financières, du Congrès. Auquel cas ce dernier ne tarde pas à reprendre jalousement la plénitude de ses attributions. Mais un autre équilibre à maintenir : l'équilibre entre deux autres véritables puissances : un syndicalisme géant et un patronat géant, ne revêt-il pas parfois presque autant d'importance dans la délicate gestion de l'*American Way of Life*?

Depuis quelques décennies une irrésistible poussée intérieure, déterminée en partie par des facteurs climatologiques, en partie par la localisation des grandes firmes d'aviation et autres dans le Far West, porte les familles américaines vers les rives du Pacifique par centaines de mille. Il y a un demi-siècle, par exemple, la population de la Californie n'atteignait pas 5 millions. Maintenant, devançant l'État de

New York, elle en compte 22. Le centre de gravité démographique du pays qui, il y a cent ans, se situait encore dans l'Ohio s'est ainsi déplacé bien loin vers l'Ouest. Le moment n'est plus éloigné où le plus grand nombre des citoyens américains auront le regard fixé vers le Pacifique, alors que le berceau du pays et son tremplin industriel avaient été le rivage atlantique. Et ce facteur ne va-t-il pas de plus en plus influencer la politique globale des États-Unis?

Enfin, au terme de sa courbe de 350 ans, l'histoire des États-Unis ne devient-elle pas sous nos yeux — et jusque dans ce modeste manuel — une simple facette de l'histoire du monde?

Tels sont quelques-uns des problèmes passionnants qui se posent à l'historien des États-Unis, quelques-unes des difficultés auxquelles il se heurte.

Telles sont aussi quelques-unes des considérations qui ont guidé l'auteur dans le choix ardu des événements à retenir et dans la rédaction du présent ouvrage.

Puisse celui-ci aider incidemment à dissiper certaines idées contestables — ou même contredites par les faits — qui ont encore cours çà et là sur les États-Unis et leur histoire.

20 janvier 1977.

1   LE PAYS ET SES PREMIERS HABITANTS

Situé au centre de l'Amérique du Nord, le territoire d'un seul tenant (1) qui fait l'objet de toute histoire des États-Unis affecte, entre l'Océan atlantique et l'Océan pacifique, la forme d'un immense rectangle. Celui-ci a une superficie de 7 842 000 km², soit environ seize fois la superficie de la France. Trois de ses côtés — à savoir la côte atlantique, la côte pacifique et la face méridionale qui borde le Mexique et le Golfe du Mexique —, présentent sur la carte un tracé légèrement convexe. A part la profonde échancrure des Grands Lacs (Ontario, Érié, Huron, Michigan, Supérieur), le quatrième côté du rectangle — la frontière septentrionale avec le Canada — forme une ligne presque rigoureusement droite, car, sur la plus grande partie de sa longueur, elle épouse le 49ᵉ degré parallèle de latitude nord.

Situé entre ce parallèle au nord et le 30ᵉ parallèle au sud — celui sur lequel s'appuie la Nouvelle-Orléans — le pays correspond, en latitude, à une section du globe terrestre qui, à cheval sur la Méditerranée, se situerait entre, au nord, une ligne reliant Paris (qui est à peu près à la même distance de l'équateur que Seattle) à Vienne et à Kharkov, et, au sud, une ligne reliant Agadir au Caire.

C'est dire que, dans l'ensemble, le climat de ce bloc continental

---

(1) C'est-à-dire avant que l'Alaska et Hawaï ne soient devenus le 49ᵉ et le 50ᵉ État de l'Union en 1958 et 1959 respectivement.

devrait correspondre, dans les États du nord, au climat tempéré de la France, de l'Espagne ou de l'Italie, dans les États du sud au climat déjà presque subtropical du Maroc ou du Sud Algérien. Naturellement les courants océaniques, la nature et l'altitude des sols, la nappe d'eau des Grands Lacs, le régime des vents viennent troubler ce schéma. Et, par exemple, les hivers du Minnesota sont normalement plus froids que ceux de la Lorraine ou de l'Autriche, qui sont sensiblement à la même latitude que cet État septentrional des États-Unis. Mais une chose est certaine : entre les extrêmes du froid et de la chaleur, le climat est sain et fortifiant, il stimule le goût de l'effort et il a offert de prodigieuses récompenses aux colons européens qui, depuis plus de trois siècles, sont venus, en petit nombre d'abord, puis en masse, excercer leur foi, leur intelligence et leurs muscles, puis, plus récemment, surtout leur intelligence, leur goût de la liberté et leur volonté de bien-être.

Mais l'ère de la colonisation proprement dite fut précédée d'un siècle d'exploration côtière. Partant de l'idée ptoléméenne que la terre, centre du monde, est un globe, tous ces navigateurs espagnols, portugais, italiens, français, anglais, néerlandais, étaient, comme Christophe Colomb, à la recherche d'un passage vers l'Inde. Ou même ils croyaient déjà en avoir touché le sol, avoir pris un premier contact avec ses habitants, des Indiens, ou du moins en avoir découvert les avancées, l'avoir à portée de leurs voiles.

Il n'empêche qu'entre 1513, date à laquelle le premier Européen — un Espagnol — posa le pied sur le sol des futurs États-Unis, et 1607, date du premier débarquement réussi de colons anglais sur la côte de Virginie, le vrai profil du continent s'imposa petit à petit aux esprits. Les cartographes ne tardèrent pas à se rendre compte qu'ils avaient affaire à un immense « Nouveau Monde ». Mais entre temps la population aborigène s'était vu attribuer, elle avait sans le savoir usurpé, et elle a conservé jusqu'aujourd'hui, le nom prestigieux d'Indiens.

Après bien des recherches et des controverses, les anthropologues, les ethnographes et les historiens tendent à admettre que cette population n'est pas véritablement autochtone, que ses ancêtres sont principalement venus d'Asie orientale, qu'ils ont, il y a quelque vingt-cinq mille ans, sans doute en plusieurs vagues, traversé le détroit de Behring (qui en effet semble avoir pu se prêter alors sans grande difficulté à cette migration), puis que, de l'Alaska, ils se sont égaillés vers le sud du continent.

Cette hypothèse désormais largement acceptée repose sur deux raisons principales. La première est que, malgré d'innombrables recherches, on n'a pas, jusqu'à présent, trouvé dans les Amériques d'ossements humains remontant à un âge plus ancien que le néolithique. Et pourtant ce ne sont pas les cavernes et terrains favorables à la conservation de squelettes très anciens qui font défaut. La seconde raison est que, avec leur peau brune ou légèrement cuivrée, leurs pommettes saillantes, leurs yeux brun foncé, leurs cheveux noirs et roides, les Indiens de pure race ont un type nettement apparenté à celui des Mongols ou de certaines peuplades de la Sibérie méridionale.

Quoi qu'il en soit, les Indiens vivant sur le territoire des actuels États-Unis, que les premiers Européens rencontrèrent et avec lesquels ils entrèrent en relations au seizième siècle, étaient plus ou moins agriculteurs, plus ou moins chasseurs, plus ou moins pêcheurs selon les impératifs de leur milieu géographique propre. Ce sont ces impératifs divers qui permettent le mieux de les répartir en groupes relativement distincts.

LES INDIENS DE LA ZONE DU MAÏS

Il y avait d'abord au début du XVIIᵉ siècle, une zone très étendue — à vrai dire presque interocéanique — où la culture du maïs (1) (*Indian corn*) était la base même, ou du moins la base principale, de l'existence. Les Indiens en cultivaient diverses variétés qui nous paraissent maintenant bien médiocres et bien chétives, mais qu'ils avaient remarquablement adaptées à la diversité des climats. Semé au printemps, le maïs produisait de petits épis comestibles dès le début de juillet dans le nord et le centre de la région fortement boisée qui s'étendait entre l'Atlantique et le Mississippi, plus tôt même dans la partie méridionale de cette zone, ainsi que dans le sud de l'immense territoire qui s'étend entre le Mississippi et les Montagnes rocheuses (États actuels du Texas, de l'Arizona, du Nouveau Mexique).

Dans la zone du maïs l'agriculture tendait à primer la chasse. Le haricot et diverses espèces de courge, un peu plus tard la patate, permettaient de varier une alimentation végétarienne que venait compléter, au bord de la mer ou des rivières, le produit de la pêche et, dans les forêts, le produit de la chasse à l'arc ou au piège. Entre autres recettes alimentaires d'alors, on peut citer le *suc-*

(1) Le mot a été emprunté par les Espagnols aux Indiens des Antilles (en taïno : *mahiz, maÿ's*), avant d'être adopté par les Anglais (*maize*) et par les Français.

cotash (1), mets composé de haricots et de grains de maïs vert dont les Indiens de la côte atlantique et en particulier les Narragansets (sur le site de l'actuel Rhode Island) agrémentaient leur ordinaire.

Sur le versant atlantique les habitations, ou plutôt les cabanes des Indiens étaient l'objet de plus ou moins de soins et avaient un caractère plus ou moins durable selon les moyennes de température et selon le degré de semi-nomadisme de la population. En général les *wigwams* (2) étaient des huttes constituées par une ossature de pieux ou de perches sommée de plaques d'écorce de bouleau, de nattes de roseaux, de feuilles de palmier ou de peaux de bête. Elles affectaient le plus souvent une forme rectangulaire dans l'Est, conique plus à l'Ouest. La fumée s'échappait par un trou ménagé dans la toiture, car les Indiens savaient faire du feu selon le procédé classique qui consistait à frotter l'un contre l'autre deux bâtons d'essence différente.

Quant à leur vaisselle, ils la taillaient dans du bois creusé au moyen de coquillages ou de silex, mais ils connaissaient depuis longtemps l'art du potier et le pratiquaient lorsqu'ils avaient à portée de la main l'argile nécessaire. Ils portaient en hiver des vêtements de peau de daim et se chaussaient de mocassins (3). Leurs armes — et ils en faisaient entre tribus le plus fréquent et le plus sanglant usage — étaient l'arc et la flèche (avec pointe d'éclat de silex, de dent de vipère ou de coquillage effilé) et le tomahawk (4), sorte de hache légère, en bois dur ou en pierre, qui pouvait à volonté servir de projectile ou d'arme à main et de casse-tête, et qui revêtait les formes les plus diverses.

Nus en été, ces Indiens se peignaient le thorax en rouge, sans doute pour effrayer leurs ennemis, ou même ils pratiquaient dans leur peau des cicatrices décoratives. De nombreuses gravures des premières années de la colonisation nous les montrent avec la tête rasée, sauf au sommet du crâne, où subsistait une crête de cheveux, la touffe à scalper, ornée de pennes d'aigle ou de plumes d'autres oiseaux. La coutume de scalper l'ennemi vaincu n'était cependant pas partout répandue au début du XVIIe siècle. Dans bien des tribus on lui coupait plus volontiers la tête, bien qu'il fût encombrant de s'en charger au retour du combat, en signe de vic-

---

(1) En narraganset *misickquatash*, épi de maïs (littéralement : les grains en sont drus).
(2) Mot abnaki, lenapé, ojibway, etc., signifiant : abri, tente, leur demeure.
(3) Le mot massachuset est *mohkisson*, le mot narraganset *mocussin*.
(4) Mot algonquin qui se présente sous des formes légèrement différentes en virginien (*tomahack*), en lenapé (*tomahikan*), etc.

toire. L'ironie de l'histoire veut que ce soient apparemment les Européens qui aient contribué à encourager la pratique du scalp, car, dès les premières escarmouches qui parfois devenaient de véritables guerres entre envahis et envahisseurs, les autorités tôt établies de ces derniers offrirent des primes de scalp. Elles entendaient ainsi encourager les colons dans leur effort pour se débarrasser du plus grand nombre possible de ces voisins dangereux.

Les tribus voisines de l'Atlantique avaient poussé très haut l'art de tailler des perles cylindriques dans les coquillages qui foisonnaient sur les plages. On les appelait *Wampum peag* ou simplement *wampum* (1) dans le nord, et plus au sud *roanoke* (2). Ces enfilades de perles jouaient dans la vie des Indiens d'alors un très grand rôle : elles servaient d'abord de monnaie, mais aussi d'ornements, d'insignes du pouvoir des chefs, et même de registres ou symboles d'accords ou de contrats conclus entre clans ou tribus. Polis, arrondis et perforés avec beaucoup d'adresse et de patience, ces brins de coquillage transformés par la main de l'homme étaient de deux sortes. Les uns, qui étaient blancs, étaient prélevés sur la frange extérieure de buccins, les autres, noirs ou d'un pourpre très foncé, utilisaient l' « œil » sombre des peignes ou des palourdes. Une perle noire valait communément deux blanches.

Ces perles se portaient en collier ou en bracelet, mais elles étaient aussi fixées sur des baudriers ou des ceintures de peau, où elles constituaient de véritables pictogrammes présentant un sens compris de tous. Ces objets figurent nombreux dans les musées d'antiquités locales disséminés dans les divers États du secteur oriental de la zone du maïs.

Lors de l'irruption des Européens il n'existait aucun monument d'architecture dans cette partie de l'Amérique. En revanche ils ne tardèrent pas à découvrir bon nombre de « mounds », c'est-à-dire de tumuli, monticules, terrassements ou murailles en terre que les Indiens avaient évidemment façonnés à des fins déterminées. Au fur et à mesure que la « frontière » se déplaça vers l'Ouest, on put les compter par milliers, notamment dans l'Ohio et le Wisconsin. L'un des plus considérables, le *Great Serpent Mound* du comté Adams (Ohio), déploie sur plus de trois cents mètres des sinuosités stylisées de serpent. D'autres ont la forme d'un aigle gigantesque, ce qui conduit à penser que ces tertres avaient une signification totémique. Il semble d'ailleurs que celle-

(1) En algonquin *wampam*, *wompi* signifiait : blanc, et *peag* perle.
(2) Télescopage du mot powhatan *rawranoke* : perle de coquillage blanc. De là le nom de l'île de Roanoke, en Caroline du Nord, où sir Walter Raleigh essaya vainement, en 1584-1587, de fonder un établissement.

c in'était nullement perdue pour les Indiens contemporains de Drake ou de Champlain.

Plus uniformément chaud, beaucoup plus pauvre, rocailleux, et même semi-désertique, le sud transmississippien de la zone du maïs était habité par des populations en majorité sédentaires dont quelques-unes connaissaient les bienfaits de l'irrigation. Troglodytes, certaines tribus habitaient des abris étagés qu'elles avaient su aménager à flanc de falaise. De là le nom de *cliff-dwellers* que leur ont donné les Américains. Mais elles construi-saient aussi de véritables villages en dur. Ces villages, nous les connaissons sous le nom espagnol de *pueblos*, car toute cette aire a été explorée, conquise, puis colonisée par les Espagnols du XVIe au XIXe siècle. Le site choisi pour ces *pueblos* était ordinairement un sommet rocheux, naturellement aplati, qui a lui aussi conservé son nom espagnol : *mesa*. De véritables immeubles en pierres de taille cimentées d'*adobe* (pisé) s'y étageaient, le toit plat d'un appartement servant de terrasse à celui qui était érigé au-dessus en retrait. Ailleurs d'autres tribus se construisaient des huttes basses dont l'armature était faite de pieux et dont le toit était recouvert de terre. C'était le *hogan* ou « loge » des Navaho. Ailleurs encore, dans les secteurs où les pluies étaient le plus rares, les abris n'étaient que de branchages.

En relations séculaires avec les civilisations plus avancées du Mexique, les Pueblos (car Espagnols et Américains ont appliqué aux Indiens de cette région le nom donné à leurs villages) étaient parmi les plus évolués de l'Amérique du Nord. Ils cultivaient et tissaient le coton. Ils étaient excellents vanniers. Disposant de certaines herbes ligneuses et odorantes (*sweet grass*) qui avaient des qualités naturelles de forte résistance à la brisure, ils tres-saient des paniers exquisement parfumés. Ils étaient habiles potiers et ciselaient l'argent en artistes.

LES INDIENS DE LA ZONE DU BISON

Toujours en partant du complexe alimentaire, on pouvait, au début du XVIIe siècle, distinguer sur l'actuel territoire des États-Unis une seconde zone, moins vaste, celle qu'habitaient alors les Indiens dits des « plaines » ou de la « prairie » : la zone du bison (1). Elle s'étendait sur le nord et le centre de la région approximativement située entre le Mississippi et les Montagnes rocheuses. Peu boisée, sauf au bord des rivières, cette région constituait un des plus vastes herbages naturels du monde. Avec

(1) C'est improprement que les Américains ont appelé cet animal *buffle* (*buffalo*).

18

son étonnante diversité de graminées (plus de 150 espèces) elle offrait un pâturage idéal aux bisons. Ceux-ci s'y étaient d'autant mieux multipliés — au point de se chiffrer par millions — qu'à part les coyotes et les pumas il y avait peu de carnassiers pour les décimer. Leur principal ennemi était donc l'homme. Or les Indiens, d'ailleurs sédentaires, étaient peu nombreux. Et ils pouvaient abattre autant de ces précieux bovidés qu'ils en ressentaient le besoin, sans jamais risquer de vider leur garde-manger naturel. Leur existence dépendait étroitement du bison. Cette abondance même les dispensait de s'adonner à l'agriculture. Les seuls aliments végétaux qu'ils connussent étaient des racines et des baies. Du bison, ils utilisaient à peu près tout. Ils en rôtissaient la chair, ou ils en découpaient la viande en lanières, la séchaient au soleil, la réduisaient en poudre, l'amalgamaient avec une certaine proportion de graisse, l'emmagasinaient dans des sacs en cuir (de bison) et s'en servaient comme d'une conserve : c'était le pemmican (1). Tannée et préparée selon un mode assez primitif, mais efficace, la peau de bison servait de plus à la fabrication de tentes coniques connues sous le nom de *tepees* (2). Les Indiens de la prairie en confectionnaient leurs mocassins, hommes et femmes s'y taillaient des vêtements d'hiver, ou même ils la façonnaient en ustensiles de ménage. S'agissait-il de traverser une rivière avec leur fourniment, les curieux bateaux-chaudrons (*bull-boats*) qu'ils avaient inventés étaient également en peau de bison. Les os et les cornes de la bête étaient la matière première tout indiquée de divers instruments de paix ou de guerre. A la différence des Indiens de l'Est ils conservaient tous leurs cheveux et les partageaient dès alors en deux tresses. Les hommes aimaient la parure, dont la pièce maîtresse, lors des cérémonies tribales, était la ou les plumes d'aigle fixées derrière la tête par un bandeau de cuir.

Ces deux zones, celle du maïs et celles du bison, occupaient environ les quatre cinquièmes de la superficie des États-Unis. Le dernier cinquième avait un caractère périphérique. Il se composait de zones fort différentes.

LES INDIENS DE LA ZONE DU CARIBOU (3)

La première de ces régions était la bande méridionale et la fraction alaskaise (alors *terra incognita*) de l'immense zone nord-

(1) En cree *Pemmikkân* ; de *pimlg*, qui signifie graisse.
(2) En dakota *tipi* (*ti* : habiter ; *pi* : sert à).
(3) Nom du renne nord-américain. Adopté tel quel du français par les Anglais, le mot est d'origine algonquine. En micmac *Khalibou* signifie: le gratteur (avec son sabot).

américaine du caribou qui s'étendait d'un océan à l'autre sur tout le territoire de l'actuel Canada. C'était en effet le caribou qui jouait le rôle dominant de part et d'autre des Grands Lacs, c'est-à-dire dans la partie septentrionale de ce qui est devenu la Nouvelle Angleterre et dans le Nord de l'actuel Minnesota, ainsi que dans le North Dakota. Des tribus clairsemées chassaient ce précieux animal à coups de flèches ou d'épieu lors des migrations de masse qui l'amenaient périodiquement du Grand Nord; elles en préparaient la chair et s'en constituaient des réserves dans les « caches » dont nous parlent les premiers explorateurs. Ces Indiens étaient aussi de grands trappeurs qui utilisaient pour se protéger du froid, et échangeaient, les fourrures de castor et de martre. Dans les forêts du Nord, le bouleau est particulièrement abondant et son écorce est d'excellente qualité. Les Indiens savaient — au printemps, lorsque la sève monte — en découper de larges plaques qui servaient de revêtement à leurs huttes et ils en confectionnaient leurs canoës, ainsi que des pots et des marmites qui résistaient même au feu. Ils avaient domestiqué le chien dont ils avaient fait une bête de trait. Ils l'attelaient en effet à leurs traîneaux ainsi qu'à leurs toboggans (traîneaux à assise large). Ils avaient mis au point les « raquettes » qui leur permettaient de longues randonnées sans fatigue sur les terrains profondément enneigés des longs hivers.

LES INDIENS DE LA ZONE DES GRAINES

La zone des graines correspondait à l'actuelle Californie ainsi qu'au Nevada et à une partie de l'Utah. C'était, surtout au sud, une région en grande partie désertique où ne poussaient guère que des buissons de *sagebrush* (variété nord-américaine d'armoise). Toute agriculture était interdite par l'extrême sécheresse du climat. Outre les graines sauvages la population fort misérable avait pour principale ressource alimentaire les glands des chênes qui réussissaient à pousser dans les dépressions. Comme font encore les derniers Boschimans du Kalahari en Afrique méridionale, ils dépistaient et mangeaient tous les organismes vivants dont l'homme peut au besoin se sustenter : souris, criquets, chenilles ou même insectes. Leurs abris n'étaient guère que de branchages. Leurs vêtements étaient faits de fibres d'agave ou de graminées à tige souple mais difficilement déchirable. C'est de ces dernières, également, que les Indiens fabriquaient d'étonnants objets de vannerie. Certains étaient d'un tissu si serré qu'en gonflant au contact de l'eau ils devenaient des récipients étanches.

Les tribus riveraines du Pacifique savaient de plus elles aussi enfiler des perles de coquillage servant à des fins monétaires, preuve que les échanges commerciaux existaient avant l'arrivée des Espagnols.

LES INDIENS DE LA ZONE DU SAUMON.

Les côtes de la Californie du Nord, de l'Oregon, du Washington et de l'Alaska, avec leur *hinterland* d'épaisses forêts, constituaient une dernière zone de peuplement indien, celle du saumon. Là non plus l'alimentation humaine ne devait pour ainsi dire rien à l'agriculture. A part un peu de chasse et de cueillette de baies sauvages, elle était basée sur le saumon dont la pêche était méthodiquement et efficacement organisée. Les tribus savaient de longue date à quelle époque de l'année ces poissons remontent les rivières et elles les décimaient au passage. Elles en consommaient la chair soit fraîche, soit séchée, ou même réduite en poudre. A cette époque les baleines étaient nombreuses le long des côtes nord-américaines du Pacifique. Debout dans leurs grands canoës faits de troncs de cèdres évidés au feu, ces Indiens n'hésitaient pas à les harponner. D'admirables forêts aux essences variées descendaient des Montagnes Rocheuses jusqu'à la côte, offrant à l'ingéniosité de ces peuplades toutes sortes de bois et d'écorces qu'elles travaillaient avec des outils de pierre et dont elles faisaient des objets d'usage domestique. Leurs descendants ont hérité de cette adresse manuelle. Ceux-ci devaient en effet, deux siècles plus tard, découper dans des troncs de cèdres les ciselures symboliques de ces impressionnants poteaux totémiques dont nos musées d'ethnographie ont sauvé quelques-uns des plus beaux.

Quel pouvait être, en face de l'invasion croissante des nouveaux occupants européens, le nombre de ces Indiens? Il ne semble pas qu'il ait largement dépassé le chiffre actuel de 792 000 (recensement de 1970). Il y avait une multitude de tribus — plus d'un demi-millier – mais chacune d'elles comptait un très petit nombre de membres, souvent moins de mille et rarement plus de quelques milliers. C'est ainsi que vers l'année 1600 l'ensemble des tribus (plus de cent) qui parlaient des langues se rattachant à la famille algonquine n'atteignait pas le chiffre de 200 000 et qu'à cette même date le vaste territoire que devaient se partager les treize États originaires ne comptait guère que 110 000 Indiens.

Il n'est d'ailleurs pas surprenant que la population ait été très clairsemée Les guerres intertribales étaient nombreuses et féroces, la mortalité infantile était très élevée; les maladies contagieuses sévissaient dès avant l'arrivée des Européens. C'est ainsi que la tribu algonquine des Massachusets établie sur le site qu'allaient à partir de 1630 occuper les immigrants puritains — soit entre Plymouth et Salem — avait en 1617, avant l'arrivée de ces derniers, été décimée par une terrible épidémie de peste. De ces Massachusets, il restait tout au plus 500 âmes lors du fameux débarquement.

Autre raison de cette faible densité de la population indienne, par rapport à laquelle les Anglais allaient bientôt être en forte majorité : lorsque l'homme nord-américain vivait principalement du produit de la chasse, il lui fallait en moyenne, pour pouvoir subsister, disposer de quelque 3 000 hectares par tête. Et même avec l'appoint d'une certaine horticulture 1 000 hectares n'étaient pas trop.

Pour compléter ce bref tableau du genre et de la densité de civilisation que les Européens trouvèrent devant eux au début de la colonisation, il faudrait résumer les conceptions philosophiques, ou plutôt religieuses et magiques de ces « sauvages », comme on les appelait communément. Mais les premiers Européens avaient des soucis plus pressants que de les étudier et de tâcher de les comprendre. Lorsque toutefois, au XIX⁰ siècle, ils devinrent l'objet d'une curiosité sympathique, leurs langues polysynthétiques offrirent d'énormes difficultés au petit nombre de Blancs soucieux d'en connaître les rudiments.

Les envahisseurs, dont bon nombre se voulaient convertisseurs, furent apparemment surtout frappés par l'étrangeté des cérémonies et des rites païens auxquels il leur était parfois donné d'assister, celle par exemple au cours de laquelle les chefs indiens des plaines fumaient gravement le « calumet de la paix » pour ratifier un engagement solennel. Ils se rendaient ainsi compte que, pour les Indiens, le tabac était une herbe quasi sacrée, qui avait une signification religieuse; ils eurent vite fait, en l'adoptant, de la désacraliser!

Ils furent aussi très frappés par les danses du soleil et du bison, par les danses du scalp et de l'arc, mais surtout par la danse du maïs, sans doute parce que, souvent exposés eux-mêmes à la faim, les premiers Américains en appréhendaient le mieux le sens. Par cette danse, le *busk*, les Creek et bien d'autres tribus célébraient le premier jour où l'épi vert était devenu comestible. C'était, à sa manière, en même temps qu'une prière une fête d'actions de grâce à la divinité, et comme une préfiguration du *Thanksgiving* que les colons de la Nouvelle Angleterre instaurèrent en 1621 et qui devint pour tous les Américains un véritable rite annuel.

En tout cas la civilisation indienne, si primitive qu'elle apparût aux nouveaux arrivés, a laissé une marque profonde sur l'histoire et la civilisation américaines et les Américains sont de plus en plus conscients de leur dette envers les premiers habitants du pays. Ce sont ces « sauvages » qui leur ont légué, bien que très déformés, ces innombrables toponymes — noms de montagnes, de rivières, de villes, de comtés, et de la moitié des 50 États — dont la beauté sonore a plongé en extase un Walt Whitman et un Henry Mencken, et dont ne cessent de se délecter tant d'Américains. C'est eux qui ont enrichi la langue anglaise de plus d'une centaine de mots dont beaucoup font encore partie du vocabulaire quotidien : *hominy, squaw, hickory, mugwump, toboggan, sagamore, sachem, cacique, canoë, okra, persimmon, powwow,* etc. C'est eux qui, à vrai dire, ont, par leurs généreux dons alimentaires, empêché maints Européens de mourir de faim dès leur premier hiver sur le sol américain. C'est eux encore qui leur ont montré comment il convenait de cultiver le maïs, comment on pouvait en favoriser la croissance en enterrant au pied de chaque plant un poisson-engrais, ce *menhaden* (1) qui foisonnait le long des côtes de l'Atlantique. C'est eux aussi qui ont montré aux colons comment on pouvait au printemps pratiquer des saignées dans l'érable et en convertir la sève en un sirop naturellement sucré et aussi nourrissant que savoureux, comment on pouvait se ménager d'agréables sensations et, croyait-on, se protéger des maladies en fumant le tabac. Ce sont les Indiens encore qui ont appris aux Européens comment s'équiper contre les hivers américains autrement rigoureux que ceux de la Saintonge ou du Nottinghamshire. C'est eux qui, après avoir utilisé eux-mêmes les foulées des hordes de bisons, léguèrent aux nouveaux Américains les pistes que devaient épouser plus tard les routes, puis les chemins de fer.

C'est eux enfin qui, toujours présents en cette seconde moitié du xxe siècle dans l'Arizona, le Nouveau Mexique, l'Oklahoma et dans nombre d'autres États, continuent, comme l'a justement remarqué D. H. Lawrence, de « hanter » leur imagination... et leur conscience.

---

(1) En narraganset et en massachuset : « il enrichit le sol ».

2 LES DÉBUTS DE L'IMPLANTATION EUROPÉENNE

Les Espagnols ont été les premiers Européens à prendre pied sur le sol des futurs États-Unis. Pendant les années qui suivirent la découverte par Christophe Colomb de la première Antille, Hispaniola (Haïti), ils atterrirent successivement en des îles voisines, notamment Cuba et Puerto-Rico. C'est de là qu'en 1513 un vétéran des voyages du grand Gênois, Juan Ponce de Léon, se mit à la recherche de l'île mystérieuse de Bimini où, selon les insulaires, devait se trouver une miraculeuse fontaine de jouvence. Cette île, déjà indiquée par avance sur une carte de 1511, il crut l'apercevoir le 27 mars 1513, le jour de « Pâques fleuries » (*Pascua Florida*). Comme en effet les fleurs y abondaient, l'île, bientôt devenue simple presqu'île, garda, pour les premiers cartographes du xvie siècle, le nom de *Terra Florida*. Sans le savoir, Ponce de Léon avait ainsi pris pied sur le sol du continent, un peu au sud de l'embouchure de la rivière Saint-Johns.

Après plusieurs expéditions malheureuses, il fallut attendre jusqu'en septembre 1565 pour que Pedro Menendez de Aviles débarquât les quelques premiers colons espagnols véritables en un point de la côte de Floride qu'il avait aperçu le jour de la Saint-Augustin et y fondât la ville de ce nom. C'était le premier établissement européen stable sur le sol des États-Unis.

Après avoir, le 25 mai 1539, débarqué à Tampa Bay avec 570 hommes, le très entreprenant gouverneur de Cuba, Hernando de Soto, poussa au Nord jusqu'en Caroline, puis gagna la rive du Mississippi, qu'il traversa. Pendant trois ans, au cours de marches et de contremarches fertiles en aventures, il s'était avancé jusqu'en Oklahoma et au Texas, avant de périr tragiquement au milieu de tribus indiennes hostiles.

A peu près en même temps, partant de bases mexicaines, d'autres explorateurs s'étaient mesurés avec l'énorme terre inconnue située au Nord de l'empire aztèque déjà conquis. Le plus fameux, et à juste titre, était Francisco Vasquez de Coronado. Comme c'était alors presque la règle, son imagination s'était enflammée à l'idée d'atteindre un fabuleux Eldorado. En l'occurrence, la rumeur voulait que quelque part dans le Nord, à une grande hauteur, se trouvassent des villes opulentes, les sept villes de Cipola, dont les maisons avaient des portes cloutées d'or.

Parti de la côte du Pacifique en avril 1540, Coronado atteignit le petit Colorado et, arrivé dans l'ouest de l'actuel New Mexico, crut avoir identifié les sept villes, en effet habitées par des Indiens. Mais il avait dû déchanter. Il constate en effet, dans le récit de son voyage qui nous a été conservé, qu'il n'y avait aucune vérité dans les rapports qui lui étaient parvenus sur d'immenses richesses à portée de la main. « C'était tout le contraire, à part les noms des villes et à part de grandes maisons de pierre ». Il poussa plus loin, jusque dans la région des Pueblos d'aujourd'hui et dans l'Arizona. C'est lui qui, semble-t-il, fut le premier Européen à apercevoir des troupeaux de bisons et à en goûter la chair. C'était pour lui « une nouvelle espèce de bœufs, sauvages et féroces ». Parti à la recherche d'un autre et plus lointain Eldorado, la grande ville de Quivira, il crut aussi l'identifier près du site de l'actuel Great Bend (Kansas). Mais ce fut la même déconvenue : tout ce qu'il trouva, ce furent des abris d'herbe dont les habitants, apparemment des Wichita, chassaient le bison et cultivaient le maïs.

C'est vers le même temps (1542-1543) que les premiers navigateurs espagnols s'aventurèrent le long des côtes de la Californie. Mais ce n'est que bien plus tard, vers 1602-1603, que Sebastian Vizcaïno devait découvrir la baie de Monterey. De la découverte à un établissement stable, l'écart devait toutefois être considérable. En réalité, dans les premières années du xvııe siècle, au moment où les premiers colons anglais allaient débarquer dans la baie de Chesapeake (1607), les Espagnols venaient seulement de créer leurs premières « missions » dans la région située au Nord du Rio Grande del Norte, qu'ils considéraient comme le prolongement naturel de leur Mexique. C'est en 1605 que Juan de Onate installa à Santa Fé le premier véritable siège de gouvernement du « Nouveau Mexique ». Mais c'est sensiblement plus tard que la colonisation espagnole allait révéler son caractère essentiel. Faute de pouvoir ramasser l'or à pleines mains, il s'agissait avant tout de convertir les païens, d'assurer, au besoin par la force des armes, le triomphe de la foi et l'agrandissement du domaine royal. Ce faisant les Espagnols allaient introduire dans le pays le cheval et le mouton, tous les fruits de l'Andalousie et une architecture de haute qualité. Ils allaient y laisser la marque de leur culture. Elle est encore aujourd'hui très perceptible.

L'IMPLANTATION FRANÇAISE

Au début du XVIᵉ siècle les marins français, pour la plupart Bretons, Normands ou Basques, étaient eux aussi atteints de la fièvre du grand large atlantique et de la découverte. Dès avant le règne de François Iᵉʳ, un marin de Honfleur, Jean Denis, avait en 1506 pénétré profondément dans l'estuaire du Saint-Laurent et en avait même, le premier, relevé le tracé général sur une carte.

Trente ans plus tard, en 1536, le Malouin Jacques Cartier remontait le cours du fleuve plus avant et débarquait sur le site de l'actuel Montréal. Il y passa même l'hiver et prit langue avec les Indiens voisins. C'est lui qui donna au Canada son nom, emprunté à un vocable indien fréquemment entendu; lui aussi à qui l'on doit probablement l'établissement vers 1540 du premier comptoir commercial français sur le sol des futurs États-Unis. Il semble que le site en ait été choisi sur le haut Hudson, non loin de l'actuel Albany. Mais l'entreprise fut sans lendemain.

En revanche, riche en morue, le seuil maritime du Canada eut vite fait d'attirer les pêcheurs français, alors que, durant la seconde moitié du XVIᵉ siècle, d'incessantes guerres de religion dévastaient la France.

Aussitôt après l'édit de Nantes (1598), Henri IV, enfin libéré de ses soucis de guerre civile, peut tourner ses regards vers le Nouveau monde. Le commerce de ces pelleteries alors si recherchées, et dont le Canada promet d'être le fournisseur inépuisable, est organisé en privilège. En 1603 le sieur Pierre de Monts se voit octroyer la concession d'un vaste territoire situé sur la rive méridionale du Saint-Laurent. Bref les linéaments d'une Nouvelle France au nord des futurs États-Unis se dessinent vers le moment où, dans le sud, une nouvelle Espagne commençait à prendre consistance en Floride.

Mais c'est au Florentin Giovanni da Verrazano — chargé par François Iᵉʳ de découvrir le passage occidental d'Europe en Chine qui hantait alors les esprits — qu'était revenu, au siècle précédent, le crédit d'avoir le premier, en 1524, sous pavillon français, touché les côtes encore inexplorées des futurs États-Unis. A ce moment le nouveau continent commençait d'être connu sous le nom d'Amérique, que le cartographe allemand Waldseemüller lui avait donné en 1507 en l'honneur du navigateur italien Amerigo Vespucci.

C'est sur la côte de la Caroline du Sud, près du cap Fear, que Verrazano toucha terre le 7 mars 1524. Les huit mois de vivres dont il était pourvu lui permirent un cabotage systématique qui, du Sud au Nord, le mena, l'été suivant, jusqu'au-delà du cap Cod. Sur son chemin il avait reconnu divers sites que les géographes ont pu identifier, entre autres Manhattan, l'île Martha's Vineyard et la baie Narragansett. Partout il distribua des noms tantôt italiens, tantôt français. C'est ainsi qu'il dénomma Vendôme le fleuve connu depuis sous le nom de Hudson.

Quelque 40 ans plus tard (1562, 1564-65), sous l'égide de l'amiral Coligny, Jean Ribaut et René de Laudonnière tentèrent de fonder en Floride, près de l'embouchure du « fleuve de mai » (le Saint-Johns), un établissement huguenot. Mais l'aventure eut un dénouement tragique. Et il fallut de nouveau attendre une quarantaine d'années avant que, partant du sol canadien, de nouveaux Français foulassent le sol des États-Unis. C'est en effet le 29 juillet 1609 qu'après avoir, l'année précédente, fondé Québec, symbole d'une durable implantation française au Canada, Samuel de Champlain, Saintongeais, prit part à la première bataille historique de Ticonderoga, au nord du lac George, sur le sol de l'actuel État de New York. Il venait en effet, incidemment, de découvrir le lac si important qui allait porter son nom. Mais le but de son expédition en canoë n'était pas la découverte. Il accompagnait 80 Indiens Montagneux, auxquels il s'était allié, dans une embuscade contre une tribu iroquoise. Il aida en effet puissamment les Montagneux de son arquebuse, arme alors encore inconnue de cette tribu. Un seul coup assura la victoire sur les malheureux archers.

L'affaire était apparemment de minime importance. Mais elle devait préfigurer l'inimitié acharnée qui, pendant plus d'un siècle, allait dresser les Iroquois contre la Nouvelle France et faire d'eux de puissants et efficaces alliés des Anglais dans leur effort pour éliminer du sol américain leur rival de beaucoup le plus dangereux.

L'IMPLANTATION NÉERLANDAISE

Les galiotes néerlandaises s'étaient au XVIe siècle en quelque sorte spécialisées dans le transport et la revente en Europe occidentale des produits exotiques déchargés à Lisbonne par les vaisseaux portugais, à Séville par les vaisseaux espagnols. Devenu grande puissance maritime, ce petit pays fut naturellement lui aussi tenté par l'aventure américaine qui offrait de si lucratives perspectives de commerce et de conquête.

C'est ainsi que, sans négliger pour autant son but principal, le commerce avec l'Orient, la Compagnie néerlandaise des Indes orientales tourna aussi ses regards vers l'Occident. Elle s'attacha un navigateur anglais, Henry Hudson qui, renonçant à chercher au nord de la Laponie un passage Nord-Est susceptible de rapprocher la Chine de l'Europe, franchit en 1609 l'Atlantique à la recherche du passage Nord-Ouest. Sur son *Half-Moon* de 80 tonneaux il pénétra dans deux estuaires majestueux, celui du Delaware, qu'il dénomma « Rivière du Sud », et celui qui devait plus tard porter son nom, mais qu'il appela « Grande Rivière du Nord ». Il remonta même ce dernier fleuve jusqu'au point où celui-ci cessait d'être navigable. Il rebroussait chemin en face du lieu même où, bientôt après, allait être érigé le fort Orange et où allait naître la ville d'Albany. Chemin faisant, il prit contact avec les Indiens des deux rives. Quand ils ne le recevaient pas à coups de flèche, il troquait avec eux divers objets contre des pelleteries. Il conclut aussitôt à la possibilité d'un commerce très lucratif.

De retour à Amsterdam, Hudson reçut en effet un accueil enthousiaste. Sur son conseil la Compagnie organisa aussitôt un premier transport de denrées de troc à destination de la « Nouvelle Néerlande ». Car Amsterdam revendiqua d'emblée toutes les terres qui bordaient et qui séparaient les deux estuaires. Bientôt les marchands de la ville constituèrent une Compagnie de la Nouvelle Néerlande qui obtint des États Généraux, pour trois ans, un monopole du commerce des fourrures dans la nouvelle colonie. A l'expiration du monopole ce fut une Compagnie des Indes occidentales qui entra en lice. C'est en 1623 qu'elle embarqua le premier contingent de colons. Dès 1625 ils étaient 200 — Wallons pour la plupart — mais éparpillés à Fort Nassau, à l'embouchure du Delaware, à Fort Orange sur le Hudson, et même à Long Island et dans l'île de Manhattan. Avec eux la Compagnie avait transporté quelques animaux domestiques.

C'était dès alors Manhattan qui était devenu l'entrepôt principal du commerce néerlandais des fourrures. Sa pointe méridionale fut bientôt parsemée de huttes. Aussi est-ce tout naturellement là que le nouveau directeur Pierre Minuit, appointé par les autorités néerlandaises, fonda la Nouvelle Amsterdam. Il avait en effet acheté l'île aux Indiens moyennant une pacotille qui, en monnaie néerlandaise d'alors, valait 60 gulders, soit quelque 24 dollars. La petite agglomération eut aussitôt son fort, puis son église, son moulin et surtout son rempart de protection contre les incursions des Indiens, le *wall*, qui a donné son nom à la future Wall Street.

Bref, à la fin du premier quart du xviie siècle, les Hollandais étaient fermement établis de part et d'autre de deux estuaires dont l'avenir très prochain allait révéler la grande valeur économique et stratégique.

L'IMPLANTATION SUÉDOISE

Mécontent, un des premiers agents directeurs de la Compagnie néerlandaise des Indes occidentales, Usselincks, avait quitté son service et avait gagné la Suède où il avait rendu le roi Gustave Adolphe attentif à la possibilité de se tailler lui aussi une colonie au Nouveau Monde. Quelques années avant la mort de ce dernier en 1632, une Compagnie suédoise des Indes occidentales reçut en effet une charte qui fut renouvelée en 1633. L'année d'après, fort de l'appui du puissant ministre Axel Oxenstiern, héritier des conceptions du souverain décédé, Pierre Minuit, autre transfuge de la Compagnie néerlandaise des Indes occidentales, mit à la voile du port de Gothenborg avec 50 colons suédois et finnois en vue de fonder une colonie suédoise sur la côte atlantique. En avril 1638 il parvint dans l'estuaire du Delaware, il acheta aux Indiens tout le terrain situé entre les chutes du fleuve à Trenton et le cap Henlopen, il ne manqua pas d'appeler cette terre la Nouvelle Suède et il eut bientôt bâti le fort Christina (en l'honneur de la reine Christine, fille de Gustave Adolphe) près du site de la ville actuelle de Wilmington.

En 1640, malgré de violentes protestations des Pays-Bas, qui excipaient de leur droit de premier occupant des bords de l'estuaire, le gouvernement suédois fit traverser l'Atlantique à un nouveau contingent de colons. Ce furent d'abord des contestations et des escarmouches entre les deux compagnies rivales, puis une véritable guerre entre les deux pays. La prise, en 1655, de Christina (devenu Christiania) par le gouverneur néerlandais très énergique Stuyvesant marqua la fin de cette guerre, et celle aussi de la tentative d'implantation suédoise au bord du Delaware.

3   L'IMPLANTATION ANGLAISE :
LES TREIZE COLONIES

« Soit porté par les présentes, 17 juin 1579, à la connaissance de tous les hommes que, par la grâce de Dieu et au nom de Sa Majesté la reine Élizabeth d'Angleterre et de ses successeurs à tout jamais, je prends possession de ce Royaume dont le Roi et le peuple renoncent librement à leur droit et titre à tout le pays désormais sous la garde de Sa Majesté, nommé par moi Nova Albion et devant être connu de tous sous ce nom

Francis DRAKE »

Telle est l'inscription (1) gravée par le célèbre navigateur sur une plaque de cuivre qui a été retrouvée en 1936 dans Marin County, sur la côte occidentale de la baie de San Francisco.

Le premier souci de Francis Drake, lorsqu'au cours de son mémorable tour du monde il prit pied sur la côte de Californie, était donc de revendiquer pour sa souveraine la terre fraîchement découverte. L'allusion à une cession en bonne et due forme de cette terre par le « roi » du pays est une simple clause de style. En réalité la question ne se posait même pas aux commanditaires ou aux organisateurs des expéditions de découverte lancées à travers

(1) Son authenticité n'a pas manqué d'être contestée, mais elle paraît maintenant fermement établie.

l'Atlantique, non plus qu'aux explorateurs eux-mêmes. Aucun doute à ce sujet : le Nouveau Monde appartient de droit au souverain sous le pavillon duquel l'expédition y a pris pied, indépendamment de tous les « sauvages » qui peuvent y habiter. Il suffisait même que Jean Cabot eût, à la fin du 15e siècle, frôlé les côtes septentrionales de ce nouveau monde pour que cela constituât un titre de propriété; il suffisait que Sir Walter Raleigh y eût dépêché quelques « aventuriers » en 1585, pour que ce dernier en prît, de Londres, possession au nom de la reine vierge Élizabeth et donnât à toute cette bordure de mer, en son honneur, le nom de Virginie.

LA VIRGINIE

Lorsque le successeur de la reine Élizabeth, Jacques Ier, fils de Marie Stuart, accéda au trône d'Angleterre en 1603, il s'estima naturellement fondé en droit à disposer du fief qu'il héritait d'elle et qui n'était rien moins que toute la côte atlantique située entre les 34e et 45e parallèles de longitude nord, c'est-à-dire entre la Caroline au sud et la Nouvelle Écosse au nord. Dès 1606 il accorda donc une « charte » à une compagnie d'actionnaires qui flairaient une bonne affaire, la *Virginia Company*. C'était une sorte de « fonds d'investissement » dont l'avoir, considérable pour l'époque, était réparti entre deux sociétés, la *London Company* et la *Plymouth Company*.

La première était autorisée à fonder des établissements entre le 34e et le 41e degré de latitude nord. Sa charte présentait une particularité. Reflétant la tradition séculaire de la lutte des citoyens anglais pour la liberté, elle déclarait que les colons devaient jouir de toutes les libertés, franchises et immunités qui étaient les leurs dans la métropole, « comme s'ils avaient résidé et étaient nés dans ce notre Royaume d'Angleterre ». C'est-à-dire que devait leur être assurée la protection de la *Magna Carta* et du *Common Law*.

Dès l'année suivante, en mai 1607, trois petits bateaux de la *London Company*, le *Goodspeed*, le *Susan Constant* et le *Discovery*, jetaient l'ancre à l'intérieur de la baie Chesapeake (1). Cette partie de la Virginie, sinon l'emplacement même de la première « palissade », était fort bien choisie. Chesapeake Bay est l'un, et de beaucoup le plus considérable, des nombreux estuaires, ou larges embouchures (*inlets*) qui, sur la côte occidentale des États-Unis, permettent de pénétrer aisément et profondément à l'intérieur des

(1) Adaptation très approximative du mot algonquin *k'che-sepi-ack*, qui signifie : pays sur une grande rivière.

terres — jusqu'à la barrière des Monts Alleghany ou des Appalaches. Elle mesure 300 kilomètres de long sur une largeur qui varie de 6 à 60 km. Véritable mer intérieure, elle est elle-même le confluent de plusieurs larges estuaires, dont ceux du Susquehanna, du Potomac, du Rappahannock, du Choptank, du James River ne sont que les principaux.

La centaine de colons britanniques qui avaient ainsi traversé l'Océan atlantique s'établit sur une péninsule basse qui fut aussitôt appelée Jamestown en l'honneur du roi Jacques Ier. Les premières années furent très dures. Le paludisme, la faim, les Indiens firent des ravages. La petite colonie ne résista aux deux premiers hivers que grâce à l'énergie et à l'esprit de ressource d'un magnifique aventurier, John Smith, qui s'imposa d'emblée comme chef. A partir de 1614, toutefois, la situation commença de s'améliorer, car, au moment le plus critique, arrivèrent d'Angleterre deux bateaux chargés de denrées alimentaires, de nouveaux colons et de quelques animaux domestiques. Cependant une nouvelle charte était donnée à la Compagnie, les premiers plants de tabac avaient mûri avec succès et leurs feuilles avaient trouvé preneur en Angleterre à des prix inespérés. Bientôt de nouveaux convois eurent porté le chiffre de la population à plus de 1 000 âmes.

L'année 1619 allait décider de l'avenir. Elle fut en effet marquée par trois événements d'importance.

Les deux premiers sont d'ordre démographique. Un bateau amena d'Angleterre 90 jeunes filles que les hommes purent prendre pour femme à condition de rembourser leurs frais de transport : il leur en coûtait 120 livres de tabac par épousée. Désormais la colonie allait pouvoir se développer par elle-même sans devoir uniquement compter sur l'apport de nouveaux « aventuriers » d'Angleterre.

En août de la même année un bateau hollandais qui venait de jeter l'ancre à Jamestown trouva aisément acheteurs pour une vingtaine d'esclaves africains. C'était le début d'une révolution économique et sociale. Les travailleurs sous contrat d'*indenture* étaient trop peu nombreux, ou ils se gardaient de renouveler leur contrat, ou encore ils ne donnaient pas satisfaction. Les planteurs blancs s'étaient d'autre part vite rendu compte que jamais ils ne pourraient domestiquer les Indiens. Or voilà qu'ils allaient pouvoir se décharger sur de bien meilleures épaules tous les gros ouvrages pénibles, tels que la culture de ce tabac déjà devenu indispensable. Grâce à la main-d'œuvre servile cette culture prit bientôt de telles proportions et devint si lucrative qu'un certain nombre de propriétaires de champs de tabac se construisirent des estacades privées : leurs esclaves noirs pouvaient ainsi coltiner directement les précieux ballots jusque dans le ventre des bateaux à destination de Bristol.

Le troisième événement de l'année 1619 revêtit peut-être une importance plus grande encore : c'est en effet le 30 juillet de cette année que siégea, dans l'église de Jamestown, la première assemblée représentative des Anglais d'Amérique. En dehors du gouverneur et de ses six conseillers, cet organe législatif se composait de 22 « bourgeois » (*burgesses*), à raison de deux respectivement élus par Jamestown et par chacune des dix « plantations » qui n'avaient pas tardé à naître aux alentours. Désignée sous le nom de « Maison des Bourgeois » (*House of Burgesses*), cette assemblée était l'embryon de la future « Législature » (1) de la Virginie. Pendant toute l'ère coloniale elle demeura l'un des principaux centres d'exercice de la démocratie, malgré l'opposition royale en métropole, qui allait s'affirmer de plus en plus vigoureusement. Même lorsque la charte de la Compagnie de Londres fut révoquée en 1624 et que la Virginie devint une colonie royale, avec des gouverneurs nommés directement par le roi, cette assemblée élue fut maintenue, et elle conserva toute sa vigueur. Elle ne craignit pas de déterminer ses propres droits. Elle affirma que le gouverneur n'était pas habilité à lever des impôts sans avoir obtenu au préalable son consentement, que les sommes perçues devaient être employées selon ses propres directives et qu'aucun mandat d'arrêt ne pourrait être décerné à l'encontre d'un « Bourgeois ». Un peu plus tard l'Assemblée veilla à ce que tout citoyen pût se prévaloir du droit d'être jugé par un jury. Tant que dura en Angleterre le régime du *Commonwealth* sous le « protectorat » d'Olivier Cromwell (mort en 1658), le parlement de Virginie fût un organe fort. Après la restauration des Stuarts en 1660, il éprouva toutefois de la peine à se faire entendre. Mais l'obligation où il fut de se soumettre à la volonté d'un gouverneur royal fort autoritaire, Sir William Berkeley, allait déterminer une très violente réaction de la part du corps électoral (2).

LE MASSACHUSETTS

Comme tant d'autres compagnies à charte, la Compagnie de Plymouth, émanation de la Compagnie de Virginie, périclita rapidement, mais ses actionnaires frustrés la réorganisèrent en 1620 sous le nom de « Conseil pour la Nouvelle Angleterre ». La nouvelle charte mettait à sa disposition tout le territoire situé entre le 40e

(1) Assemblée législative, parlement bicaméral, tel est aux États-Unis le sens de ce mot. C'est celui que nous retiendrons.
(2) Voir p. 53.

34

et le 48ᵉ parallèle, qui comprenait ce que nous connaissons en effet encore sous le nom de Nouvelle Angleterre.

A la différence des premiers colons de Virginie, qui étaient de simples « aventuriers », les premiers colons du Massachusett furent un groupe d'émigrés fuyant la persécution religieuse. On les appelait « Séparatistes ». Les Séparatistes étaient l'une des deux fractions de la secte protestante des Puritains. L'autre était celle des « Non-conformistes ». L'une et l'autre s'opposaient à la religion établie, la religion anglicane, la jugeant trop proche du catholicisme romain détesté. Les Séparatistes étaient, dans leurs convictions et leur comportement, sensiblement plus entiers que les Non-conformistes et ils étaient en butte à la persécution.

Quelques-uns de ces Séparatistes s'enfuirent en Hollande au début du XVIIᵉ siècle; mais, demeurés très Anglais, ils ne trouvèrent pas la paix intérieure dans ce pays qui leur était étranger. Un certain nombre d'entre eux, ainsi que d'autres qui étaient restés en Angleterre, décidèrent de se créer de nouveaux foyers dans cette Amérique où ils pensaient pouvoir vivre selon leur conscience et leurs aspirations propres. Ils obtinrent une patente de la Compagnie de Virginie et une avance de fonds d'un groupe de marchands de Londres. C'est ainsi que, le 16 septembre 1620, une centaine de Pèlerins — comme ils s'appelèrent eux-mêmes — appareillèrent de Plymouth à bord d'un petit bateau de 180 tonneaux, le *Mayflower*. Comme il était prévu dans leur patente, ils mettaient le cap sur la Virginie. Mais des vents capricieux les déportèrent bien au nord, devers le cap Cod, qu'ils aperçurent le 19 novembre (le 9, vieux style). Pendant plus d'un mois ils explorèrent la côte, plus particulièrement la vaste baie qui s'ouvre entre le cap Ann au nord et le cap Cod au sud, et ne se décidèrent à jeter définitivement l'ancre que le 21 décembre (le 11, vieux style).

Un problème de conscience s'était en effet posé à eux : ils étaient dans l'illégalité puisqu'ils allaient prendre pied sur une terre qui ne leur avait pas été attribuée. Leur devoir et la sagesse leur ordonnaient, dans cette situation troublante, de se tracer à eux-mêmes une ligne de conduite ferme, juste et appropriée. C'est ce que firent à bord 41 des passagers en signant le fameux *Mayflower Compact* (1). Ce pacte allait devenir la base même de leur système de *self-government*, puis, peu ou prou, celle de toutes les colonies sœurs.

Le site finalement choisi était une petite baie, la baie de Plymouth. Elle se trouvait avoir été ainsi nommée en l'honneur de la Compagnie de Plymouth par le capitaine John Smith sur la carte qu'il avait dessinée en 1614. Le premier hiver fut meurtrier. Au

(1) Voir Appendice II.

printemps de 1621 presque la moitié de l'effectif avait péri, y compris le premier gouverneur qu'il s'était donné. Son successeur, William Bradford, était un homme capable, énergique et un bon administrateur. Mais l'implantation fut lente et la croissance longtemps dérisoire. En 1630 Plymouth ne comptait encore que 300 habitants. Le système de gouvernement était le suivant : l'organe dirigeant, nommé *General Court*, se réunissait de temps à autre, selon le besoin. C'est au moyen de cet organe que les Pèlerins élisaient leur gouverneur et les autres administrateurs, faisaient les lois, levaient les contributions et établissaient les tribunaux chargés de régler les litiges. Lorsque la colonie essaima alentour, il devint difficile pour les *freemen* d'assister personnellement aux séances de la *General Court*. Aussi fallut-il en 1639 recourir au système représentatif.

Connue sous le nom de *Massachusetts Bay Company*, la seconde colonie en Nouvelle Angleterre débuta sous les espèces d'une petite station de pêche établie en 1623 sur le site de l'actuelle ville de Gloucester par le petit groupe des *Dorchester Associates*. En 1628 ce groupe reçut du Conseil pour la Nouvelle Angleterre une simple patente. Mais l'année suivante il se fit octroyer une charte royale en bonne et due forme. Et quelle forme! C'était un instrument interminable rédigé dans le plus pur style juridique d'alors. Il conférait de nouveaux droits à ce qui allait devenir « Le Gouvernement et la Compagnie de Massachusetts Bay en Nouvelle Angleterre ». Il y était précisé :

> « ... Par notre Grâce spéciale... Nous avons donné et octroyé... auxdits... toute la partie de la Nouvelle Angleterre en Amérique qui est située et s'étend entre une grande rivière du pays communément appelée Monomack River, alias Merrimack River, et une certaine autre rivière du même pays, nommée Charles River, qui se trouve au fond d'une certaine baie là-même, communément appelée Massachusetts, alias Mattachusetts, alias Massatussetts Bay... » (1)

Les chefs de la nouvelle entreprise étaient des Puritains du groupe non-conformiste. Ils désiraient « purifier » l'église anglicane sans se séparer d'elle. Mais les circonstances leur forcèrent la main. Quelques membres influents de la Compagnie du Massachusetts décidèrent de transférer la Compagnie elle-même en Nouvelle Angleterre. Une avant-garde s'installa dès 1628 au bord de la petite baie bien abritée de Salem. En 1629 cinq vaisseaux y débar-

(1) La charte royale est reproduite intégralement par Woodrow Wilson dans l'Édition dite « documentaire » en 10 volumes de son *History of the American People* (1917-18), (tome I, p. 301-319).

quèrent quelques autres Puritains et avec eux — car ils avaient un sens aigu des nécessités de la vie — quelques centaines de têtes de bétail. Mais c'est en 1630 que le gros de l'expédition traversa l'Atlantique. Onze vaisseaux débarquèrent à Salem un millier de colons qui eurent vite fait d'essaimer alentour. Leur premier établissement fut Charlestown, situé en terrain plat et assez marécageux. Aussi quelques mécontents jetèrent-ils leur dévolu sur un site plus élevé, vers le sud, une colline à trois sommets (*Trimountain*) qui n'était autre que le futur Beacon Hill. Cette nouvelle plantation reçut le nom de Boston, car une forte proportion des colons venait du Lincolnshire, où se trouve encore le vieux Boston, depuis longtemps éclipsé par le nouveau. Puis ce furent d'autres villages : Watertown, Roxbury, Lynn.

La croissance était des plus rapides, car, encouragés par les nouvelles favorables qu'ils recevaient de ceux qui les avaient précédés, de nouveaux émigrés puritains affluaient chaque année. En 1640 la population établie le long de la Baie du Massachusetts dépassait 20 000, répartis entre des villes dont chacune se gouvernait elle-même. Les affaires de ces nouvelles municipalités étaient réglées en commun par les citoyens dans ce qu'on appelait les *town meetings*.

Mais il était plus compliqué de gouverner l'ensemble de ces petites agglomérations. Aux termes de la charte, il semblait que tout le pouvoir appartînt au gouverneur John Winthrop et à ses douze assesseurs (*assistants*). Mais dès l'automne de 1630, un certain nombre de colons, désireux d'avoir eux aussi voix au chapitre, demandèrent à être admis comme *freemen of the corporation*, c'est-à-dire à pouvoir participer à la gestion des affaires communes, donc de *leurs* affaires. Cette requête fut en effet admise l'année suivante, mais les 13 se méfiaient de l'élément profane déjà assez considérable qui se mêlait aux purs, et ils prirent leurs précautions en introduisant une clause restrictive : « Afin que le corps des communes continue de se composer d'hommes bons et honnêtes... », il fut décidé que désormais « ne seraient admis à la franchise de ce corps politique que tels qui sont membres de l'une des Églises dans les limites dudit ». Or, d'Églises, il n'en était encore que de puritaines. Cette réserve équivalait donc à fonder une théocratie puritaine, et cela dans un moule oligarchique. Car en même temps les douze assesseurs décidèrent de conserver leur charge tant qu'ils n'en seraient pas relevés par un vote spécial des *freemen*. C'était eux qui détenaient en fait tous les pouvoirs législatifs et judiciaires. Bref, l'exécutif lui aussi était entre les mains du gouverneur et de ses assesseurs, fortement épaulés par les membres du clergé, eux-mêmes très puissants chacun dans sa paroisse.

La réaction des exclus du pouvoir ne tarda pas. Dès 1632 ceux de la petite ville de Watertown refusèrent de s'acquitter de la contribution de défense qui leur était imposée d'en haut. Le gouvernement tint bientôt compte de ce mécontentement, car il consentit à la création d'un nouvel organe composé de deux délégués par ville, qui recevait mandat de conseiller le gouverneur et ses assesseurs dans la détermination de l'impôt. C'était le début d'un système législatif démocratiquement conçu. Et en effet dès 1634 cette Chambre, dénommée *General Court*, vota des lois et c'est elle qui admit les nouveaux *freemen* dans la communauté. Elle était assez comparable à la Chambre des Bourgeois de la Virginie. Toutefois ce régime unicaméral, en désaccord avec la vieille tradition métropolitaine, ne laissa pas de grincer en plusieurs occasions. Dix ans après la Chambre se scinda en deux, les assesseurs constituant la Chambre haute et les délégués des villes la Chambre basse. Pendant encore plusieurs décennies la colonie de Massachusetts Bay donna l'exemple d'une république puritaine administrée par ses propres législateurs avec une sévérité impitoyable. Trop souvent en effet ces anciens persécutés devinrent eux-mêmes les plus fanatiques des persécuteurs. C'est ainsi qu'en 1644 ils votèrent une loi contre les baptistes et que les années 1656 à 1662 furent marquées par de multiples sévices contre les quakers, qui furent traqués, fouettés, emprisonnés, voire exécutés. L'une des paroisses les plus intolérantes était celle de Salem. Elle est demeurée tristement célèbre en raison de la violence avec laquelle ses pasteurs se déchaînèrent contre des personnes accusées de sorcellerie. En 1691-1692 trente-deux personnes furent ainsi exécutées pour ce crime « diabolique », dont 19 pendues à Gallows Hill.

C'est précisément alors, en 1691, qu'aux termes de la nouvelle charte imposée par Londres le Massachusetts devint une province royale comprenant de plus le Maine (1) et l'ancienne colonie de Plymouth. C'était la Couronne qui en nommait le gouverneur. Mais la Chambre basse fut maintenue. Elle continua d'être élue par le peuple et ne relâcha pas son contrôle du budget.

LE RHODE ISLAND (2)

C'est l'intolérance du régime puritain au Massachusetts et la subordination de la démocratie à l'observance d'un dogme infle-

(1) Nommé d'après le province française de ce nom.
(2) L'île qui a donné son nom à tout l'État a été appelée ainsi, disent les historiens américains, soit parce que Verrazano lui avait, en 1524, trouvé une certaine ressemblance avec l'île de Rhodes, soit par corruption du nom de *Roode Eilandt* (île rouge) que lui auraient donné les navigateurs hollandais.

xible qui furent largement responsables de la fondation de trois petits États voisins, le Rhode Island, le New Hampshire et le Connecticut : les citoyens en qui grondait un sentiment de révolte cherchaient à se soustraire aux réprimandes, aux brimades, ou à bien pis, en allant s'établir ailleurs.

Le plus décidé et le plus audacieux de ces récalcitrants fut le théologien Roger Williams, qui, après avoir étudié à Pembroke College (Cambridge), avait débarqué à Salem en février 1631. Son pastorat dans la ville fut d'emblée très mouvementé et il se fut vite attiré inimitiés et semonces, car il enseignait que l'État n'a pas le droit de prescrire à ses citoyens la manière dont ils doivent adorer Dieu. Il refusait au gouvernement civil le droit d'assujettir les consciences; selon lui « la doctrine de la persécution pour raison de conscience est démontrée comptable de tout le sang des âmes qui crient vengeance sous l'autel... Dieu ne requiert pas conformité de religion... laquelle, imposée par l'État, est (tôt ou tard) la plus grande occasion de guerre civile » (1).

Bientôt les choses en vinrent au point qu'en janvier 1636 il reçut l'ordre de retourner en Angleterre. Mais il préféra s'enfuir vers le sud et, au prix de mille difficultés, gagner par voie de terre la baie de Narragansett. Dans la sécurité retrouvée, il projetait de fonder avec quelques amis une nouvelle « plantation, pour y recevoir tels qui étaient molestés ailleurs à cause de leur manière d'adorer Dieu ». Il lui donna le nom de Providence « par gratitude envers la Providence miséricordieuse de Dieu envers moi dans ma détresse ». D'autres citoyens pareillement épris de liberté religieuse ne tardèrent pas à fonder aux environs des établissements semblables, tels que Portsmouth et Newport.

Comme ces établissements avaient été créés en marge et au mépris de l'autorité légale, leur indépendance demeurait précaire. Aussi Roger Williams gagna-t-il l'Angleterre en 1643 en vue d'obtenir une patente autorisant les villes nouvelles à instaurer un gouvernement légal. Il l'obtint en effet. Puis, en 1644, une charte royale reconnut formellement l'existence séparée de la nouvelle colonie sous le nom de « *Providence plantation in Narragansett Bay in New England* ».

Dès le début, comme on pouvait s'y attendre, celle-ci s'engagea résolument sur la voie du libéralisme religieux. Aussi bien, ses citoyens appartenaient à des sectes diverses toutes également opposées à l'établissement d'une Église officielle.

(1) Roger Williams, *The Bloudy Tenent of Persecution*, 1644.

Un an après la proscription de Roger Williams, en novembre 1637, un autre pasteur, le révérend John Wheelwright, fut banni du Massachusetts pour « sédition et offense », mais c'est vers le nord, où existaient depuis 1623 quelques hameaux de pêcheurs, qu'il alla chercher refuge. Avec l'aide de quelques autres fugitifs, il fonda en 1638, sur la rivière Piscataqua, la petite ville d'Exeter. Mais, quelques années après, se fondant sur une patente antérieure, les Puritains du Massachusetts revendiquèrent le droit de gouverner Exeter et les petites communautés voisines qui n'avaient pas manqué de naître. Ce fut le début d'un litige interminable qui se déroula tant au Massachusetts que devant les tribunaux d'Angleterre. Ce n'est qu'en 1679 que la Couronne reconnut finalement l'existence séparée de la colonie, avec son propre gouvernement et sa propre assemblée représentative.

LE CONNECTICUT

Les premiers colons du Massachusetts qui s'aventurèrent vers l'intérieur furent frappés par la fertilité de la vallée de la rivière Connecticut (épelée à l'origine Conecticotte). En 1635 le révérend Thomas Hooker, pasteur de l'église de New Town, obtint de la Cour Générale de Massachusetts Bay la permission de s'y établir avec une centaine de ses paroissiens. Et en effet, à la fin de l'année suivante, avaient déjà été bâties les premières maisons en bois de trois petites villes échelonnées le long de la rivière : Windsor, Hartford et Wetherfield. Bientôt se posa le problème de l'administration commune de ces villes. En janvier 1639, dirigés par leur pasteur et animés comme lui d'idées libérales, les *freemen* nouvellement installés se réunirent à Hartford et rédigèrent d'un commun accord une véritable constitution en 11 articles, les *Fundamental Orders*. Cette ordonnance définissait jusque dans le détail les pouvoirs dont était investie l'« Assemblée ou Cour Générale ». Elle témoigne du profond besoin que ressentaient les premiers colons anglais d'Amérique de se donner un gouvernement régulier propre à sauvegarder dans la pratique journalière leurs droits d'hommes libres, tout en s'assurant une administration efficace.

Cependant un autre groupe d'émigrants venus cette fois directement d'Angleterre avait fait une brève escale à Boston, doublé le

(1) C'est en 1629 que plusieurs petites colonies de pêche de la côte se donnèrent le nom du comté anglais qu'elles avaient laissé derrière elles.

cap Cod, longé la côte de Rhode Island et fondé le petit port de New Haven. En 1662 une charte royale exceptionnellement libérale réunit sous un seul gouvernement la colonie intérieure et cette petite colonie maritime.

LE MARYLAND (1)

En décembre 1633, deux vaisseaux, l' « Arche » et la « Colombe », quittèrent l'Angleterre avec, à bord, deux ou trois cents colons en partie catholiques, en partie protestants. Leur destination était, dans Chesapeake Bay, l'embouchure du Potomac. Ils avaient à leur tête un catholique convaincu, Léonard Calvert, frère cadet de l'initiateur de l'entreprise, le second Lord Baltimore, auquel le roi Charles Ier avait donné en jouissance une étendue de terre située au nord de la Virginie.

En effet, eux aussi persécutés, les catholiques d'Angleterre espéraient pouvoir pratiquer librement leur religion de l'autre côté de l'Atlantique. Ainsi fut fondée la première petite ville de la nouvelle colonie, St-Mary's. D'autres surgirent bientôt aux environs. Mais ce n'est qu'en 1729 qu'allait être fondée la ville appelée à jouer le rôle le plus considérable, Baltimore.

Selon le désir de la famille « propriétaire », les clauses religieuses de la charte obtenue étaient très généreuses et le Maryland offrit asile à tous émigrants quelle que fût leur religion. La majorité — artisans et ouvriers — fut d'ailleurs dès le début protestante, tandis que les gentilshommes étaient catholiques. Cette vocation de tolérance fut encore soulignée dans le fameux édit de tolérance (*Act concerning Religion*) du 21 avril 1649 qui fit véritablement date.

Il y était dit textuellement :

> « ...Considérant que l'imposition de la conscience en matière de religion s'est fréquemment avérée de dangereuse conséquence dans les communautés où elle a été appliquée... il est donc statué... qu'aucune personne ou personnes dans cette Province... qui professent croire en Jésus-Christ ne seront dorénavant en aucune manière troublées, molestées ou incommodées pour ou à l'occasion de leur religion ni dans le libre exercice de ladite dans cette Province... ni en aucune manière contraintes de confesser ou exercer toute autre religion contre leur consentement... »

Mais ce régime de tolérance connut bien des vicissitudes. Lors de l'accession au pouvoir de Cromwell et des Têtes rondes en 1654,

---

(1) Ainsi nommé en l'honneur de la reine Marie, fille de Henri IV, femme du roi d'Angleterre Charles Ier, connue dans son pays d'origine sous le nom de Henriette-Marie de France.

le *Toleration Act* fut abrogé et l'exercice de la religion catholique interdit dans la colonie. Après une nouvelle période de liberté religieuse, les colons du Maryland connurent de nouveau des années très difficiles pendant le régime du Roi Guillaume et de la reine Mary. L'Église anglicane fut établie par la loi et tous les colons durent payer l'impôt ecclésiatique quelle que fût leur religion. Aussi bon nombre de familles catholiques émigrèrent-elles dans la colonie contiguë de Pennsylvanie, où William Penn et ses Quakers leur permirent d'exercer librement leur religion.

LES CAROLINES

En 1653, mécontents ou désireux de nouveauté, un entreprenant petit groupe d'habitants de la Virginie décidèrent de se risquer plus loin au sud et, sans patente ni charte aucune, s'établirent sur les rives de la rivière Chowan. Ils se mirent aussitôt à fabriquer, à partir des pins qui les entouraient, poix et goudron si nécessaires lors de la réparation ou de la construction de bateaux en bois.

Mais ce n'est que dix ans après, lorsque la dynastie des Stuart fut revenue au pouvoir en Angleterre, que commença la colonisation officielle. En effet Charles II récompensa Lord Clarendon, le duc d'Albemarle et six autres nobles qui l'avaient aidé à restaurer la monarchie en leur accordant une charte. Par elle il leur conférait des droits de propriété sur un immense territoire au sud et à l'ouest de la Virginie. Ils s'empressèrent naturellement de l'appeler Caroline en l'honneur de leur bienfaiteur. Cette charte était du même type que celle qui avait été précédemment octroyée au « Lord propriétaire » Baltimore.

Les premiers colons débarquèrent en 1670, et créèrent un établissement au bord de la rivière Ashley, dans le sud de la Caroline. Deux ans après c'était la fondation de Charleston. Le village grandit lentement, mais régulièrement, grâce notamment à un certain mouvement de réémigration en provenance de l'île Barbade. De plus, dès avant la révocation de l'édit de Nantes (1685), mais bien davantage après, des Huguenots persécutés vinrent chercher la liberté religieuse dans ce port d'accueil. Ils la trouvèrent en effet. Mais aussi une administration désagréablement tâtillonne. Car les Lords-propriétaires avaient élaboré et mis en vigueur un « Grand Modèle » qui leur laissait tout le pouvoir et réglait jusque dans le détail la vie des citoyens. De là de nombreuses années de turbulence, puis même un vent de rébellion. Un groupe d'opposants fit appel au Roi, qui, en 1729, finit par diviser la colonie en deux provinces, la Caroline du Nord et la Caroline du Sud. Chacune constitua une colonie royale séparée sous un gouverneur nommé par le Roi.

Les colonies anglaises situées au nord et au sud de la Nouvelle Néerlande, c'est-à-dire au nord du fleuve Hudson et au sud du fleuve Delaware, voyaient naturellement d'un très mauvais œil l'intrusion de rivaux dangereux en plein centre de cette longue côte atlantique que toutes les chartes royales avaient par avance considérée comme terre de la Couronne. Et Londres ne guettait que l'occasion de faire prévaloir ses droits prétendus antérieurs. Au surplus la prospérité des établissements néerlandais au bord du fleuve Hudson, la richesse naissante de la Nouvelle Amsterdam avec ses maisons de briques cossues à pignon, ne pouvaient qu'exciter la convoitise. Et le potentiel de force de cette colonie étrangère représentait une menace certaine.

L'occasion voulue se présenta en 1664 quand, en Europe, la guerre éclata entre Angleterre et Pays-Bas. Une imposante flotte anglaise apparut bientôt à l'entrée du port de New Amsterdam. L'énergique gouverneur hollandais, Petrus Stuyvesant, était partisan de la résistance, mais les moyens de défense étaient médiocres et, dissuadé par ses conseillers, il accepta finalement une capitulation qui entraînait la perte de toute la Nouvelle Néerlande. D'un seul coup, par le traité de Breda (1667), l'Angleterre s'était rendue maîtresse, sans aucune solution de continuité, de toute la côte atlantique, du Maine à la Caroline du Sud.

Ainsi nanti, le roi Charles II se mit aussitôt en devoir de concéder à son frère Jacques, duc d'York, tout le territoire situé entre la rivière Connecticut et le Delaware. En même temps New Amsterdam changeait de nom, et devenait New York, en l'honneur du Duc.

Le court intermède d'une nouvelle guerre qui se ralluma en 1673 entre Pays-Bas et Angleterre restitua momentanément la Nouvelle Néerlande aux Pays-Bas, mais quinze mois après, l'Angleterre rentrait définitivement en possession du territoire par le traité de Westminster.

Homme capable, mais rigide dans l'exercice de son pouvoir, le premier gouverneur anglais, Edmund Andros, finit par se mettre à dos ses administrés, qui eurent recours au moyen de résistance classique : la menace de ne pas payer l'impôt. Impressionné, le duc d'York remplaça en 1682 Andros par un nouveau gouverneur, Thomas Dongan, catholique irlandais qui, d'esprit plus libéral, accepta la réunion à New York City d'une première assemblée de 17 représentants du peuple (17 octobre 1683). Celle-ci vota d'emblée une quinzaine de lois dont l'une disposait qu'aucun impôt ne serait établi sans son consentement, et une autre que tous les citoyens jouiraient de la pleine liberté religieuse. Mais la « Charte de libertés et privilèges » ainsi obtenue par les *freemen* ne put entrer en vigueur, car deux ans après, en février 1685, le roi Charles II mourait et l'héritier du trône, son frère le duc d'York, lui succédait sous le nom de Jacques II. Ses tendances absolutistes se manifestèrent dès l'année suivante. Il interdit à l'Assemblée de se réunir et, pour mieux concentrer le pouvoir royal, il groupa en un « dominion de Nouvelle-Angleterre » toutes les colonies de la Couronne situées au nord du Delaware. Le gouverneur qu'il plaça à sa tête n'était autre que l'ancien gouverneur de la colonie de New York, l'« homme fort » de Londres, Sir Edmund Andros. Il n'eut toutefois pas longtemps l'occasion d'exercer son goût du pouvoir personnel, car en 1688 la révolution chassait Jacques II du trône et l'époux de sa fille Mary, Guillaume d'Orange, lui succédait. Quand la nouvelle en parvint à Boston, il y eut un soulèvement immédiat et les insurgés jetèrent Andros en prison.

Ce n'est là qu'un exemple des à-coups et des renversements de situation qu'entraînèrent, au XVIIᵉ siècle, dans toutes les colonies britanniques en bordure de l'Atlantique, la série des révolutions en métropole.

Le New Jersey (1)

La concession octroyée par Charles II à son frère Jacques, duc d'York, en 1664 comprenait le territoire maintenant connu sous le nom de New Jersey, et alors habité par un petit nombre de colons hollandais récemment installés. A son tour, le duc d'York transféra son titre de propriété à deux de ses amis, Sir John Berkeley et Sir George Carteret. Dans les années qui suivirent, des colons anglais venus pour la plupart de Nouvelle-Angleterre et de Long Island vinrent petit à petit noyer l'élément néerlandais. Ainsi furent fondées les villes de Newark et d'Elizabeth. Mais quelques toponymes hollandais subsistèrent, tels que Hoboken et Bergen.

Le Delaware

Située un peu plus au sud, la troisième colonie conquise en 1664 sur les Hollandais — qui venaient de l'arracher à la Suède — reçut

(1) Ainsi nommé en l'honneur de la défense par Sir George Carteret de l'île de Jersey pendant la guerre civile qui avait déchiré l'Angleterre.

en 1702 le nom de Delaware, en l'honneur du baron Delaware (ou De La Warr), premier gouverneur de la Virginie. Le duc d'York avait, en 1682, cédé ce petit territoire à William Penn et un représentant de celui-ci l'avait gouverné sous le nom de « Les Trois Comtés sur le Delaware ». Jusqu'à la Révolution américaine, le Delaware demeura la propriété de la famille Penn.

LA PENNSYLVANIE

En 1681 le roi Charles II concéda à un membre éminent de la Société des Amis (surnommés Quakers), William Penn, la propriété d'un vaste territoire situé au sud de la colonie de New York. Richement boisé, ce territoire allait porter le nom de Pennsylvanie (Forêt de Penn). Le souverain s'acquittait ainsi aisément d'une dette considérable contractée antérieurement envers le père du jeune homme.

Toutefois, en recouvrant sous cette forme la créance paternelle, William Penn songeait surtout, comme en son temps Lord Baltimore, à procurer un lieu de refuge à ses coreligionnaires persécutés. La même année encore il organisait un premier convoi de Quakers qui allèrent s'installer dans des villages de l'estuaire du Delaware datant de la colonisations suédoise : Newcastle et Upland. Déjà quelques Néerlandais et quelques Anglais y voisinaient avec les premiers colons suédois.

L'année suivante William Penn traversa lui-même l'Atlantique avec le renfort d'une centaine de Quakers. Il remonta le fleuve Delaware jusqu'au confluent du Schuylkill. C'est là qu'il fonda la « Cité de l'Amour fraternel », Philadelphie. Fondation à laquelle présidait une conception assez ambitieuse pour l'époque. En véritables urbanistes, les Amis lotirent le terrain en parcelles assez considérables, en sorte que chaque maison fut entourée d'un grand jardin. Tracées au cordeau, les rues étaient des avenues larges et droites. Les conditions d'une future capitale se trouvaient remplies d'avance.

Un des premiers soins de Penn fut de rédiger, sous le nom de *Great Law*, un code de lois propre à assurer, dans la liberté, une administration saine et juste. Cette « Grande Loi » disposait par exemple que les colons pouvaient pratiquer librement la religion de leur choix; que quiconque payait l'impôt avait le droit de vote; que tous les hommes membres d'une Église chrétienne étaient éligibles aux fonctions publiques; que dès l'âge de douze ans tous les enfants recevraient une formation en vue d'un métier ou d'une occupation utile; que deux crimes seulement — meurtre et trahison — seraient punis de mort. Cette dernière disposition avait un caractère proprement révolutionnaire, si l'on pense qu'à l'époque, en Angleterre, plus de deux cents « crimes » étaient justiciables de la peine de mort.

Attirés par la liberté religieuse expressément assurée dans la colonie de Pennsylvanie, de nombreux immigrants commencèrent à y affluer. Désormais ils ne venaient plus seulement d'Angleterre, mais d'Irlande et d'Allemagne rhénane. Ces deux éléments, les Protestants « Scotch-Irish » et les « Palatins », étaient particulièrement industrieux et habiles et ils contribuèrent grandement à la prospérité du pays.

C'est dans cette ambiance favorable que, le siècle suivant, un jeune et entreprenant Bostonien, Benjamin Franklin, allait pouvoir développer au mieux ses dons naturels.

LA GEORGIE

La dernière des treize colonies appelées par la suite à constituer les premiers « États-Unis » fut la Georgie. Elle doit sa fondation à un général anglais nommé James Oglethorpe (1696-1785). Personnalité originale et forte, celui-ci avait suivi de très près, et parfois critiqué, le dévelopement des douze colonies déjà existantes. En en fondant une treizième, il croyait pouvoir profiter de l'expérience acquise, des erreurs commises, et créer du neuf. Doté d'un sens social alors peu commun, ce philanthrope était choqué du grand nombre de bons citoyens qui, en exécution de lois jugées par lui néfastes, étaient jetés en prison pour dettes. Pourquoi ne pas les libérer et leur permettre de se refaire une existence dans cette providentielle Amérique? Un autre bon élément de peuplement pouvait être les protestants d'Allemagne victimes de la persécution. Enfin le général Oglethorpe se rendait compte que, dans la sorte de *no man's land* qui s'étendait entre les Carolines et la Floride espagnole, il y avait place pour une colonie britannique qui pourrait aider à conjurer tout danger d'agression en provenance du sud.

Tels semblent avoir été les divers mobiles auxquels Oglethorpe obéit en demandant au roi George II de lui accorder une concession sur les confins méridionaux de la Caroline du Sud qui, en 1729, venait de recevoir sa propre personnalité politique et administrative. Avec plusieurs autres *trustees* il obtint en effet du roi une charte leur réservant le territoire sur lequel il avait par avance jeté son dévolu. Celui-ci reçut d'emblée le nom de Georgie, en l'honneur du souverain donateur.

En 1633 donc, avec une centaine de prisonniers pour dette libérés de prison, de Salzburgers (Luthériens allemands), de Suisses, de Vaudois, de Highlanders, de Juifs et une certaine proportion de femmes, il faisait voile vers l'Amérique. Il débarqua dans l'estuaire de la rivière Savannah et fonda la ville du même nom. Des convois ultérieurs allaient permettre à celle-ci de bientôt grandir et prospérer.

Toutefois cet idéaliste avait en tête, pour ses administrés, un plan de vie quelque peu utopique auquel la nature humaine et les conditions climatiques et autres n'allaient pas manquer de faire obstacle. Les règlements qu'il édicta disposaient que chaque colon devait s'acquitter d'un travail manuel; les esclaves étaient exclus de la colonie; les spiritueux étaient prohibés; les catholiques, s'il y en avait, n'étaient pas autorisés à célébrer leur messe. L'opposition à ces mesures et à d'autres non moins sévères ne tarda pas à se faire si violente que force fut de céder et en particulier d'admettre dans la colonie, dès 1749, rhum et esclaves. Sans main-d'œuvre servile, en effet, comment cultiver cette céréale indispensable, le riz, sous un soleil de plomb, alors que, de plus, le paludisme exerçait ses ravages habituels?

La frontière avec la Floride était naturellement mal définie et les Espagnols ne tardèrent pas à réagir à cette tentative d'occupation de leurs confins septentrionaux. En juillet 1643 une flotte de 56 navires appareilla de La Havane pour s'emparer de Savannah et si possible détruire tout l'établissement britannique. Mais le général Oglethorpe était prêt à résister au choc. Les Espagnols furent complètement défaits et le vainqueur profita même de la situation pour revendiquer une bande de territoire au nord de la Floride.

En 1752, à l'expiration de la Charte, la Georgie devint à son tour colonie de la Couronne, avec un gouverneur nommé par le Roi.

L'une après l'autre les compagnies à charte, ainsi que les propriétaires de colonies, avaient ainsi perdu, ou dans quelques cas s'étaient vu racheter, leurs droits. Désormais les Colonies allaient être toutes administrées directement par le Roi, lui-même conseillé par son Parlement. A la diversité et à la dispersion anarchique des pouvoirs succédait une période de centralisation administrative à distance. Celle-ci allait se heurter à des difficultés sans doute prévisibles, mais la plupart du temps non prévues par Londres.

4   LES RELATIONS AVEC LES INDIENS

« 4 *septembre* 1609 —... Ce jour les gens du pays vinrent à bord, paraissant très heureux de notre venue, et apportèrent du tabac vert, et nous en donnèrent, en échange de couteaux et de perles. Ils portent des peaux de daim flottantes, bien préparées. Ils ont du cuivre rouge. Ils désirent des vêtements et sont très civils. Ils ont grande provision de maïs, dont ils font de bon pain...

5 *septembre* — ... Nos hommes débarquèrent et virent grande foule d'hommes, femmes et enfants qui leur donnèrent du tabac... Ce jour beaucoup de ces gens vinrent à bord, quelques-uns en manteaux de plume et quelques-uns dans des peaux de diverses sortes de bonnes fourrures... quelques femmes vinrent aussi vers nous avec du chanvre... Le soir, ils redescendirent à terre, ainsi nous fûmes très tranquilles, mais n'osâmes nous fier à eux.

6 *septembre* — ... Notre capitaine envoya John Colman et quatre autres matelots dans notre barque... pour sonder l'autre rivière... Comme ils revenaient ils furent attaqués par deux canoës, l'un avec 12 hommes, l'autre avec 14... ils eurent un tué dans le combat, John Colman, par une flèche à la gorge, et deux blessés...

9 *septembre* — ... Le matin deux grands canoës nous abordèrent. pleins d'hommes; dans l'un ils avaient leurs arcs et leurs flèches, l'autre faisait mine d'acheter des couteaux pour nous trahir. Mais nous perçâmes leur intention...

2 *octobre* — Deux canoës pleins d'hommes décochèrent des flèches à notre poupe; à quoi nous ripostâmes en déchargeant six mousquets, tuant deux ou trois d'entre eux. Alors plus de 100 sur une pointe de terre nous criblèrent de flèches. Là-dessus je lâchai sur eux un boulet de notre faucon et en tuai deux... Alors nos hommes, avec leurs mousquets en tuèrent trois ou quatre autres. Et ils allèrent leur chemin... (1) »

(1) *Le Troisième voyage du Capitaine Henry Hudson*, Journal de bord de Robert Juet, dans l'édition « documentaire » de la *History of the American People* de Woodrow Wilson, Tome I, p. 274-291.

C'est avec cette flegmatique objectivité que, remontant le fleuve Hudson, Robert Juet, second à bord, décrit les premiers contacts d'un navigateur européen avec les Indiens. Ce journal de bord peut être considéré comme typique : de la part des Indiens, signes de joie à la vue des étrangers, troc de maïs contre couteaux et verroterie, bientôt pluie de flèches ; de la part des Européens, surprise, mais rien de plus, à la vue des « sauvages », troc avantageux, dans la méfiance, et bientôt décharges de mousquets ou de « faucons ».

Dix ans après les choses se passèrent un peu différemment lors du débarquement des Pères Pèlerins. Ils se trouvaient dans une zone occupée par les Narraganset et les Wampanoag d'aspect assez féroce. Ces tribus pouvaient, disait-on, aligner trois mille guerriers. Pendant le second hiver (1621-1622) lorsque les Indiens s'avisèrent que les Blancs étaient là pour demeurer, ils déléguèrent à la petite colonie 50 guerriers porteurs d'une poignée de flèches liées par une peau de serpent. Que pouvait-ce être sinon une menace de guerre ? Le chef des Pèlerins, William Bradford, renvoya la peau bourrée de poudre et de balles. Cette force de dissuasion produisit apparemment son effet. Le sachem Canonicus persuada sa tribu de chercher un accommodement. Et en effet la colonie de Plymouth n'eut guère à se plaindre d'incursion hostiles de la part des Narraganset jusqu'à la mort de Canonicus (1647), et même après.

Ailleurs les colons n'eurent d'abord pas le sentiment d'être mal accueillis. D'habitude les Indiens se montraient d'emblée désireux de troquer leurs fourrures et leur tabac contre des objets utiles, ou même inutiles, et bientôt contre du rhum — ce rhum qui allait leur être fatal. Ils n'eurent tout d'abord pas l'impression d'être dépossédés de leur sol, car celui-ci était immense par rapport à la population indigène clairsemée, et cette proportion n'était encore guère modifiée par l'installation au bord de la mer ou d'un estuaire de quelques poignées d'Européens. Au surplus, au Massachusetts par exemple, la population indienne déjà très faible avait encore été décimée par l'épidémie de 1617, et quelques années après la variole acheva de presque exterminer la tribu.

Petit à petit, tout nantis qu'ils fussent de chartes péremptoires, les Européens se rendirent compte que les « sauvages » n'en avaient pas moins des droits de propriété antérieurs aux leurs et ils cherchèrent à régulariser la situation et à satisfaire leur conscience en établissant, ou simulant, des actes de vente sur parchemin. Les Indiens se laissaient persuader par signes d'apposer leurs pictogrammes en guise de signature. Mais il va sans dire qu'ils ne comprenaient guère le sens de la transaction. La notion de propriété et d'aliénation immobilière leur était tout à fait étrangère et ils pensaient que ce que les Blancs voulaient, c'était simplement un droit de jouissance.

Souvent le chef de la tribu était introuvable et le Blanc prenait sans cérémonie possession de la clairière proche qui paraissait répondre à ses besoins.

Toutefois au bout de peu d'années les Indiens s'aperçurent que l'invasion blanche entraînait pour eux les conséquences les plus graves. De nouveaux colons ne cessaient de débarquer. Ils fondaient des villages de plus en plus loin de la côte et, comme il leur fallait se nourrir, ils ramenaient de la chasse daims et dindons sauvages et ils étendaient leurs propres cultures vers l'intérieur, utilisant dans la forêt illimitée les brûlis pratiqués par les Indiens, puis abandonnés par eux au fur et à mesure qu'ils étaient refoulés vers l'ouest. Les terrains de chasse de ces derniers devenaient ainsi plus exigus et le gibier plus rare. Les représailles individuelles — une flèche décochée de derrière un arbre contre un Blanc isolé — puis collectives — le feu mis à des maisons ou à des plantations — reflétaient une tension accrue entre Blancs et Indiens. Mais les choses n'en restaient pas là. Des contre-représailles s'ensuivaient infailliblement. Une expédition punitive était organisée par les envahisseurs, parfois moyennant appel à la milice. Naturellement les mousquets étaient plus forts que les flèches et l'on s'estimait justifié à s'approprier de nouvelles terres.

Il y avait certes des intervalles de paix inquiète, mais un jour ou l'autre c'étaient de nouveau des attaques féroces, des « massacres indiens » comme on les appelait, auxquels n'échappaient ni les femmes ni les enfants.

Ainsi s'installa une sorte de guerre larvée qui allait connaître des flambées de la Floride au Dakota. Elle devait durer deux siècles et demi.

Il semble que l'on puisse distinguer trois périodes principales dans l'évolution de cette « guerre indienne » quasi endémique.

Ce furent d'abord des réactions hostiles de tribus qui se sentaient menacées. Dès 1622 les colons de Virginie subirent ainsi un coup particulièrement dur. La fédération de tribus qui les entourait, celle des Powhatans (1), était puissante et nombreuse. Sur sa carte John Smith leur attribue cent soixante villages. Le sachem suprême, Wahunsoncock, plus connu sous ce même nom de Powhatan, n'était pas mal disposé, à preuve qu'il avait consenti au mariage de sa fille Pocahontas avec un notable blanc, le tout premier planteur de tabac John Rolfe. Mais lorsqu'il mourut en 1618 il eut pour successeur son frère, Opechancano, qui était violemment hostile aux Européens. Le 22 mars 1622, en un coup bien monté, il attaqua en

(1) En algonquin, *pawatan* signifie : chute dans un cours d'eau.

même temps tous les établissements de Virginie, tuant 346 Anglais et détruisant tous les villages excepté Jamestown. C'était le début d'une guerre de 14 ans au cours de laquelle les Blancs ne laissèrent aucun répit aux Indiens, détruisant régulièrement, deux ou trois fois par an, leurs plantations de maïs, de haricots, de courges, de melons et de tabac. Une paix tant bien que mal conclue en 1636 ne dura que quelques années. Opechancano vieilli ourdit en 1641 un nouvel et dernier massacre au cours duquel un demi millier de Blancs furent tués en un jour. Cette guerre sans merci ne prit fin que lorsqu'en 1643 ce chef intraitable eut été capturé et exécuté.

Un autre exemple de ces brusques flambées est la guerre dite des Péquots (1) qui sévit en Nouvelle Angleterre en 1637. Ces Péquots faisaient partie de la tribu des Mohegans, mais ils s'en étaient séparés. La guerre commença par le meurtre d'un commerçant anglais. Il y eut l'habituelle période de représailles et de contre-représailles. Le sachem Sassacus espérait que les Narragansets se joindraient à lui, mais il n'en fut rien, grâce à l'influence que Roger Williams exerçait sur eux. Le 26 mai 1637 un fort détachement anglais que commandait le capitaine J. Mason réussit à se glisser sans être remarqué jusque devant le village principal des Péquots avec son habituelle enceinte de palissade. Il y mit le feu. Quiconque cherchait à s'échapper était tué sans merci. Quelque 600 hommes, femmes et enfants périrent ainsi en moins d'une heure, sans pertes pour les assaillants. La tribu ne se releva pas du désastre.

Pendant une seconde période, la pression des Blancs devenant de plus en plus irrésistible, les Indiens en vinrent à se mieux départir de leur égoïsme tribal, ils s'efforcèrent d'oublier leurs propres dissensions et plusieurs tribus réussirent à former des alliances en vue d'une action commune. Des trois principales guerres de ce type : guerre du roi Philippe (1675-1676) en Nouvelle Angleterre, guerre des Tuscaroras (2) (1711-1712) en Caroline du Nord, guerre des Yamassees (1714-1715) en Caroline du Sud, la première fut la plus longue et la plus sanguinaire. Elle mit à rude épreuve la petite colonie de Plymouth. Celui que les colons appelaient le roi Philippe mais dont le vrai nom était Metacomet, était le sachem des Wampanoags. A la suite d'un complot ourdi par lui, mais éventé, le dénonciateur fut tué par les Indiens, ses meurtriers à leur tour exécutés par les Anglais. Pendant tout l'été et l'automne les escarmouches et les incendies de villages se succédèrent. La grave défaite que les Indiens

(1) Raccourcissement de l'algonquin *Paquatanog* : destructeurs.
(2) L'aide des Corees n'empêcha pas l'inévitable défaite. Ce qui restait de la tribu émigra vers le nord, au bord du lac Oneida, où les Tuscaroras s'agrégèrent aux Iroquois. Ils en constituèrent la sixième «nation».

subirent le 19 décembre 1675 ne brisa pas leur résistance. Celle-ci ne prit fin que lorsque le roi Philippe eut été tué le 12 août 1676 au cours d'une attaque par surprise. Triomphalement apportée à Plymouth, sa tête fut fichée sur un pieu bien en vue, et demeura là, en exemple, pendant un quart de siècle.

Pendant cette période la guérilla qui régnait sur la « frontière » entre Indiens et colons eut parfois des incidences imprévues sur les relations entre le gouverneur de la colonie et ses administrés mécontents, et elle contribua à envenimer une situation déjà tendue. La rébellion dite de Bacon en Virginie (1676) est à cet égard typique. Le gouverneur Berkeley était alors, et depuis bon nombre d'années, l'objet de rancunes violentes de la part de l'élément de la population qui, ne possédant pas de terre, n'avait pas le droit de vote, et de celui qui, la possédant, déplorait que les postes importants et les faveurs fussent réservés aux riches planteurs ou aux amis personnels du gouverneur royal. Les plus exposés aux flèches des Indiens, les pionniers de la « frontière », se plaignaient notamment d'être insuffisamment protégés par la milice et accusaient le gouverneur et sa clique de ménager les « sauvages » afin de ne pas nuire au commerce des fourrures dont ils avaient le monopole et qui leur valait de beaux bénéfices. Une attaque meurtrière des Indiens contre les frontaliers provoqua une véritable révolte. Constatant que le gouverneur Berkeley et les planteurs de la côte tardaient à déclencher l'opération de représailles qu'ils jugeaient indispensable, les pionniers des hautes vallées des rivières James et York se firent justice eux-mêmes. Un jeune et riche gentleman, Nathaniel Bacon, prit fait et cause pour eux, se mit à leur tête et attaqua avec eux la principale redoute indienne, massacrant 150 « sauvages ». Par la suite d'autres mécontents se joignirent à eux et le mouvement de révolte prit les dimensions d'une véritable insurrection à main armée contre le gouverneur et les pouvoirs publics. Les insurgés allèrent jusqu'à prendre d'assaut la capitale Jamestown et à l'incendier. Mais peu après Bacon mourait du paludisme et l'insurrection fut étouffée par des pendaisons.

Il convient de noter que pendant ces deux périodes de belligérance larvée entre Indiens et Blancs, une élite de ces derniers éprouva des sentiments d'humanité et eut une attitude de compréhension ainsi qu'une volonté d'honnêteté envers les victimes de l'invasion européenne. Roger Williams, qui avait trouvé asile parmi les Narragansets, fut leur ami reconnaissant et sincère. L'achat de terre qu'il conclut avec eux ne fut pas pour eux un simple marché de dupe, comme c'était trop souvent le cas.

William Penn, de son côté, pratiqua d'emblée avec les Indiens de sa concession les préceptes les plus généreux de la secte des Amis.

Peu de temps après son débarquement il convoqua une assemblée de ses voisins indiens. Bon nombre vinrent en effet, le thorax barbouillé de peinture rouge, armés d'arcs, de flèches et de tomahawks. Les Quakers n'avaient par contre aucune arme. Penn expliqua de son mieux aux Indiens que les Quakers étaient épris de paix, qu'ils entendaient traiter leurs voisins avec justice, qu'ils voulaient s'assurer leur amitié et qu'ils désiraient leur acheter à un prix équitable la terre dont ils avaient besoin. Il fut de plus convenu que tous les litiges entre Indiens et Européens seraient réglés par un conseil paritaire composé de six Indiens et de six Blancs. De leur côté les Indiens s'engageaient à vivre en paix et à ne pas attaquer les compagnons de Penn. Et en effet aussi longtemps que Penn vécut son traité avec les Indiens fut loyalement observé.

Dans le *hinterland* de la province de New York il y eut également de la part de ses gouverneurs successifs un réel effort de coexistence pacifique. La situation y était potentiellement dangereuse, car les tribus indiennes y étaient puissantes. Dès avant l'arrivée des Blancs elles s'étaient unies en une sorte de confédération. C'étaient les « Cinq nations » de la famille iroquoise : les Mohawk, les Oneida, les Onondaga, les Cayuga et les Seneca. Elles avaient un conseil commun, avec un nombre fixe de délégués pour chacune, et des cérémonies communes. Elles étaient d'autant plus à redouter qu'elles étaient animées d'un véritable esprit de conquête. Les tribus voisines avaient fort à souffrir des Iroquois et ceux-ci en avaient subjugué, ou même anéanti plusieurs : les Hurons en 1648, les Neutrals en 1650, les Érié en 1655. Derrière cette zone se trouvait la Nouvelle France, menace grandissante pour les colonies anglaises. Ces diverses considérations incitèrent les gouverneurs de New York à beaucoup d'égards pour ces turbulentes « Cinq Nations ». C'est ainsi que Sir Edmund Andros institua un conseil chargé de veiller à ce que les Indiens fussent traités équitablement et d'arbitrer avec impartialité les litiges qui pourraient surgir entre pionniers et Indigènes.

Au cours d'une troisième période les Indiens furent appelés à jouer un rôle de plus en plus important, et parfois décisif, dans les guerres qui, sur sol américain, opposèrent les Anglais aux Français et aux Espagnols. Certaines tribus méridionales furent encouragées, ou même armées, par ces derniers. Certaines tribus septentrionales, de leur côté, s'allièrent aux Français. Les dissensions intertribales et les intérêts commerciaux jouaient naturellement un grand rôle dans les alignements politiques et il arrivait fréquemment que ce fussent des promesses ou des présents aux sachems qui déterminassent l'option de telle tribu pour l'un ou l'autre des belligérants européens. En tout cas l'appoint indien ne fut jamais négligeable et il est entièrement conforme à la réalité des faits que la Guerre de Sept ans (plus exactement de neuf ans, pour autant qu'elle se déroula sur sol américain) porte encore aujourd'hui, dans l'historiographie anglo-américaine, le nom de *French and Indian War*. Sans le soutien que les Anglais reçurent des Iroquois contre la coalition franco-indienne il est permis de penser que la guerre aurait pu avoir un cours différent, ou en tout cas moins rapide.

Pendant le siècle qui préféra cette dernière et décisive épreuve de force entre les deux puissances rivales, les Anglais avaient en effet su habilement ménager les Iroquois. Dès la fin du XVIIe siècle le gouverneur Thomas Dongan avait signé avec ceux-ci un traité aux termes duquel ils reconnaissaient aux Anglais le droit, et leur donnaient mission, de les protéger contre toute attaque dirigée contre eux par d'autres Indiens ou par des Blancs. Soit dit incidemment, ce traité comportait certaines précisions territoriales qui devaient par la suite permettre à l'État de New York d'élever des prétentions sur tout le territoire occupé par les cinq nations et de se l'annexer.

Un autre gouverneur, George Clinton, contribua lui aussi à assurer à l'Angleterre l'amitié des Iroquois. Dans un des avant-postes de la colonie vivait un officier anglais du nom de William Johnson (par la suite Sir William Johnson) qui entretenait des relations exceptionnellement cordiales avec les Indiens. Il parlait parfaitement leur langue, participait à leurs palabres, les aidait dans leur commerce de fourrures. Une des tribus iroquoises, celle des Mohawk, alla jusqu'à l'adopter comme membre et à se le donner pour chef. Comme tel, dans les cérémonies, ce sachem blanc se barbouillait la poitrine de rouge et portait plumes d'aigle. Nommé gouverneur en 1743, Clinton profita habilement de cette circonstance favorable pour confier à Johnson la tâche d'assurer la liaison officielle avec les Iroquois.

Ainsi avait été créée une véritable tradition d'amitié anglo-iroquoise qui allait bientôt se révéler inappréciable dans la dernière phase de la rivalité avec la France.

Mais ce ne devait être là qu'un épisode passager dans l'histoire des relations entre Indiens et Américains. Une fois le danger français écarté, l'irréductible opposition d'intérêts entre envahisseurs et envahis, entre Américains et Indiens allait de nouveau se manifester, et cela précisément dans la zone située au sud des Grands Lacs qui avait été l'un des principaux enjeux. La révolte soigneusement et intelligemment préparée par ce bon stratège, Pontiac, chef des Ottawas, n'est-elle pas intervenue juste au lendemain de la défaite définitive de la France à Québec et de sa virtuelle élimination de l'Amérique du Nord? Patriote indien avisé et esprit pénétrant, Pontiac s'était fort bien rendu compte que la domination anglaise, avec son implantation massive de pionniers qui accaparaient la terre, était beaucoup plus redoutable que celle des Français qui, eux, se contentaient d'établir, en des points choisis, des forts et des postes de négoce en fourrures.

5   LA RIVALITÉ AVEC LA FRANCE

Après la découverte par Jean Nicolet, en 1634, du lac Michigan et la mort de Samuel de Champlain en 1635, la prospection par les Français de la région des Grands Lacs marqua un peu le pas. Cela au moment même où le peuplement de la Nouvelle Angleterre suivait déjà une courbe ascendante. L'hostilité des Iroquois fut pour beaucoup dans cette stagnation. En 1648, par exemple, ils avaient anéanti les Hurons, amis des Français, et menacé Montréal.

Toutefois, de proche en proche, la rumeur de l'existence, vers le sud-ouest, d'un grand fleuve comparable au St-Laurent s'était propagée parmi les « voyageurs » et les « coureurs des bois », et la fondation à Paris de la Compagnie des Indes Occidentales en 1664 détermina un renouveau d'activité. Les missionnaires jésuites, qui suivaient invariablement les trappeurs, quand ils ne les précédaient pas, centralisaient toutes ces informations. L'un des mieux informés était le père Jacques Marquette. Dès l'arrivée à Québec, en septembre 1672, du gouverneur Louis de Frontenac — lui-même fermement décidé à agir — le P. Marquette fut adjoint au jeune explorateur Louis Joliet, qui connaissait bien la région des lacs Michigan et Supérieur, point de départ de toute expédition vers l'Ouest et le Sud-Ouest. A eux deux ils préparèrent soigneusement ce qui allait être une expédition mémorable.

Le 17 mai 1673, avec quelques compagnons, ils s'embarquèrent avec des provisions à destination de la Baie des Puants (maintenant *Green Bay*), étroite et profonde échancrure dans la rive occidentale du lac Michigan. Des guides indiens leur avaient donné l'assurance que s'ils remontaient la rivière du Renard (*Fox River*) qui s'y jette, un court portage au travers d'une ligne de partage des eaux presque insensible leur permettrait de descendre le cours de la rivière Meskonsing (Wisconsin), et que celle-ci les mènerait tout droit au grand fleuve jusque-là mythique. Le nom que lui donnaient les Indiens : *Missi Sepe* (Père des Eaux, Grande Rivière), les Français l'entendaient et le transcrivaient : Misipi ou Messisipi.

Les renseignements obtenus des Indiens se vérifièrent de point en point. Les deux explorateurs débouchèrent en effet dans le « Père des Eaux » et en descendirent le cours sans encombre, dépassant les confluents de l'Illinois, puis du Missouri, puis de l'Ohio. Ils ne poussèrent toutefois pas au-delà du confluent de l'Arkansas, car ils pressentaient que les Espagnols ne devaient pas être loin et pouvaient leur faire un mauvais parti. Ils remontèrent donc le fleuve, mais regagnèrent le lac Michigan par un itinéraire différent, utilisant cette fois le portage qui sépare la rivière Des Plaines — elle-même affluent de l'Illinois — du Chicago River.

Il était donc virtuellement acquis que le Mississippi se jetait quelque part dans le Golfe du Mexique. Restait à le descendre jusqu'à son embouchure.

C'est ce que fit le hardi Rouennais Cavelier de la Salle. Après bien des déboires et de sanglants démêlés avec les Illinois, secondé par Henri de Tonti, il put en 1682 réaliser son rêve : descendre le Mississippi jusqu'à la mer et prendre solennellement possession, au nom du roi Louis XIV, de l'immense vallée, nommée par lui Louisiane. Moyennant quelques courts portages il était donc désormais possible de s'embarquer à Montréal, de contourner les possessions anglaises, et de déboucher dans le golfe du Mexique.

Encore s'agissait-il de consolider cette prise de possession toute théorique. C'est à quoi La Salle s'employa aussitôt en jetant les fondations d'un premier fort, le fort St-Louis, sur le haut Illinois. Il entendait faire de même à l'embouchure du Mississippi, et à cet effet organisa, deux ans plus tard, de La Rochelle, une expédition maritime. Il ne put toutefois, par voie de mer, retrouver l'embouchure du fleuve, éprouva une longue série de désastres, et fut finalement assassiné en 1687 par quelques-uns de ses hommes.

Il fallut attendre plus de dix ans jusqu'à ce que la France poursuivît son avantage sur le bas Mississippi. En 1698, plus heureux que La Salle, Le Moyne d'Iberville et son frère Jean-Baptiste Bienville retrouvèrent assez facilement l'embouchure du fleuve, en explorèrent le cours inférieur, puis établirent une première petite colonie sur la baie de Biloxi. Le lieu n'était pas trop bien choisi et dès 1702 l'établissement était transféré dans la baie de Mobile

(Alabama). Toutefois la colonie ne commença vraiment à se développer que lorsque le nouveau gouverneur, Bienville, eut décidé d'ériger la capitale de la Louisiane au bord d'un « croissant » du Mississippi, sur la rive gauche du fleuve. Elle s'appela La Nouvelle-Orléans. Petit à petit l'agriculture et le commerce (tabac, coton, indigo, fourrures) se développèrent. Mais les communications avec l'Illinois, les Grands Lacs et Montréal, par le haut Mississippi, demeurèrent toujours précaires, ne fût-ce qu'en raison du temps qu'il fallait pour remonter le fleuve, ou — dans la direction inverse — en raison des glaces hivernales qui, pendant de longs mois, interdisaient la navigation dans le nord.

Cependant l'exploration du bassin du Mississippi par les Français, alors seuls en ligne, se poursuivit pendant la première moitié du XVIIIe siècle. Un à un tous les grands affluents de la rive droite étaient remontés en canoë. Saint-Denis atteignait ainsi le Texas les frères Mallet le Nebraska, La Harpe l'Arkansas, et même en 1742, remontant le haut Missouri et se rabattant vers le sud-ouest, les père et fils La Vérendrye poussèrent jusqu'aux premiers contreforts des Montagnes Rocheuses.

A ce moment la rivalité entre colons anglais et colons français — bien que de grandes distances de mer, de forêt et de montagne les séparassent encore — battait son plein. Elle remontait aux dernières années du XVIIe siècle, à une époque où le fanatisme religieux dressait, dans une opposition irréconciliable, puritains anglais contre papistes français. Mais ses aspects commerciaux prirent une importance de plus en plus grande. Il faut se rappeler quel rôle jouait alors, dans les préoccupations des gouvernements et des milieux d'affaires, le commerce des peaux et des fourrures. La demande en était insatiable, tant en raison de la mode que du besoin de chaleur vestimentaire dans des châteaux et des maisons mal chauffés. Au tout début, les deux terrains de chasse pourvoyeurs étaient d'une part les rives du St-Laurent, qui étaient entre les mains des Français, et de l'autre les rives du fleuve Hudson, que contrôlèrent successivement les Hollandais, puis les Anglais. Mais chacun de ces terrains ne tarda pas à être surexploité et à mesure que loutres, castors et martres se faisaient plus rares il fallait étendre plus à l'ouest le champ des opérations. Le gain des trappeurs indiens dans les régions en voie d'épuisement tendait donc à s'amenuiser. D'où de nouvelles frictions entre tribus désormais sous-privilégiées et celles qui disposaient de grandes ressources. La rivalité devenait insensiblement plus âpre entre les deux principaux centres d'achat, d'entreposage et d'expédition vers l'Europe, Montréal et Albany. D'entrée de jeu les Français avaient un certain avantage, car, par voie d'eau, en remontant l'Ottawa et traversant le lac Nipissing, ils accédaient aisément à l'*hinterland* du lac Huron où les Indiens offraient d'abondantes pelleteries à un prix modéré. Par contre les frais élevés qu'entraînait le long transport vers Montréal renchérissait la marchandise et la fermeture du St-Laurent pendant la moitié de l'année dressait un obstacle sérieux à l'acheminement des fourrures vers les marchés européens.

De son côté Albany, excellent port de navigation fluviale, disposait, en aval, des grandes facilités commerciales de New York et il pouvait se réapprovisionner auprès des Indiens à meilleur compte. Les historiens de l'économie américaine au XVIIIᵉ siècle ont calculé que l'écart de prix moyen entre les pelleteries d'origine anglaise et les pelleteries d'origine française était de l'ordre de 50 pour cent au détriment de ces dernières.

Mais le handicap français ne se bornait pas à ce simple écart de prix. Un facteur capital dans la rivalité franco-anglaise était l'interposition géographique de la confédération des Cinq, puis des Six Nations iroquoises, entre les lieux de production et les centres de vente. Son intérêt la poussait à s'entendre plutôt avec les Anglais. Sur ses propres terrains de chasse, le gibier à fourrure était vite devenu rare, mais les Iroquois se trouvaient idéalement placés pour servir d'intermédiaires entre d'une part les tribus situées plus à l'Ouest — dans le territoire que se partagent maintenant les États d'Ohio, d'Indiana, de Michigan, de Wisconsin et d'Illinois — et, d'autre part, les comptoirs d'Albany. Maîtres virtuels des Grands Lacs, pour autant du moins que les Indiens les y toléraient, non seulement les Français pouvaient se passer du concours des Iroquois mais même ils tendaient à les priver de leur principal moyen d'existence par le fait qu'ils trafiquaient directement avec les mêmes tribus lointaines. De là en grande partie cette belligérance franco-iroquoise toujours latente, cette guerre de prise sur les grands Lacs, ce harcèlement des tribus alliées aux Français, ces incursions dangereuses jusqu'aux portes de Montréal.

Il est toutefois patent que maints autres facteurs que le facteur iroquois allaient contribuer à la défaite de la France et à son éviction de l'Amérique du Nord. Certes, à l'échelle continentale, ses positions stratégiques offensives étaient excellentes. Dès les premières années du XVIIIᵉ siècle elle avait établi, et s'efforça par la suite de consolider, toute une chaîne de forts et de postes commerciaux qui décrivait comme un immense demi-cercle de Québec à La Nouvelle Orléans, le long du St-Laurent, des Grands Lacs, des affluents de rive gauche du haut Mississippi, puis du Mississippi lui-même. La conception stratégique d'ensemble, d'ailleurs souvent perdue de vue à Versailles et à Paris, était singulièrement ambitieuse pour 'époque, surtout en regard des moyens d'exécution : elle ne visait rien de moins qu'à confiner et enfermer les Anglais entre la côte atlantique et les Monts Appalaches, qui constituaient alors un rempart efficace. D'autre part, placées sous un commandement central, les petites armées françaises — quand elles avaient pu être financées, constituées et acheminées à travers l'Océan — avaient une plus grande valeur militaire et étaient mieux commandées que les milices d'occasion que leur opposèrent au début les gouvernements disparates des Colonies anglaises de la côte.

Mais en réalité les grands, les décisifs atouts étaient entre les mains des Anglais. L'attention du gouvernement français était rivée sur le vieux continent par les coalitions qu'inlassablement l'Angleterre mettait sur pied pour contrecarrer les ambitions de Louis XIV et de Louis XV. La flotte anglaise surclassait la française et assurait en permanence les arrières maritimes des Colonies qui bordaient l'Atlantique, alors que les communications entre Québec et Rouen ou La Rochelle étaient précaires et souvent interrompues en haute mer ou à proximité des côtes. La suprématie navale de l'Angleterre lui permettait même de menacer à volonté les établissements militaires français de l'île du Cap Breton, ceux de l'Acadie (maintenant Nouvelle-Écosse) et même le port de Québec, alors que ni Boston, ni New York ni Charleston n'avaient jamais rien à redouter de l'ennemi.

D'autre part l'infériorité numérique des Français établis au Canada, en Illinois et en Louisiane était par trop grande. Alors qu'au milieu du XVIIIe siècle les colonies anglaises de la côte comptaient déjà un million et demi d'âmes, les « habitants » français n'étaient guère plus de 80 000. Bénéficiant d'un meilleur climat et comptant parmi eux de nombreux artisans capables, disposant au surplus de ressources locales bien plus variées, les colons anglais savaient mieux se tirer d'affaire par eux-mêmes, alors que les Français demeuraient normalement dans un état de demie dépendance vis-à-vis de la métropole. La situation eût naturellement été tout autre si le Canada avait pu, après la révocation de l'Édit de Nantes (1685), attirer les réfugiés huguenots. Mais il n'en était pas question car le catholicisme était religion d'État au Canada comme en France et l'intolérance religieuse y était, si possible, encore pire. Le résultat était que, si ces réfugiés traversaient l'Atlantique, c'était pour chercher asile dans les colonies anglaises et contribuer à leur force.

Il n'est pas jusqu'au régime foncier adopté au Canada qui n'ait milité contre les intérêts véritables de la Nouvelle-France et n'ait été pour elle une source de faiblesse. En Nouvelle-Angleterre chacun pouvait acquérir une terre et la cultiver moyennant une redevance (*quit-rent*) dérisoire. Cela se savait partout en Angleterre et déterminait un afflux incessant d'immigrants. Au contraire, au Canada et en Louisiane on prétendait transposer sans changement appréciable le vieux système féodal de tenure du sol. Des nobles — d'ailleurs peu nombreux — se voyaient octroyer de vastes seigneuries en bordure des rivières ou des lacs (car toutes les communications de quelque importance étaient alors nécessairement fluviales ou lacustres). Et les paysans amenés de France qui cultivaient la terre étaient tenus de payer à leur seigneur le même «cens», c'est-à-dire les mêmes redevances, assez élevées, qu'un paysan saintongeais ou angevin payait au sien dans le vieux pays. Appliqué en terre vierge, ce système était un défi au bon sens. Les quelques milliers de terriens qu'on avait réussi à transporter éprouvaient de la difficulté, ou répugnaient, à payer ainsi tribut annuel et les plus entreprenants quittaient la terre pour le négoce.

Enfin, dernier et puissant atout, les lignes intérieures jouaient en fait en faveur des semi-encerclés, quinze fois plus nombreux que les prétendus encercleurs. A partir de la Nouvelle Angleterre, du New York ou de la Pennsylvanie, ils pouvaient à volonté attaquer l'Acadie — presque exclusivement par voie maritime — ou faire converger leurs efforts, au nord vers Québec et Montréal, au nord-ouest vers les lacs Ontario et Érié, à l'ouest vers le haut bassin de l'Ohio.

Les hostilités effectives entre Français et Anglais en Amérique du Nord se poursuivirent, avec de brefs intervalles d'une paix incertaine et méfiante, au cours de quatre guerres successives échelonnées sur quelque soixante-dix ans. Celles-ci n'étaient que le prolongement des guerres franco-anglaises du continent européen, mais elles revêtaient le caractère très différent que le théâtre des opérations leur imprimait sur le sol du Nouveau Continent.

La première (1689-1697), que les Français appellent la guerre de la Ligue d'Augsbourg, est pour les Anglais la *King William's War*. A part de nombreuses incursions mutuelles et de sanglantes escarmouches frontalières, elle fut surtout marquée par l'opération maritime que les Anglais tentèrent contre Québec en 1690. Avec 34 vaisseaux armés à Boston, Sir William Phipps se présenta en effet devant la ville, mais il ne put débarquer. La prise par les Anglais de Port-Royal (l'actuel Annapolis Royal) en Acadie n'eut d'importance que temporaire et le traité de Ryswick (1697) restitua la ville-forte à la France.

Sept ans ne s'étaient pas écoulés que déjà les hostilités reprenaient entre Français et Anglais. La guerre de la Succession d'Espagne (que les Anglais dénomment *Queen Ann's War*) devait durer douze ans (1701-1713). Les nouvelles opérations sur sol américain ne différèrent guère de celles de la guerre de la Ligue d'Augsbourg, sauf peut-être que la participation des Indiens aux raids et aux massacres mutuels sur les confins du Maine, du New Hamspshire et du Massachusetts fut encore plus active. Vers 1710 la lutte demeurait indécise. Le seul succès appréciable des Anglais fut la reprise de Port-Royal. Par contre en Europe la fortune des armes avait définitivement tourné contre la France. Tant d'opérations militaires sur tant de fronts l'avaient littéralement épuisée. Elle fut cette fois contrainte, par le traité d'Utrecht (1713), d'accepter de dures conditions de paix. En Amérique Louis XIV dut céder à l'Angleterre l'île de Terre-Neuve, le territoire de la baie d'Hudson et l'Acadie, où l'effort français de peuplement avait précisément le mieux réussi.

Il était déjà grave que l'accès des vaisseaux français pût être en temps de paix contrôlé et en temps de guerre entravé par les Anglais désormais installés aux portes de la Nouvelle-France. Ce qui l'était davantage, c'est que par le traité les Français reconnaissaient les Iroquois comme sujets britanniques, cela sur une étendue de territoire si mal définie que les Anglais pouvaient revendiquer comme faisant partie de leur sphère d'influence la vallée des affluents du haut Mississippi à l'est du fleuve.

Et en effet les quelque trente années qui précédèrent le début de la guerre suivante furent fertiles en conflits de toutes sortes. La rivalité commerciale entre les deux adversaires s'accentua lorsqu'en 1727 les Anglais établirent un fort à Oswego, sur le bord du lac Ontario. De là il devenait facile de capter une partie au moins du courant commercial jusque-là dirigé vers Montréal. C'est pour parer aux conséquences de cette intrusion inquiétante et barrer aux commerçants anglais l'accès du haut Mississippi que quatre ans après les Français fondèrent sur le Wabash le fort Vincennes.

Plus au sud, la situation évoluait aussi, et cela dans un sens également défavorable aux Français. De plus en plus nombreux, les colons de Pennsylvanie et de Virginie commençaient à se montrer très actifs dans les hautes vallées des fleuves du versant atlantique qui prennent leur source dans les Alleghanys, ou même ils en franchissaient la crête et s'intéressaient désormais eux aussi au commerce des pelleteries. Fondée en 1715, la Compagnie de l'Ohio se donna à tâche de développer les échanges avec ces terres de l'Ouest sur lesquelles la Virginie prétendait à un droit de propriété, puisque la concession de la Couronne s'étendait à tout l'arrière-pays jusqu'au Pacifique.

La Caroline elle aussi lançait ses avant-postes commerciaux par delà les Appalaches dans la vallée du Tennessee. Le moment n'était plus éloigné où le long ruban du Mississippi, jalonné par les quelques forts français qui défendaient le précieuse voie fluviale, allait être menacé en plusieurs points. Il l'était déjà par les tribus indiennes que l'on soupçonnait fort d'être soudoyées par des agents anglais. Les Chicachas, notamment, se mirent à intercepter les convois français qui descendaient ou remontaient le fleuve, rendant précaires les relations entre l'Illinois et la basse Louisiane. Entre 1736 et 1739 Bienville s'efforça, par une opération de grand style, de mettre un terme à leurs déprédations. Mais il y réussit très imparfaitement.

Déjà cependant les hostilités ouvertes allaient reprendre une fois de plus entre Français et Anglais. La guerre de Succession d'Autriche (1743-1748), connue par les Anglais sous le nom de *King George's War*, ne modifia pas sensiblement l'équilibre des forces militaires. Car si les Anglais purent en 1745 s'emparer de Louisbourg, forteresse principale de l'île du Cap Breton, le traité d'Aix-la-Chapelle (1748) la rendit à la France. Mais les conséquences indirectes de cette guerre de cinq ans ne tardèrent pas à se faire sentir. Ces longues hostilités avaient en effet disloqué les communications entre la Nouvelle France et sa métropole, en sorte que le prix des marchandises de troc françaises était le double de celui des marchandises anglaises importées d'Angleterre, ou anglo-américaines, déjà fabriquées dans les colonies de la côte. Une partie de la clientèle indienne prit donc l'habitude de traiter avec les négociants anglais et se détacha de la France. D'autre part, toujours excipant de sa charte, la Virginie s'apprêtait à lotir, dans les vallées de la rivière Alleghany et du Monongahela (qui confluent pour former le fleuve Ohio), des terres que les Français considéraient comme faisant partie de leur Louisiane.

Pour des raisons tant commerciales que politiques et stratégiques cette « fourche » de l'Ohio revêtait donc désormais une importance primordiale. Aussi n'est-il pas surprenant que ce soit précisément là que les hostilités recommencèrent dès 1754, soit deux ans avant le début de la Guerre de Sept ans proprement dite (que les historiens anglais nomment *French and Indian War*). Français et Anglais se disputèrent en effet la fourche de l'Ohio avec acharnement. L'un des chefs anglais n'était nul autre que le jeune lieutenant-colonel virginien, George Washington, qui eut sa part de revers et de succès. Après toutes ces péripéties, les Français durent finalement abandonner la clef de leur dispositif, le fort Duquesne (sur le site de l'actuel Pittsburgh), lorsque la prise par les Anglais du fort Frontenac, sur le lac Ontario, eut coupé les communications françaises avec l'Ouest.

Un autre épisode, qui précéda la déclaration de guerre de mai 1756, fut en 1755 le choix imposé aux Acadiens, demeurés obstinément Français, entre le serment d'allégeance au roi Georges II et la déportation. Plus de six mille d'entre eux préférèrent l'exil dans les Antilles. De là, bon nombre gagnèrent la Louisiane.

Malgré la prise en main de la conduite de la guerre par un ministre aussi énergique et capable que William Pitt, comte de Chatham, les Anglais commencèrent par subir des revers. Les Français avaient en effet à leur tête un chef de grande valeur, aussi avisé stratège que bon entraîneur d'hommes, le marquis de Montcalm. Celui-ci s'assura en 1756 la maîtrise du lac Ontario en enlevant aux Anglais le fort Oswego. En 1757, prenant l'offensive vers le Sud, il s'empara du fort William Henry, que les Anglais avaient érigé au nord du lac George pour interdire aux Français l'accès du fleuve Hudson, et il fit du fort Ticonderoga, bâti sur un site voisin, un bastion redoutable qui, en 1758, résista victorieusement à tous les assauts de l'armée du général Abercrombie. Mais il ne put pousser son avantage et poursuivre vers le Sud l'ennemi défait, car ses effectifs étaient très insuffisants.

Il devait finalement succomber sous le poids du nombre. Grâce à sa maîtrise de la mer l'Angleterre put amener plus de vingt mille hommes de renfort, avec leur armement. De leur côté les colonies américaines purent également équiper et mettre en ligne de nouveaux bataillons. Bientôt, reprenant l'offensive et renforçant leur pression vers le Nord, les armées anglo-américaines reconquirent un à un les points stratégiques importants, tels que les forts Niagara et Ticonderoga. En 1759 une puissante flotte britannique remonta le Saint-Laurent jusque devant Québec et effectua un débarquement de nuit. La bataille décisive se déroula le 13 septembre au matin sur les hauteurs d'Abraham entre les forces anglaises, commandées par jeune général James Wolfe, et les forces françaises sous le commandement de Montcalm. Inférieures en nombre et en armement, ces dernières furent battues, les deux chefs tués, et quelques jours plus tard Québec capitulait. La guerre sur sol américain était virtuellement terminée, car Montréal n'était pas à même d'opposer une résistance sérieuse et l'on ne pouvait plus s'attendre à aucun renfort en provenance de la France. Celle-ci, pour se défendre contre la Prusse alliée de l'Angleterre, avait besoin de tous ses moyens militaires. « Quand la maison brûle, on ne se préoccupe pas de l'écurie ».

L'entrée en guerre de l'Espagne aux côtés de la France en 1761 ne pouvait rétablir l'équilibre des forces et c'est une France déci-

sivement vaincue et épuisée qui, en 1763, engagea à Paris des négociations de paix. Force lui fut de souscrire aux conditions sévères
qui lui furent faites. Par le traité de Paris (10 février 1763) elle perdait, sauf quelques miettes, tout son empire colonial. Le Canada
devenait tout entier possession britannique ainsi que la partie de la
Louisiane qui s'étendait entre le Mississippi et les Monts Appalaches.
Entraînée dans la guerre par la France, l'Espagne s'était vu enlever
par l'Angleterre Cuba et les Philippines. Elle les recouvrait, mais
devait en échange céder la Floride à l'Angleterre. Pour compenser
cette perte, la France, de son côté, cédait à son alliée toute la partie
de la Louisiane comprise entre le Mississippi et les Montagnes
Rocheuses, y compris la Nouvelle Orléans. Elle ne conservait,
ainsi, plus un pouce de territoire sur le sol du continent nord-
américain. Il n'y restait plus en ligne, à l'issue de la guerre, que deux
puissances européennes : la puissante et triomphante Angleterre,
et la très faible Espagne.

Vers 1760 les régimes politiques sous lesquels se trouvaient placées les treize colonies paraissaient assez disparates. La majorité, soit huit d'entre elles (New Hampshire, Massachusetts, New York, New Jersey, Virginie, Caroline du Nord, Caroline du Sud, Georgie), dépendaient directement de la Couronne qui nommait leur gouverneur. Ces colonies avaient des « législatures » qui votaient des lois, mais de Londres la Couronne pouvait, en opposant son veto, frapper celles-ci de nullité. Habituellement ces vetos étaient provoqués par le Conseil Privé, qui avait lui-même recueilli l'avis de l'administration coloniale, c'est-à-dire du *Board of Commissioners for Trade and Plantations.*

Deux colonies, le Rhode Island et le Connecticut, étaient encore des colonies à charte qui se gouvernaient elles-mêmes.

Les trois dernières, soit le Maryland, le Delaware et la Pennsylvanie étaient des « colonies de propriétaires ».

Mais en réalité, sauf pour les questions de tolérance ou d'intolérance religieuse, ces différences de régime politique se répercutaient sur la vie des individus moins que l'on n'aurait pu croire. Les colonies à charte et les colonies de propriétaires tenaient leur mandat originel de la Couronne, conseillée par le Parlement de Westminster, et celui-ci exerçait en fait une certaine autorité législative sur toutes les colonies, quel que fût leur statut. A vrai dire il était le seul organe central qui pût contrôler de loin et de haut l'ensemble des relations commerciales et autres entre la métropole et les colonies dispersées en Asie et en Amérique.

Le long de la côte de l'Atlantique les différences de Colonie à Colonie tenaient plutôt à d'autres facteurs qu'au facteur politico-administratif : notamment à la nature du sol et au climat, au mode de peuplement, à la nationalité des immigrants, à la classe sociale dans laquelle ils avaient grandi en Angleterre, au genre de main-d'œuvre, servile ou libre, dont ils disposaient, etc. En fait, comme plusieurs de ces colonies étaient relativement petites et que le climat, les modes de vie qui en découlaient et les principaux moyens d'existence étaient assez voisins entre colonies voisines, les différences les plus sensibles se remarquaient surtout entre groupes géographiques de Colonies. A cet égard il est coutumier, et en somme juste, de distinguer entre les Colonies du Nord (New Hampshire, Massachusetts — auquel se rattachait le Maine — Rhode Island, Connecticut), les Colonies du Sud (Maryland, Virginie, Caroline du Nord, Caroline du Sud, Georgie) et les Colonies du Centre (New York, New Jersey, Delaware, Pennsylvanie).

D'autre part, au fur et à mesure que les habitants de chaque colonie et les immigrants venus d'Europe s'enfonçaient à l'intérieur et, année après année, déplaçaient la « frontière » plus loin vers l'Ouest, défrichant, chassant, pêchant et refoulant les Indiens, une classe flottante de la population tendait à se constituer, celle des pionniers — les frontiersmen — soumis à des conditions de vie très dures, mais assez semblables, qu'il s'agît de l'ouest du Massachusetts, de l'ouest du New York, ou de l'ouest des Carolines.

LES COLONIES DU NORD (NOUVELLE ANGLETERRE)

Malgré l'absence de données statistiques fondées sur des recensements comme nous les entendons aujourd'hui, la foule de documents versés aux archives des villes et des États et analysés par d'innombrables chercheurs locaux a permis aux historiens américains d'évaluer assez exactement la population des colonies aux stades principaux de leur évolution. A l'époque que nous étudions, la Nouvelle Angleterre comptait (à l'exclusion des Indiens) un peu plus d'un demi-million d'habitants, dont seulement une quinzaine de milliers d'esclaves. Cette population présentait un caractère très homogène, car les neuf dixièmes, ou même davantage, étaient venus d'Angleterre. Les nouveaux arrivés se trouvaient immédiatement à l'aise parmi les descendants, désormais « américains », des colons qui avaient quitté Londres, le Lincolnshire ou le Nottinghamshire vers 1640 ou 1680. Il n'y avait encore entre eux aucune différence appréciable de langue et les différences de manières et de coutumes étaient peu sensibles.

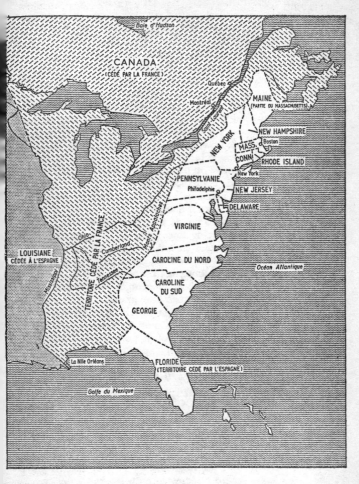

Carte 1. — Les treize États originaires en 1763.

Au surplus l'émigration vers la Nouvelle Angleterre avait long-temps continué de se pratiquer par groupes. C'était souvent un « ministre » et une fraction de sa paroisse qui franchissaient ensemble l'Atlantique et qui, collectivement, fondaient en terre neuve une petite ville. Ainsi transplantée la communauté continuait à vivre de sa vie antérieure. Celle-ci ne se modifiait que lentement sous la pression d'un environnement matériel et moral assez différent. La bourgade demeurait en tout cas paroisse — paroisse dont l'administration obéissait à des règles démocratiques. C'était la « congrégation » puritaine qui choisissait son pasteur et ses marguilliers. En se développant la ville s'administrait selon les mêmes principes. La pratique ne différait guère dans les communautés non-puritaines. Seul le Rhode Island s'était vu imprimer un caractère un peu spécial par l'accueil, plus large que partout ailleurs, qu'il offrait aux Églises dissidentes et aux idées de tolérance religieuse.

Les Yankees (1), comme on les appelait, étaient devenus une race robuste, saine, pleine de confiance et fière d'elle-même. La sévérité de leur foi et de leurs manières n'excluait nullement, dans la pratique, une grande souplesse d'intelligence. Celle-ci s'était exercée avec succès sur les problèmes de l'existence dans un pays neuf, notamment sur le premier de tous, celui de l'alimentation quotidienne. Les travaux agricoles étaient un impératif qui appelait un grand effort de volonté et de ténacité. Or la terre, toute en forêts, broussailles et rocailles, n'était pas trop bonne. Il avait fallu, pour vivre, la défricher, la dérocher, l'ameublir. A l'origine chaque famille avait sa terre et tous ses membres, grands et petits, maniaient la houe et le râteau. Le maïs était la principale céréale semée dans les potagers où l'on cultivait aussi tous les légumes d'Angleterre. On eut bientôt planté des vergers où le pommier dominait.

En général chaque ménage cherchait à se rendre indépendant, car le numéraire était rare. Les femmes filaient la laine à la quenouille ou même la tissaient. C'étaient des tissus grossiers mais chauds, dont le tailleur du village confectionnait des vêtements inusables. Les enfants étaient partout mis à contribution et accomplissaient les besognes domestiques ou « *chores* » appropriées à leur âge.

Petit à petit une agriculture de marché et non plus seulement de subsistance s'était développée, mais les rendements n'en furent jamais généreux, en raison de la médiocrité des sols, et c'est une des raisons pour lesquelles les habitants de la Nouvelle Angleterre s'étaient de bonne heure orientés surtout vers la mer et vers le

(1) Parmi les nombreuses étymologies proposées, la plus plausible paraît être la suivante : le mot ne serait autre que le diminutif hollandais de Jan (Jean) : Janke, plaisamment appliqué par les Hollandais de New York aux Anglais de la Nouvelle Angleterre.

commerce. Ils avaient su tirer un excellent parti des richesses de l'océan et organiser l'industrie de la pêche sur une grande échelle. L'exportation en tonneaux, vers l'Angleterre et les Antilles, de la morue séchée et salée leur valait de beaux bénéfices. Les magnifiques forêts de pins blancs et autres essences étaient à l'origine d'un développement rapide de la flotte de commerce. A peine le premier millier de colons avait-il débarqué à Salem que déjà les charpentiers s'attelaient à la construction d'un premier navire et dix ans ne s'étaient pas écoulés que de nombreux petits chantiers de construction navale prospéraient sur tout le pourtour de la baie de Massachusetts. En effet d'importantes commandes n'avaient pas tardé à venir des armateurs anglais. Dès 1676 le marché anglais absorbait chaque année trente bateaux sortis des chantiers de la Nouvelle Angleterre. Moins d'un siècle plus tard, en 1760, la production annuelle de ces chantiers s'élevait à quelque 350 navires de commerce.

Parallèlement, le commerce du bois sous toutes ses formes avait pris un grand essor. La demande locale était considérable, car toutes les maisons étaient à l'origine en bois et charrons et tonneliers avaient fort à faire. Mais sous forme de planches et de madriers le bois était également un article profitable d'exportation vers les Antilles. Celles-ci étaient alors parvenues à un stade d'enrichissement sensiblement plus avancé, et leur puissance d'achat était considérable.

De décennie en décennie le commerce de la Nouvelle Angleterre s'était diversifié. Il était surtout actif avec les Iles françaises et espagnoles. Les négociants bostoniens y achetaient principalement des mélasses, vite transformées en rhum de traite. Ce rhum en barriques garnissait la cale des bateaux négriers à destination des côtes d'Afrique et servait à acheter des esclaves. Amenés dans les Antilles, ces esclaves étaient troqués contre de nouveaux stocks de mélasse qui prenaient le chemin de la Nouvelle Angleterre, et ainsi de suite. La mentalité du siècle et le maintien, universellement accepté, des « sauvages » au ban de l'humanité étaient tels que ce cycle commercial ne révoltait pas les consciences puritaines les plus sourcilleuses.

Dans la vie quotidienne le calvinisme dominant revêtait des aspects moins négatifs. La croyance en la prédestination, la question angoissante que se posait chacun : « Serai-je parmi les élus? Est-ce que je mérite de l'être? » incitaient chacun à surveiller sa conduite de très près, à observer les commandements de l'Écriture, à consacrer le dimanche à l'adoration du Créateur, à éviter de succomber aux tentations mauvaises. Le commandement « Tu aimeras ton prochain comme toi-même » était pris très au sérieux. L'entr'aide entre voisins, l'assistance au pauvre étaient une règle religieusement observée. Pour aider le prochain à assurer son salut et fortifier sa résistance aux pièges du malin les assemblées votaient des lois imposant la fréquentation des cultes dominicaux, et interdisaient, le jour du Seigneur, les voyages, l'ouverture des tavernes, les jeux de cartes et les danses. Cette insistance sur le sérieux de la vie, cette raideur dans l'application des préceptes bibliques devaient subsister en Nouvelle Angleterre pendant des générations, et cela bien après la conquête de l'indépendance.

Il n'est donc pas étonnant que ses habitants aient pris particulièrement à cœur l'éducation de leurs enfants. Pour eux il ne s'agissait d'ailleurs pas seulement de mettre la jeunesse à même de lire la Bible et de bien comprendre les sermons du « ministre ». Il s'agissait aussi de la préparer à la vie publique et aux affaires. Cinq ans après sa fondation Boston possédait déjà sa première école, et dès 1647 la Cour Générale du Massachusetts votait une loi aux termes de laquelle chaque ville de 50 foyers ou davantage était tenue d'entretenir une école publique. Comme l'on peut penser, l'application de cette loi ambitieuse laissa fort à désirer.

Le premier collège, Harvard, avait été fondé dès 1636. Il était principalement destiné à former des pasteurs, mais d'autres disciplines que la théologie, notamment le latin et le droit, s'y développèrent rapidement. Plus tard d'autres collèges dans les colonies voisines contribuèrent eux aussi à relever le niveau intellectuel de la jeune génération et à former des citoyens cultivés : Yale (à New Haven, Connecticut) fut fondé en 1701 et Brown (à Providence, Rhode Island) en 1764.

Les familles de la Nouvelle Angleterre avaient, au XVIIIe siècle, de très nombreux enfants. Ce dynamisme démographique se traduisait par l'émigration de nombreux jeunes gens vers les Colonies du Sud, notamment le New York et le New Jersey. Ceux-ci emportaient avec eux leurs habitudes et leurs traditions et ne laissaient pas d'influencer leur nouveau milieu. Pour ne prendre qu'un exemple, l'esclavage n'avait jamais vraiment pris racine dans une région de petite propriété comme le Massachusetts, et déjà ses habitants nourrissaient l'esprit de fraternité chrétienne dans lequel allaient être conduites, bien au-delà de la Nouvelle Angleterre, les futures croisades abolitionnistes.

LES COLONIES DU SUD

Les Colonies du Sud avaient alors une population d'un peu plus de 700 000 âmes, dont près de 300 000 esclaves. Les principaux traits communs qui les distinguaient des autres Colonies étaient le caractère presque entièrement rural de leur mode de vie, la prédominance des grandes propriétés, où une agriculture de marché dépendait entièrement de l'abondance de la main-d'œuvre servile, et la concentration de la richesse et du pouvoir entre les mains de ces grands planteurs.

Au bord des longs et larges estuaires ainsi que des biefs fluviaux situés entre l'océan et les premiers rapides qui mettaient fin à toute navigation, le sol était fait de riches alluvions qui ne demandaient qu'à être labourés. La monoculture, celle du tabac, s'installa très tôt, en raison des grandes facilités d'écoulement dans une Angleterre fortement adonnée à l'« herbe indienne ». Mais en Caroline, et surtout en Caroline du Sud, le riz et l'indigo — ce dernier très demandé par l'industrie textile d'alors — couvraient également des superficies étendues.

Or toutes ces cultures, et surtout celle du tabac, favorisaient la grande, la très grande propriété. Comme on ne pratiquait aucun assolement, la culture chaque année répétée du tabac épuisait graduellement le sol, les rendements diminuaient, et il fallait élargir la surface cultivée si le propriétaire voulait maintenir son profit au même niveau élevé. D'autre part l'expérience montrait que, si on laissait le sol en jachère pendant quelques années, une culture rentable redevenait possible. Or c'était là une méthode que le petit propriétaire ne pouvait se permettre. Enfin un dernier facteur poussait à la constitution de grands domaines : le commerce du tabac comportait des fluctuations assez considérables — surtout dans le sens de la baisse, en raison de l'offre accrue — et, pour maintenir leur luxueux train de vie, les planteurs se voyaient contraints d'élargir la surface cultivée afin de pouvoir jeter sur le marché de plus grandes quantité de feuilles de tabac. Le petit planteur ne pouvait concurrencer le grand et il devait soit végéter, soit aller chercher fortune ailleurs. Ceux qui n'adoptaient pas ce dernier parti étaient les premiers de ces « Blancs pauvres » (*Poor White*) qui, dans les États du Sud, allaient un jour constituer une classe misérable... et un grave problème social.

Un millier d'hectares, telle était la dimension moyenne des grandes propriétés de Virginie. Mais il en était — celle par exemple de ce mécène, William Byrd, à Westover — qui dépassaient dix mille hectares. Avec ses multiples dépendances, le manoir du châtelain — car c'est ce qu'il était en fait — constituait toute une agglomération. La domesticité était nombreuse. Il fallait la loger à proximité des maîtres. L'exploitation nécessitait de plus la présence de tout un artisanat : charpentiers, charrons, maréchaux-ferrants, selliers. Écuries, étables, remises et hangars complétaient le complexe de bâtiments en bois. Quant aux « cases » sommaires des esclaves qui travaillaient aux champs, elles étaient groupées un peu à part. Un jardin potager et un verger achevaient de faire de la plantation une entité économique se suffisant en apparence à elle-même. En apparence seulement, car tout dépendait de la vente du tabac, en contrepartie duquel les planteurs faisaient venir d'Angleterre, à des prix élevés, de beaux atours, des meubles et des vins fins, voire un précepteur pour leurs fils, à moins qu'ils n'envoyassent ceux-ci en Angleterre pour y faire leurs études.

Cette « vie de château » reposait tout entière sur l'extraordinaire bon marché de la main-d'œuvre servile. Il n'en coûtait guère que l'équivalent d'une livre par an (en hardes, maïs et poisson salé) pour nourrir, vêtir et loger un esclave.

Ce système de plantations n'était pas de nature à favoriser le développement des villes, qui demeuraient de simples villages. Tout au plus deux ou trois ports : Charleston, Norfolk, avaient-ils acquis quelque importance. Le caractère rural de l'existence imprimait nécessairement son sceau à toute l'administration. C'était la paroisse qui constituait la plus petite circonscription administrative. Les conseils d'église — en fait les principaux planteurs — en assuraient la gestion, fixaient et percevaient les taxes municipales. Une vacance se présentait-elle? Les marguilliers cooptaient le nouveau membre, en sorte que dès l'échelon administratif inférieur le régime n'était autre qu'une oligarchie fermée.

L'échelon au-dessus, le comté, comprenait plusieurs paroisses. C'était le gouverneur qui nommait les juges de paix, mais il les choisissait invariablement parmi les grands planteurs. Réunis en Cour comtale, les juges administraient la justice, déterminaient l'impôt. Le soin d'exécuter les décisions de la Cour appartenait au shérif et au lieutenant de comté. C'est ce dernier qui était à la tête de la milice locale.

Tous les deux ans les électeurs du comté s'assemblaient pour choisir les membres de la « législature », qui, on l'a vu, portait en Virginie le nom de « Chambre des Bourgeois ». Le nombre des électeurs était limité par les conditions de propriété exigées, mais celles-ci n'excluaient pourtant pas les petits propriétaires. Les campagnes électorales étaient bruyantes, mais le résultat était toujours le même : les deux représentants de chaque comté étaient de gros planteurs qui disposaient de moyens puissants, y compris l'alcool nécessaire pour faire converger vers eux la majorité des suffrages.

Dans les Colonies du Sud, l'Église anglicane était « établie ». Ses ministres — très respectés — étaient donc rétribués sur les fonds publics. Si c'était le plus souvent le gouverneur qui les désignait, ce pouvait aussi être (dans le Maryland) le propriétaire, et même parfois c'est à titre de missionnaires qu'ils étaient nommés de Londres par la Société pour la Propagande de l'Évangile à l'Étranger. Ils dépendaient tous, en matière spirituelle, de l'évêque de Londres.

La dispersion des plantations, et, partant, des enfants d'âge scolaire, représentait un grand obstacle à l'institution d'un système d'enseignement adéquat. Les planteurs se préoccupaient davantage de l'éducation de leurs propres enfants que de celle des enfants des Blancs pauvres, qui croupirent longtemps dans une complète ignorance. Il n'y avait pas d'écoles de paroisse, à moins que le ministre lui-même n'en prît l'initiative. Mais ses possibilités étaient singulièrement limitées par le manque de fonds et, en raison des distances qui séparaient les paroissiens de leur église, le ministre ne pouvait jamais réunir qu'une fraction des enfants. C'est dire que l'école du dimanche était pour beaucoup la seule école. Même un centre urbain présentant une relative importance comme Charleston n'entretint longtemps ni écoles primaires ni écoles secondaires. Ce n'est qu'en 1693 que fut fondé à Williamsburg le Collège de William and Mary. Afin de subvenir à son entretien, les planteurs consentirent à payer un impôt d'un penny par livre de tabac exportée.

En résumé ce sont les grands propriétaires — dont bon nombre étaient les descendants de Cavaliers émigrés sous le Protectorat de Cromwell — qui modelèrent le destin des Colonies du Sud. C'est à eux qu'allaient tous les profits de l'esclavage. On peut leur reprocher d'avoir, pour s'enrichir, condamné maint Africain à périr dans les rizières de la Caroline où le paludisme était endémique, et d'avoir, par leur système économique, privé maint Européen du gagne-pain qui eût été le sien s'il n'en avait pas été privé par la concurrence imbattable des esclaves. Mais il n'est que juste de relever l'aspect positif du rôle joué par cette petite minorité privilégiée. La gestion souvent difficile des grandes propriétés entraînait des relations d'affaires incessantes avec Londres. Les litiges qui surgissaient entre les planteurs et les autorités métropolitaines mettaient en jeu toutes les ressources de leur intelligence, de leur habileté et de leur ténacité. Celles-ci allaient se révéler précieuses au premier stade de la lutte pour l'indépendance. D'autre part, comme c'était la classe des planteurs qui remplissait toutes les charges publiques, elle avait acquis une grande expérience et beaucoup de savoir-faire dans le maniement des affaires publiques. Cette expérience, elle allait en faire bénéficier les colonies du Centre et du Nord lorsque viendrait le temps de l'Union. C'était une oligarchie, mais entre ses membres, paradoxalement, la démocratie régnait et ils demeuraient au fond imprégnés des idées libérales de Locke.

Au total, ce milieu paternaliste était plein de charme, de distinction et de dignité. Il observait un code de solides valeurs morales qui, chez les meilleurs, ne laissait pas de mitiger les maux de l'esclavage. C'était le milieu dans lequel ont grandi un Washington, et, par sa mère, un Jefferson.

LES COLONIES DU CENTRE

Vers la fin de la Guerre de Sept ans les Colonies centrales comptaient quelque 400 000 habitants, dont moins d'un dixième étaient des esclaves. La société y était singulièrement plus diversifiée et plus cosmopolite que dans les Colonies du Nord et dans celles du Sud. Ses caractères généraux la rapprochaient parfois du Connecticut ou du Massachusetts, parfois du Maryland ou de la Virginie.

Pour prendre un exemple, la province de New York présentait plus d'un point de ressemblance avec la Nouvelle Angleterre, d'où un nombre appréciable de colons de ressources modestes étaient venus s'installer à Long Island. Là et dans le New Jersey oriental ils avaient créé des *towns* selon le modèle traditionnel dans le Nord. Par contre, dans la vallée du fleuve Hudson, c'était, comme en Virginie, la grande propriété qui dominait, mais ses origines étaient très différentes de celles des plantations du midi, car ces grandes plantations n'étaient que le résultat et la persistance du système de larges concessions accordées par les autorités hollandaises à ceux que l'on avait appelés les *patroons*. En bordure du fleuve, les Van Rensselaers, les Cortlandts avaient de beaux manoirs, une imposante domesticité et leurs nombreux fermiers — souvent d'anciens « engagés » — leur payaient redevance.

Petit à petit on avait introduit dans les colonies du Centre toutes les céréales européennes et les troupeaux de bovins alimentaient un important commerce de boucherie et de produits laitiers. La petite propriété dominait à Long Island et dans le haut New York, mais c'est en Pennsylvanie que l'agriculture était le plus prospère, grâce à deux éléments de peuplement particulièrement industrieux et énergiques, les *Pennsylvania Dutch* (Allemands de Pennsylvanie), comme on les appelait, et les *Scotch-Irish* (Irlandais protestants d'origine écossaise).

La Guerre de Trente ans (1618-1648), qui avait ravagé les Allemagnes, avait été suivie de nombreuses autres guerres également dévastatrices et l'intolérance religieuse, en particulier à l'encontre des Frères moraves et de sectes pacifistes comme les Piétistes, avait contribué à stimuler les départs vers des terres de refuge et de liberté. Dès 1683 un groupe de Mennonites allemands conduit par Pastorius avait fondé Germantown sur le Susquehanna.

C'était d'habitude après un séjour de premier asile en Angleterre et dans les bateaux anglais que ces Allemands gagnaient les rives américaines. Ils étaient souvent déjà citoyens anglais, du moins après 1709. C'est en effet cette année-là que, désireux de favoriser l'immigration dans les colonies d'outre-Atlantique, le Parlement britannique avait voté une loi levant les obstacles qui, jusque-là, s'opposaient à une rapide naturalisation des protestants étrangers.

Ce n'est toutefois que vers le milieu du XVIIIe siècle que l'immigration allemande était devenue presque une invasion. Les groupes les plus compacts avaient été attirés par la fertile vallée du Susquehanna, où des lots de 50 acres s'acquéraient facilement. Vivant entre eux, ils allaient pendant plusieurs générations conserver leur langue, assurer à leurs enfants une éducation dans des écoles de langue véhiculaire allemande et bientôt lire leur journal hebdomadaire allemand. Rompus aux travaux agricoles, ils ne ménageaient pas leur peine, besognant à longueur de journée. Bons menuisiers, ils étaient leurs propres charrons. C'est eux qui avaient mis au point un gros chariot à bâche « tous terrains » qui versait difficilement même sur une piste en pente et dont la robustesse était sans égale. C'était le *Conestoga wagon* (1), plus tard plaisamment appelé *prairie schooner*, celui même qui allait rendre de signalés services aux familles de pionniers en partance pour le « grand large » du Far-West.

Ceux que l'on appelait « Irlandais écossais » (*Scotch-Irish*) et qui, à un certain moment, allaient représenter presque un tiers de la population en Pennsylvanie, n'étaient pas réellement des Irlandais. C'étaient des *Lowlanders* écossais qui avaient été installés en Irlande du Nord sur des terres confisquées. Ils n'y étaient pas heureux. Ces presbytériens farouches s'entendaient fort mal avec les purs Irlandais ardemment catholiques qui voyaient en eux des intrus. Les mauvaises récoltes et les famines du printemps ajoutaient à leur mécontentement. Ils ne pouvaient qu'être attirés par l'Amérique. Leur grande migration se produisit vers le milieu du XVIIIe siècle. Certains s'établirent en Nouvelle Angleterre et dans le New York, mais de beaucoup le plus grand nombre remontèrent la vallée du Susquehanna et se fixèrent fort à l'intérieur de la Pennsylvanie, au bord de ce fleuve et de ses affluents. Parlant l'anglais, ils n'avaient pas de peine à s'acclimater parmi les Américains du cru. Mais les litiges avec leurs voisins n'étaient pas rares, surtout pour des questions de bornage, d'autant qu'ils étaient âpres au gain et de tempérament intensément revendicateur. Au demeurant ils étaient industrieux, habiles à tous les ouvrages, et ils contribuèrent

(1) Nom du principal lieu de fabrication. C'était à l'origine le nom de la tribu indienne voisine.

puissamment au développement économique de la Pennsylvanie.

Mais la prospérité même de l'agriculture, avec ses excédents de produits alimentaires, était une invitation au commerce. Bientôt, dans les Colonies du Centre, la majorité des habitants allait être des marchands et des artisans groupés dans de petites villes sans cesse plus nombreuses et toujours grandissantes. Les bons ports naturels foisonnaient dans tous les recoins de ces trois immenses estuaires — ceux du Hudson, du Delaware et de Chesapeake — avec leur *hinterland* sillonné de rivières navigables sur une bonne distance. L'industrie des transports maritimes et fluviaux ne cessait de se développer. Les principaux produits de cabotage ou d'exportation étaient le bois, les pelleteries, les céréales, la farine moulue dans de nombreux moulins à eau. New York et Philadelphie importaient surtout la mélasse, le sucre, les vins et divers produits manufacturés d'Angleterre. A elle seule la baie de Delaware armait quatre cents bateaux qui occupaient plus de 5 000 matelots.

Petit à petit, à côté d'un artisanat très actif, avaient été créés de premiers petits établissements industriels. Ceux-ci transformaient le bois en une gamme de plus en plus variée d'articles d'ameublement et d'objets domestiques. Les distilleries étaient assurées d'une bonne vente. La prospection du sol avait été amorcée dès 1607 par John Smith qui avait repéré minerai de fer et potasse. Les 150 années suivantes avaient amené bien d'autres découvertes géologiques. La conjonction du bois, du minerai de fer et de la chaux avaient déterminé, en Pennsylvanie et au New Jersey, la création de petits ateliers de sidérurgie que l'on appelait *iron furnaces*. Ils produisaient des laminés dont un essai d'exportation en Angleterre provoqua même des remous. Redoutant pour l'industrie métropolitaine cette concurrence imprévue, le Parlement vota en 1750 une loi sévère destinée à protéger le marché anglais : elle interdisait aux colonies la création de laminoirs, sous peine de 200 livres d'amende.

New York avait ses verreries et savait convertir les poils de castor en chapeaux de feutre. Le tissage de la laine passait graduellement de la production domestique à la production en usine. Les Allemands de Pennsylvanie, qui comptaient parmi eux nombre d'artisans de valeur, contribuèrent fort à ce début d'industrialisation.

L'enseignement demeurait entre les mains des diverses sectes qui avaient fondé les premières écoles. King's College, devenu l'Université Columbia, était le fruit d'une initiative de l'Église anglicane, tandis que les presbytériens fondaient en 1747 le collège de New Jersey, devenu l'Université de Princeton. La Pennsylvannie ne demeurait pas en arrière, et même elle innovait de façon significative, car Benjamin Franklin s'était employé à l'ouverture en 1751, à Philadelphie, d'une « Académie » ne dépendant d'aucune secte religieuse. Elle allait, plus tard, devenir l'Université de Pennsylvanie.

Le niveau culturel de la population tendait ainsi à s'élever. Les presses se multipliaient, publiant journaux et almanachs instructifs, qui se colportaient jusque dans les campagnes. Un indice éloquent était le genre et le nombre de livres anglais qu'importaient les libraires. On a par exemple peine à croire qu'un libraire de Philadelphie ne craignit pas de faire venir de Londres plusieurs centaines d'exemplaires du premier volume, paru en 1765, des savants *Commentaires* de Sir William Blackstone, le grand juriste. Et il n'eut en effet aucune difficulté à les écouler.

L'ARRIÈRE-PAYS

Par l' « arrière-pays » on entend cette large frontière indéterminée et mouvante qui séparait les plaines côtières et les vallées défrichées — désormais soumises à une administration régulière — de la zone uniquement occupée par sa faune sauvage et par des tribus indiennes plus ou moins clairsemées. Cette zone comprenait dans le Sud le « Piedmont », c'est-à-dire le plateau accidenté et incliné qui s'élève progressivement vers les Appalaches, dans le Centre les hautes vallées du Susquehanna, du Delaware, du Mohawk et de leurs affluents, et dans le Nord une bonne partie de ce qui est maintenant le Vermont, le nord du New York et l'ouest du New Hampshire et du Maine.

Les hommes qui s'aventuraient dans cette zone de montagnes et de forêts quasi vierges obéissaient à des motifs divers. Les couples coloniaux avaient de nombreux enfants et il y avait toujours un fils prêt à répondre à l'appel de l'inconnu et du neuf. Dans le midi, l'épuisement du sol provoqué par la monoculture du tabac incitait le petit propriétaire à aller plus loin chercher une terre plus féconde. D'autres *frontiersmen* étaient des ex-engagés qui avaient impatiemment attendu la fin de leur contrat d'endenture pour devenir leur propre maître et tenter une aventure qui promettait. D'autres pionniers étaient mus par le désir d'échapper au joug pesant de leur église, quelle qu'elle fût. Enfin certains immigrants européens qui éprouvaient de la peine à s'insérer dans les communautés de la côte ou de la plaine étaient induits à prendre leur fusil et leur hache et à gagner la frontière où ils ne dépendraient plus de la bonne volonté d'autrui.

Tous pouvaient acquérir une terre pour 1 ou 2 shillings l'acre. Ils les payaient parfois à des spéculateurs qui, moyennant un versement dérisoire, s'étaient fait conférer des titres de propriété en bonne et due forme sur de vastes étendues de terre et qui cherchaient des acheteurs au détail. Les plus hardis s'installaient au bord d'un ruisseau en pleine forêt, et ils entendaient bien n'être délogés par personne au monde.

Les familles de pionniers commençaient par abattre des arbres, elles semaient le maïs entre les souches, se bâtissaient une hutte en bois de *hickory* (noyer blanc d'Amérique) ou de *persimmon* (plaqueminier de Virginie), la fameuse *log-cabin* (cabane de poteaux) introduite par les Suédois. Dépourvues de numéraire, elles devaient se tirer d'affaire de leurs propres mains, se confectionner elles-mêmes leurs vêtements et leurs mocassins. Plus que les bêtes sauvages, le grand ennemi était l'Indien, toujours à l'affût. Aussi les *frontiersmen* avec charge de famille étaient-ils amenés — malgré leur soif d'indépendance — à ne pas s'installer trop loin les uns des autres afin de pouvoir se porter mutuellement aide. Le plus souvent ils choisissaient une ferme solidement bâtie et bien située, l'entouraient d'une robuste palissade. Si le danger devenait pressant, ils pouvaient, avec femmes et enfants, se réfugier dans ce blockhaus.

La société assez rude issue de cet ensemble de conditions différait profondément de la société déjà stabilisée des villes et des campagnes de l'Est. Elle était plus cosmopolite, et surtout les contacts et les relations personnelles entre ces aventuriers de toutes provenances, soumis, si l'on peut dire, à la même absence de loi, étaient particulièrement étroites. Le brassage était plus rapide que partout ailleurs. La nécessité de faire face ensemble à l'ennemi commun, l'Indien, ne pouvait que renforcer cette solidarité. Bref, la frontière était une école de courage, d'endurance et de camaraderie véritablement fraternelle. Les particularités de chacun tendaient à s'effacer. Les droits tacitement reconnus de l'un ne pouvaient prévaloir sur ceux, non moins légitimes, de l'autre. Toutes les conditions d'un véritable esprit démocratique se trouvaient d'autant mieux remplies que les intérêts essentiels étaient rigoureusement les mêmes et que, par force, l'égalité régnait quel que fût le passé de chacun. Sur ce passé on ne se posait pas de question indiscrètes.

Dernier trait, la frontière était une école d'individualisme. Chaque pionnier était maître chez lui. Son mode de vie excluait l'ingérence dans ses affaires de toute autorité administrative. Aucune paperasse ne pouvait limiter sa liberté d'action, aucun shérif ne pouvait l'appréhender. S'il y avait une querelle, on la vidait entre soi. Et naturellement les actes de violence n'étaient pas rares.

Mais dans l'ensemble il y avait là le germe d'une société saine où les droits de l'individu allaient trouver, contre toute tyrannie gouvernementale, des défenseurs passionnés. Il n'est pas exagéré de dire que, si l'esprit de « libre entreprise », l'aptitude à profiter de toutes les occasions de gain et d'une vie plus large offertes par le

Nouveau Monde caractérisaient déjà les trois groupes de colonies espacées sur la côte de l'océan, les « hommes de l'arrière-forêt » (*Backwoodsmen*) ou « colons de l'arrière » (*backsettlers*), comme on les appelait, l'incarnaient plus vigoureusement encore et que c'est à eux que les États-Unis allaient être redevables de l'un de leurs traits les plus distinctifs.

Ce rapide examen des quatre genres de société que l'on pouvait discerner vers 1760 à l'est de l'immense chaîne des Appalaches a laissé apparaître des contrastes parfois saisissants d'un point du territoire à l'autre. En l'absence de routes sûres entre les différentes colonies, les communications entre elles étaient à peu près entièrement maritimes, et fort lâches. Seules les guerres contre la France avaient tendu à créer certains liens de solidarité. Des expéditions conjointes avaient été dirigées contre l'Acadie ou l'île du Cap Breton. Mais ces coalitions d'efforts étaient presque exclusivement le fait des colonies de la Nouvelle Angleterre; elles étaient localisées, improvisées et purement temporaires. Dès qu'il s'agissait de plans d'action terrestre impliquant l'intervention des milices de plusieurs colonies, même s'il eût convenu de servir les intérêts de chacun par une action commune plus efficace, les étroitesses de points de vue et les égoïsmes administratifs l'emportaient et s'opposaient à toute réalisation de front commun. L'exemple le plus caractéristique de ce fonds persistant de méfiance et de mésentente intercoloniales est l'échec de la Conférence d'Albany.

En 1754, prévoyant un proche renouvellement des hostilités avec la France et se rendant compte du rôle important que les Indiens allaient inévitablement être appelés à jouer dans la lutte, le gouvernement anglais avait eu l'idée de convoquer une conférence intercoloniale à Albany. Il s'agissait d'obtenir des Colonies qu'elles adoptent une ligne politique commune à l'égard des Indiens et en particulier des Six Nations iroquoises. Seuls participaient à cette conférence, outre les quatre colonies de la Nouvelle Angleterre, le New York, la Pennsylvanie et le Maryland, car la Virginie et les autres colonies du Sud avaient décliné l'invitation.

En partie stimulés par Londres, mais également de leur propre chef, les délégués se rendaient compte que, si grave qu'elle fût, la question des relations avec les Indiens n'était qu'un élément dans une situation d'ensemble grosse de danger, et que celle-ci appelait une certaine coordination des efforts militaires jusque là dispersés et livrés à l'arbitraire de chacun. Parmi les délégués, l'un des plus en vue était Benjamin Franklin et c'est à lui surtout que l'on doit le plan d'Albany proposé lors de l'ouverture de la discussion. Ce projet prévoyait un Conseil intercolonial composé de 48 représentants élus par les « législatures » coloniales au prorata de la population et des ressources de chaque colonie. Il prévoyait également la nomination par la Couronne d'un Président général qui coifferait toutes les Colonies et qui serait rémunéré de Londres. Sous réserve d'un droit de veto de ce dernier, le Conseil devait avoir toute latitude de diriger les relations avec les Indiens, de lever des armées, de bâtir les forts si importants dans la stratégie d'alors, et enfin de déterminer et de percevoir les taxes nécessaires à ces diverses fins.

Ce plan proprement révolutionnaire suscita une violente opposition de la part des délégués. Leur principale objection était qu'il visait à transférer au sommet des prérogatives provinciales que la Couronne avait jusque là respectées et qu'ils considéraient comme sacrosaintes. De plus ils redoutaient que tous ces pouvoirs militaires concédés au Conseil intercolonial n'aboutissent à rejeter sur les contribuables et sur les soldats américains les charges de la guerre. Le mandataire du *Board of Trade* s'efforça d'apaiser ces craintes en présentant un plan quelque peu différent selon lequel un Conseil de Commissaires des colonies serait habilité à décider à la majorité des voix le montant des effectifs et le barème de répartition des charges entre les différentes Colonies.

Mais ce compromis fut lui aussi écarté. Du côté de la Couronne on estimait qu'il donnait trop de pouvoirs aux colonies, du côté des Colonies qu'il en donnait trop à la Couronne.

Bref la Conférence se solda par un échec total. La preuve était faite que les Colonies n'étaient pas encore mûres pour une union et l'on en revint à l'ancien état de choses : chaque Colonie demeurait libre d'apporter à la cause commune la contribution, petite ou grande, qu'elle jugerait opportune. En fait, pendant la Guerre de Sept ans, les Colonies les plus menacées déployèrent un effort vigoureux, tandis que celui des autres n'eut guère qu'une valeur symbolique. Pour citer un exemple, lorsqu'en 1754 Londres décida d'envoyer dans la fourche de l'Ohio un corps expéditionnaire commandé par le général Ed. Braddock, les fermiers de Pennsylvanie refusèrent de fournir le complément nécessaire de chevaux et de chariots et il fallut que Franklin intervînt personnellement, et même de sa propre bourse, pour que Braddock obtînt satisfaction. En fait, malgré le désastre initial de l'expédition Braddock, la guerre devait être gagnée sur la plaine d'Abraham par des bataillons amenés directement d'Angleterre après une opération à l'île du Cap Breton.

Et cependant, par delà ces égoïsmes, ces méfiances et ces divisions on pouvait déjà percevoir un sentiment d'appartenance commune à une même Amérique. A part quelques exceptions négligeables et purement locales, la langue, l'anglais, était la même dans les

Treizes Colonies. C'était un lien très fort, même si l'on n'en était pas toujours conscient. D'autre part toutes les Colonies avaient, à des degrés il est vrai différents, l'expérience du gouvernement représentatif, des assemblées élues, des décisions collectives mûries par une discussion ordonnée. D'une manière générale, les autorités coloniales respectaient les droits civils les plus importants tels que la liberté d'expression et la liberté d'assemblée. L'esprit de tolérance religieuse gagnait du terrain même dans la zone fortement influencée par le puritanisme.

Mais surtout deux articles de ce que l'on peut appeler le *credo* américain se révélaient déjà comme un ciment très fort entre tous les Américains : d'une part l'idée démocratique, entendue en particulier dans le sens du droit de chacun à une part égale, pour lui-même et les siens, des « chances » de l'existence; d'autre part l'idée confuse d'une destinée spéciale promise au peuple américain et par l'immensité des terres à exploiter et par ses vertus propres.

Tels étaient, déjà alors, les deux moteurs principaux d'un dynamisme foncier, d'un optimisme incoercible qui aujourd'hui encore nous étonnent.

7 LA MONTÉE DES GRIEFS CONTRE LA MÉTROPOLE

Dans les relations entre les Treize Colonies et la Métropole de puissantes forces centrifuges n'avaient pas manqué de s'exercer à mesure que l'installation des émigrants progressait et qu'ils pouvaient de mieux en mieux se passer de l'aide immédiate d'outre-Atlantique. Pendant les troubles de la guerre civile et du Protectorat de Cromwell (1642-1658), puis de nouveau lors du détrônement des Stuart (1688), les liens de dépendance politique vis-à-vis de Londres s'étaient temporairement relâchés. Toutefois, sur le théâtre américain des guerres du XVIIIe siècle contre la France, les milices des Colonies n'auraient pu opposer une résistance efficace, et surtout, lors de la dernière, elles n'auraient pu évincer définitivement du continent la puissance rivale sans une aide massive et décisive, mais nécessairement coûteuse, de la Métropole.

Au moment où celle-ci s'efforça de faire partager la note de frais par les Colonies bénéficiaires, et, à cet effet, de réaffirmer son autorité, divers facteurs de désaffection en partie préexistants se combinèrent pour créer une atmosphère qui se révéla bientôt tendue, puis franchement explosive. Ces facteurs étaient de nature économique, religieuse, mais surtout politique.

Les griefs de nature économique n'étaient pas les mêmes dans les Colonies du Nord, dans celles du Sud, et parmi les pionniers de la frontière indienne.

Les lois de navigation (*Navigation Acts*) qui, à partir de 1651,

85

réservaient aux seuls vaisseaux anglais le transport en Angleterre de toutes les exportations coloniales et réglementaient les importations de marchandises dans les colonies de façon à favoriser les produits anglais, affectaient les Colonies du Nord bien davantage que celles du Sud. Les Colonies du Nord ne disposaient pas de produits de base qu'elles pussent échanger directement en Angleterre contre des produits manufacturés. C'est en numéraire qu'elles devaient payer leurs importations d'Angleterre. Or ce numéraire, elles pouvaient le mieux se le procurer en vendant bois, blé, viande et poissons salés aux Antilles. Mais la loi de 1733 sur les mélasses frappait d'un droit prohibitif (*sixpence* par gallon) tout achat de cette précieuse denrée effectué par la Nouvelle Angleterre sur le marché le plus favorable, celui des Antilles espagnoles et françaises. Ses effets n'étaient atténués que par une contrebande extrêmement active.

Les planteurs des États du Sud pouvaient, eux, échanger directement dans les ports anglais leur tabac et leur indigo contre les produits manufacturés dont ils ne pouvaient se passer. Mais ils se plaignaient du prix trop bas de leurs propres exportations et trop élevé de leurs importations. Comme ils répugnaient à réduire ces dernières — le train de vie auquel ils étaient accoutumés s'en serait ressenti — ils préféraient laisser leurs dettes s'accumuler à Bristol ou à Londres. Selon Jefferson on pouvait, au début de la Révolution, les estimer à quelque deux millions de livres, soit vingt fois toute la monnaie en circulation en Virginie! Naturellement les planteurs détestaient leurs créanciers d'outremer, et les plus endettés ou les plus irrités n'allaient pas tarder à admettre l'idée d'une rébellion qui les libérerait de leur insupportable fardeau.

Les griefs latents d'ordre ecclésiastique étaient surtout dirigés contre l'Église anglicane, qui était « établie » comme Église d'État dans toutes les Colonies au sud du Delaware. Mais, directement importée d'Angleterre, cette hiérarchie épiscopale liée à la classe dominante n'était nullement du goût de la majorité de presbytériens, de luthériens, de baptistes et de quakers qui constituaient le gros de la population de la Virginie et des Carolines. Non seulement tous ces non-conformistes redoutaient le pouvoir politique de la minorité anglicane qui tenait en mains les leviers de commande, mais surtout ils rechignaient à payer l'impôt ecclésiastique destiné à assurer le traitement d'un pasteur autre que celui de leur propre secte, qui demeurait à leur charge.

Toutefois le facteur de dissension entre la Mère-patrie et les Colonies qui primait tous les autres était sans doute la très large diffusion dans ces dernières d'idées et de doctrines de caractère républicain, ou tout au moins pleines de défiance envers toute forme de despotisme monarchique. Les écrits de John Milton et de John Locke avaient trouvé outre-Atlantique un sol particulièrement fertile Les deux *Traités de Gouvernement civil* de ce dernier (1690), mais surtout le second — dont on a pu dire non sans justesse qu'il contient en germe la Déclaration d'indépendance américaine — avaient fait une impression durable. Bon nombre d'Américains, on pourrait même dire l'élite instruite, avaient fait leurs les conceptions hardies du penseur anglais : la fonction supérieure de l'État est de protéger la vie, la liberté et la propriété de chaque citoyen. L'autorité politique appartient au peuple, qui la délègue au gouvernement. Simple mandataire, ce dernier a le devoir d'exercer dans l'intérêt de ses mandants le pouvoir que ceux-ci lui ont confié. S'il viole les droits « naturels » des citoyens, ces derniers ont le droit et le devoir de le révoquer.

Les *Lettres sur la Tolérance* de J. Locke (1689-1692) avaient également fait école outre-Atlantique. Les non-conformistes y avaient trouvé affirmées avec un accent de conviction irrésistible des idées qui répondaient exactement à leurs propres désirs et à leur propre situation : l'Église et l'État ont chacun leur domaine propre et ils doivent demeurer séparés. L'Église idéale est une organisation uniquement spirituelle librement entretenue par ses propres fidèles et non pas par un État administrateur et percepteur.

A la faveur des circonstances, toutes ces idées « radicales » allaient être reprises et développées avec force tant par des hommes réfléchis et instruits tels que Benjamin Franklin, Samuel Adams, James Otis, que par des hommes du peuple qui, par leur talent oratoire et leur ascendant personnel, savaient convaincre et entraîner les foules : un Patrick Henry en Virginie, un Christopher Gadsden en Caroline du Sud.

Pour toutes ces raisons le traité de Paris (10 février 1763) était à peine signé qu'apparurent aux yeux de tous des signes de ce mécontentement latent. Il fut bientôt accru par toute une série de mesures décidées à Londres.

Cette même année, en effet, le gouvernement britannique avait, par une proclamation, interdit tout établissement de colons au-delà de la crête des Monts Appalaches, réservant à la Couronne cet immense territoire ardemment convoité. Londres désirait en effet parer à de nouvelles complications en ménageant un temps d'arrêt, cela en raison de la situation difficile, ou même chaotique, laissée dans le bassin de l'Ohio par l'importante participation des Indiens à la Guerre de Sept ans

Mais cette décision portait un coup très grave aux intérêts des *frontiersmen*, et en particulier à ceux des négociants en fourrures, des nombreux spéculateurs en terrains, et en général de tous ceux qui espéraient pouvoir se procurer à bon compte une parcelle de terre neuve au-delà des monts. Le gouverneur de la Virginie, R. Dinwiddie, n'avait-il pas promis aux anciens combattants de la province l'attribution de 200 000 acres pour les récompenser de la part qu'ils avaient prise à l'expulsion des Français de tout l'arrière-pays?

L'année d'après (1764), au moment où déjà la dépression économique d'après-guerre commençait à se faire sentir, le gouvernement anglais prit d'autres dispositions non moins préjudiciables à un grand nombre de citoyens américains : de nouvelles taxes vinrent frapper l'importation de produits expédiés de Grande Bretagne dans les colonies. Les agents des douanes eurent pour instructions de se montrer beaucoup plus vigilants. Des vaisseaux de guerre surveillèrent les côtes américaines, arrêtant les contrebandiers, et des « mandats d'assistance » (*Writs of assistance*) décernés par les tribunaux permirent aux agents de la Couronne de perquisitionner dans les locaux suspects. D'où un véritable tollé parmi les nombreux intéressés.

Un autre mesure fut aussi mal accueillie, en particulier dans le Rhode Island où une bonne partie de la population vivait du commerce avec les Antilles. Promulgué à Londres en 1764, le *Sugar Act* paraissait être un adoucissement de la loi sur les mélasses de 1733, car il réduisait à 3 *pence* la taxe de 6 *pence* par gallon importé. Mais on s'aperçut vite que c'était là en réalité une aggravation sévère. Car la taxe de 6 *pence* n'avait guère été perçue et l'autorité avait fermé les yeux sur la contrebande massive qui avait été organisée. Désormais, en revanche, la loi autorisait la saisie de tous les navires qui enfreignaient la loi, et celle-ci fut appliquée avec rigueur, entraînant des frais de justice, des amendes et des pertes désastreuses.

Pis encore, cette même année 1764 le Parlement interdit aux Colonies d'émettre le papier-monnaie qui aurait permis aux citoyens de s'acquitter légalement des dettes contractées par eux envers des créanciers britanniques. Un grand nombre d'individus dans toutes les Colonies, mais principalement dans le Sud, se sentirent directement atteints par cette mesure. Qui plus est, elle avait été prise par un parlement qui n'était par le leur et où ils n'avaient pas voix au chapitre.

L'injustice de ne pas être représentés dans le lointain organe métropolitain qui disposait à discrétion de leurs intérêts et de leurs biens fut encore plus vivement ressentie l'année suivante. C'est en effet en 1765 que le Parlement britannique vota en un tournemain le mémorable impôt du timbre (*Stamp Act*) qui déclencha dans les Treize Colonies un mouvement de résistance quasi unanime. Il s'agissait pour Londres d'obtenir d'elles une contribution d'au moins 100 000 livres par an pour entretenir en Amérique du Nord une armée de 10 000 hommes. Le premier ministre, G. Grenville, jugeait en effet cet effectif indispensable tant pour tenir les Indiens en respect que pour faire face à d'éventuelles velléités de revanche d'une France profondément humiliée. Ni lui-même ni ses ministres et ses généraux n'avaient confiance dans les milices provinciales. L'expérience avait en effet montré que les levées des Colonies avaient été lentes, très insuffisantes et qu'il n'y avait eu, en campagne, aucune liaison entre les chefs des différents corps péniblement mis sur pied.

Cette loi, qui allait s'avérer à tous égards funeste, prévoyait l'apposition obligatoire sur une multitude de documents indispensables — licences, patentes, contrats, journaux, brochures, almanachs, etc. — de timbres d'un montant variant entre un demi *penny* et dix livres sterling. Ce fut aussitôt une vague de protestations et de pétitions assorties de manifestations tumultueuses et de nombreux actes de désobéissance et de violence. Comme, au début, Londres n'en tint aucun compte, le public se mit à boycotter les marchandises anglaises et les négociants américains s'engagèrent dans certains ports à n'en importer aucune jusqu'à ce que la loi odieuse eût été abrogée.

Elle le fut en effet l'année suivante, à la faveur d'un changement de cabinet dans la métropole et grâce à l'intervention personnelle auprès du Parlement britannique de Benjamin Franklin, alors agent à Londres de la Pennsylvanie.

A cette nouvelle, l'enthousiasme fut général dans les Colonies et l'on aurait pu croire à de réelles chances de conciliation entre les deux parties. Mais dans leur désir, d'ailleurs bien compréhensible, d'assurer la bonne administration du nouvel empire créé par le Traité de Paris, les gouvernements qui se succédèrent à Londres eurent recours à des mesures qui, sur place, pouvaient paraître raisonnables, mais qui, outre-Atlantique, ne pouvaient qu'attiser la flamme de la rébellion. Jusqu'alors la résistance avait été sporadique et peu ou mal organisée. La loi Townshend de 1767 allait contribuer à l'orchestrer et à en accroître les moyens et l'efficacité.

Toujours en vue d'associer les Colonies au financement des dépenses impériales, l'éloquent chancelier de l'Échiquier Ch. Townshend persuada le jeune roi George III et le Parlement d'imposer aux colonies un droit d'importation sur quelques-uns des produits dont elles avaient le plus besoin : le thé, le papier, le verre, le plomb et les peintures. La seule annonce de cette mesure provoqua de violents remous dans toutes les couches de la population. La classe laborieuse à tendances « radicales » se groupa en masse dans des sociétés d'activistes qui avaient pris le nom-programme de *Sons of Liberty* et qui se donnèrent à tâche de lutter contre l'oppression de la Couronne et du Parlement.

De leur côté, avec l'appui de politiciens ou d'avocats influents, parfois avec celui des assemblées provinciales elles-mêmes, petits et gros négociants recoururent une fois de plus, mais avec plus d'expérience et de ténacité, à l'arme du boycott. Dans de nombreuses communautés ils conclurent des arrangements précis par lesquels ils s'engageaient à ne pas importer, et à recommander à leur clientèle de ne pas consommer, les articles frappés des nouveaux droits. Boston donna l'exemple dès les premiers mois de 1768. Il fut de proche en proche suivi dans les autres Colonies, et cela avec tant de vigueur et de discipline que, deux ans après, dans les Colonies les plus importantes, le chiffre global des importations britanniques avait diminué de plus de moitié. Ce mouvement concerté avait porté un coup si grave aux intérêts de la Cité que les industriels et exportateurs anglais lésés agirent sur le parlement. Par une nouvelle loi votée en 1770, celui-ci abolit tous les droits Townshend sauf celui sur le thé. Il tenait en effet à en conserver au moins un, afin de sauvegarder le principe de la suprématie du Parlement. Mais les importateurs américain ne furent pas embarrassés pour tourner la loi : ils réussirent à fournir à leur clientèle du thé de contrebande importé des Pays-Bas.

Cette nouvelle reculade du Parlement ne pouvait qu'encourager les colons à persévérer dans la voie de la résistance. Et en effet ils y trouvèrent une incitation à la hardiesse. C'est à Boston que le vent de la rébellion était le plus violent dans la populace, et l'organisation des moyens de résistance la mieux ordonnée dans la classe dominante. Ce qu'on a appelé le « massacre de Boston » (5 mars 1770) ne mérite guère ce nom, car ce fut une simple échauffourée entre un petit détachement de « tuniques rouges » (*redcoats*) et une foule sarcastique et hostile, et il n'y eut que quatre ou cinq tués. Mais il y avait eu effusion de sang et le retentissement en fut énorme dans les Treize Colonies.

Désormais cet agitateur de haute classe et excellent organisateur, Samuel Adams, se déchaîna littéralement tant au sein de la législature » du Massachusetts — dont il était membre — que dans les assemblées de *freemen* de Faneuil Hall.

8   L'ACHEMINEMENT VERS L'INDÉPENDANCE

C'est de nouveau l'annonce d'une mesure législative proposée au Parlement de Londres et jugée détestable qui, dans les Colonies américaines, provoqua le pas suivant vers la révolte ouverte.

Pendant la session d'été de 1772, en effet, le gouvernement anglais décida de soustraire le gouverneur et les juges du Massachussetts au contrôle populaire en assurant lui-même leur traitement. La riposte fut immédiate. Samuel Adams et son groupe de militants convoquèrent pour le 2 novembre une assemblée qui adopta avec enthousiasme une proposition hardie : la formation d'un « Comité de correspondance » chargé d'assurer la liaison avec les autres villes de la province. Celles-ci s'empressèrent de créer des comités semblables. Dans l'ambiance d'exaltation et de défi qui régnait, ce réseau devint l'embryon d'une organisation quasi révolutionnaire qui, sur le plan provincial, allait agir en marge de l'autorité légitime. Mais les choses n'en restèrent pas là : dans l'autre province-clef, la Virginie, l'idée plut à Patrick Henry et à Jefferson. Les esprits y étaient aussi suffisamment échauffés pour que ces deux leaders n'éprouvassent aucune peine à recruter des activistes. Les autres provinces suivirent l'exemple.

Ainsi prenait substance et forme un rudiment d'organisation politique intercoloniale qui allait être en mesure de faire front contre les pouvoirs publics établis ou approuvés par Londres.

Désormais les événements allaient se précipiter. La querelle symbolique au sujet de la taxe — pourtant modeste — sur le thé importé prit une importance inattendue à mesure qu'elle donnait lieu à des incidents de plus en plus graves : à Charleston (Caroline du Sud) des caisses de thé furent débarquées, mais, faute d'acheteurs, elles demeurèrent sur le quai exposées à toutes les intempéries. New York et Philadelphie s'opposèrent à tout déchargement de caisses de thé. Ce fut pis à Annapolis (Maryland) : les colons mirent le feu au vaisseau et à sa cargaison.

Mais c'est à Boston que la résistance fut le plus spectaculaire. Trois vaisseaux avec leur cargaison de thé étaient ancrés dans le port. Le gouverneur T. Hutchinson insistait pour qu'ils fussent déchargés. Les citoyens s'y opposaient. Dans la nuit du 16 décembre 1773 un groupe d'entre eux, dirigé par Samuel Adams en personne, se déguisa en Indiens, sauta dans des canots, grimpa à bord, se saisit des 343 caisses de thé, les éventra et jeta à la mer tout leur contenu, évalué à £ 100 000.

Célébré dans toutes les provinces sous le nom plaisant de *Boston Tea Party*, cet acte de défi eut le don de courroucer Londres. Le Roi et le Parlement se mirent aussitôt d'accord sur cinq textes de loi si oppressifs que les colons les dénommèrent « lois intolérables ».

La première était dirigée contre le principal insurgé : Boston. Elle fermait le port à tout commerce jusqu'à ce que la population eût fait amende honorable et remboursé la valeur du thé détruit. La seconde privait les citoyens du Massachusetts de toute participation à leur gouvernement et les soumettait à des administrateurs nommés par Londres. La troisième disposait que tout soldat ou fonctionnaire anglais accusé d'infraction grave ou de crime serait jugé non plus dans les Colonies, mais en Angleterre, où tout jouerait en sa faveur. La quatrième confirmait que l'armée anglaise avait le droit de faire cantonner ses soldats dans les maisons des colons. La cinquième (connue sous le nom de Quebec Act) privait les colons des provinces récalcitrantes de tout le territoire situé au nord de l'Ohio et à l'est du Mississippi et le rattachait au Canada. De plus — et ce n'est pas la clause qui souleva le moins d'indignation — dans cette province contiguë peuplée d'une majorité d' « habitants » français catholiques, elle assurait une situation privilégiée à la religion catholique.

Passionnément analysées par les avocats américains avant même qu'elles pussent être réellement appliquées, ces lois marquaient clairement à leurs yeux que le gouvernement anglais se considérait comme habilité à annuler selon son bon plaisir tous les droits politiques et juridiques transportés d'Angleterre, ou graduellement acquis, par les colons et auxquels ils étaient indéfectiblement attachés. De toute évidence, le conflit devenait difficilement réglable par la seule voie légalement ouverte, celle des pétitions ou des remontrances.

C'est la Virginie qui prit l'initiative de reconnaître clairement l'impasse à laquelle on avait ainsi abouti et la nécessité d'en sortir à tout prix. La Chambre des Bourgeois régulièrement constituée de la Province marqua si violemment son insubordination que le gouverneur anglais J. M. Dunmore décida de la dissoudre (mai 1774). Entrant délibérément dans l'illégalité, elle ne s'en réunit pas moins dans un autre local où, forte des encouragements qui lui venaient des autres Provinces, elle vota une résolution convoquant un Congrès des insurgés. Les Comités de correspondance se chargèrent de diffuser cette convocation dans toutes les Colonies. Toutes lui donnèrent suite, sauf la Georgie. Dans les unes ce furent des comités spontanément constitués ou des assemblées populaires qui élurent les délégués. Dans d'autres ce fut même la « législature » régulière qui assuma cette responsabilité. Ce furent au total 56 délégués qui, aux confins de la légalité, se réunirent à Philadelphie le 5 septembre 1774.

Dans cet effort concerté d'organisation, on reconnaissait l'intervention d'hommes intelligents, instruits, expérimentés, résolus qui savaient canaliser les passions populaires et les orienter vers des fins ambitieuses et difficiles, mais pratiquement réalisables.

Au surplus ce premier « Congrès continental » se refusa encore — à une très faible majorité, il est vrai — à couper tous les ponts. Après de très vives discussions au cours desquelles s'opposèrent surtout les « radicaux » du Massachusetts et les conservateurs ou les modérés de Pennsylvanie, le Congrès se contenta de rédiger une « Déclaration de droits et de doléances » (*Declaration of Rights and Grievances*). Il revendiquait le droit pour les Colonies de lever l'impôt, adressant au Roi une pétition l'invitant à redresser les torts injustement infligés aux Colonies, et, en attendant cette marque de la résipiscence royale, donnait son appui à la reprise, sur une grande échelle, du mouvement de boycottage des marchandises anglaises.

Comme il était à prévoir, cet ultime appel au Souverain et au Parlement ne trouva aucun écho à Londres. Même les leaders de tendance libérale tels que Burke et Chatham — qui blâmaient le gouvernement royal d'avoir pris à l'égard des Colonies des mesures présentant un caractère de provocation — croyaient fermement au droit du Parlement de légiférer pour les Colonies. Quant au jeune Roi, il était inflexible et n'admettait aucun compromis, à plus forte raison aucune nouvelle reculade. Dès lors, le choc devenait inévitable entre « Patriotes » américains et Anglais.

C'est au Massachusetts — la province la plus brimée par les lois de coercition et la plus récalcitrante — que devait fatalement se produire le premier choc entre adversaires également résolus. Les délégués de la Province revinrent de Philadelphie assurés de l'appui des autres Colonies dans leur opposition, dût-elle être à main armée.

Tandis que le général anglais T. Gage occupait Boston, la Chambre basse du Massachusetts se réorganisa en Congrès provincial insurgé et nomma un Conseil de sécurité chargé de l'exécutif. Son premier soin fut de lever la milice et, pour l'équiper, de constituer des dépôts d'armes et de munitions. Au cours d'une expédition qui avait pour but principal de détruire un de ces dépôts à Concord, un détachement anglais tomba dans une embuscade que lui avaient ménagée les miliciens alertés et perdit plus de deux cents hommes. C'était la bataille de Lexington (19 avril 1775). Cette première « victoire » sonna le ralliement des Patriotes dans toutes les Provinces. Des renforts affluèrent des régions plus éloignées de la Nouvelle Angleterre et bientôt l'armée anglaise cantonnée à Boston se trouva assiégée par plus de 20 000 hommes.

Quelques jours après, le 10 mai 1775, le second Congrès continental allait se réunir à Philadelphie dans un esprit de résistance fort accru. Ce fut simplement pour la forme qu'il rédigea une dernière adresse de conciliation au Roi, car en même temps il prenait conscience de sa responsabilité d'organe directeur de la rébellion. Il se hâta d'organiser l'« Armée continentale américaine » et, pour la commander, nomma, le 15 juin, George Washington, l'officier virginien qui, pendant la Guerre de sept ans, avait donné des preuves de ses capacités et de son caractère. Toutefois, pendant l'année cruciale qui allait s'écouler jusqu'à la Déclaration d'indépendance du 4 juillet 1776, les événements politiques, conditionnés par l'évolution des esprits, eurent le pas sur les événements militaires.

Maintenant que les mousquets avaient parlé, chaque citoyen américain était placé devant un choix difficile : devait-il épouser la cause des « Patriotes » ou se rallier aux « Loyalistes » qui ne voulaient pas briser leurs liens de fidélité envers la Couronne? Les plus enclins à la sécession complète étaient les fermiers, les artisans et les travailleurs du Nord qui s'étaient groupés en « Fils de la liberté ». C'étaient aussi les négociants du Nord et les planteurs du Sud qui avaient le plus souffert des restrictions du mercantilisme britannique. Mais, animés de tendances fortement conservatrices, de nombreux citoyens aisés du Nord et maints fermiers prospères des provinces du Centre redoutaient la marée radicale, ou même révolutionnaire que pouvait déchaîner l'élément le moins privilégié et le plus revendicateur de la population, et ils ne tenaient nullement à changer de régime et à se lancer dans l'inconnu. Par contre, dans le Sud, le ralliement de la plupart des planteurs à la dissidence eut un effet curieux, mais en somme assez naturel : nombre de fermiers de l'arrière-pays qui avaient d'anciens et violents griefs contre la caste dirigeante demeurèrent de fervents et actifs Loyalistes.

Le clivage entre Patriotes et Loyalistes ne correspondait donc pas nécessairement à la ligne de partage entre les classes sociales. Mais il demeure exact de dire que, dans l'ensemble, c'était dans les « basses classes » que se recrutaient le plus grand nombre de Patriotes tandis que les Loyalistes étaient surtout des aristocrates et de riches bourgeois.

Il est malaisé d'établir quelle fut la proportion exacte des Patriotes et des Loyalistes. Le calcul est rendu encore plus difficile par l'existence — inévitable en l'occurrence, comme dans tous les cas historiques comparables — d'un grand nombre d'indifférents (nous dirions aujourd'hui d'« attentistes »). Selon le témoignage personnel du futur président, John Adams, un tiers des colons serait demeuré opposé à la rébellion et un autre tiers aurait été plus ou moins indifférent et hésitant. De toute façon ce n'est qu'une minorité de la population qui envisageait et désirait une rupture totale avec la Mère-patrie. Mais elle avait à sa tête une élite de citoyens qui avaient des idées précises, savaient exactement ce qu'ils voulaient et étaient prêts à courir des risques pour traduire leur volonté en action. Les Loyalistes, par contre, n'avaient ni véritable esprit d'entreprise ni talent d'organisation. Ils demeuraient dispersés et laissaient l'initiative entre les mains de l'état-major anglais.

On ne peut assez admirer l'habileté avec laquelle, pendant les mois qui suivirent le rejet par le Roi de la dernière pétition du second Congrès continental (août 1775), les dirigeants patriotes préparèrent la population à la rupture définitive et à la totale indépendance. Ils furent puissamment aidés par du renfort idéologique qui leur vint tout droit d'Angleterre. Le 10 janvier 1776 parut sous le titre de *Common Sense* une brochure remarquable écrite par un ami de Franklin arrivé d'Angleterre depuis peu, Thomas Paine. Rédigée en un style simple et vigoureux, tout imprégnée de l'idéalisme libéral des meilleurs parmi les whigs, elle développait des thèses « de bon sens » qui, au moment opportun, venaient à la rescousse des Patriotes : Les Colonies étaient bien mieux à même de se gouverner que le gouvernement anglais ne pouvait le faire; elles avaient une magnifique occasion de créer une société nouvelle entièrement libérée de la tyrannie d'un monarque européen et de l'exploitation éhontée à laquelle se livraient les puissances d'outre-Atlantique; il y avait « quelque chose d'absurde à supposer qu'un continent pût être perpétuellement gouverné par une île », car « il n'était jamais arrivé que la nature eût fait le satellite plus grand que la planète ». Bref, le seul remède aux maux actuels était l'indépendance. Plus les opprimés tarderaient à la conquérir, plus cette conquête serait difficile. Qui plus est, seule l'indépendance rendrait possible l'union de tous les Américains.

Le public acheta plus de cent mille exemplaires de ce pamphlet antimonarchique qui acheva d'enflammer les esprits.

Un autre événement influença fortement l'opinion publique, l'orientant vers un divorce politique définitif. La guerre d'Amérique était très impopulaire en Angleterre. Malgré les boniments des sergents recruteurs, les volontaires se faisaient de plus en plus rares. Finalement le Roi se vit contraint d'avoir recours à des mercenaires raccolés dans les principautés de Hesse. C'était une faute grave. Ces milliers de Hessois furent bien plus détestés que ne l'eussent été des combattants uniquement anglais. Le roi qui lançait contre ses sujets une soldatesque étrangère leur devint lui-même de plus en plus étranger.

Bref, au cours des premiers mois de l'année 1776, on put constater une rapide évolution des esprits. En juin, le Virginien R. H. Lee proposa au Congrès continental une résolution disposant que « ces États-Unis sont, et doivent en droit être, des États libres et indépendants ». John Adams, délégué du Massachusetts, appuya la résolution, qui fut adoptée, et un comité de 5 membres que devait présider le Virginien Thomas Jefferson fut aussitôt chargé de rédiger une Déclaration d'indépendance. C'est Jefferson qui en fut le principal auteur. Le Congrès l'adopta le 2 juillet et la proclama solennellement le 4 juillet 1776.

Destinée à rallier le plus grand nombre possible de citoyens à la cause de l'indépendance — et à leur faire accepter les sacrifices qu'il faudrait consentir pour la conquérir — cette déclaration capitale comporte trois parties, dont les deux premières sont ce que nous appellerions des « considérants ».

La première invoque les principes de gouvernement dont s'inspirait, dans sa grave décision, le Congrès continental, mandataire de tout le peuple américain :

> Nous considérons comme allant de soi les vérités suivantes : Tous les hommes sont créés égaux. Leur Créateur les a dotés de certains Droits inaliénables, dont la Vie, la Liberté et la recherche du Bonheur. — C'est pour assurer ces droits que sont institués parmi les Hommes les Gouvernements, lesquels tiennent leurs justes pouvoirs du consentement des gouvernés. — Dès lors qu'une Forme de Gouvernement quelle qu'elle soit tend à détruire ces buts, le Peuple a le Droit de la modifier ou de l'abolir et d'instituer un nouveau gouvernement en le faisant repo-

ser sur les principes, et en organisant ses pouvoirs dans les formes, qui lui paraîtront les plus susceptibles d'assurer sa Sécurité et son Bonheur.

La seconde partie est une longue énumération des actes d'injustice commis par le Roi contre le peuple américain. Il n'y est pas question du Parlement. Le Congrès continental marquait ainsi que celui-ci n'avait jamais exercé une autorité légitime sur les Colonies, dont le seul lien avec la Grande Bretagne était leur allégeance envers la Couronne. En revanche un paragraphe, d'ailleurs exempt d'acrimonie, faisait état de griefs contre « nos frères britanniques », rendus en partie responsables des « efforts déployés par leur législature pour étendre sur nous une juridiction injustifiable ».

Dans la troisième partie, le Congrès continental déclare solennellement que

> « Ces Colonies unies sont, et doivent en droit être, des États libres et indépendants ; qu'elles sont libérées de toute allégeance envers la Couronne britannique et que tout lien politique entre elles et l'État de Grande Bretagne est, et doit être, entièrement dissous ; et que, en tant qu'États libres et indépendants, elles ont plein pouvoir de faire la guerre, de conclure la paix, de contracter des alliances, d'établir le commerce et de procéder à tous actes qui sont de la juste compétence des États indépendants. »

En rédigeant ce texte, Jefferson n'était pas sans penser à l'éventualité d'une aide à obtenir de la France. Il voulait prouver à celle-ci que désormais les « États-Unis » avaient rang d'État indépendant et qu'ils pouvaient contracter des engagements directs inspirant la confiance.

9   LA GUERRE D'INDÉPENDANCE

L'indépendance était proclamée. Restait à la faire accepter par le gouvernement anglais, ou plutôt à la lui arracher, en battant ses armées et en les chassant du pays. Cela n'allait pas être facile. Il n'y fallut pas moins de six ans de combats, dont beaucoup furent des défaites cuisantes.

D'entrée de jeu les insurgés souffraient en effet de multiples et graves désavantages.

Le principal était sans doute que la guerre contre l'Angleterre, déjà difficile par elle-même, se doublait d'une âpre guerre civile. Les Loyalistes, que l'on appelait aussi *Tories* comme en Angleterre, étaient, on l'a vu, fort nombreux, notamment dans la province de New York, et plus encore en Caroline du Nord. Selon des estimations modérées, plus de 30 000 prirent les armes aux côtés des Anglais. En outre, dans toutes les Colonies il y avait des citoyens prêts à collaborer avec l'ennemi et il fallait les surveiller, voire les emprisonner. Même dans les rangs des insurgés les actes de trahison furent nombreux ; plus d'une fois des informations précieuses furent communiquées aux généraux anglais, et des complots ourdis.

Mais il y avait encore un troisième ennemi qu'il fallait perpétuellement tenir en respect et souvent combattre : les Indiens. Si par exemple la Georgie fut de peu de secours dans la lutte contre l'oppresseur, la raison en est la menace que les Creek ne cessaient de faire peser sur les colons. Dans le Nord, l'hostilité des Indiens représentait un danger plus grand encore. Les Iroquois étaient les alliés traditionnels des Anglais et leur contribution à la cause britannique fut considérable. Efficacement aidés par des contingents de Loyalistes, ils mirent à feu et à sang toute la vallée du Mohawk (New York) qui présentait une grande importance stratégique. Les Mohawk et les Seneca se livrèrent en particulier à un véritable massacre à Cherry Valley (11 novembre 1778) et, à un moment, menacèrent gravement les arrières des Patriotes. La situation devint également critique dans une partie de la Pennsylvanie où les Indiens s'étaient soulevés et il y eut en particulier (le 3 juillet 1778) une hécatombe dans la vallée de Wyoming (Pennsylvanie). Washington dut prélever sur ses faibles effectifs un contingent de plusieurs milliers d'hommes pour rétablir la situation.

Au surplus, les troupes américaines étaient mal organisées, et trop souvent mal commandées par des officiers qui n'avaient que de faibles notions de discipline et d'art militaires. Certains s'étaient fait nommer ou promouvoir par des moyens équivoques, tels que tournées de rhum ou sommes d'argent. Les soldats étaient des engagés volontaires qui se considéraient libres de mettre fin à leur engagement quand ils le jugeaient bon. Ce n'était nullement pour eux commettre un acte de désertion que s'en retourner à leur ferme lorsque le moment était venu de faire la moisson, ou lorsque les opérations devaient être ralenties à l'approche de l'hiver. Ce n'est que graduellement que l'autorité militaire put se montrer plus exigeante en matière d'engagements et imposer un minimum de discipline. Mais la plaie des désertions n'en persista pas moins jusqu'à la fin de la guerre. Pendant l'une des périodes les plus critiques, celle de l'hiver de 1776-1777, la misérable petite armée de Washington ne compta guère plus de 3 000 hommes.

Pendant toutes ces dures années, l'un des plus graves handicaps des rebelles fut leur incapacité de faire face aux dépenses de la guerre. Le Congrès continental n'avait aucun moyen légal de percevoir des impôts. La seule chose qu'il pût faire était d'inviter les treize nouveaux États à imposer, eux, leurs contribuables respectifs. Mais les États étaient jaloux les uns des autres. Chacun d'eux craignait d'être taxé plus fortement que le voisin, et il s'ensuivit qu'ils étaient tous avares de leurs ressources. Au surplus, ils étaient mal administrés et leurs propres rentrées fiscales étaient lentes, souvent misérables. La solde des troupiers demeurait donc souvent en souffrance.

Quant aux emprunts intérieurs qui furent lancés, ils ne fournirent jamais que des fonds insuffisants.

Bref, c'est à la planche à billets que les services financiers du Congrès durent avoir principalement recours. Le pays se trouva bientôt submergé de papier-monnaie. A fin novembre 1779 le

Congrès avait autorisé 42 émissions pour une valeur nominale de $ 191 000 000, tandis que, parallèlement, les États individuels procédaient à des émissions propres d'un montant assez voisin. L'inévitable conséquence fut une dépréciation vertigineuse du dollar continental. En mars 1780 il ne valait plus que 2 cents 1/2. De nombreux citoyens furent ainsi ruinés. Non seulement ce chaos financier désorganisa la vie quotidienne, mais le ravitaillement de l'armée en fut compromis. Les Anglais, par contre, payaient en or, en sorte que pendant la guerre l'armée ennemie fut en général mieux nourrie et mieux vêtue que les insurgés. Pendant l'hiver de 1776-77 le manque de fonds fut tel que, pour assurer la solde de ses troupes, Washington dut faire appel à un banquier de ses amis, Robert Morris; le matin du premier jour de l'an 1777 celui-ci organisa dans les rues de Philadelphie une collecte qui lui permit de verser à Washington $ 50 000 en pièces d'or et d'argent!

La jalousie entre États ne se manifestait pas seulement sur le plan financier. Elle sévissait non moins, et plus redoutablement encore, sur le plan politique, et jusque dans l'exécution des opérations militaires. Chaque Colonie entendait demeurer souveraine dans les limites de son territoire, ce qui rendait impossible l'installation d'un gouvernement central vraiment capable de coordonner les efforts et d'assurer l'unité de direction si nécessaire. Certes le Congrès continental finit par adopter les « Articles de confédération et d'union perpétuelle entre les États », donnant à l'ensemble des Treize ex-Colonies le nom d'« États-Unis d'Amérique », mais dans l'esprit des co-auteurs comme dans la lettre des articles il ne s'agissait que d'un groupement assez lâche d'États qui, chacun à sa discrétion, agissaient en vue d'un but commun. Les dits Articles n'entrèrent d'ailleurs en vigueur que le 1er mars 1781.

Les tiraillements qui ne cessèrent de se manifester entre les États étaient d'ailleurs aggravés par des méfiances populaires et des préjugés réciproques. Les Yankees étaient agacés par les manières orgueilleuses des « aristocrates » de Virginie et des Carolines, tandis que ceux-ci voyaient surtout dans les Yankees des plébéiens vulgaires, mal embouchés et avides de gain. Au surplus, les dirigeants des divers États qui étaient censés collaborer étroitement se connaissaient mal entre eux, et s'ils s'étaient mis d'accord sur des décisions impliquant de nouveaux appels de troupes ou de fonds, même les objurgations les plus pressantes obtenaient souvent peu de résultats.

Mais sans doute la plus grande faiblesse des insurgés était-elle l'inexistence d'une véritable flotte de guerre qui aurait pu empêcher les Anglais d'amener librement renforts et ravitaillement. Certes quelques hardis corsaires américains firent merveille jusque dans les eaux britanniques. Mais ces quelques exploits n'exercèrent aucun effet sur le cours de la guerre. En fait, jusqu'en 1778, date à partir de laquelle la flotte française allait quelque peu troubler les arrières maritimes de l'armée britannique, la flotte anglaise fut maîtresse de l'océan et put, sur plus de 2 000 kilomètres de côte, débarquer où elle voulut, et jusqu'au fond des estuaires, des dizaines de milliers d'hommes, des chevaux et des bouches à feu.

Sur terre, par contre, les insurgés avaient certains avantages qui se révélèrent de grand poids. Le théâtre des opérations leur était familier. Il était si immense qu'aucune armée ennemie ne pouvait l'occuper et le tenir. Une défaite des troupes américaines sur un point du territoire ne tirait pas à conséquence, car les ressources locales d'une population, même clairsemée, de trois millions d'habitants permettaient de mettre sur pied, un peu plus loin, les éléments d'une autre armée. Manœuvrés de Londres, les régiments britanniques étaient souvent sans ordres précis, ou, lorsque ceux-ci arrivaient, la situation militaire avait changé et ils étaient ou inopportuns ou inexécutables. Le moral des mercenaires hessois était sujet à défaillances, tandis que, si les combattants américains n'étaient eux-mêmes guère disciplinés, ils étaient, dans les moments critiques, animés d'un esprit ardemment offensif et capables des plus grands sacrifices.

Leurs chefs étaient souvent médiocres, mais l'intervention de quelques officiers européens rompus au métier militaire vint inculquer à l'armée américaine les principes de la manœuvre sur le terrain et de l'utilisation rationnelle de l'artillerie et de la cavalerie. Pendant l'été 1777 arriva, avec le jeune marquis de Lafayette, le général français J. de Kalb, Bavarois d'origine, bientôt suivi d'un général prussien, le baron von Steuben, et de deux nobles polonais, K. Pulaski et T. Kosciuszko, qui, sur le sol de leur patrie, avaient acquis une grande expérience de la guerre. En partie grâce à eux et à leurs conseils d'experts, la valeur combative des troupes américaines fut sensiblement améliorée.

Mais rien de tout cela n'aurait suffi si l'armée insurgée n'avait eu à sa tête, en la personne de G. Washington, un général d'exceptionnel mérite. Agé de 43 ans lorsqu'il prit son commandement, il était dans la force de l'âge et ses qualités d'homme et de chef ne tardèrent pas à s'imposer. Totalement dévoué à son idéal de patriote américain, il inspirait confiance par le calme et le sang-froid qu'il conservait dans les situations les plus critiques. Son courage moral ne fut jamais en défaut. Par sa dignité et par l'autorité qui se dégageait de sa personne, il exerça sur ses troupes un ascendant

qui ne se démentit jamais. Ses dons stratégiques n'eurent rien de génial, mais il avait un jugement sûr, savait en toute situation peser
rapidement le pour et le contre et toutes ses décisions s'avérèrent
les moins mauvaises possibles, ce qui est beaucoup. Bref, il fut
l'âme de la guerre et elle n'aurait sans doute pas davantage pu être
gagnée sans lui que sans l'aide providentielle de la France.

Il est difficile de résumer le cours des six années d'une guerre
fragmentée en de multiples actions. Celles-ci se déroulaient à des
centaines, voire à des milliers de kilomètres de distance les unes
des autres. D'autre part les conceptions stratégiques des adversaires
étaient obscurcies par toutes sortes de contingences.

Sans doute peut-on cependant diviser la guerre en deux périodes :
avant Saragota et après Saratoga, car c'est la capitulation du
général anglais Burgoyne et de ses 5 000 hommes à Saratoga le
17 octobre 1777 qui fut, ou parut, assez importante pour déterminer
le roi de France à entrer ouvertement dans la guerre aux côtés des
insurgés. Or c'est l'apport de la flotte et des contingents français
qui allait faire définitivement pencher la balance des forces — phy-
siques et morales — en faveur des insurgés.

Au début de la rébellion, la conception stratégique maîtresse
du commandement britannique semble avoir été d'occuper solidement la vallée de l'Hudson afin d'isoler les Colonies du Nord
de celles du Sud. Mais elle ne se manifesta que lentement.

Le 10 mai 1775, bien qu'encore mal armé un corps américain
avait pu s'emparer du fort Ticonderoga, capturant ainsi tout un
arsenal, et notamment les pièces d'artillerie qui jusque-là avaient
fait entièrement défaut aux Patriotes. Le mois suivant la bataille
de Bunker Hill, près de Boston (17 juin 1775), fut techniquement
une victoire anglaise, mais comparées aux pertes américaines, les
pertes anglaises y furent si sévères qu'elle constitua un grand encouragement pour les Américains. Ceux-ci renforcèrent si bien
leurs positions dans le Massachusetts, l'hiver suivant, qu'au printemps de 1776 les Britanniques se virent contraints d'évacuer définitivement Boston.

Cette même année valut cependant aux Américains plusieurs
défaites cuisantes. Une invasion mal préparée du Canada par une
petite armée américaine se solda par un échec, tandis que, dans le
Centre, successivement délogées par les Anglais de Long Island
et de Manhattan, les troupes de Washington durent se replier dans
le New Jersey.

Au printemps de 1777 Washington fut battu à Germantown,
aux portes de Philadelphie et la capitale des insurgés fut prise et
occupée par le général W. Howe. Mais cette manœuvre anglaise,

à vrai dire intempestive, vers le sud contribua à faire échouer l'opération ambitieuse montée par le commandement britannique : la conquête de la province de New York. Une armée commandée par le général Howe devait remonter la vallée de l'Hudson et opérer sa jonction avec une autre armée, commandée par le général J. Burgoyne, qui, du Canada, devait descendre à sa rencontre le long du lac Champlain. Non seulement la jonction ne put se faire, mais, s'étant avancé en terrain difficile, aux prises avec les forces bien conduites du général H. Gates, et voyant son armée près de succomber à la faim, le général Burgoyne capitula à Saratoga le 17 octobre 1776.

Il était grand temps qu'une victoire retentissante, susceptible d'entraîner d'importantes conséquences stratégiques et politiques, vînt renforcer les positions morales des insurgés en Europe et leur valoir une assistance singulièrement nécessaire. Les ministres des affaires étrangères de la France, Choiseul d'abord, puis Vergennes, avaient suivi avec grande attention les dissensions de plus en plus graves entre l'Angleterre et ses Colonies américaines. De là à les encourager et à en profiter il n'y avait qu'un pas, car la guerre à laquelle elles avaient abouti était de nature à affaiblir la nation détestée et il y avait une évidente communauté d'intérêts entre les Colonies rebelles et la France.

Dès avant Saratoga, par l'adroite entremise de Beaumarchais, quelques premiers transports d'armes et de munitions procurées par la France avaient pu traverser l'Atlantique sans être interceptés par les navires britanniques. Des émissaires du Congrès continental, dont le principal était Benjamin Franklin, firent habilement le siège de la cour royale, s'efforçant de démontrer qu'en se joignant aux insurgés, la France avait une occasion unique de porter un coup grave et durable à la puissance britannique. Vergennes sut convaincre le roi, cela dans une ambiance versaillaise et parisienne éminemment favorable aux rebelles. Le 6 février 1778 le traité d'alliance tant désiré était signé. Le gouvernement français reconnaissait la totale indépendance des États-Unis d'Amérique. Les deux parties s'engageaient à ne pas conclure la paix avec l'Angleterre avant que celle-ci n'eût elle-même reconnu l'indépendance des Treizes Colonies.

Les convois de fournitures militaires furent donc intensifiés. La France consentit au Congrès continental un premier prêt que d'autres allaient suivre. Une flotte française sous le commandement du comte d'Estaing appareilla à destination des côtes américaines, transportant 6 000 hommes de troupes bien entraînées sous le commandement du marquis de Rochambeau. De nouveaux volontaires français vinrent se joindre à ceux qui les avaient déjà précédés et qui avaient reçu le meilleur accueil : le jeune et enthousiaste marquis de Lafayette, le général Louis Duportail, fondateur du premier détachement de sapeurs de l'armée américaine, le commandant Pierre l'Enfant, futur auteur du plan magistral de la capitale, Washington.

Mais l'intervention française se révéla non moins inappréciable de deux autres points de vue : elle consterna l'Angleterre et abaissa grandement le moral de son armée; de plus elle aggrava sensiblement les difficultés qu'éprouvait déjà la flotte anglaise à ravitailler le corps expéditionnaire et à lui faire parvenir des renforts.

Ce n'est toutefois que graduellement que, dans les opérations terrestres — les seules qui pussent être décisives — l'alliance française fit sentir ses effets.

Après Saratoga, les Anglais continuèrent de tenir le port de New York, mais du moins la vallée de l'Hudson était-elle définitivement perdue pour eux. En Nouvelle Angleterre les Patriotes n'avaient plus guère affaire qu'à un reliquat de Loyalistes. C'est donc désormais dans le Sud que les opérations importantes allaient se dérouler.

De 1778 à 1780 elles tournèrent en général au désavantage des Patriotes. En effet, les Anglais s'appliquaient avec ténacité à réaliser un vaste plan qui consistait à saisir la Georgie et à remonter vers le Nord. Avant la fin de l'année 1778 ils s'étaient emparés du port de Savannah et avaient pénétré profondément à l'intérieur de la Georgie et de la Caroline du Sud.

La campagne d'été de 1780 fut encore désastreuse pour les États-Unis. Le 12 mai, en effet, les Anglais s'emparèrent du port de Charleston (Caroline du Sud) et y firent prisonnière l'armée de six mille hommes qui s'y était laissé enfermer. Le 16 août 1780 le général anglais Lord Cornwallis écrasa à Camden l'armée américaine qui lui était opposée.

L'année 1781 débuta elle aussi assez mal pour les Américains, mais bientôt, pour la première fois, une situation se présenta à Washington qui lui permit d'utiliser conjointement, et au maximum, sa propre armée de 6 000 hommes, celle de Rochambeau, qui en comptait 5 000, et la flotte de l'amiral français de Grasse. Par des marches forcées il fit converger toute l'infanterie et l'artillerie disponibles vers Yorktown, à l'embouchure de la rivière York, où cantonnaient les 8 000 hommes de Lord Cornwallis. La flotte de l'amiral de Grasse interdisait à ceux-ci toute retraite par voie de mer, et l'armée anglaise capitula le 19 octobre 1781.

Malgré ce succès éclatant des rebelles, le roi George s'obstina d'abord à poursuivre la guerre, mais l'année suivante les forces anglaises furent chassées de tous les ports américains sauf New York; le mécontentement général obligea alors le premier ministre, Lord North, à démissionner (mars 1782). Son successeur, Lord Rockingham, entama aussitôt des négociations avec une délégation américaine composée de Benjamin Franklin, de John Adams et de John Jay. A la demande de celle-ci, elles furent secrètes, car elles violaient l'engagement qu'avaient pris les États-Unis de ne conclure aucun accord avec l'ennemi commun sans le consentement de leur allié. En réalité les Américains se méfiaient fort de la France, qu'ils soupçonnaient de vouloir s'opposer à l'expansion des États-Unis dans la vallée du Mississippi et de trop favoriser les intérêts de leur alliée l'Espagne.

Ce traité préliminaire fut signé le 30 novembre 1782. Les clauses en étaient presque inespérées pour les États-Unis. Non seulement la Grande-Bretagne ne faisait aucune difficulté pour reconnaître la complète indépendance de leur ancienne colonie, mais elle leur abandonnait tout le territoire au sud des grands lacs jusqu'au Mississippi.

L'année suivante des négociations ouvertes réunirent les plénipotentiaires de tous les belligérants à Paris. Pour ce qui est des États-Unis, le traité multilatéral (signé à Paris le 3 septembre 1783) reprenait les termes de l'accord bilatéral antérieur, y ajoutant cependant une clause importante : la Floride était rendue à l'Espagne.

A l'issue d'une guerre longue et cruelle qui avait mis à rude épreuve la volonté américaine d'indépendance, celle-ci était définitivement conquise et une vie entièrement nouvelle s'ouvrait aux Treizes anciennes Colonies.

DEUXIÈME PARTIE

UN SIÈCLE DE CROISSANCE CONTINENTALE
(1783-1898)

10 CE QU'IL FAUT ENTENDRE PAR « RÉVOLUTION » AMÉRICAINE

Les historiens américains ont coutume de se servir du mot de « Révolution » pour désigner la rébellion qui dressa les Treize Colonies contre la Métropole britannique et leur valut un statut tout nouveau, celui d'États indépendants. La Guerre d'indépendance est pour eux la « Guerre révolutionnaire », cette période de l'histoire des États-Unis la « période révolutionnaire ».

Et en effet, ce fut, de la part des Colonies, opérer une véritable « révolution » que de rompre brusquement avec le passé, de couper tous les liens avec Londres — c'est-à-dire de créer une situation où un gouverneur royal ne pouvait plus opposer son veto à des lois dûment votées par leur « législature » —, de ne plus avoir à payer tribut, sous une forme ou sous une autre, à un gouvernement d'outre-mer, de ne plus devoir loger dans leurs maisons une soldatesque étrangère, etc.

Mais, en dehors de ce passage — obtenu par la force — de la dépendance politique et économique à l'indépendance, le mot de « révolution » est aussi amplement justifié par une rupture, sinon aussi violente, du moins réelle, avec le passé colonial dans le domaine de l'administration interne et jusque dans le domaine social.

La révolte contre la Couronne et le Parlement britanniques avait été en bonne partie une révolte des planteurs et des marchands américains contre les restrictions que le mercantilisme britannique avait prétendu imposer au commerce, et donc aux possibilités d'enrichissement des Colonies. Mais en même temps se faisait jour une révolte des fermiers, des artisans et des domestiques — qui constituaient la majorité de la population — contre les privilèges de la classe dirigeante. Or cette minorité dirigeait en général avec l'appui politique et du Parlement britannique et, dans le pays même, des administrateurs et fonctionnaires britanniques. Quand cet appui lui fut brusquement retiré, les forces démocratiques latentes purent s'exercer avec vigueur. Et ce fut là en effet une véritable révolution, bien qu'elle ait été effectuée sans effusion de sang et qu'elle ait été assez vite enrayée.

De même que, quelques années plus tard, la Révolution française allait provoquer une émigration massive de « ci-devants » auxquels on retirait leurs privilèges et dont, qui plus est, la vie même était menacée, de même pendant et après la Révolution américaine, des dizaines de milliers de Loyalistes qui ne voulaient pas renier leur allégeance envers la Couronne britannique, ou qui demeuraient passionnément attachés au mode de vie que celle-ci leur avait assuré, préférèrent le déchirement et les incertitudes de l'exil. Lorsque le général Howe évacua Boston (17 mars 1776), plusieurs centaines de *tories* se joignirent à lui, et bientôt un millier les suivit. Émigrèrent aussi bon nombre de grands propriétaires de la province de New York. Et lorsque, à la fin de la guerre, les Britanniques évacuèrent Charleston (décembre 1782), ce fut un spectacle émouvant que la centaine de voiliers qui s'égaillèrent vers le large, emportant leur cargaison d'exilés volontaires.

Le plus grand nombre, soit plus de 60 000, gagnèrent Halifax et trouvèrent refuge dans les provinces maritimes du Canada : Nouvelle Écosse et Nouveau Brunswick. Mais plusieurs autres dizaines de mille préférèrent s'établir dans les Antilles britanniques ou en Angleterre.

Les domaines que ces grands propriétaires laissaient derrière eux furent confisqués et morcelés. Certes cette révolution agraire, partielle et purement empirique, n'exerça même pas tous les effets qu'on aurait pu en attendre, car la porte ne fut pas fermée aux agissements des spéculateurs en terrains. Mais il n'empêche que de nombreux petits propriétaires purent s'installer sur les terres des De Lancey à Westchester (New York), des Pepperell dans le Maine et de nombre d'autres grands propriétaires.

Les dizaines de milliers d'hectares des Penn en Pennsylvanie et des Baltimore dans le Maryland subirent un sort analogue, mais dans des formes moins révolutionnaires, car les propriétaires héréditaires de ces deux colonies furent indemnisés.

La démocratisation de la propriété terrienne fut non moins favorisée par l'abolition de la primogéniture et de la forme de majorat connue sous le nom d'*entail*. C'est en Virginie que ces deux institutions d'origine féodale étaient le plus profondément enracinées. Elles avaient pour effet d'assurer l'indivision des grandes propriétés et donc de perpétuer les privilèges des familles patriciennes. C'est Thomas Jefferson lui-même qui, au sein de la nouvelle « législature » virginienne, mena dès 1776 un assaut victorieux contre les majorats. Ce n'est, toutefois, qu'en 1785 qu'il réussit à mettre un terme au droit de primogéniture. L'exemple de la Virginie fut bientôt suivi par les autres États méridionaux.

Toujours dans le Sud, un autre privilège s'écroula avant même le départ des Anglais, celui de l'Église anglicane. Dès avant 1778 l'union des Non-conformistes assura l'adoption par les deux Carolines et par la Georgie de constitutions interdisant l'établissement d'une religion d'État et garantissant pleinement la liberté de religion. En Virginie la résistance à cette réforme fut beaucoup plus âpre. Les opposants étaient non seulement les grandes familles aristocratiques — toutes anglicanes — mais même des « radicaux » tels que Patrick Henry, qui voyaient dans une religion d'État le support indispensable de toute discipline morale. Pendant dix ans ces forces conservatrices réussirent à sauvegarder le principe du financement par l'État d'une ou — dans un esprit de compromis — de plusieurs religions d'État, mais les adversaires résolus de ce principe, Thomas Jefferson et James Madison, finirent par l'emporter en 1786; l'Assemblée des Bourgeois vota en effet alors un projet de loi rédigé par Jefferson et déclarant que le gouvernement n'avait le droit d'intervenir ni dans les affaires des Églises ni dans les questions de conscience.

Le principe alors quasi-révolutionnaire de la liberté de religion et de la séparation de l'Église et de l'État était désormais fermement implanté dans l'État le plus puissant de la fédération. Mais beaucoup de temps allait encore s'écouler avant qu'il fût partout adopté et fît vraiment partie du « credo » américain, car dans le Nord la situation avait été tout autre. Dans la Nouvelle Angleterre congrégationaliste les membres du clergé avaient presque tous été, pendant la guerre, de loyaux Patriotes, en sorte que l'Église établie avait conservé l'appui populaire. Aucune opposition sérieuse n'y réclama l'abolition de l'impôt ecclésiastique, car les Non-conformistes avaient obtenu que leurs contributions fussent consacrées à l'entretien de leurs propres pasteurs. Aussi les Églises ne furent-elles définitivement séparées de l'État qu'en 1817 dans le New-Hampshire, en 1818 dans le Connecticut et en 1833 dans le Massachussets.

Ces quelques faits montrent clairement que la Révolution initiale déboucha très rapidement dans une évolution pacifique. Les seuls véritables contre-révolutionnaires avaient quitté le pays en même temps que les gouverneurs et les juges anglais. Il restait certes, dans les assemblées provinciales, quelques *tories* assez fortement compromis. On se contenta de les éliminer. Les activités administratives furent donc tout naturellement exercées par les membres patriotes qui demeuraient en fonctions. Toutefois les formes de gouvernement changèrent ou se régularisèrent dans les États où des organes improvisés s'étaient substitués aux rouages contrôlés par les autorités britanniques. A vrai dire, ce n'est que dans deux États, le Rhode Island et le Connecticut, que l'on put conserver l'état de choses antérieur. En effet, des chartes fort libérales avaient depuis longtemps déjà accordé à ces deux provinces une large autonomie et aucun changement radical ne s'imposait.

Partout ailleurs il fallut théoriquement tailler dans le neuf. A la demande des nouvelles équipes dirigeantes qui se trouvaient assez embarrassées, le Congrès continental émit le 15 mai 1776 des directives qui furent bien accueillies. Celles-ci recommandaient l'élaboration de constitutions écrites. On ne saurait être surpris que ces dernières aient présenté entre elles de grandes ressemblances. En effet les constituants se laissèrent autant que possible guider par la tradition, simplement amputée de toute ingérence britannique. Dès lors qu'étaient tombées les entraves constituées par les vetos des gouverneurs et par les lois votées à Westminster, il suffisait en somme, en rédigeant les articles, d'adhérer à la coutume. De simples retouches les mirent en harmonie avec le nouvel esprit démocratique. Mais, ce faisant, on réveillait les forces conservatrices latentes, demeurées conscientes de leurs intérêts et prêtes à les défendre. Elles firent rapidement contrepoids à toutes velléités d'égalitarisme démocratique par trop niveleur.

La principale innovation fut le vote de *Bills of rights* (déclarations de droits) qui reprenaient les principes énoncés d'après les idées de Locke dans la Déclaration d'indépendance, à savoir que les pouvoirs de tout gouvernement sont strictement limités par les droits inaliénables des citoyens gouvernés. Dans la pratique, ces droits se ramenaient surtout à la liberté de parole, à la liberté de croyance religieuse, à des garanties contre toute arrestation arbitraire, au droit de l'accusé d'être jugé par un jury de ses pairs, au droit de ne payer d'autres impôts que ceux qu'auraient votés les mandataires dûment élus par le peuple.

Au moment donc où, en Angleterre, le Parlement devenait tout-puissant, les pouvoirs des assemblées américaines étaient tenus en bride par le peuple souverain. Le législatif, l'exécutif et le judiciaire étaient séparés comme le préconisait Montesquieu. Le législatif était confié à deux Chambres, l'exécutif au gouverneur élu, et le judiciaire à des juges le plus souvent eux aussi élus.

Comme on avait très présents à l'esprit les abus de pouvoir des gouverneurs royaux, on d'efforça de tenir bien en main les futurs gouverneurs en ne les élisant que pour un an et en leur retirant tout droit de veto. De même, pour bien marquer que c'est le peuple qui est le maître, on multiplia les élections législatives, qui eurent lieu en général également une fois par an.

D'autre part le nouvel élément conservateur, qui s'était affirmé dès après le départ des Loyalistes les plus irréductiblement hostiles à la Révolution, veilla à ce que le peuple ne commît pas d'excès démagogiques, en maintenant la barrière du cens (*property qualifications*). Pour être électeur, il fallut, comme dans le passé, posséder un minimum de biens, ou même, pour être éligible, posséder un bien immobilier. Dans l'esprit des constituants, le droit d'élire ou d'être éligible ne faisait pas partie des droits « naturels » de l'homme. D'après certains calculs l'électorat dans les États nouvellement indépendants n'embrassa que le tiers, ou même le quart de la population masculine blanche de plus de vingt et un ans.

Malgré tous ces freins appliqués au char de la démocratie montante, celle-ci avait reçu une impulsion initiale si vigoureuse que, si sa marche fut ralentie, elle ne fut nullement arrêtée. La Révolution avait largement pénétré dans les esprits et elle fut à l'origine de plusieurs progrès notables. Citons la condamnation d'excès flagrants jusqu'alors tolérés par la coutume. Les codes pénaux inhumains et la prison pour dettes que les Anglais avaient transplantés en Amérique furent attaqués avec vigueur. Des voix écoutées, comme celle de Jefferson, s'élevèrent en faveur de la démocratisation de l'instruction. La première constitution de l'État (non encore reconnu) du Vermont prévit même tout un système d'enseignement que devait couronner une université d'État.

Mais on ne saurait généraliser. En réalité l'esprit nouveau souffla plus ou moins fort dans les différents États. Le plus « démocratique » dans sa constitution (1776) comme dans ses pratiques habituelles fut sans doute la Pennsylvanie. D'autres États suivirent l'exemple de son réformisme de bon aloi : le New Hampshire, le Delaware, la Caroline du Nord, la Georgie. En revanche, dans les trois puissants États du Massachusetts, du New York et de la Virginie, ainsi qu'en Caroline du Sud, la classe possédante, qui habitait en général la région côtière, sut conserver l'essentiel du pouvoir. Grâce à un cens électoral relativement élevé, elle réussit à écarter des urnes, malgré leurs revendications et parfois leurs clameurs, les nombreux petits fermiers de l'Ouest récemment défriché, ainsi que le prolétariat urbain créé par le passage graduel de l'artisanat à l'industrie.

Les six années de guerre n'avaient en effet pas manqué de hâter ce processus.

Dans l'ensemble, cependant, la Révolution (qu'elle mérite pleinement d'être ainsi appelée ou non) avait créé sensiblement plus d'égalité entre les hommes qu'auparavant, encore que cette égalité demeurât surtout une simple égalité de chances dans la vie. La classe supérieure avait perdu le monopole du pouvoir politique. Désormais des hommes d'humble extraction pouvaient, par leur mérite, accéder aux plus hautes charges, cela même dans les États où les forces conservatrices n'avaient pu être désarçonnées. C'est ainsi que les nouveaux gouverneurs élus dans les États de Virginie et de New York furent Patrick Henry et George Clinton, l'un et l'autre anciens petits avocats dans l'arrière-pays, dont l'ascension n'avait été due à aucun privilège héréditaire.

11 DES ARTICLES DE CONFÉDÉRATION (1781)
A LA CONSTITUTION FÉDÉRALE (1787)

Péniblement votés en 1777 et encore plus péniblement ratifiés en 1781, les Articles de Confédération représentent, sur la voie d'un gouvernement central, la première tentative des Colonies américaines qui ne se soit pas soldée par un insuccès. Toutefois les amendements apportés au projet primitif montrent clairement l'invincible méfiance des délégués du Congrès continental à l'égard de toute autorité centralisée comme l'avait été, ou avait tâché de l'être, l'autorité britannique. Si la Confédération ainsi créée devait avoir la haute main sur la politique étrangère et sur l'armée commune, deux attributs essentiels de toute souveraineté efficace lui échappaient : elle n'avait ni le droit de lever l'impôt ni celui de réglementer le commerce entre États. Ses seules recettes provenaient des réquisitions qu'elle devait adresser — avec plus ou moins de succès — aux États individuels. Cette double lacune rendait les pouvoirs exécutif et judiciaire du Congrès continental précaires, ou même en fait inexistants. Chacun de ses treize membres n'avait qu'une voix. Neuf votes positifs étaient requis pour l'adoption de toutes les résolutions importantes et les Articles ne pouvaient être amendés que par un vote unanime.

Bref une telle Confédération n'était guère qu'une ligue, ou, pour mieux dire, une coalition du temps de guerre que l'on s'efforçait de projeter dans le temps de paix, avec toutes chances que chaque État fasse prévaloir ses propres intérêts immédiats sur l'intérêt incertain et indistinct d'une communauté très lâche.

S'il avait fallu quatre ans pour obtenir la ratification des États, c'est qu'un différend grave opposait le petit État du Maryland — enclavé entre l'Océan, la Virginie, la Pennsylvanie et le Delaware —, à la Virginie et à ceux des membres de la Confédération qui, plus fortunés, n'avaient littéralement pas de frontière vers l'Ouest. Ils pouvaient ainsi revendiquer de larges bandes de terre s'étendant jusqu'au Mississippi. Le Maryland subordonnait sa ratification à une décision du Congrès qui annulerait ces revendications et ferait de tous les territoires du Nord-Ouest la propriété commune de la Confédération. La Virginie finit par céder et tous les territoires situés entre l'Ohio et les Grands Lacs furent définitivement attribués à la Confédération. Au lieu donc de grossir encore le patrimoine immobilier de grands États privilégiés, et d'aggraver ainsi la disparité des forces entre les petits et les grands États existants, il fut prévu que ces terres ardemment convoitées seraient subdivisées en de nouveaux États. L'avenir allait montrer combien sage était cette décision. Les cinquante États actuels de l'Union en sont le fruit.

Cette importante mesure une fois acquise, il restait à la traduire dans la réalité et à en déduire des modalités de mise en œuvre. C'est à quoi s'occupèrent, de 1784 à 1787, les meilleurs esprits du Congrès continental. Par tâtonnements successifs, et grâce à trois ordonnances de 1784, de 1785 et de 1787, le problème qui se posait au Congrès fut résolu sur une base à la fois simple et empirique — les droits des Indiens étaient considérés comme non-existants — mais de façon efficace et durable.

C'est une fois de plus Jefferson qui avait pris l'initiative du premier projet d'application. La *Land Ordinance* de 1785 et la *Northwest Ordinance* de 1787 organisèrent de façon rationnelle, moyennant les indispensables travaux d'arpentage, la vente de terres neuves au public, ainsi que le mode de gouvernement des nouvelles unités administratives.

L'immense territoire cédé par l'Angleterre aux États-Unis en 1783 devait être divisé en rectangles dont chacun comprendrait 36 milles carrés (9 324 ha) et formerait une *township*. Dans chaque *township*, trente et un lots d'un mille carré (soit de 259 ha) devaient être vendus aux enchères au prix d'au moins un dollar par acre. Quatre milles carrés seraient réservés au gouvernement des États-Unis, tandis que — décision heureuse et sans précédent — un rectangle d'un mille carré serait affecté aux besoins scolaires.

L'ensemble du territoire aurait, pour commencer, un gouverneur et des juges nommés par le Congrès. Dès que sa population adulte du sexe masculin aurait atteint le chiffre de 5 000, il élirait une « législature » territoriale dotée de certains pouvoirs. Ultérieurement le territoire serait divisé en trois États au moins, cinq au plus, qui, dès qu'ils auraient atteint une population de soixante mille âmes, seraient admis dans l'Union sur un pied de complète égalité avec les Treize États fondateurs.

De plus l'Ordonnance du Nord-Ouest de 1787 comportait une clause de particulière importance : elle interdisait l'esclavage dans tout le territoire. Cette décision avait été rendue possible par l'idéalisme libéral de la période révolutionnaire. On avait pu observer un mouvement assez fort en faveur de l'abolition de l'esclavage. Dans le Nord, où les conditions économiques n'avaient pas été de nature à rendre l'esclavage vraiment rentable, où le climat ne rendait pas les gros travaux trop pénibles et où, partant, les esclaves étaient peu nombreux, un État après l'autre avait procédé à leur émancipation immédiate ou graduelle. C'est ainsi que dans le Massachusetts tous les esclaves avaient été déclarés libres dès 1781.

Dans le Sud, où le Blanc n'aimait pas à sarcler ses plants de tabac, la situation était beaucoup plus complexe, et même des politiciens d'esprit très libéral comme Jefferson ne voyaient pas la possibilité d'une abolition immédiate de la servitude. Mais, dans la période qui précéda le développement extraordinaire des exploitations cotonnières, l'esclavage n'apparaissait pas aussi absolument indispensable qu'il le fut par la suite. C'est pourquoi tous les États du Sud, sauf la Caroline du Sud et la Géorgie, avaient voté des lois interdisant l'importation de nouveaux esclaves.

C'est grâce à ces quelques hésitations quant à la validité et à la rentabilité future de l'institution que les délégués des États du Sud ne s'opposèrent pas à l'insertion, dans la magistrale ordonnance de 1787, de la clause interdisant l'esclavage dans le territoire du Nord-Ouest.

Certains historiens américains ont sans doute quelque peu exagéré l'état de quasi-anarchie dans lequel les Treize États se seraient trouvés plongés au lendemain de la Guerre d'Indépendance en raison de la faiblesse de l'autorité centrale. En dépeignant ces « années critiques » ils ont eu tendance à prendre pour argent comptant la propagande activement menée par les partisans d'un gouvernement central fort. En décrivant les maux intolérables dus, selon eux, au régime en vigueur, quelques-uns de ceux-ci avaient peut-être autant en vue leurs propres intérêts que ceux de l'ensemble des Treize États.

En réalité ces années d'après-guerre valurent aux ex-colonies une relative prospérité, comme c'est habituellement le cas au lendemain de guerres, même longues, dont le coefficient de dévastation est demeuré minime. Libéré des entraves du mercantilisme britannique, le commerce extérieur put se développer de façon appréciable. L'industrie, qui avait reçu une forte impulsion pendant les hostilités, poursuivit son expansion. On put enfin commencer à construire sérieusement des routes et des ponts, ce qui allait permettre aux fermiers d'écouler plus facilement dans les villes les produits de leurs champs enfin rendus à une culture normale. De premières banques commerciales furent fondées à Boston, à New York, à Philadelphie.

Mais le régime laborieusement instauré sous la pression des événements n'en présentait pas moins, on l'a vu, des insuffisances, des lacunes béantes, voire certaines absurdités qui ne tardèrent pas à se manifester. La dépression commerciale qui s'approfondit vers 1786 ne contribua pas peu à augmenter le malaise.

D'abord les jalousies et les dissensions entre États venaient entraver les rouages du Congrès continental et retarder ou rendre impossibles les décisions à prendre. Le territoire de l'État actuel du Vermont fut une si grave pomme de discorde entre le New York, le New Hamsphire et le Connecticut qu'elle provoqua de nombreux coups de main et coups de feu. Séparés par le Potomac, la Virginie et le Maryland se disputaient âprement les droits d'utilisation commerciale du fleuve. Il y eut pendant quelques années de graves difficultés de tarifs entre le New York et le New Jersey, dont les maraîchers ne pouvaient par exemple pas vendre leurs choux à Manhattan sans payer des droits élevés; entre le New York et le Connecticut, dont le bois de chauffage était lui aussi passible de droits d'entrée.

Mais ce furent les casse-tête de la dette publique et de la monnaie qui se révélèrent les plus irritants. Ils auraient dû et pu être résolus sans trop de peine par un gouvernement central doté de pouvoirs réels. Mais le Congrès continental était impuissant.

Pendant la guerre, la Confédération avait contracté des dettes considérables. Celle qui aurait sans doute dû être acquittée le plus rapidement était l'arriéré de solde des troupes. Washington dut en mars 1785 déployer tout son talent de persuasion pour prévenir une révolte des officiers. Comme la trésorerie était vide, les anciens combattants durent regagner leurs foyers avec de simples certificats précisant la somme qui leur était due. La plupart de ces certificats passèrent vite entre les mains de spéculateurs qui les avaient rachetés aux ayants-droit à un prix très inférieur à leur valeur nominale. On peut imaginer la rancœur des démobilisés ainsi traités par cette même Confédération dont ils avaient assuré la victoire. Mais il y avait dans le pays bien d'autres créanciers encore, qui eux aussi étaient impatients de recevoir leur dû et qui étaient mécontents du régime.

Le problème de la monnaie était si possible encore plus grave. A la fin de la guerre le papier-monnaie continental, dépourvu de toute valeur, avait été remplacé, comme moyen de paiement, par l'or et l'argent. Mais quel or et quel argent! Un assortiment de pièces et de piécettes monnayées par une demi-douzaine d'États européens, dont beaucoup usées, limées ou fausses et dont la valeur réelle prêtait à contestations. La pénurie de moyens de paiement et l'absence de crédit mit les fermiers dans le plus grand embarras. Finalement la plupart des États durent recourir à de nouvelles émissions de papier-monnaie, d'où nouvelle inflation. Dans le Massachusetts la législation requit le payement de l'impôt en espèces. Ne pouvant s'acquitter, nombre de cultivateurs virent leur terre saisie. L'indignation fut telle en 1786 que l'un d'eux, Daniel Shays, n'eut pas de peine à organiser, contre le gouvernement de la classe possédante, une armée de près de 2000 forcenés. Elle ne put s'emparer de l'arsenal de Springfield comme son chef projetait de le faire, mais il ne fallut pas moins que la levée d'un important corps de miliciens bien armés pour disperser les insurgés. Cette menace de jacquerie causa un grand émoi dans tout le pays. Elle apporta de l'eau au moulin du groupe dit « fédéraliste » qui avait commencé de mener campagne pour un gouvernement central fort.

Ce mouvement avait principalement derrière lui des négociants et de grands propriétaires, mais aussi des hommes jeunes, intelligents, qui, pendant la guerre, avaient réfléchi aux problèmes de gouvernement et qui, tout en savourant la liberté conquise, redoutaient peut-être les excès de cette liberté davantage encore qu'ils ne déploraient le manque fâcheux d'unité nationale et de discipline collective. Les principaux représentants de cette tendance étaient le Virginien James Madison et le New Yorkais Alexander Hamilton. Ils étaient soutenus par les puissances d'argent, par exemple par le très riche marchand (et profiteur de guerre) de Philadelphie, Robert Morris, qui, au sein du Congrès continental, avait rempli avec distinction les fonctions combien difficiles de surintendant des finances.

Madison et Hamilton avaient l'étoffe de véritables hommes d'État. Sachant regarder bien au-delà des frontières de la Confédération, ils étaient frappés par le traitement désinvolte que sa grande faiblesse lui valait de la part des États européens. L'Angleterre continuait d'occuper Detroit et autres postes militaires et commerciaux dans la région au sud des Grands Lacs qu'elle avait pourtant cédée par traité aux États-Unis. La France alliée traitait le Congrès en quantité négligeable. L'Espagne fermait au commerce américain l'embouchure du Mississippi, alors que la navigation sur le fleuve présentait une importance vitale pour tout l'arrière-pays. Les transports par terre à travers les Monts Appalaches étaient en effet bien plus coûteux que les transports plus longs par voie maritime et fluviale.

En 1786 les Fédéralistes crurent le moment venu d'agir. Une première « convention » que la Virginie avait pris l'initiative de convoquer en septembre à Annapolis, capitale du Maryland, pour tâcher de mettre un peu d'ordre dans le commerce entre États, ne réunit que les délégués de cinq membres de la Confédération, alors qu'une invitation avait été adressée à chacun des Treize. Elle n'aboutit à rien de concret. Mais, sur la proposition d'Alexander Hamilton, elle recommanda au Congrès, en des termes persuasifs, de convoquer pour l'année suivante une nouvelle convention à laquelle participeraient tous les États. Elle aurait pour mandat de prendre telles nouvelles dispositions qui lui paraîtraient nécessaires pour mettre le gouvernement fédéral à même de faire face aux exigences de l'Union. Cette convention devait se réunir à Philadelphie le second lundi de mai 1787.

Tout indique que cette fois les États avaient pris conscience du besoin urgent de modifier le régime existant. Ils prirent la convocation très au sérieux. Certains délégués arrivèrent en retard, mais la Convention put s'ouvrir le 25 mai avec 29 participants représentant tous les États sauf le Rhode Island. Leur tâche ostensible était de se borner à amender les Articles de confédération, car il fallait éviter d'alarmer les susceptibilités des États jaloux de leur souveraineté; mais Hamilton n'était pas le seul à estimer qu'il fallait à tout prix jeter les bases d'un système nouveau de gouvernement central doté des moyens de gouverner efficacement l'Union.

12   LA CONSTITUTION FÉDÉRALE

Ce sont des hommes très capables que les États américains choisirent pour les représenter à la Convention de Philadelphie. Bon nombre d'entre eux étaient des juristes qui avaient l'expérience des Affaires publiques. Appartenant pour la plupart à la classe aisée, ils avaient des idées plutôt conservatrices. A vrai dire l'élément radical de la population qui, entre 1770 et 1776, avait plus que tout autre contribué à ameuter les esprits contre le régime colonial, n'était pas même représenté. Mais cela ne signifie nullement que les constituants fussent des « réactionnaires ». C'étaient en réalité des modérés résolus à tenir compte de l'opinion publique et à n'introduire dans la constitution aucune clause qui fût en contradiction directe avec les aspirations populaires du siècle des « lumières » et des « philosophes ».

Sous la présidence pleine de dignité de Washington, les délégués étaient d'accord sur les points essentiels : ils entendaient créer un gouvernement central assez fort pour pouvoir maintenir l'ordre, rembourser les dettes accumulées pendant la guerre, assurer la santé économique de l'Union et protéger les intérêts politiques et commerciaux du pays dans ses relations avec l'extérieur.

Ils avaient en même temps pleinement conscience de la vigueur des liens affectifs et des priorités d'intérêts qui existaient entre les citoyens et leur province promue État, et ils se rendaient compte qu'il fallait user d'une grande prudence en privant les États d'une partie de leur souveraineté pour en investir l'Union. C'était chose délicate que d'effectuer ce partage de souveraineté, comme le montraient l'exemple de la Grèce antique, ou même celui, tout récent, de l'Empire britannique, dont bien des traits l'apparentaient dès alors à une fédération. Mais il convenait d'essayer.

D'autre part les constituants admettaient tous le principe de la souveraineté populaire, et donc le droit de la majorité d'imposer — par le droit, et non par la violence — sa volonté à la minorité. Mais ils redoutaient la tyrannie que cette majorité pourrait exercer sur la minorité. Ils craignaient que, sous la conduite de tribuns écoutés des foules, les droits de propriété ne fussent mis en danger et, selon le mot demeuré célèbre d'un des représentants de la Virginie, Edmund Randolph, ils étaient résolus à mettre un frein constitutionnel à « la turbulence et aux folies de la démocratie ». Mais, dans ce contexte, démocratie avait le sens de démagogie. Ils étaient en réalité d'honnêtes démocrates. Ce qu'ils entendaient obtenir, c'était empêcher les riches d'exploiter les pauvres, mais aussi empêcher les pauvres de dépouiller les riches. Or il semblait que cet équilibre d'intérêts différents pût être plus facilement assuré dans une union fédérale que dans l'arène plus étroite des États.

Enfin les membres de la Convention étaient en général d'accord sur ce que devait être la structure du nouveau gouvernement. Ils étaient convaincus que, pour ne pas dégénérer en despotisme, tout gouvernement émanant du peuple devait comporter trois pouvoirs : le pouvoir législatif, le pouvoir exécutif et le pouvoir judiciaire, et que, comme Montesquieu l'avait préconisé, ces trois pouvoirs devaient autant que possible être maintenus séparés. Ils croyaient notamment à la nécessité impérieuse d'assurer l'indépendance du pouvoir judiciaire vis-à-vis de l'exécutif, car, si les juges sont les créatures de l'exécutif, la porte est ouverte à la tyrannie, et il ne saurait plus être question d'un gouvernement « libre ».

D'autre part, instruits par l'expérience des Congrès continentaux, les délégués étaient tous désireux de créer un pouvoir exécutif vraiment fort. Pour ce qui est du législatif, ils étaient généralement partisans du bicamérisme. Celui-ci leur paraissait en effet avoir donné la preuve de son efficacité tant dans la plupart des États américains eux-mêmes que dans l'histoire parlementaire du peuple anglais.

Si l'on était ainsi à peu près d'accord sur les principes généraux, il n'en existait pas moins entre les États et les groupes d'États de très graves divergences d'intérêts. Sagement, les délégués décidèrent de ne pas risquer de les aggraver en les étalant devant le public. Les séances se tinrent donc à huis clos du commencement à la fin des quatre mois que durèrent les discussions. Nul ne commit la moindre indiscrétion, pas même le vieil et vénérable Benjamin Franklin, réputé assez bavard.

La plus grave de ces divergences se manifesta lorsqu'il fut question du mode de représentation des États au Congrès. Les grands États (Massachusetts, New York, Pennsylvanie, Virginie) estimaient que leur nombreuse population devait leur valoir, au sein du Congrès, une représentation plus forte que celle des petits États. Si leurs vues prévalaient, il s'ensuivrait assurément que c'est eux qui, en fait, gouverneraient l'Union. De leur côté les petits États, et en particulier le New Jersey, insistaient pour que tous les États eussent le même nombre de représentants. Cela revenait à demander que dans les décisions à prendre, la faible population des petits États pesât d'un poids égal à celui de la population beaucoup plus considérable des grands États.

Après des séances mouvementées, un comité de conciliation fut nommé, qui adopta et fit voter un plan de compromis soumis par le Connecticut. Des deux Chambres que comprendrait le Congrès — une Chambre basse, dite Chambre des Représentants, et une Chambre haute, dite Sénat — la première serait composée de représentants élus au prorata de la population, tandis que le Sénat serait composé de membres élus à raison de deux par État, quelle que fût sa population. Le compromis était habile, il paraissait juste et il fut accepté.

Mais ce compromis soulevait une grave difficulté d'application. Lorsqu'il s'agirait de déterminer la représentation des États au sein de la Chambre des Représentants, compterait-on les esclaves comme faisant partie de la population? Ou au contraire les considérerait-on comme une simple propriété, comme un cheptel? Ici s'affrontaient pour la première fois avec force, d'une part les États du Nord, qui comptaient un nombre infime d'esclaves, et ceux du Sud, qui en comptaient un grand nombre. Les États du Nord n'admettaient pas que les États du Sud comptassent leurs esclaves lorsqu'il s'agissait de déterminer le nombre de leurs représentants; en revanche, ils entendaient qu'ils entrassent en ligne de compte lorsqu'il s'agirait de fixer l'assiette des impôts directs. Par contre le Sud désirait compter ses esclaves pour la représentation au Congrès, mais ne pas les compter en matière d'imposition. On aboutit finalement à un compromis des plus bizarres, mais au moins pratique : cinq esclaves équivaudraient à trois Blancs tant dans la détermintion du nombre des représentants que dans la fixation des impôts directs!

Il y eut également opposition entre les États du Nord et les États du Sud en matière de réglementation du commerce extérieur. Les États du Nord, qui tiraient de grandes ressources de leur commerce extérieur et dont les armateurs avaient de puissants intérêts, désiraient investir le Congrès de larges pouvoirs protecteurs. Mais plusieurs États méridionaux craignaient que ces pouvoirs n'ouvrissent la porte à une situation rappelant la tyrannie exercée par l'Angleterre au temps le plus sombre des Lois de navigation. A cela venait s'ajouter la crainte de la Georgie et de la Caroline du Sud de voir le Congrès taxer ou interdire l'importation des esclaves. Aussi, liant les deux questions, leurs délégués insistèrent-ils pour qu'il n'y eût aucune taxe à l'exportation, ni aucune sur « les personnes que les différents États pourraient juger bon d'admettre » (pudique circonlocution pour désigner les esclaves).

A la suite d'un marchandage basé sur la règle classique du *quid pro quo* (« donnant donnant »), on finit par trouver un compromis. Les États du Nord cédèrent à ceux du Sud pour ce qui est de l'interdiction des taxes d'exportation et acceptèrent que l'importation des esclaves ne fût pas interdite avant 1808. En échange de quoi les États méridionaux firent les concessions qui leur étaient demandées en matière de droits à l'importation.

Ainsi se trouvèrent résolus les principaux conflits entre groupes d'États. Quant aux dissensions entre États individuels ou aux objections de tel ou tel délégué à telle ou telle clause, elles furent aisément écartées ou ajournées dans le vif désir que tous avaient de parvenir à un accord.

La Convention termina ses travaux le 17 septembre 1787. Elle avait préalablement décidé que la ratification du projet de constitution soumis au Congrès pour transmission aux États se ferait au moyen de « conventions » spécialement élues dans les différents États, et que, sitôt acquise la signature de neuf États, la Constitution entrerait automatiquement en vigueur.

Divisée en sept « articles » — eux-mêmes subdivisés en de nombreuses « sections » — cette constitution allait, à juste titre, être considérée comme un événement historique. Sensationnelle, elle l'était en effet à l'époque.

D'abord, par le régime républicain qu'elle instaurait, elle différait radicalement des gouvernements monarchiques qui existaient alors en Europe. De plus elle offrait la particularité toute nouvelle de trancher à sa manière — une manière à la fois rationnelle et empirique — un problème épineux entre tous : le partage de l'autorité entre l'Union et les États composants.

Dans le domaine qui lui était assigné, le gouvernement fédéral était entièrement souverain. Rompant entièrement avec le passé récent, les constituants prirent une décision singulièrement hardie (Article VI, section 2) (1) : le gouvernement central aurait autorité

(1) Voir appendice IX.

124

directe sur les citoyens individuels des États. Les lois et les traités fédéraux auraient force exécutoire directe et lieraient les fonctionnaires et les tribunaux des États. Si besoin était, l'autorité fédérale pourrait avoir recours aux milices des États pour se faire obéir. Les constituants assuraient ainsi la viabilité d'une Union vraiment forte. Par contre la juridiction du gouvernement fédéral s'étendait à un domaine limité, strictement défini, et partout ailleurs la souveraineté des États était reconnue et confirmée.

De même que le Congrès continental dont il était issu, le gouvernement fédéral était souverain en matière de politique étrangère et de défense nationale. Mais il acquérait des pouvoirs nouveaux. Les deux principaux étaient le pouvoir d'imposition — d'ailleurs limité par la règle selon laquelle les impôts directs devaient être répartis entre les États au prorata de leur population — et le droit de régler tant le commerce entre États que le commerce extérieur.

Sur un plan différent, à ces pouvoirs venaient s'en ajouter deux autres qui allaient assurer à la constitution l'élasticité, l'expansibilité indispensables, et faire d'elle une création vivante, croissante et continue : le pouvoir conféré au Congrès de promulguer toute loi nécessaire pour la mise à exécution de ses clauses, et surtout le pouvoir de proposer des amendements : ceux-ci, une fois ratifiés par les États, feraient partie de la Constitution.

L'énumération claire et précise des pouvoirs du Congrès était suivie d'une liste correspondante des activités désormais interdites aux États : ils n'avaient plus le droit de battre monnaie ou d'émettre du papier-monnaie, ni celui de voter des « lois portant atteinte aux obligations des contrats ». On reconnaît là le souci qu'avait la majorité conservatrice des constituants de sauvegarder les créances et les droits de propriété. Lorsque viendrait l'ère des grandes sociétés industrielles et commerciales, cette clause allait revêtir une importance primordiale.

Une autre préoccupation des fondateurs de la Constitution était de prévenir autant que possible les abus de pouvoir de la majorité, cette « tyrannie » tant redoutée de la minorité possédante. On pensa obtenir ce résultat en adoptant avec cohérence un système d'élections indirectes. On estimait avoir donné des gages suffisants d'esprit démocratique en prévoyant une Chambre des Représentants directement élue par le peuple tous les deux ans. On laissait d'ailleurs les États libres de déterminer les conditions requises des citoyens pour qu'ils pussent avoir le droit de vote. Afin donc que le Sénat fût moins soumis aux pressions de la foule que la Chambre des Représentants, on décida que ce seraient les « législatures » des États qui choisiraient les sénateurs et que leur mandat serait de six années.

Quant au Président, on croyait le rendre si possible encore plus indépendant des mouvements de foule en le faisant élire par un collège électoral comprenant autant de membres de chaque État que le total de ses Représentants et de ses Sénateurs. Comme on s'attendait à ce que chaque État mît en avant la candidature d'un de ses propres citoyens, on prévit un système (assez compliqué) laissant éventuellement à la Chambre des Représentants la responsabilité du choix final. Quant au mandat présidentiel de quatre ans — renouvelable — il résultait d'un compromis entre les partisans d'un seul mandat de quatre ans et les partisans d'un mandat à vie.

Pour ce qui est du pouvoir judiciaire, dont la compétence s'étendait « à toutes les affaires... relevant de cette constitution » les juges fédéraux devaient être nommés à vie par le Président, sur avis et avec le consentement du Sénat.

Les lois devaient donc être normalement approuvées par trois autorités différentes, dont deux ne seraient pas choisies directement par cette masse électorale qui suscitait tant de méfiance. On avait mis sur pied un système soigneusement conçu de « freins et de contrepoids » (*checks and balances*) destinés à empêcher la prépondérance malsaine de l'un des trois pouvoirs théoriquement séparés, ou de l'une des deux Chambres. Aucune de ces dernières ne pouvait promulguer une loi sans le concours et l'assentiment de l'autre, et sans l'agrément du Président. Par son droit de veto limité, celui-ci devait en effet exercer un certain droit de contrôle sur les lois votées par le Congrès. De son côté le Président ne pouvait ni faire de nouvelles lois ni lever des impôts sans l'assentiment du Congrès. Il devait obtenir l'agrément du Sénat pour ses nominations aux postes élevés et il partageait avec ce même Sénat la responsabilité des traités négociés avec les pays étrangers.

Dans l'ensemble c'était là une constitution judicieusement conçue. Soigneusement équilibrée, parfaitement adaptée à la mentalité américaine, amendable selon les besoins, assouplie grâce à des interprétations élargies de certains de ses articles, complétée par des procédures extraconstitutionnelles et extraparlementaires auxquelles une coutume acceptée de tous conférerait validité, elle allait faire ses preuves durant les 190 années à venir.

La seule sérieuse lacune, très tôt révélée, qu'aucune ingéniosité humaine, aucun amendement, n'a encore réussi à combler est l'absence d'une clause ou d'une méthode permettant de régler les différends entre l'exécutif et le législatif et d'éviter ainsi de dangereuses impasses.

Aussitôt que le projet de constitution dûment élaboré dans le huis clos fut publié (27 septembre 1787), il devint évident qu'il allait se heurter à une forte opposition. A un certain moment on put même se demander s'il obtiendrait les neuf ratifications nécessaires. C'est cet enjeu qui provoqua la formation dans le pays des deux premiers embryons de partis politiques, les Fédéralistes et les Antifédéralistes. Les partisans de la Constitution fédérale se recrutaient surtout dans la classe aisée. Mais il s'en trouvait également parmi les artisans urbains qui attendaient d'un gouvernement fort la protection de l'industrie, et parmi les pionniers de l'extrême Ouest qui ressentaient le besoin d'être défendus contre les Indiens et contre les Espagnols. Quant à l'opposition, elle était la plus forte parmi les très nombreux cultivateurs, ainsi que parmi les fonctionnaires des États. Ils redoutaient que le nouveau gouvernement ne se substituât simplement au gouvernement anglais dont ils avaient conservé le plus mauvais souvenir.

Après des controverses très animées au sein des « législatures », dans la presse et sur la place publique, les neuf ratifications nécessaires furent obtenues en juin 1788 et la constitution eut force de loi.

Si ce résultat avait pu être obtenu, c'est en bonne partie grâce à la vigueur et à l'efficacité de la propagande menée par les chefs fédéralistes. Sous le titre The Federalist, Madison, Hamilton et Jay avaient publié dans l'Independent Journal de New York une série d'articles où, avec une grande clarté et des arguments convaincants, ils décrivaient les principes de la Constitution, ses buts et les effets heureux qu'elle ne manquerait pas d'avoir pour tous et pour chacun.

D'ailleurs les Fédéralistes avaient fait par avance une concession à leurs adversaires. Ceux-ci étaient choqués par l'absence, dans la Constitution, d'articles mentionnant nommément les droits « inaliénables » du peuple que le nouveau gouvernement devait être empêché de violer. Cinq États n'avaient pu être persuadés de ratifier la Constitution qu'à condition que celle-ci fût amendée par l'adjonction d'un Bill of Rights. Une majorité de Fédéralistes consentit à cette adjonction, qui fut votée par le Congrès en 1791. Ce bloc de 10 amendements n'était d'ailleurs, à vrai dire, que le fruit de l'expérience des Américains ainsi que des Anglais dans les siècles au cours desquels ils avaient dû lutter contre un gouvernement oppresseur.

Les plus importants de ces amendements étaient le premier, qui interdisait au Congrès de porter atteinte à la liberté de religion et d'expression ainsi qu'à la liberté de la presse et aux droits d'assemblée et de pétition; le cinquième, aux termes duquel aucune personne ne pouvait être « privée de sa vie, de sa liberté ou de sa propriété sans procédure judiciaire régulière (1) », et les sixième et septième, qui garantissaient le droit d'être jugé par un jury. Tous ces droits étaient considérés comme indispensables pour protéger les citoyens contre les agissements de fonctionnaires corrompus ou prêts à abuser de leur autorité.

La ratification une fois acquise, les Antifédéralistes acceptèrent la Constitution de meilleure grâce qu'on n'aurait pu s'y attendre dans le feu de la polémique. Cette retenue s'explique à la fois par le choix du premier président, G. Washington, qui inspirait entière confiance, par les bons débuts de l'administration qu'il instaura, par la période de prospérité que traversait alors le pays, mais aussi par la maturité politique des Américains. Ils se rendaient compte que, dans leur propre intérêt, ils devaient laisser sa chance au gouvernement légitime issu des délibérations de leurs propres mandataires.

(1) « ... without due process of law », mot à mot : sans bonne et due forme de loi ».

13
LES DÉBUTS DE L'UNION :
L'ÈRE FÉDÉRALISTE (1789-1801)

Porté à la présidence de l'Union par l'unanimité du collège électoral, George Washington prêta, le 30 avril 1789, le serment solennel prévu par la Constitution. La brève cérémonie se déroula sur le balcon de Federal Hall, Wall Street, car c'est à New York qu'était échu l'honneur d'être — pour quelques mois — la première capitale de la fédération. John Adams, citoyen du Massachusetts, avait été élu vice-président.

Les premières années furent consacrées à la tâche difficile de créer de toutes pièces le nouveau gouvernement. Il fallait lui assurer les ressources initiales indispensables. C'est à quoi s'employa Washington, qui fit voter par le Congrès un premier tarif douanier. Celui-ci était destiné bien davantage à procurer des recettes au trésor qu'à protéger l'industrie naissante.

Si la Constitution avait défini avec précision les compétences du pouvoir judiciaire, elle avait laissé dans le vague ses modalités d'organisation. Comme il importait d'installer le plus vite possible des juges et des cours, le Congrès fut amené à voter dès 1789 une « loi judiciaire » (*Judiciary Act*) portant création de la Cour suprême prévue à l'article III de la Constitution — qui devait se composer de six juges —, de 13 tribunaux de district et de 3 cours itinérantes (*circuit courts*). Il semblait ressortir du texte des articles que les juges fédéraux avaient le pouvoir d'interpréter la Constitution en tant que loi suprême du pays. Trois années ne s'étaient pas écoulées que déjà des « cours de circuit » avaient invalidé, comme inconstitutionnelles, des lois promulguées par certains États. Il était ainsi tacitement acquis, dès le début de l'Union, que le droit de vérification de la constitutionnalité des lois (*Judicial Review*) était partie intégrante du système de gouvernement fédéral. L'avenir allait montrer la très grande importance de ce droit.

Washington avait appelé auprès de lui, comme membres de son cabinet, deux très fortes personnalités. D'Alexandre Hamilton il fit son secrétaire de la trésorerie et de Thomas Jefferson son secrétaire d'État. On pouvait difficilement imaginer deux hommes de caractère et de tendances plus différents.

Né dans les Antilles, fils d'un père écossais et d'une mère huguenote, Hamilton était dévoré d'ambition. D'esprit extraordinairement rapide, fort instruit, plein d'idées, apte à toutes activités, débordant d'énergie, il avait été capitaine d'artillerie pendant la Guerre d'indépendance. Frappé par ses qualités, Washington avait fait de lui son principal aide de camp. Rendu à la vie civile, Hamilton avait appris à haïr l'incurie, l'incompétence et le désordre qui avaient trop souvent marqué la période de la Confédération et il était assoiffé d'organisation, d'efficacité, d'ordre. Cet ordre, il croyait qu'il ne pouvait être assuré que si le pays était dirigé par une aristocratie de gens bien nés auxquels leur fortune et leur situation sociale auraient donné l'expérience des grandes affaires et le goût de la stabilité. Il n'avait qu'admiration pour la forme anglaise de gouvernement, croyait que, comme toutes les plèbes, la masse américaine était incapable de se gouverner elle-même, et il nourrissait un dédain mal dissimulé pour les idéologues qui avaient toujours à la bouche les mots de liberté et de démocratie. Bref, ce qu'il préconisait, c'était une alliance de fait entre le gouvernement fédéral et la classe possédante.

Plutôt qu'un homme d'action, comme Hamilton, Jefferson était au contraire un homme de réflexion. Plutôt que de veiller au bon rendement de rouages administratifs intelligemment conçus, il aimait les hommes pour eux-mêmes et ce qu'il voulait aider à assurer, c'était leur bonheur. Or, pas de bonheur possible sans une ample liberté. Très cultivé, sachant clairement exprimer des idées originales, il avait une nature d'artiste. Il s'intéressait tout particulièrement à l'architecture. C'est lui qui avait dessiné sa célèbre maison de Monticello (Virginie) et il allait, plus tard, dresser les plans de l'Université de Virginie. Né et élevé dans cet État agricole, il avait la passion de l'agriculture, qu'il idéalisait et il croyait fermement que le meilleur avenir que l'on pût souhaiter aux États-Unis était de demeurer une nation principalement agricole. Il n'avait qu'antipathie pour les grandes villes, les grandes organisations — génératrices, selon lui, d'inégalités — et craignait qu'un gouvernement central doté de trop de pouvoirs ne finît par grignoter les libertés municipales et les libertés individuelles. Le meilleur gouvernement était à son avis celui qui gouvernait le moins.

De ces deux hommes de tendances si opposées et entre lesquels Washington allait souvent devoir arbitrer, c'est incontestablement Hamilton qui, au début de l'Union, joua le rôle le plus important. C'est en effet lui qui, de façon magistrale, redressa la situation financière désastreuse dont héritait la Fédération. La dette contractée par la Confédération s'élevait à la somme, alors énorme, de $ 56 000 000, tandis que, de leur côté, les États devaient $ 18 000 000 à leurs créanciers. Bien des membres du Congrès étaient enclins à répudier ces dettes en totalité ou en partie. En ce qui concerne notamment l'arriéré de solde des anciens combattants, ils faisaient valoir que la plupart de leurs certificats étaient passés entre les mains de spéculateurs qui les avaient acquis pour une simple fraction de leur valeur nominale. Ne serait-il pas immoral — si l'on en décidait le plein remboursement — que tout le profit aille à ces spéculateurs? Mais de son côté Hamilton faisait valoir qu'une signature est une signature, qu'il s'agissait avant tout d'assurer le crédit de la nation, et qu'au surplus les fonds ainsi versés à ce petit nombre de bénéficiaires constitueraient, entre leurs mains, la masse initiale d'investissement si nécessaire.

C'est le point de vue de Hamilton qui finit par l'emporter. Dès 1790 la dette de la Confédération fut ainsi consolidée, et le service des intérêts assuré en attendant que le capital soit remboursé.

La proposition de faire assumer par l'Union la dette des États se heurta à une plus forte opposition. Celle-ci provenait surtout des États du Sud, bien moins endettés que ceux du Nord. Les premiers craignaient que les sommes considérables qui seraient versées aux créanciers des États de la Nouvelle Angleterre ne vinssent enrichir les milieux d'affaires septentrionaux au détriment du Sud. Hamilton obtint cependant gain de cause, mais grâce seulement à un bien curieux compromis — un de plus! Le Congrès discutait alors avec passion la question du siège définitif de l'Union. Il avait été, en 1790, transporté à Philadelphie, qui entendait le conserver. Jefferson persuada les représentants de la Virginie d'accepter la prise en charge par l'Union des dettes des États, tandis que Hamilton persuadait les représentants de la Pennsylvanie de ne pas s'opposer à ce que la capitale fût transférée dans le Sud, sur les rives du Potomac. Elle le fut en effet en 1800, à Washington.

Complétant son plan d'organisation des finances de l'Union, Hamilton réussit, malgré l'opposition de Jefferson, à faire voter en 1791 un impôt indirect sur le whisky. Il avait un double but : créer une nouvelle source de revenus — car les recettes douanières risquaient de n'être pas suffisantes — et renforcer le pouvoir fédéral dans l'arrière-pays, où les fermiers distillaient une grande partie de leur grain pour la vente. Les Irlandais-écossais de Pennsylvanie occidentale accueillirent fort mal cette mesure, et ce fut, en 1794, la légendaire Révolte du Whisky (*Whiskey Rebellion*). Washington dut, pour la mater, faire intervenir la milice de trois États. Il avait ainsi montré que, dans le cadre de la Constitution, le jeune gouvernement était à même de se faire obéir.

Pour couronner son programme financier, Hamilton recommanda au Congrès l'établissement d'une Banque fédérale. Plus ou moins modelée sur la Banque d'Angleterre, elle devait être principalement banque de dépôts pour les fonds du gouvernement, mais aussi banque de crédit, et, dans d'étroites limites, banque d'émission. Le gouvernement ne devait contribuer au capital que pour 1/5, tandis que les 4/5 seraient fournis par les intérêts privés. Ce sont donc ces derniers qui auraient la haute main sur la gestion.

Jefferson éleva de très fortes objections. Il estimait que cette Banque disposerait d'une influence excessive dans l'économie nationale, cela au profit d'un petit groupe de citoyens fortunés et au détriment de l'intérêt des États. Mais il fit surtout valoir auprès de Washington un autre argument : selon lui la Constitution énumérait expressément les pouvoirs appartenant au gouvernement fédéral, réservant tous les autres aux États. Or aucun paragraphe de la Constitution n'autorisait le gouvernement fédéral à fonder une banque.

L'intègre Washington fut bien près de succomber à cette logique, mais Hamilton plaida la cause de la banque avec une grande hauteur de vues. Il fit observer que les constituants n'avaient nullement eu l'intention — c'eût d'ailleurs été impossible — d'énoncer explicitement et jusque dans le détail tous les pouvoirs du gouvernement national. Ils avaient eu soin d'insérer à la fin de leur énumération succincte une clause générale impliquant des pouvoirs tout aussi constitutionnels et indiscutables que ceux (au nombre de 17) qui étaient spécifiquement mentionnés :

> « 18. Le Congrès a le pouvoir de faire toutes les lois qui seront nécessaires et appropriées pour exercer les pouvoirs ci-dessus, ainsi que tous les autres pouvoirs dont cette Constitution investit le Gouvernement des États-Unis [...] (1)

Hamilton insista en particulier sur le mot « appropriées », et, pour en expliquer le vrai sens, invoqua quelques cas concrets : la Cons-

(1) Article 1, Section 8.

titution prévoyait par exemple que le gouvernement central réglementerait le commerce et la navigation. Il avait donc le pouvoir « implicite » de construire des phares. De même la Constitution disposait que le gouvernement national avait le pouvoir de lever et de percevoir des impôts, de payer des dettes et d'emprunter de l'argent. Or une banque nationale l'aiderait matériellement à percevoir l'impôt, à payer ses créanciers dans toutes les localités des États, et à emprunter les sommes nécessaires au bon fonctionnement de la chose publique. La fondation d'une banque nationale était implicitement, donc pleinement autorisée par la Constitution!

Après réflexion, conscient d'obéir à la fois à la lettre et à l'esprit de la Constitution, Washington se laissa convaincre par Hamilton et apposa sa signature au bas de la loi instituant une Banque nationale dotée d'une charte valable pour une période de vingt ans.

C'est le programme financier de Hamilton, avec ses chauds partisans et ses adversaires passionnés, qui, plus que toute autre chose, contribua à départager les esprits, les tendances et les intérêts, et qui aboutit, dès 1791, à la formation de deux partis politiques. Les citoyens qui approuvaient la politique de Hamilton étaient à peu près les mêmes qui avaient milité en faveur de la ratification de la Constitution. Aussi continuèrent-ils de s'appeler Fédéralistes. Leurs adversaires prirent le nom de Parti républicain. Mais, comme ce parti représentait alors des tendances opposées à celles qui allaient, au milieu du XIXe siècle, provoquer la création d'un autre parti « républicain » — celui de Lincoln — certains historiens américains ont jugé bon d'appeler « Républicain démocratique » (*Democratic Republican*) ce premier parti « républicain ». Ils entendaient parer ainsi à une confusion possible.

Le parti fédéraliste groupé autour de Hamilton continuait de rallier principalement les négociants des villes du Nord, tandis que l'opposition « républicaine » ralliait surtout les agriculteurs du Sud. Le Virginien Madison s'était dissocié de Hamilton dès les premiers débats du Congrès, car ses idées étaient plus voisines de celles de Jefferson. Les deux hommes lièrent partie avec plusieurs personnalités new-yorkaises qui avaient fondé des clubs politiques de tendance antihamiltonienne.

C'est ainsi que le noyau du jeune parti républicain fut une alliance entre Virginiens et New-Yorkais. Sous la direction de Madison et de Jefferson il entendait maintenir l'idéal de la Révolution américaine : le gouvernement par le peuple (dont les « législatures » des États étaient une émanation bien plus directe que le gouvernement fédéral), la protection des intérêts de la masse plutôt que de ceux de la classe possédante. Jefferson craignait que ce que Hamilton avait en vue ne fût un système très voisin des monarchies de style européen et que les « pouvoirs implicites » ne fussent un acheminement vers une nouvelle forme de despotisme. En réalité Hamilton pensait surtout « discipline », tandis que Jefferson pensait « liberté ».

En tout état de cause, l'opposition entre les deux attitudes était telle que, dès 1791, en vue de déterminer les buts politiques à poursuivre et de désigner leurs candidats aux élections prochaines, les deux partis organisèrent de premiers *caucus* (1) et créèrent leurs premiers organes de presse.

Washington s'efforça de demeurer au-dessus des partis. Pendant son premier mandat, il réussit à conserver dans son cabinet Hamilton et Jefferson, malgré leurs idées souvent diamétralement opposées. En 1792 il accepta un second mandat; mais dès la fin de 1793, constamment mis en minorité au sein d'un cabinet dominé par les Fédéralistes, Jefferson démissionna, ouvrant la porte à un successeur fédéraliste. Washington avait ainsi échoué dans son suprême effort pour maintenir son cabinet à l'abri des « factions ». L'administration qu'il présida fut désormais entièrement hamiltonienne, c'est-à-dire fédéraliste, portée à mettre l'accent sur un pouvoir central fort. Tel était alors le sens du terme « fédéralisme », alors qu'aujourd'hui nous mettons plutôt l'accent sur les pouvoirs des membres de la fédération.

La politique étrangère de Washington fut nécessairement dominée par les graves événements de la Révolution française, que toutes les classes de la population américaine suivaient avec une attention passionnée. A partir du moment où l'élément modéré représenté par les Girondins fut évincé par les Montagnards (1792) et où ceux-ci inaugurèrent un régime de terreur contre l'aristocratie possédante, l'opinion américaine fut très divisée. Certes bien des Républicains continuèrent de voir dans les Jacobins des défenseurs des droits de l'homme, mais les exécutions en série perpétrées par le « peuple » français déchaîné renforcèrent la défiance des Fédéralistes envers tout gouvernement populaire et leur inspirèrent l'horreur de la France jacobine, tandis qu'elle les rapprochait de l'Angleterre, où régnaient l'ordre et la concorde civile.

Washington s'efforça de son mieux de résister aux pressions qui s'exerçaient sur lui pour faire basculer la politique américaine du côté de l'Angleterre ou du côté de la France. Il s'opposa notamment aux agissements du premier agent diplomatique de la République française accrédité auprès de l'Union, E. C. Genêt, qui entendait

(1) Réunion de membres d'un même parti.

utiliser les ports américains comme base pour les corsaires français dans leur chasse aux vaisseaux anglais. La nouvelle de l'exécution de Louis XVI (21 janvier 1793) ne parvint aux États-Unis que tard dans l'hiver, mais elle acheva de décider Washington à proclamer officiellement (22 avril 1793) la neutralité américaine dans la guerre entre la France et l'Angleterre.

Cette neutralité, il allait toutefois éprouver de grandes difficultés à la maintenir. Si bien des Américains condamnaient les excès révolutionnaires de la France, de puissants intérêts et de cuisants griefs réveillaient en eux de très violents sentiments antibritanniques. Le commerce maritime de l'Union était en effet grandement affecté par la guerre de course qui faisait rage dans l'Atlantique entre pavillon anglais et pavillon français. La Grande Bretagne avait décrété le blocus de la France et de ses colonies, donc des îles antillaises, avec lesquelles les ports américains faisaient le commerce le plus lucratif. Faisant bon marché de la soi-disant neutralité américaine et n'admettant pas que le pavillon couvrît la marchandise, les Anglais saisirent un grand nombre de vaisseaux américains transportant des marchandises appartenant à des citoyens français, ou cherchant à débarquer dans des ports français des denrées arbitrairement classées comme contrebande. Les armateurs et le public américains furent si possible encore plus indignés lorsque corvettes et frégates anglaises se mirent à arraisonner systématiquement tous les navires américains qu'elles apercevaient pour y chercher des déserteurs de la marine britannique et s'emparer des matelots américains qu'ils considéraient comme tels. Tous les hommes nés en Angleterre étaient en effet censés demeurer citoyens anglais, car la législation anglaise ne reconnaissait pas le droit de naturalisation américaine.

Enfin les Américains reprochaient aux Anglais non seulement d'occuper des postes et des forts en terre américaine, au sud des Grands Lacs, mais aussi d'aider les Indiens de la « frontière » dans leur résistance aux colons de l'Ouest. En effet, depuis les raids sanglants exécutés en commun contre les Patriotes par Loyalistes et Indiens, les Anglais n'avaient pas cessé de soutenir en sous-main leurs alliés de la Guerre de sept ans. Dans leur progression le long de l'Ohio, les pionniers américains se heurtaient à de forts partis de « sauvages » résolument hostiles. En 1790 un détachement avait subi un revers dans la région-frontière de la rivière Wabash et l'année suivante les guerriers de plusieurs tribus avaient infligé une sérieuse défaite au général A. S. Clair. Forts de ces succès les Indiens allaient jusqu'à demander un traité qui aurait fermé la vallée du Wabash à toute colonisation par les Blancs. Au lieu de cela, le général A. Wayne battit finalement à Fallen Timbers (20 août 1794) la petite armée alignée par les Miami, les Wyandot et quelques autres tribus alliées. Force fut à ce qui restait d'Indiens d'accepter l'année suivante le traité de Greenville (3 août 1795) qui, moyennant le versement d'annuités de quelques milliers de dollars, les repoussait plus loin vers l'Ouest. Pendant toutes ces années les Américains n'avaient pas cessé de soupçonner les Anglais d'intriguer contre eux dans cette région du Nord-Ouest.

Au printemps de 1794 l'opinion dans tout le pays était si montée contre l'Angleterre que l'on aurait pu se croire à la veille d'hostilités ouvertes. Mais Washington était fermement décidé à maintenir la paix dans une neutralité non équivoque. Il avait d'ailleurs l'appui des Fédéralistes, eux-mêmes soutenus par nombre d'armateurs et de commerçants de la Nouvelle Angleterre qui, malgré la guerre entre la France et l'Angleterre — ou à cause d'elle — faisaient discrètement de gros profits.

Washington dépêcha donc à Londres, comme envoyé extraordinaire, John Jay, alors président de la Cour suprême, qui négocia pendant tout l'été et une partie de l'automne de 1794. La négociation fut ardue et aboutit à un échec partiel, car en matière de liberté de commerce des neutres et de droit de saisie, les Anglais ne firent pour ainsi dire aucune concession. Mais, dans le traité enfin signé en novembre 1794, Jay obtint du gouvernement britannique l'engagement d'évacuer le territoire du Nord-Ouest avant le 1er juin 1796. Communiqué à Philadelphie (alors capitale de l'Union), le traité se heurta à une très forte opposition de la part des Républicains, qui accusaient Jay d'avoir capitulé devant l'Angleterre. Des foules furieuses le brûlèrent même en effigie. Mais finalement (24 juin 1795), au prix de quelques menus amendements, le Sénat ratifia le traité. Washington et Jay avaient eu évidemment raison contre les excités. Pour la jeune Union la paix, même avec ses servitudes temporaires, valait infiniment mieux que la guerre. Au surplus les coudées franches enfin obtenues dans le Nord-Ouest pouvaient, à longue échéance, être considérées comme un important succès. L'hypothèque anglaise sur cette région encore contestée était enfin levée.

Ce succès fut complété la même année par le traité de San Lorenzo el Real que le ministre américain Th. Pinckney signa avec l'Espagne (27 octobre 1795). Le gouvernement espagnol se résignait à accorder aux Américains le droit de libre navigation commerciale sur le Mississippi et lui consentait la jouissance d'un port franc à la Nouvelle Orléans pour les marchandises destinées à l'exportation. Washington avait eu une claire vision de l'avenir. A longue échéance, il l'avait compris, la maîtrise du territoire du Nord-Ouest et la possibilité pour la navigation commerciale américaine d'utiliser librement le Mississippi revêtaient pour l'ensemble de l'Union une plus grande importance que les droits des neutres en haute mer qui affectaient — et cela seulement à titre temporaire — un secteur limité de la population.

Vieilli et fatigué du pouvoir, Washington vit arriver sans regret la fin de son second mandat (1797). Mais auparavant il avait, dans sa fameuse « allocution d'adieu » (*Farewell Address*), résumé son expérience de premier magistrat de l'Union. Il avait été douloureusement frappé par la violence des courants d'opinion qui l'avaient poussé à la guerre contre l'un ou l'autre des belligérants européens. Aussi eut-il à cœur de mettre en garde les Congrès futurs contre toute intervention préjudiciable aux intérêts vrais de l'ensemble du pays :

> « Rien, affirma-t-il, n'est plus essentiel que d'exclure toutes antipathies profondes et invétérées contre des nations particulières, ainsi que tous attachements passionnés pour d'autres nations [...] L'histoire et l'expérience montrent que l'influence extérieure est l'un des ennemis les plus malfaisants du gouvernement républicain [...] Pour nous la principale règle de conduite à l'égard des nations étrangères est, en étendant nos relations commerciales, d'avoir avec elles aussi peu de rapports politiques que possible [...] L'Europe a un réseau d'intérêts primaires qui ne nous concernent nullement, ou nous concernent fort peu. »

Washington ne mentionnait ni l'Angleterre ni la France, bien qu'il les eût toutes deux présentes à l'esprit. A ce moment particulier de l'histoire américaine, sa philosophie de l'isolement s'était révélée sage pour la nation encore faible dont il avait été le loyal serviteur. Mais elle n'en représentait pas moins une attitude politique et une conception de l'intérêt américain qui allaient réapparaître fréquemment par la suite, même lorsque le pays aurait accédé à une très grande puissance.

Avec John Adams, porté en 1796 à la présidence par une majorité fédéraliste très amenuisée — l'écart n'était plus que de trois voix — c'est un citoyen du Massachusetts qui allait marquer de sa personnalité la direction des affaires nationales. Excellent juriste et lui aussi rompu au maniement des affaires publiques, il avait une saine compréhension des intérêts majeurs du pays, mais, dans la pratique, il se laissait souvent guider par l'esprit de parti et il était parfois desservi par une certaine étroitesse d'esprit qu'il tenait des origines puritaines de sa famille et de son milieu. Lorsqu'il commettait des erreurs de jugement, il était enclin à s'y obstiner. De plus son caractère entier lui valait beaucoup d'ennemis.

Son mandat — qui ne fut pas renouvelé — coïncida avec le paroxysme des hostilités entre la France et l'Angleterre. La position des États-Unis, exposés aux coups des deux belligérants, devenait de plus en plus difficile. L'influence de Hamilton demeurait très forte et poussait à la guerre contre la France. Le Directoire français, dont la politique extérieure était dirigée par Talleyrand, avait très mal pris le traité négocié par Jay, par lequel les États-Unis avaient accepté le blocus britannique. Ce faisant — ainsi pensait-on à Paris — les États-Unis avaient violé le traité d'alliance de 1778, qui n'avait pas été dénoncé, et ils s'étaient faits les alliés de fait de l'Angleterre. A quoi les Fédéralistes rétorquaient que le traité avait été conclu entre les États-Unis et le Roi de France. L'abolition de la royauté avait délié le gouvernement américain de ses engagements...

Les corsaires français exercèrent des représailles systématiques en saisissant les vaisseaux américains par centaines. Ce fut, en 1797 et 1798, une vraie guerre, bien que non déclarée. La tension devint plus forte encore lorsque revint de Paris une mission de trois négociateurs américains que le gouvernement français avait abreuvée d'insultes.

Effrayé par le programme de propagande révolutionnaire qu'affichaient les gouvernements successifs de la France, Hamilton était tenté de voir dans la guerre un moyen d'arrêter les progrès du parti républicain dans le pays. Stimulés par lui, les Fédéralistes accélérèrent leurs préparatifs militaires, renforcèrent la marine de guerre américaine, armèrent les vaisseaux de commerce, saisirent de leur côté nombre de vaisseaux français dans les eaux antillaises.

Parallèlement la majorité fédéraliste du Congrès vota plusieurs lois de défense intérieure destinées les unes (les *Alien Acts*) à paralyser les agents français accusés de saper les institutions américaines, et l'autre, le *Sedition Act*, à mettre fin à la propagande « révolutionnaire » interne.

Ni John Adams ni la Cour suprême ne s'opposèrent à ces lois. La dernière surtout pouvait être considérée comme franchement inconstitutionnelle, en ce qu'elle semblait violer le premier article de la Déclaration des Droits (premier amendement à la Constitution) qui interdit toute atteinte à la liberté de parole et à la liberté de la presse. Elle prévoyait en effet des peines d'amende et de prison contre toute personne qui prononcerait des paroles ou publierait des écrits visant délibérément à jeter sur le Congrès ou sur le Président « mépris ou discrédit » (*Contempt or Disrespect*). Cette loi fut aussitôt appliquée, et même avec sévérité, par des tribunaux dont les juges étaient en majorité d'ardents Fédéralistes. Plus de vingt rédacteurs en chef de journaux républicains furent arrêtés, dont dix condamnés à une amende ou à la prison. Ayant contre eux le pouvoir judiciaire non moins que le législatif et l'exécutif, les

Républicains outrés ne purent exprimer leur opposition qu'au sein des « législatures » d'État. Celle de la Virginie adopta une série de résolutions, rédigées par Madison, qui stigmatisaient le caractère inconstitutionnel des lois votées et invitaient les autres États à faire une déclaration analogue. Ceux-ci hésitèrent toutefois à se joindre à cette protestation, à l'exception du Kentucky, l'un des trois nouveaux États qui étaient venus s'ajouter aux Treize États fondateurs.

Mais la « législature » du Kentucky, peuplé depuis peu par de rudes pionniers, alla plus loin que celle de la Virginie. Elle déclara péremptoirement que chaque État avait le droit de considérer toute loi fédérale comme nulle et non avenue s'il jugeait qu'elle violait la Constitution, et d'exiger son abrogation. C'était la première velléité d' « interposition » (des États) et de « nullification » (de lois fédérales par les États), thèse juridique qui, lors des dissensions en matière d'esclavage, allait par la suite jouer un si grand rôle.

Cette voix demeura toutefois isolée, car ni Jefferson ni Madison ne reconnaissaient à un ou à plusieurs États le droit d'annuler unilatéralement une loi fédérale. Une telle loi ne pouvait, selon eux, être annulée que moyennant une nouvelle loi fédérale.

Cependant la situation extérieure avait changé. Au début de 1799 le gouvernement français fit savoir à Philadelphie qu'il était maintenant prêt à négocier avec le Congrès un arrangement mettant fin à l'état de guerre larvée qui avait existé entre les deux pays. Ancrés dans leur hostilité envers la France républicaine, les Fédéralistes du Congrès et les membres du cabinet de John Adams ne voulaient rien entendre, mais le Président sentit que c'eût été une faute politique que d'écarter cette invitation. Il fit acte d'autorité, renvoya son secrétaire d'État Pickering lorsque celui-ci se refusa à le suivre, et — sachant qu'il compromettait ainsi ses chances de réélection — obéit à ce qu'il considérait comme son devoir envers le pays en envoyant une délégation à Paris.

Entre temps le Consulat avait succédé au Directoire. Bonaparte n'avait aucun intérêt à voir la puissance navale de l'Angleterre encore renforcée par la flotte américaine, et Talleyrand n'eut pas de peine à négocier avec les Américains un traité prévoyant des concessions mutuelles et consacrant la paix entre les deux pays.

Le Sénat tarda quelque peu à ratifier le traité, mais il s'exécuta en 1801, car entre temps un vent de paix avait soufflé de part et d'autre de l'Atlantique et la fièvre guerrière était tombée dans toute l'étendue du pays.

Les élections de 1800 avaient montré clairement que la politique belliqueuse des Fédéralistes et la désinvolture avec laquelle ils s'en étaient pris aux libertés civiles leur avaient aliéné un grand nombre de citoyens des seize États. Les Républicains l'emportèrent dans la plupart des États du Sud et du Centre, et au sein du collège électoral une majorité de 73 voix contre 65 porta un Républicain à la présidence. Ce Républicain fut Jefferson. Les Fédéralistes se voyaient évincés de la direction et du législatif et de l'exécutif.

Mais avant de se démettre de ses fonctions et presque à la dernière minute (3 mars 1801), J. Adams usa de ses pouvoirs constitutionnels pour procéder à des nominations de juges fédéraux, choisis naturellement parmi des Fédéralistes convaincus. Grâce à ces « juges de minuit », comme on les appela plaisamment, il espérait que son parti pourrait continuer d'exercer une influence assagissante sur le gouvernement.

Parfaitement légal, le procédé était peut-être contestable. Mais le pays n'allait pas en souffrir. Bien au contraire, car le nouveau président de la Cour suprême, John Marshall, Fédéraliste virginien, n'était pas seulement un juge intègre, c'était aussi un véritable homme d'État. Pendant trente année cruciales, par de sages et habiles interprétations de la Constitution, Marshall allait insensiblement étendre les pouvoirs fédéraux à la mesure des besoins, et, en limitant les prétentions des États, permettre de contrecarrer des forces centrifuges qui auraient pu créer une situation anarchique. Cette seule nomination, qui portait en elle des conséquences heureuses, suffirait à conférer un caractère constructif à la présidence de John Adams.

14 LES PRÉSIDENCES DE JEFFERSON ET DE MADISON (1801-1817)

Au cours de l'été de 1800 le gouvernement fédéral avait été transféré de Philadelphie à Washington. Dessinée par un architecte français, L'Enfant, dont les conceptions grandioses avaient heureusement prévalu malgré une forte résistance, la nouvelle capitale était encore à l'état de chantier. C'est donc là que Jefferson prononça, au début de l'année suivante, le magistral discours d'ouverture (*inaugural address*) qui devait par la suite conserver une importance historique.

Il s'y efforça surtout de lancer à ses compatriotes un appel à la concorde. Ce n'était pas inutile, car la campagne électorale avait été marquée par des polémiques dont la violence dépassait tout ce qu'on avait connu jusqu'alors. Sa formule de conciliation entre les deux partis : « Nous sommes tous Républicains, nous sommes tous Fédéralistes » était donc des plus heureuses.

Quant à son programme de gouvernement, on peut le résumer en trois points : frugalité et « économie dans les dépenses publiques »; respect des droits des États de l'Union et de la Constitution « dans toute sa vigueur »; et enfin, en politique extérieure, « amitié avec toutes les nations, mais pas d'alliance insidieuse (*entangling*) avec aucune d'elles ».

Les nécessités du gouvernement obligèrent cependant presque aussitôt Jefferson à enfreindre ses propres principes et à prendre les mêmes décisions qui eussent été celles d'un gouvernement fédéraliste. Certes, sous son impulsion, le secrétaire du trésor, Albert

Gallatin, financier d'origine suisse qui s'avéra remarquable, s'appliqua avec succès à réduire les dépenses de l'Union et à rembourser la dette nationale, mais l'on ne put enregistrer d'excédents budgétaires qu'après une expédition navale qui coûta fort cher. Le 10 juin 1801 en effet, le pacha de Tripoli ne craignit pas de déclarer la guerre aux États-Unis, car ceux-ci avaient refusé de payer aux corsaires barbaresques qui écumaient la Méditerranée le tribut exorbitant qui seul pouvait éviter aux navires marchands américains d'être rançonnés. Ce n'est qu'au bout de quatre ans d'opérations difficiles et après un bombardement de Tripoli que le pacha s'avoua vaincu et s'engagea par un traité signé le 4 juin 1805 à respecter désormais le pavillon américain.

Entre temps Jefferson avait été également amené à enfreindre de la façon la plus patente un autre de ses principes les plus clairement affirmés. Il s'agit d'un achat de territoire que nul article de la Constitution n'autorisait l'autorité fédérale à conclure, l'achat de la Louisiane.

La Louisiane d'alors comprenait toute la région située entre le Mississippi et les Montagnes Rocheuses, depuis le Golfe du Mexique jusqu'aux confins du Canada. Par le traité de Paris (1763) la France avait cédé à l'Espagne ce vaste territoire aux frontières incertaines. Mais en 1801 elle avait secrètement contraint l'Espagne de le lui restituer par traité. L'accord de cession ne pouvait demeurer longtemps secret. L'alarme et l'indignation furent grandes à Washington, car on s'y rendait compte que, maître de la Nouvelle Orléans, un Napoléon capable de tout allait être en mesure de fermer l'océan à l'important trafic fluvial de l'Ohio et du Mississippi. La reconstitution d'un empire colonial français à l'Ouest des États-Unis représentait pour le jeune État un danger beaucoup plus grave que le précédent voisinage d'une Espagne un peu assoupie.

L'immédiate réaction de Jefferson fut donc de déclarer que le seul parti à prendre était de « conclure mariage avec la flotte et la nation britanniques ». Napoléon se rendit compte que l'Alliance qu'il provoquait lui ferait infailliblement perdre cette Louisiane fraîchement acquise. Aussi lorsque Jefferson envoya à Paris son plénipotentiaire James Monroe, le chargeant d'offrir à Napoléon dix millions de dollars pour la cession de l'« Ile d'Orléans » (la Nouvelle Orléans) et de la Floride occidentale, non seulement le négociateur fut bien accueilli, mais, pour la somme de quinze millions de dollars, il obtint avec effet au 20 décembre 1803, la totalité de la Louisiane. Sans s'embarrasser de scrupules constitutionnels, Jefferson n'avait même pas consulté le Congrès!

D'un trait de plume il avait plus que doublé le territoire de l'Union, annexant pacifiquement des plaines immenses, qui, alors peuplées d'innombrables bisons et de rares Indiens, n'allaient pas tarder à devenir le grenier du monde. En attendant, sillonnées de fleuves navigables, elles offraient à l'agriculture et au commerce du pays d'immenses possibilités. En 1803 Robert Fulton avait échoué sur la Seine dans sa tentative pour substituer la vapeur à l'aviron, à la voile, à la perche ou à la traction animale. Mais quelques années après John Stevens (1804) et le même Fulton (1807) avaient définitivement résolu le problème de l'utilisation de la vapeur pour la propulsion des bateaux et bientôt toute une flotte d'embarcations à aubes allaient cracher la fumée sur des milliers de kilomètres de voies fluviales, transportant pêle-mêle émigrants, spéculateurs, bétail et marchandises.

Jefferson ne pouvait, par l'achat de la Louisiane, qu'accroître le pouvoir fédéral qu'il assurait vouloir brider, et c'est ce que ne manqua pas de lui reprocher l'opposition fédéraliste; mais tout bon Américain ne pouvait, au fond de lui-même, que se réjouir de cette fabuleuse extension du patrimoine national.

Restait maintenant à explorer, au-delà et à l'ouest de la nouvelle et indécise frontière, la non moins immense région qui, au nord du Texas et de la Californie espagnols, s'étendait jusqu'à la côte du Pacifique. De là, en 1804, la décision de Jefferson de confier à deux officiers, M. Lewis et W. Clark, le soin d'explorer cette région où aucun Européen n'avait encore mis le pied. Ils remontèrent en canoë le Missouri jusqu'à la ligne de partage des eaux. Puis, après un difficile portage et bien des aventures, ils s'engagèrent dans le bassin du fleuve Columbia et poussèrent leur reconnaissance jusqu'à l'Océan Pacifique. Ainsi se trouvèrent amorcées des prétentions à la région côtière de l'Orégon qu'allait un jour lui disputer l'Angleterre à partir de la Colombie britannique.

Déjà cependant le mandat présidentiel de Jefferson venait à expiration. Malgré les critiques et les manœuvres du plus ambitieux des fédéralistes, Aaron Burr, les chances de Jefferson, candidat à la réélection en 1804, étaient grandes. L'ensemble du pays était prospère. Porté par les événements, Jefferson avait indubitablement fortifié le sentiment national et il avait ouvert au pays des horizons illimités. Aussi fut-il réélu à une énorme majorité : 162 voix contre 14.

Moins heureux, son second mandat allait être entièrement marqué par les violents répercussions, outre-Atlantique, des guerres napoléoniennes, et son désir très sincère de soustraire son pays à toute implication dans la tourmente qui faisait rage allait être mis à rude épreuve.

Après la destruction de la flotte française à Trafalgar (21 octobre 1805) les hostilités entre la France et l'Angleterre prirent nécessairement la forme d'une guerre commerciale acharnée. L'Angleterre déclara en état de blocus toutes les côtes de l'empire français et Napoléon riposta, de Berlin (1806), puis de Milan (1807), par le « système continental ». Faisant bon marché des droits des neutres, il leur interdisait d'entrer dans les ports britanniques ou d'en sortir, sous peine de saisie. Cette mesure affectait au plus haut point les États-Unis. Car ils avaient une puissante flotte commerciale et leurs échanges avec l'Angleterre étaient bien plus actifs qu'avec le continent européen. La réplique britannique ne se fit pas longtemps attendre. Les « Ordres en conseil » de 1807 interdirent aux navires neutres de se livrer au commerce dans les ports français ainsi que ceux de l'Europe conquise par la France ou alliée avec elle, à moins qu'ils n'aient au préalable fait escale dans un port britannique et obtenu une licence. Si donc un trois-mâts américain se conformait aux prescription françaises, il pouvait être saisi par les Britanniques, et s'il se pliait aux conditions édictées par les Britanniques, ils riquait d'être saisi par une frégate française.

Comme on pouvait s'y attendre, aucun des deux blocus ne put être rigoureusement appliqué et il fut forcé, avec grand profit, par nombre de voiliers américains. Mais la flotte de surveillance française était numériquement très inférieure à la britannique, qui compta jusqu'à 700 vaisseaux, en sorte que c'est surtout aux saisies par les corvettes anglaises que les vaisseaux américains furent exposés.

Pis encore, la flotte anglaise s'arrogeait de nouveau le droit d'arrêter en haute mer et de capturer les membres d'un équipage américain qu'elle considérait comme des déserteurs, car l'autorité anglaise persistait à ne pas reconnaître les actes de naturalisation américaine. De là des incidents graves, comme celui du *Chesapeake* canonné au large des côtes de Virginie par une frégate britannique (22 juin 1807). C'était la guerre, si à Washington et à Londres le sang-froid et le besoin de paix entre les deux pays n'avaient pas prévalu.

Jefferson se rendit toutefois compte qu'il n'était plus possible de tergiverser, et qu'il fallait agir. Sachant que l'Angleterre n'était pas sans dépendre pour sa subsistance des importations de céréales américaines, il fit voter par le Congrès, en décembre 1807, une loi dite d'Embargo qui interdisait aux navires de toutes nationalités de faire voile d'un des ports des États-Unis vers tout port étranger. Cette mesure, véritablement draconienne, fut naturellement ruineuse non seulement pour les armateurs de Nouvelle Angleterre mais aussi pour les agriculteurs, car les prix s'effondrèrent dès lors que les producteurs de céréales, de tabac et de viande se voyaient fermer leur marché d'outre-mer; mais elle n'eut pas les efferts que Jefferson en avait attendus, car l'Angleterre put, sans trop de difficulté, nourrir sa population pendant toute l'année 1808. Reconnaissant le total échec de sa loi, le Congrès la rapporta le 1er mars 1809.

C'était une des dernières mesures prises par Jefferson, ou à son instigation, avant l'expiration de son second terme. Tous ces remous des guerres napoléonniennes avaient créé bien du mécontentement dans les milieux les plus directement affectés de la population, mais ils n'avaient apparemment pas nui à la popularité de celui qui, malgré bien des traverses, s'était efforcé de respecter les droits des États. Le parti républicain restait dominant dans la plupart des « législatures » d'État et si, en Nouvelle Angleterre, quelques Fédéralistes exaltés menaçaient d'une rupture avec l'Union, une forte majorité invita au contraire Jefferson à accepter un troisième mandat. Suivant l'exemple antérieurement donné par Washington, il refusa, renforçant ainsi un précédent qui devait conserver toute sa valeur jusqu'à la IIe Guerre mondiale. Il se retira dans sa propriété de Monticello où, jusqu'à sa mort en 1826, la grande masse du peuple américain continua de voir en lui le champion du plus pur esprit démocratique.

Le successeur de Jefferson à la présidence fut son meilleur ami, un autre Virginien, James Madison. Grand était demeuré son prestige de principal auteur de la Constitution. Planteur et juriste, il s'était affirmé comme l'un des meilleurs théoriciens politiques de l'Union. Mais autre chose allait être de s'assurer la maîtrise des événements, maintenant qu'il se voyait précipité dans la mêlée internationale. Médiocre administrateur et diplomate sans grande envergure, il eut au début quelques décisions plutôt malheureuses et, par la suite, se laissa guider par le Congrès plutôt que de prendre des initiatives. Passionnément épris de paix, il allait, bien contre son gré, se trouver entraîné dans la guerre.

La situation dans laquelle il était placé était assurément difficile. La loi d'*Embargo* venait d'être remplacée par un loi moins draconienne, dite de *Non-Intercourse*, qui se bornait à interdire le commerce avec la Grande Bretagne et la France ainsi qu'avec leurs dépendances. Dès l'année suivante (1810) un amendement disposa que cette interdiction ne jouerait plus à l'encontre de celui de ces deux pays qui cesserait de porter atteinte au commerce des neutres. Pour se mettre au bénéfice de cette clause, Napoléon avisa astucieusement Washington le 5 août 1810 qu'il abrogeait ses mesures dirigées contre les neutres. Croyant à sa bonne foi, Madison s'exécuta aussitôt, en sorte que la loi de *Non-Intercourse* demeura exclusivement dirigée contre l'Angleterre. En réalité Napoléon n'avait rien changé aux ordres donnés à sa flotte. Cela ne pouvait qu'aggraver les relations déjà très tendues de l'Union avec l'Angleterre. Les incidents en haute mer se multiplièrent. En mai 1811 une corvette anglaise tira sur la frégate américaine *President*.

Mais il y avait bien d'autres griefs contre l'Angleterre. Ils étaient particulièrement violents chez les colons du Nord-Ouest, dont la voix se faisait entendre de plus en plus haut au Congrès. Quotidiennement aux prises avec les Indiens, ceux-ci continuaient de les croire soutenus en sous-main par des agents britanniques venus du Canada. En fait, impitoyablement refoulés vers l'Ouest par les pionniers, dépossédés de leurs terrains de chasse, les Indiens avaient de périodiques sursauts de résistance et les dissensions entre tribus faisaient place à de véritables coalitions ourdies contre les Blancs. L'une des plus redoutables venait de l'être à l'instigation d'un chef shawnee très capable, Tecumseh. La confédération qu'il avait réussi à mettre sur pied comprenait non seulement les tribus du territoire du Nord-Ouest, mais aussi celles du bassin du bas Mississippi. La demi-victoire que le gouverneur de l'Indiana W. H. Harrison remporta à Tippecanoe, en novembre 1815, sur les guerriers indiens ne mit nullement fin aux embûches meurtrières. A supposer que les Anglais n'eussent pas fourni des armes aux « sauvages » comme on le croyait, il paraissait évident que Tecumseh n'aurait pas attaqué s'il n'avait pas cru pouvoir compter sur une assistance britannique.

De là, tout au long de la « frontière » , un violent désir de reprendre la lutte contre l'Anglais, et même — pourquoi pas? — de conquérir le Canada. Car une violente fièvre expansionniste s'était emparée de la jeune génération. Le porte-parole au Congrès de ces *War Hawks* (faucons de guerre) comme on les appelait n'était nul autre que le fougueux et éloquent *speaker* (président) de la Chambre des représentants Henry Clay, représentant du Kentucky. Il était soutenu par une autre forte personnalité, le méridional John C. Calhoun, qui de son côté pensait à la conquête de la Floride, maintenant que l'Espagne était devenue l'alliée de l'Angleterre.

Les bellicistes finirent par l'emporter au Congrès, qui déclara la guerre à l'Angleterre le 18 juin 1812. Il invoquait l'*impressment* (incorporation par la force de citoyens américains dans la marine britannique) et les « Ordres en conseil » abusifs. Or — singulier hasard — deux jours auparavant le gouvernement anglais avait suspendu ces « Ordres »! Mais la nouvelle n'en atteignit Washington que lorsque les opérations militaires étaient déjà engagées. Et, durant les deux années et demie suivantes, la guerre suivit son cours.

Un cours inégal, mais également décevant pour les deux belligérants. Disposant d'une flotte très supérieure, les Anglais purent librement débarquer et ravitailler des effectifs au Canada. Dans la région du Niagara et de Détroit il y eut de réciproques tentatives d'invasion, d'ailleurs vite essoufflées. Il y eut même de vifs combats navals sur les lacs Érié, Ontario et Champlain, mais sans résultat appréciable.

Sa maîtrise de la mer permettait à la flotte anglaise de maintenir un blocus effectif des côtes de l'Union et de se livrer à des débarquements par surprise. Les plus marquants furent ceux de la baie Chesapeake et de la Nouvelle Orléans.

Le premier, effectué dans l'été de 1814, eut pour principal incident l'entrée des troupes anglaises dans la capitale, Washington, et l'incendie du Capitole et de la Maison Blanche.

Le second, exécuté en automne 1814, fut beaucoup plus important, car le corps expéditionnaire anglais se composait de plus de 10 000 hommes. Avant Waterloo l'Angleterre disposait de troupes de ligne nombreuses et aguerries. Mais elles trouvèrent devant elles des miliciens américains endurcis, connaissant bien le terrain, et commandés par un chef excellent, Andrew Jackson. Le 8 janvier 1815 le corps anglais fut rejeté vers ses bateaux avec des pertes considérables. C'était pour le gouvernement américain une victoire éclatante qui eut un grand retentissement dans tout le pays et ne contribua pas peu à fortifier le sentiment national. Mais elle n'eut aucun effet sur les conditions de la paix, car — nouvel et surprenant hasard — elle venait d'être conclue à Gand (24 décembre 1814), bien que la nouvelle n'en dût parvenir à Washington que le 14 février 1815!

Après l'écroulement de la France napoléonienne à Fontainebleau, cette étrange guerre marginale avait en effet perdu tout objet pour les deux adversaires et des négociations avaient été nouées d'un commun accord dès l'été de 1814. Après que de mutuelles exigences eurent été écartées, les négociateurs se rabattirent sur le simple rétablissement du statu quo territorial. Dans le texte final il n'était même pas soufflé mot des motifs qu'avait invoqués le Congrès pour déclarer la guerre à l'Angleterre. Les quelques questions litigieuses qui subsistaient furent renvoyées, pour solution, à des commissions mixtes. Chacun des deux belligérants avait ainsi sauvé la face et ils allaient désormais pouvoir vivre côte à côte dans une amitié qui ne s'est pas démentie depuis lors.

Du côté américain, cependant, la guerre avait eu des effets tangibles, tout au moins sur l'éternel, mais mouvant front indien. Dans le Nord-Ouest la confédération de tribus organisée par Tecumseh avait été défaite et dispersée, et son chef tué (5 octobre 1813). Dans le Sud, les Indiens Creek, qui avaient répondu à l'appel de Tecumseh, avaient été, après plusieurs mois d'une lutte féroce, anéantis à la bataille de Tallapoosa (mars 1814) par les milices du Tennessee que Jackson avait commandées avant de devenir le chef de l'armée régulière. Les survivants furent contraints de signer le traité en quelque sorte rituel par lequel ils cédaient aux Blancs presque tout leur territoire.

A la suite des succès ainsi remportés tant sur le front indien que sur le front britannique, Andrew Jackson était devenu comme l'incarnation de l'esprit de « démocratie agraire » qui animait les pionniers de l'Ouest. Figure quasi légendaire, il allait par la suite jouer un grand rôle politique dans l'arène fédérale.

Autre conséquence de la guerre : les dernier Fédéralistes recrutés dans la partie de l'Union le plus directement touchée par la politique du parti « républicain », qui avaient systématiquement enfreint les lois fédérales, et même préconisé la sécession de la Nouvelle Angleterre, se trouvèrent complètement isolés lorsque la paix fut revenue. Aux élections présidentielles de 1816, qui portèrent au pouvoir le Républicain James Monroe, le candidat fédéraliste Rufus King recueillit les voix de trois États seulement : Massachusetts, Connecticut et Delaware. C'était la fin du parti fédéraliste et l'unité nationale s'en trouvait consolidée.

15   DE MONROE A JACKSON (1817-1829)

Virginien comme ses deux prédécesseurs à la Maison Blanche, James Monroe apportait à ses nouvelles fonctions sa solide connaissance de l'Europe et des affaires internationales. Il avait en effet été, au début de sa carrière, ministre des États-Unis à Paris, plus tard à Londres. Ayant pris comme secrétaire d'État J. Q. Adams — fils de l'ancien président, qui avait au plus haut point le goût et le sens des affaires publiques — il lui accorda toute sa confiance, non sans devoir parfois tempérer ses ardeurs nationalistes. A eux deux ils imprimèrent à la politique étrangère des États-Unis une vigoureuse impulsion. Avec le secrétaire d'État britannique, Lord Castlereagh, ils liquidèrent les quelques questions demeurées pendantes après la signature du traité de Gand. Les deux gouvernements convinrent d'un complet désarmement sur les Grands Lacs et adoptèrent, pour leur frontière terrestre, entre le lac Supérieur et l'océan Pacifique, le tracé que nous lui connaissons le long du 49ᵉ parallèle.

Au Sud-Ouest subsistait un problème irritant, celui de la Floride, qui était devenue une sorte d'enclave espagnole en terre américaine. Les esclaves qui s'enfuyaient de Géorgie y trouvaient refuge et elle servait de base aux Indiens Seminoles qui se livraient à de fréquentes incursions au-delà de la frontière. Andrew Jackson ripostait par des expéditions punitives. Énergiquement soutenu par Adams, il ne craignit pas de poursuivre les Indiens jusque sur sol espagnol. De là, entre Washington et Madrid, une crise diplomatique au cours de laquelle Adams se fit menaçant. Non seulement l'Espagne céda,

mais, par traité signé en 1819, elle vendit toute la Floride aux États-Unis pour la somme de 5 millions de dollars, tandis que de leur côté les États-Unis renonçaient à leurs prétentions sur le Texas.

Déjà cependant le président Monroe et son secrétaire d'État avaient d'autres et plus amples préoccupations, celles mêmes qui allaient aboutir à la fameuse « doctrine » dite de Monroe, énoncée dans le message annuel adressé au Congrès par le Président le 2 décembre 1823. Conditionnée par des événements qui s'étaient produits au lendemain même des guerres napoléoniennes, elle allait, au cours du siècle et demi suivant, subir diverses vicissitudes et se prêter à diverses interprétations, mais la crise aux répercussions mondiales qui a éclaté au sujet de Cuba en octobre 1962 a prouvé qu'elle n'est pas encore périmée.

Adams et Monroe y exprimèrent deux idées principales, et d'ailleurs complémentaires. La première est l'idée de non-colonisation. Il s'agissait de bien faire comprendre aux puissances européennes qu'elles devaient désormais s'abstenir d'établir de nouvelles dépendances dans l'hémisphère occidental :

> « Il convient d'affirmer, en tant que principe dans lequel sont en jeu les droits et les intérêts des États-Unis, que, vu la condition de liberté et d'indépendance qu'ont assumée et que maintiennent les continents américains, ceux-ci ne doivent dorénavant plus être considérés comme sujets à colonisation future de la part d'aucune puissance européenne. »

Cet avertissement était provoqué par ce que la Maison Blanche considérait comme une menace de la part de la Russie tsariste. Installée depuis le XVIIIᵉ siècle en Alaska, elle manifestait un très vif intérêt à la région convoitée de l'Orégon d'alors (c'est-à-dire surtout les actuels États de Washington et d'Orégon, ainsi que la province canadienne de Colombie britannique). En 1821 le tsar avait publié un oukaze par lequel il étendait le territoire russe jusqu'au 51ᵉ parallèle, soit très au sud des frontières de l'Alaska, et interdisait aux navires de toutes nations de pénétrer à plus de 100 milles de distance de la côte. Or déjà les États-Unis considéraient l'Orégon comme un prolongement de la Louisiane, qui devait leur revenir, et des trappeurs américains s'y livraient à un lucratif commerce de fourrures avec les Indiens.

L'avertissement fut entendu à St Pétersbourg, car l'année suivante, par traité avec l'Union, la Russie renonça à toute revendication sur la côte du Pacifique au sud du parallèle 54° 40′, soit la limite méridionale de l'Alaska.

L'autre avertissement contenu dans le message présidentiel, tourné vers l'Occident, s'adressait aux puissances de la Sainte Alliance. En 1815 l'Autriche, la Prusse et la Russie s'étaient engagées à soutenir la monarchie absolue contre toutes tentatives révolutionnaires. Or il y avait de bonnes raisons de craindre qu'à l'aide de ces puissances l'Espagne et le Portugal n'essayassent de recouvrer les colonies qu'ils venaient de perdre en Amérique. En effet, sous la conduite de chefs remarquables, tels Simon Bolivar, cinq premières républiques latino-américaines s'étaient constituées, dont l'une, le Mexique, devenait limitrophe des États-Unis. Or l'Union avait tout intérêt à favoriser ce mouvement d'indépendance. L'expulsion des impérialismes européens hors du continent américain accroissait sa sécurité, et l'effondrement des rigides barrières douanières dressées par le gouvernement espagnol permettait d'espérer l'ouverture de nouveaux marchés. Aussi Monroe et Adams avaient-ils dès 1822 accordé la reconnaissance diplomatique à ces cinq pays. Les États-Unis étaient les premiers à le faire.

Le 2 décembre 1823 Monroe adressa donc aux puissances européennes le clair avertissement dont voici le passage essentiel :

« ... Nous ne pourrions considérer toute intervention de la part d'une puissance européenne quelle qu'elle soit, en vue d'opprimer ou de dominer les gouvernements qui ont déclaré et maintenu leur indépendance et que nous avons reconnus, que comme la manifestation d'une disposition inamicale vis-à-vis des États-Unis. »

Une petite phrase glissée dans le contexte (comme quoi « il n'entrerait pas dans la politique des États-Unis de prendre aucune part aux guerres des puissances européennes pour des enjeux qui les concernent ») était destinée à rassurer les puissances européennes quant aux intentions des États-Unis.

En somme Monroe entendait que soit respectée la suprématie des États-Unis dans le Nouveau Monde et il jetait les bases d'une politique qui s'est à peine modifiée depuis lors.

Cependant d'autres graves problèmes s'imposaient à l'attention de Monroe et du Congrès sur le plan intérieur. L'opposition fondamentale mais latente entre États esclavagistes et États dits « libres » avait éclaté avec une singulière âpreté en 1819 au Congrès, et de là dans toute l'Union.

Cette violence s'expliquait par le désir des Sudistes de maintenir chez eux à tout prix un système social devenu de plus en plus lucratif. Depuis qu'Eli Whitney avait en 1793 inventé l'égreneuse qui débarrassait la fibre de coton de sa graine et en rendait la filature mécaniquement possible, la culture du coton s'était considé-

rablement développée. Pendant les guerres napoléoniennes les ma-
nufactures anglaises n'avaient pas pu se ravitailler librement en
matière première américaine. Mais depuis 1815 la demande européenne s'était énormément accrue et l'on pouvait la satisfaire moyennant une extension de la culture. Or celle-ci n'était rentable qu'avec
une main-d'œuvre servile. Pour assurer l'avenir, il importait donc
de demeurer à égalité avec les États du Nord au sein du Congrès.
Mais déjà l'équilibre était partiellement rompu, car à la Chambre des Représentants, du fait du constant accroissement de la
population dans les États du Nord et du Nord-Ouest, l'écart dans
la représentation des deux systèmes était désormais d'une quarantaine de sièges et il ne pouvait qu'aller en augmentant. Raison de
plus pour maintenir coûte que coûte l'équilibre au sein du Sénat,
où chaque État ne disposait que de deux voix, quelle que fût sa
population. L'admission parallèle, d'un côté de l'Ohio (1802), de
l'Indiana (1816), de l'Illinois (1818), de l'autre de la Louisiane (1812),
du Mississippi (1817) et de l'Alabama (1819) avait porté l'égalité
à 11-11.

Mais voici qu'en 1819 le territoire du Missouri demandait à former
un État à esclaves, bien qu'il fût nettement septentrional. Si les
Chambres l'admettaient comme tel, l'équilibre au sein du Sénat
s'en trouverait rompu. D'où l'acharnement de la lutte à Capitol
Hill. Finalement en 1820 un comité des deux Chambres se mit
d'accord sur le compromis suivant : I. L'équilibre au Sénat serait
sauvegardé grâce à l'érection parallèle en États de plein droit du
Missouri (Sud) et du Maine (Nord), ce dernier simple morceau
détaché du Massachusetts. 2. L'esclavage serait interdit au nord
de 36° 30' de latitude dans tout le restant, non encore découpé en
États, de l'« achat louisianais » (*Louisiana Purchase*). Les deux
Chambres acceptèrent le compromis et le Président Monroe signa
la loi.

Mais ce n'était pas résoudre l'explosive question, c'était seulement en ajourner la solution. Elle allait se poser à nouveau en 1848,
lors de l'acquisition du nouveau territoire conquis sur le Mexique,
et bien plus violemment encore par la suite. La nature même de
cette antique institution, l'esclavage, allait être l'objet d'attaques
passionnées. Dès 1821 un jeune Quaker fondait dans l'Ohio un
journal antiesclavagiste, *The Genius of Universal Emancipation*,
et en 1823 l'Anglais Wilberforce créait une société antiesclavagiste
dont le rayonnement allait être considérable.

Mentionnons encore, comme événements marquants de la présidence de Monroe, deux décisions grosses de conséquences de la
Cour Suprême ou pour mieux dire de son Président (*Chief Justice*)

John Marshall, car c'est lui qui, jusqu'à sa mort (1835), fut l'animateur et l'incarnation de cette puissante institution. Dès 1803, lors de l'affaire « *Marbury* contre *Madison* », il avait définitivement confirmé le droit de la Cour Suprême de décider si une loi d'une « législature » d'État ou du Congrès était constitutionnelle ou non, et, si à son avis elle ne l'était pas, de l'abroger. Dans l'affaire « *McCulloch* contre *Maryland* » (1819) il trancha la vieille question des pouvoirs dont la Constitution investissait implicitement le gouvernement. Il confirma la thèse hamiltonienne selon laquelle la Constitution conférait implicitement au Gouvernement des pouvoirs qu'elle n'avait pas énoncés expressément. Dans l'affaire « *Gibbons* contre *Ogden* » (1824), qui mettait en cause les droits de navigation sur l'Hudson, Marshall élargit singulièrement l'interprétation donnée jusqu'alors du droit que la Constitution donnait au gouvernement fédéral de régler le commerce entre États. Il ouvrait ainsi la voie à des décisions telles qu'en allait prendre tout récemment l'autorité fédérale en matière de déségrégation des Noirs dans les États du Sud.

L'élection présidentielle de 1824 mit aux prises cinq candidats qui se qualifiaient tous de « Républicains ». Chacun d'eux représentait les aspirations et les intérêts de l'une des trois régions assez nettement différenciées d'alors : la Nouvelle Angleterre industrielle, le Sud avec son régime de grandes plantations, et l'Ouest, cette nouvelle Amérique, avec les appétits agrariens insatiables de sa rude population. Le candidat le plus populaire et celui qui recueillit le plus de voix était le très plébéien Andrew Jackson, type du pionnier énergique, ou même casse-cou, qui ne doit rien à la naissance, à la fortune ou à l'éducation. Mais comme aucun des candidats n'avait obtenu la majorité, l'élection fut, selon la règle constitutionnelle d'alors, tranchée par la Chambre des Représentants. Celle-ci se prononça en faveur du secrétaire d'État du Président sortant, J. Q. Adams. Une fois de plus c'était donc un aristocrate de l'Est qui allait guider la nation.

Le nouveau président s'était acquis de grands mérites par l'acquisition de la Floride et la part principale qu'il avait prise dans l'énonciation de la doctrine de Monrœ. L'élite du pays reconnaissait ses talents d'homme d'État. Il arrivait à la Maison Blanche avec tout un programme de réformes et d'améliorations manifestement nécessaires. Mais il n'obtint que des résultats insignifiants, en raison de l'opposition acharnée des très nombreux partisans déçus de Jackson.

C'est du moins durant son administration que s'opéra un nouvel alignement politique. Les partisans d'Adams et de son secrétaire d'État, Henry Clay — en fait les successeurs de l'ancien parti fédéraliste — prirent le nom de « Républicains nationaux » (*National Republican*, qu'allait bientôt remplacer celui de « Whig »), tandis que les Jacksoniens et les Sudistes, qui avaient pour chef Calhoun, imprimaient un caractère nouveau au parti « Républicain Démocrate » (*Democratic Republican*) — bientôt connu sous la simple appellation de « Démocrate », — qui ne se distinguait guère des anciens Républicains jeffersoniens.

La question sans doute la plus épineuse qui agita les esprits et divisa les trois grandes régions de l'Union pendant les quatre années de l'administration de J. Q. Adams fut celle du tarif douanier. A vrai dire elle avait été la source de maints débats orageux dès le début des guerres napoléoniennes. A peine les traités de Vienne et de Gand avaient-ils été signés que se posa le problème de la protection des jeunes industries américaines. Celles-ci étaient nées et s'étaient développées à la faveur de la guerre maritime qui privait le pays des produits européens. Dès 1816 une première loi avait frappé de droits d'entrée tous les produits importés qui étaient désormais manufacturés aux États-Unis, ou qui pouvaient l'être avec profit. La loi eut cependant un effet un peu différent de celui que le législateur en attendait. Certes les sommes considérables qui furent perçues contribuèrent à restaurer les finances fédérales mises à mal par la guerre de 1812-1815. Mais les droits fixés ne suffirent pas à arrêter le flot des marchandises importées d'Europe. Les très bas salaires de leur main-d'œuvre permirent aux industriels de Manchester de vendre à New York ou à Buffalo leurs produits à des prix encore inférieurs à ceux des industriels de Boston. Aussi une série d'amendements (1820, 1821, 1823) relevèrent-ils ces droits, sans pour autant obtenir tout l'effet désiré.

Dès l'année suivante, les États de la Nouvelle Angleterre réclamèrent donc un tarif encore plus élevé. L'opposition des États du Sud se fit cette fois beaucoup plus violente. Les représentants de la Virginie et de la Caroline se rendaient compte que, si ce protectionnisme favorisait la Nouvelle Angleterre, il avait pour effet de faire monter les prix dans toutes les autres régions. Malgré l'éloquence de Calhoun le nouveau projet fut voté par les deux Chambres, bien qu'à une faible majorité. En moyenne les droits sur les produits étrangers, qui étaient de 20%, furent portés à 36%.

L'indignation fut grande dans le Sud. Aussi, lorsqu'en 1827 les industriels du Nord ne craignirent pas de réclamer une protection encore plus élevée, l'attitude dans les États du Sud devint à un tel point menaçante que des voix s'élevèrent en faveur d'un retrait de l'Union.

Autre complication : le nouveau projet accordait une protection non seulement aux produits manufacturés dans l'Union — c'est-à-dire, pour 95% en Nouvelle Angleterre — mais aussi aux produits agricoles de l'Ouest tels que la laine et le chanvre. Malgré les clameurs des Sudistes, ce tarif dit « des abominations » fut, à la surprise générale, voté en 1828, car il avait rallié les suffrages d'une combinaison des États du Centre, en bordure de l'Océan atlantique, et de ceux du Nord-Ouest. Mais il déçut aussi bien ceux qui l'avaient appuyé que ceux qui s'étaient dressés contre lui. La Nouvelle Angleterre n'en tira pas le profit escompté, car il eut pour effet de faire monter les prix des matières premières dont elle avait besoin. Les États de l'Ouest n'en profitèrent guère, car la nouvelle loi fit monter les prix des produits industriels dont ils ne pouvaient se passer et abolissait en fait le profit qu'ils avaient espéré tirer de la vente, à des prix majorés, de leurs matières premières. Mais c'était le Sud qui était le plus malmené, car il perdait sur tous les tableaux.

Ces aigres polémiques et ces déboires économiques avaient contribué à rendre impopulaire J. Q. Adams qui, fils de la Nouvelle Angleterre, l'une de trois régions en cause, n'avait pu arbitrer utilement entre leurs intérêts déchaînés. Aussi, aux élections de 1828 fut-il battu à une forte majorité (178 voix contre 83) par son prestigieux concurrent, Andrew Jackson, dont l'heure était venue.

Dans l'allocution d'adieux (*Farewell Address*) qu'il prononça à la fin de ses deux mandats présidentiels, Jackson a clairement exposé quels avaient été ses principes d'action : le gouvernement a le devoir d'administrer pour le bien « du planteur, du petit exploitant (*farmer*), de l'ouvrier et du travailleur, qui forment la majorité du peuple des États-Unis ». Or ces catégories sociales « courent sans cesse le danger de perdre leur juste influence sur le gouvernement en raison du pouvoir que les intérêts financiers tirent d'un papier-monnaie qu'ils peuvent diriger, et du fait de la multitude de sociétés dotées de privilèges exclusifs qu'elles ont réussi à obtenir dans les différents États. »

Jackson s'est donc efforcé de protéger les petits propriétaires, qui étaient alors l'élément numériquement dominant de la population, et la classe artisanale et ouvrière. D'autre part il entendait que la constitution fédérale fût strictement respectée et l'Union des États maintenue.

Jackson avait une volonté exceptionnellement forte et son prestigieux passé militaire montrait qu'il savait commander. Grâce à son ascendant personnel — et il savait en user avec autant d'adresse que de fermeté — il conjura une crise très grave qui menaçait l'Union de rupture. C'est là sans doute l'acte le plus saillant de sa présidence, et son plus grand mérite.

Au lendemain de son élection et avant même qu'il entrât en charge, le tarif douanier dit « des Abominations » avait soulevé en Caroline du Sud une telle indignation qu'en décembre 1828 la « législature » de l'État adopta le fameux « Exposé et Protestation » (*Exposition and Protest*) de Calhoun. Le fougueux avocat y affirmait le droit des États de « nullifier » les lois fédérales préjudiciables à leurs intérêts. La « législature » de la Caroline du Sud menaça d'exercer ce droit si la loi incriminée n'était pas modifiée. De là, au Congrès, des débats féroces entre défenseurs de l'Union et partisans de la « nullification ». De là une dramatique algarade entre le Président Jackson et son Vice-Président, ce même Calhoun, jusque dans les toasts qu'ils échangèrent à Washington au banquet du Jour de Jefferson (*Jefferson Day*), le 13 avril 1830.

Finalement le Congrès vota en juillet 1832 un nouveau tarif. Celui-ci établissait des droits moins élevés que ceux du Tarif des Abominations, mais beaucoup trop élevés encore pour que la « législature » de la Caroline du Sud les jugeât acceptables. Aussi passa-t-elle à l'action. En novembre 1832 une convention de l'État, spécialement élue à cette fin, déclara qu'avec effet en février 1833, les lois de 1828 et de 1832 n'auraient pas force exécutoire pour les fonctionnaires et les citoyens de la Caroline du Sud. Si le gouvernement fédéral recourait à la force, l'État se retirerait de l'Union.

La riposte de Jackson fut immédiate. Il proclama que la nullification était expressément contraire à la lettre et à l'esprit de la Constitution, ordonna au secrétaire de la guerre de mettre les forts de Charleston en état d'alerte, nomma le général Winfield Scott chef des forces armées fédérales en Caroline du Sud et lui donna les instructions voulues.

A ce moment Henry Clay intervint en conciliateur et persuada le Congrès de voter une sensible réduction des droits de douane. Là-dessus la Caroline du Sud rapporta son ordonnance de nullification. Ce prétendu droit n'avait pas été reconnu et l'autorité fédérale avait eu le dernier mot, mais l'idée de sécession demeurait vivante dans l'esprit des Sudistes, comme la suite des événements allait le montrer.

Dans les autres domaines de la politique intérieure Jackson fut moins heureux. Sa conception d'une participation accrue du peuple au gouvernement était quelque peu simpliste. Certains moyens par lesquels il crut bon de « démocratiser » l'administration fédérale nous paraissent assez singuliers, bien qu'ils n'aient pas rencontré d'opposition immédiate de la part de ses compatriotes et qu'ils n'aient pas encore été tout à fait abandonnés à l'heure présente. Il s'agit du principe de roulement (*rotation*) dans la fonction publique, privilège que s'arrogeait le parti vainqueur et que l'on a appelé crûment le « système des dépouilles » (*Spoils System*).

Sur une dizaine de milliers d'agents des douanes, des postes ou des contributions, et autres fonctionnaires fédéraux, Jackson en congédia un millier qu'il remplaça par des hommes qui l'avaient soutenu durant la campagne électorale. Certes il pouvait arguer qu'il ne faisait que suivre les précédents créés par Washington et par Jefferson. Mais c'est Jackson qui établit le principe selon lequel les nominations à des postes fédéraux devaient récompenser des services politiques. Malgré des protestations qui allaient se faire de plus en plus vives, ce principe contestable fut appliqué plus systématiquement encore par les successeurs de Jackson, voire par Lincoln, et ce n'est qu'en 1881 — après qu'un postulant déçu eut assassiné le président Garfield —, que le recrutement des fonctionnaires fédéraux et la sécurité de leur emploi commencèrent d'être assurés de façon efficace.

C'est toutefois en matière financière que les interventions de Jackson eurent les conséquences les plus fâcheuses, car elles firent sans doute plus de mal que de bien au petit peuple qu'il désirait si ardemment servir.

Lors des élections présidentielles de 1832 la question qui divisait le plus les partis était celle-ci : fallait-il, ou ne fallait-il pas, renouveler la charte de la Banque des États-Unis dont l'expiration était proche?

Intimement liée à une saine répartition des pouvoirs entre la fédération et les États qui la composaient, la question de principe de l'existence même d'une banque fédérale s'était posée dès le début de l'Union. En 1791 Hamilton avait recommandé l'établissement d'une banque des États-Unis où le gouvernement déposerait ses fonds et qui serait habilitée à consentir des prêts, et elle avait été créée (1) avec un privilège de vingt ans.

Ce privilège, le Congrès avait en 1811 refusé de le renouveler, en sorte que l'Union avait dû faire face à la guerre avec la Grande Bretagne sans banque centrale. Les « législatures » d'État avaient donc été amenées à accorder des licences à de très nombreuses banques qui avaient émis des cascades de billets sans couverture suffisante. De là une grande confusion et une orgie de spéculation. Aussi le Congrès s'était-il, en 1816, décidé à établir une seconde Banque des États-Unis, de nouveau avec un privilège de vingt ans.

Trois ans après, en 1819, survenait la première grande crise économique du pays. La Banque avait cru devoir recueillir les billets émis à profusion par les banques d'État et elle en avait exigé le paiement. Force avait donc été à ces dernières de mettre

(1) Voir p. 132-133.

les petits exploitants en demeure de rembourser les emprunts qui leur avaient été consentis. De là bien des banqueroutes. Cela engendra dans tout l'Ouest une haine tenace envers le « *money power* » de l'Est, haine qui allait devenir un facteur important dans la politique américaine pendant de nombreuses décennies. Les administrateurs de la Banque avaient beau expliquer qu'en rappelant leurs engagements aux banques d'État elles s'efforçaient simplement de mettre un frein à l'inflation et d'assainir une situation financière préjudiciable à l'ensemble du pays, les colons de l'Ouest continuèrent de penser que la Banque cherchait en fait à éliminer toute concurrence et à établir un monopole propre à enrichir encore les richards de l'Est.

Tel était l'affrontement des idées et des préjugés lorsque Jackson vint mettre dans la balance le poids de ses conceptions un peu naïves. Il allait sensiblement plus loin que les colons de l'Ouest qui, eux, étaient attachés à « leurs » banques, agréablement généreuses en matière de crédit. Loin d'être comme eux partisan de l'inflation, Jackson était hostile non pas seulement à la Banque des États-Unis, mais à toutes les banques et à leur papier-monnaie. Il croyait que la seule monnaie saine était l'or et l'argent et que tant que les instituts privés seraient autorisés à émettre des billets, la spéculation serait encouragée, des crises ne manqueraient pas de s'ensuivre, et d'honnêtes gens se verraient dépouillés du fruit de leur travail et privés de leur terre par la rapacité des banques.

Jackson partit donc en guerre contre la Banque des États-Unis. Il opposa son veto au renouvellement de son privilège, qui devait prendre fin en 1836. Sous son impulsion le secrétaire du trésor, R. B. Taney, commença en septembre 1833 à retirer de la Banque des États-Unis les fonds du gouvernement et à les déposer dans un certain nombre de banques d'État. Ce qui devait arriver arriva : aussitôt que ces retraits de fonds eurent privé la Banque d'une bonne partie de sa puissance économique, le pays se vit plongé dans une tumultueuse inflation. Un nombre de banques de plus en plus grand émit un flot croissant de billets. Les gouvernements des États se virent octroyer prêts sur prêts pour toutes sortes d'améliorations publiques, et surtout les ventes de terres domaniales aux particuliers quintuplèrent de 1834 à 1836. La plupart des acheteurs étaient des spéculateurs qui payaient en billets des Banques d'État.

Cette même année 1836, guidé par Jackson, le secrétaire du trésor émit une « circulaire des espèces » (*Specie Circular*) aux termes de laquelle, pour l'achat de terres domaniales, le gouvernement n'acceptait plus de billets de banque mais exigeait le paiement en or et en argent. Mais lorsque les petits propriétaires voulurent obtenir des banques or ou argent, celles-ci furent naturellement fort embarrassées pour leur en prêter. Le désastre de 1819 ne pouvait que se renouveler : dès le printemps de 1837 nombre de banques avaient fait faillite, car leurs billets avaient perdu toute valeur; les prix agricoles tombèrent, de nombreuses usines durent fermer et le pays se trouva plongé dans une dépression qui allait durer plusieurs années.

Il semble cependant que ses compatriotes n'aient pas gardé rancune à Jackson des maladresses qu'il commit dans le domaine économique et financier. Ses connaissances et ses capacités en la matière étaient manifestement insuffisantes, cela à un moment où l'énorme expansion territoriale du pays, sans communications adéquates, rendait toute administration centrale singulièrement malaisée. Mais ses intentions étaient pures. Cet idéaliste était, à sa manière, le premier des *dogooders* (« *bienfaiseurs* ») qui allaient s'efforcer, à coups de réformes plus ou moins réalisables, d'introduire une plus grande égalité dans un ordre social qui offrait encore trop de tentations aux spéculateurs et trop d'avantages aux riches.

C'est Jackson qui symbolisa le véritable esprit de la démocratie de style américain. Nous ne devons pas oublier que c'est pendant le « règne » de Jackson qu'Alexis de Tocqueville a visité l'Amérique et l'a jugée dans son maître-ouvrage : *De la Démocratie en Amérique* (1835) en des termes que les Américains n'ont pas cessé d'admirer pour leur justesse : frappé par « l'égalité générale de condition », n'a-t-il pas affirmé que « en Amérique les hommes se montrent plus égaux par leur fortune et par leur intelligence, ou, en d'autres termes, plus également forts qu'ils ne le sont dans aucun pays du monde et qu'ils ne l'ont été dans aucun siècle dont l'histoire garde le souvenir ».

Certes Jackson, dans son cabinet de la Maison Blanche, était lui-même porté par une vague américaine d'esprit libertaire et de réformisme qui se faisait sentir, dans l'Ouest épris de justice, fût celle-ci sommaire, comme dans l'Est maritime, où les inégalités créées par les premières concentrations industrielles étaient vivement ressenties. Mais l'outremer jouait aussi son rôle, car les États-Unis n'avaient nullement cessé d'être accessibles aux influences européennes. Ils y étaient peut-être encore plus sensibles du fait qu'un nombre de plus en plus considérable d'opprimés ou de déshérités européens s'embarquaient pleins d'espoir vers la « terre promise ». Chaque voilier qui jetait l'ancre dans les ports américains apportait de plus sa cargaison de livres, d'écrits, d'idées, de récits d'événements propres à intéresser les citoyens, et que la presse analysait et commentait aussitôt. La Révolution de juillet dans la France de La Fayette n'avait pas passé inaperçue. Les lecteurs de journaux savaient que dans le Brunswick, en Saxe, en Belgique il y avait en 1830 des mouvements de révolte contre les « tyrans » et les « aristocrates ». Ils suivaient avec une attention particulière la marche des événements en Angleterre. En 1825 le Gouvernement anglais avait autorisé les premières *Trade Unions* (syndicats). Plusieurs années de luttes passionnées au sein du Parlement avaient en 1832 abouti à une importante réforme électorale qui acheminait vers la démocratie une Angleterre demeurée encore féodale par bien des côtés.

Bref un irrésistible vent de réforme soufflait de tous côtés et il n'était pas un secteur de la vie américaine qui ne fût touché.

Les secousses s'en firent sentir jusque dans les plantations du Sud où des Noirs osèrent chercher à briser leurs chaînes. L'insurrection dite de Southampton — car elle éclata en 1831 dans le comté de Southampton (Virginie) — effraya les propriétaires d'esclaves. Elle était dirigée par un prédicateur noir, Nat Turner. Il était en effet singulièrement inquiétant que la conversion des Noirs à un christianisme tout de douceur et de soumission évangélique aboutît à un mouvement de révolte militante. Tout jeune Nat Turner avait eu des visions et entendu des voix célestes. Sa mère lui avait enseigné que, tel Moïse, il lui appartenait de devenir le libérateur de sa race, et il n'attendait, pour agir, qu'un signe divin. Son plan consista à rassembler un grand nombre de ses frères dans un terrain marécageux connu sous le nom de *Dismal Swamp* (sombre marais) à l'extrémité sud-est de la Virginie. Le 21 août 1831, avec six complices, il donna le signal de la rébellion. Il eut bientôt réuni autour de lui une cinquantaine de conjurés. Simultanément — ce qui implique l'existence de tout un réseau clandestin — une soixantaine de Blancs furent massacrés dans les plantations voisines, cela d'atroce manière, car il y eut 24 enfants et 18 femmes parmi les victimes de cette explosion de haine. La milice locale et la troupe furent rapidement mises en action et l'insurrection matée, après que plus d'une centaine d'insurgés eurent été tués. Une vingtaine de conjurés, dont Nat Turner et une femme, furent exécutés. Les répercussions de ce soulèvement furent sensibles et durables. C'est ainsi que, dans les divers États du Sud, les codes de l'esclavage se firent plus durs encore.

La décennie 1830-1840 est celle aussi durant laquelle les « législatures » votèrent le suffrage universel masculin dans la plupart des États qui, jusque-là, subordonnaient le droit de vote à un cens plus ou moins élevé et, par conséquent, écartaient des urnes quiconque n'était pas propriétaire ou possédant. Alors qu'aux élections présidentielles de 1824 356 000 citoyens seulement avaient pu voter, à celles de 1836 le nombre des électeurs s'élevait déjà à 1 500 000, et en 1840 à 2 400 000. En 16 ans le nombre des citoyens participant à la vie politique avait donc sextuplé.

En même temps les électeurs présidentiels cessaient d'être choisis par les « législatures » et ils étaient désormais élus directement par vote populaire.

D'autre part les nouvelles constitutions des États prévoyaient un accroissement considérable du nombre des postes pourvus par élection populaire au lieu de l'être par choix administratif. Dans son premier message annuel au Congrès (1829) Jackson lui-même n'avait-il pas dit : « Les tâches de tous les fonctionnaires publics sont — ou du moins elles sont de nature à être rendues — si faciles et si simples que des hommes intelligents peuvent se mettre aisément en mesure de les accomplir ». Et en effet, dans l'Amérique d'alors les qualifications jugées nécessaires pour occuper la plupart des postes, ceux même de magistrats, n'étaient pas très élevées. Un minimum d'instruction, de bon sens et d'esprit civique paraissait suffire.

C'est encore à cette période de l'histoire des États-Unis que se rattache, en matière d'élections présidentielles, l'abolition du système de *caucus* (réunion occasionnelle de membres d'un parti) et l'introduction d'un système régulier, celui des « conventions » de l'ensemble de chaque parti. Jusque-là les candidats des deux partis avaient été désignés par les membres du Congrès et des « législatures » d'État. C'était tenir la masse électorale à l'écart d'un acte politique fort important. Ce système fut désormais considéré comme contraire à toute démocratie et remplacé par des « conventions » où c'était — tout comme aujourd'hui — la masse des membres du parti qui nommaient les candidats. La première de ces conventions se tint en 1831.

C'est également pendant cette période que s'imposa l'idée d'une instruction universelle gratuite, puis bientôt obligatoire, pour tous les enfants, qu'ils fussent de famille riche ou pauvre. Et en effet il tombait sous le sens qu'un gouvernement authentiquement démocratique n'avait de chances de réussir que moyennant une large diffusion des connaissances. Il y eut bien quelque opposition dans l'Est où la tradition aristocratique demeurait forte. Un certain nombre de Bostoniens estimaient en effet que l'instruction devait demeurer confiée à l'initiative privée et qu'il était contraire à l'idéal américain de liberté individuelle d'obliger le contribuable à payer l'écolage des enfants d'autrui. Par contre bien des conservateurs pensaient que des écoles « publiques » favoriseraient la stabilité sociale en inculquant aux enfants de « bons principes ».

Bref, grâce à des lutteurs infatigables tels qu'Horace Mann, secrétaire du *Board of Education* du Massachusetts — pour qui « dans une République l'ignorance est un crime » — la scolarisation gratuite du degré élémentaire s'implanta partout dans le Nord et l'Ouest grâce à des lois qui autorisaient les comtés et les villes à lever des impôts destinés à l'entretien d'écoles publiques gratuites, et elle gagna du terrain dans le Sud, bien qu'elle n'y touchât naturellement pas les enfants nègres.

Mêmes progrès dans la condition de la nouvelle classe ouvrière qu'avait fait surgir, dans les États côtiers, la substitution graduelle de l'industrie d'usine à certaines branches de l'artisanat. Pour la première fois se posait le problème des rapports du capital et du travail. Entre 1828 et 1837 — années de prospérité — de nombreuses organisations ouvrières furent mises sur pied. A Philadelphie plusieurs militants créèrent une Union centrale de syndicats ouvriers (*Mechanics Central Union of Trade Associations*) qui eut son propre journal. L'exemple fut suivi dans plusieurs autres villes, en sorte qu'en 1834 une réunion de six de ces fédérations urbaines put s'efforcer de réaliser une fédération nationale. Mais la longue période de dépression et de chômage qui suivit la crise de 1837 interrompit ces efforts. N'empêche que de nombreuses grèves qui s'étaient succédé de 1833 à 1837 avaient arraché aux patrons d'usines quelques premières concessions en matière de salaires et d'heures de travail.

La presse elle aussi était touchée par l'esprit du temps et tendit à se démocratiser. Au fur et à mesure qu'elle trouvait plus de lecteurs, elle pouvait abaisser ses prix. En 1833, stimulé par l'exemple de la presse londonienne, un journaliste entreprenant lança le *New York Sun* à un prix populaire, et deux ans après James Gordon Bennett faisait sensation en jetant sur le marché un *New York Herald* promis à de grands lendemains et à des tirages sensationnels.

Telles furent quelques-unes des secousses imprimées à la société américaine de son temps par Andrew Jackson — ou, selon son cœur et dans son style, par de nombreux autres citoyens américains épris du même idéal démocratique.

DE JACKSON A LINCOLN (1837-1861)

Aucun des huit successeurs de Jackson à la Maison Blanche :
M. Van Buren, W. H. Harrison, J. Tyler, J. K. Polk, Z. Taylor,
M. Fillmore, F. Pierce, J. Buchanan, ne semble avoir eu une personnalité assez forte pour laisser une marque durable dans l'histoire
des États-Unis. Aucun n'obtint un second mandat présidentiel.
Et cependant ces vingt-quatre années connurent des événements de
la plus haute importance sur tous les plans : territorial, démographique, économique, racial, culturel.

Qu'on en juge :

En l'espace de quatre ans, sous la présidence de James K. Polk
(1845-1849) l'Union s'élargit jusqu'au Pacifique, se voyant reconnaître par la Grande-Bretagne ou acquérant aux dépens du Mexique
un ensemble de territoire dépassant encore en étendue le déjà fan-
tastique « Achat louisianais » de 1803.

Le traité signé en 1818 avec la Grande-Bretagne avait fixé la
frontière entre le Canada et les États-Unis, des Grands Lacs jusqu'aux Montagnes Rocheuses, le long du 49e parallèle; mais, connue
sous le nom d'Oregon, la vaste bande de terre située entre cette
chaîne de montagnes et l'océan avait été provisoirement réservée
pour une « occupation conjointe ». Occupation est beaucoup dire.
Pendant le premier quart du XIXe siècle seuls quelques négociants
anglais en fourrures s'y aventurèrent, ainsi que quelques missionnaires américains attirés par des Indiens à convertir. Mais la publicité qui fut faite aux succès de ces évangélistes contribua à déterminer,

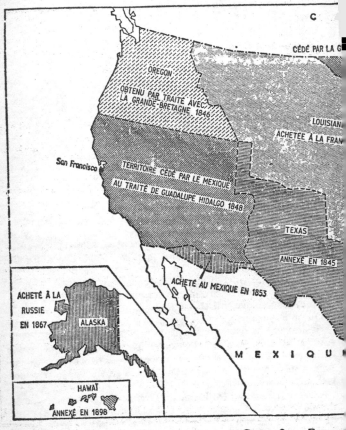

CÉDÉ PAR LA G[...]

OREGON
OBTENU PAR TRAITÉ AVEC
LA GRANDE-BRETAGNE 1846

LOUISIAN[...]
ACHETÉE À LA FRAN[...]

San Francisco

TERRITOIRE CÉDÉ PAR LE MEXIQUE
AU TRAITÉ DE GUADALUPE HIDALGO 1848

TEXAS
ANNEXÉ EN 1845

ACHETÉ AU MEXIQUE EN 1853

ACHETÉ À LA
RUSSIE
EN 1867   ALASKA

MEXIQUE

HAWAÏ
ANNEXÉ EN 1898

Carte 2 — Expansi[...]

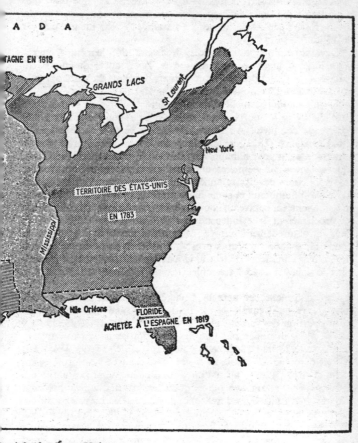

A D A

TAGNE EN 1818

GRANDS LACS

St Laurent

New York

TERRITOIRE DES ÉTATS-UNIS

EN 1783

Mississippi

Nlle Orléans

FLORIDE
ACHETÉE À L'ESPAGNE EN 1819

...toriale des États-Unis.

peu après 1830, un courant enthousiaste de pionniers accompagnés de leur bétail vers la vallée fertile de la Willamette. Ainsi appuyées, les convoitises territoriales du Congrès se donnèrent libre jeu. Des négociations serrées furent engagées avec la Grande-Bretagne. Finalement les deux puissances rivales transigèrent, acceptant la frontière actuelle — ce même 49e parallèle — par un traité signé le 15 juin 1846.

Quelques mois auparavant, le 29 décembre 1845, le même Congrès à majorité démocrate avait annexé le Texas après qu'eurent été balayées les objections des représentants des États du Nord opposés à l'admission d'un nouvel État esclavagiste.

C'était l'aboutissement d'un déjà long conflit avec le Mexique et ç'allait être la source d'une guerre qui eut tous les traits d'une guerre de conquête. Au lendemain de l'accession du Mexique à l'indépendance (1823), sa province du Texas, plus grande que la France, n'avait pour habitants, en dehors de petites tribus indiennes, que quelques chasseurs et quelques premiers colons américains. Mais au cours des douze années qui suivirent, ces derniers étaient devenus si nombreux et si confiants en leur force qu'ils n'hésitèrent pas à se soulever contre un gouvernement mexicain faible et inefficace et proclamèrent leur indépendance (1er novembre 1835). Celle-ci leur fut naturellement refusée. Malgré des flambées d'hostilités, la jeune république du Texas prospéra, attirant de nouveaux colons non moins conscients de leur américanisme. L'inévitable se produisit : le 4 juillet 1845 l'assemblée texane vota son rattachement à l'Union.

En confirmant cet acte le Congrès envisageait sans déplaisir une guerre qu'il savait devoir fatalement gagner en raison de la disproportion des forces : ainsi le voulait la « Destinée manifeste » de l'Union, invoquée par une majorité d'ardents expansionnistes. Déclarée le 13 mai 1846, cette guerre prit fin en février 1848. Elle s'était déroulée sur plusieurs fronts. Sur celui de Californie et sur celui du Rio Grande, au sud du Texas, ce ne furent guère que des escarmouches marginales qui ne pouvaient assurer la décision. Pour l'obtenir les États-Unis durent mettre sur pied un corps expéditionnaire de quelque 12 000 hommes qui, sous la direction du général Winfield Scott, devait pénétrer au cœur même du Mexique, avec Mexico pour objectif. En effet les troupes américaines s'emparèrent de Vera Cruz le 27 mars 1847, mais la marche sur la capitale s'avéra difficile et ce n'est qu'au bout de six mois que, le 17 septembre, Winfield Scott atteignit enfin la capitale et s'en empara, mettant ainsi fin à la guerre.

Quelques mois après, par le traité de Guadalupe Hidalgo, signé en février 1848, et promptement ratifié par le Sénat, le Mexique cédait aux États-Unis plus de la moitié du territoire qui se trouvait alors sous sa souveraineté, à savoir tout le Texas, toute la Californie, tout le Nevada et tout l'Utah, et une partie du Nouveau Mexique, de l'Arizona, du Colorado et du Wyoming. En maigre compensation les États-Unis payaient au Mexique quinze millions de dollars et prenaient à leur charge les quelque trois millions de dollars de créances invoquées par des citoyens américains à l'encontre du gouvernement mexicain.

Année faste pour l'Union, s'il en fut, que cette année 1848! Elle assurait à la Fédération un front d'environ 2 000 kilomètres sur l'Océan pacifique et une masse territoriale mesurant désormais presque huit millions de kilomètres carrés d'un seul tenant. Ces avantages énormes lui ouvraient des horizons de puissance politique et économique qu'Alexis de Tocqueville avait déjà pressentis quelques années auparavant, mais auxquels n'avaient certes pas songé les Pères fondateurs en débarquant à Plymouth Rock.

Restait à peupler ces immenses étendues de terre où végétaient, éparses et presque négligeables, en tout cas négligées, une centaine de petites tribus indiennes. Tout conspirait à favoriser et à accélérer ce peuplement. Les progrès incessants de la navigation à vapeur et la construction massive de chemins de fer créaient des facilités de transport véritablement révolutionnaires. Mais surtout l'invasion de l'eldorado américain par les émigrants européens prenait des proportions inattendues. Si la décennie de 1831-1840 n'enregistra que 600 000 immigrants, celle de 1841-1850 en compta 1 700 000 et la suivante, celle de 1851-1860, 2 600 000. L'Angleterre, l'Écosse et le pays de Galles continuaient de fournir un très important contingent, mais l'afflux d'Irlandais, chassés de leur pays par la surpopulation, la misère et de désastreuses récoltes de pommes de terre, s'accrut de décennie en décennie. Si, de 1831 à 1840, 207 000 seulement vinrent aux États-Unis chercher des moyens d'existence, la décennie suivante en compta 781 000 et celle de 1851-1860, 914 000. Tous catholiques, ils allaient commencer à modifier la structure religieuse du pays. Agriculteurs dans leur île et dépourvus de tout, ils furent heureux de trouver de l'emploi comme domestiques, manœuvres ou ouvriers d'usine dans les grandes villes de l'Est, et bientôt dans celles de l'Ouest central (*Middle West.*)

Un premier contingent de 10 000 Allemands, débarqués en 1832, fut suivi au cours des trente années suivantes d'un véritable flot — un million et demi — d'immigrants de même provenance. La plupart d'entre eux étaient mus par des raisons d'ordre économique, mais après l'échec, dans les principautés allemandes, des mouvements révolutionnaires de 1848, bon nombre aussi étaient des réfugiés obéissant à des convictions politiques libérales. Plus de la moitié de leur nombre gagnèrent le *Middle West*, soit qu'ils devinssent agriculteurs — l'acre (environ 40 ares) de terre domaniale ne coûtait que $ 1,25 — soit qu'ils s'installassent comme artisans dans les grandes villes telles que Chicago, Milwaukee ou Saint-Louis. Les annuaires de téléphone de ces villes comptent encore une proportion impressionnante de noms allemands.

Parallèlement se poursuivait et s'amplifiait le mouvement de migration interne d'Est en Ouest, puis, vers le milieu du siècle, du Middle West en direction du Far-West. Ce qu'on appelait la « frontière » — celle qui séparait les terres déjà cultivées et habitées de celles encore semi-désertes et mal connues, qui s'offraient aux plus hardis ou aux plus avides d'aventures dans une nature encore vierge — cette frontière légendaire se déplaçait constamment. Elle entretenait un esprit d'initiative, d'individualisme audacieux — corrigé il est vrai par le don spontané d'une entraide fraternelle — voire un certain mépris de la loi qui ont jusqu'à présent laissé leur marque dans le comportement de l'Américain.

C'est dans ce contexte que prend place l'épisode extraordinaire de la migration de toute une confrérie religieuse, celle de l' « Église de Jésus Christ des Saints du Dernier Jour », plus connue sous le nom d'Église des Mormons. Fondée par un certain Joseph Smith, qui prétendait avoir découvert un supplément biblique et qui l'avait publié en 1830 sous le titre de « Livre de Mormon », elle compta bientôt, sous un régime de polygamie, quelque 15 000 membres qui, en 1839, s'installèrent à Nauvoo dans l'Illinois. Mais Joseph Smith eut vite maille à partir avec ses voisins et fut en 1844 lynché par eux au cours d'une violente émeute. Son successeur, Brigham Young, résolut de gagner avec ses fidèles une région où la secte pourrait se livrer à ses pratiques religieuses et sociales sans être molestée, et c'est ainsi qu'en 1846 un long convoi s'ébranla vers une nouvelle terre promise, la région alors encore mexicaine du Grand Lac Salé. Dès 1847 4 000 « saints » s'y étaient installés. L'Utah était alors un véritable désert, mais quelques barrages de fortune et un intelligent système d'irrigation eurent vite fait de le féconder. Bientôt s'éleva, autour du Tabernacle, une ville aux larges avenues, Salt Lake City; la proportion initiale très élevée des femmes, qui avait favorisé la polygamie, tendit à baisser, et bientôt après, annexé en 1848, l'Utah fut érigé en Territoire. Celui-ci ne se distingua bientôt plus des futurs autres États du Far-West que par un esprit civique exemplaire et par des réalisations communautaires alors assez nouvelles.

Au même moment des circonstances tout autres, mais encore plus favorables, assurèrent à la Californie un peuplement incroyablement rapide. Le 24 janvier 1848, près de Coloma, dans la propriété d'un immigrant suisse, J. A. Sutter, un ouvrier découvrit des pépites d'or mêlées au gravier du sol. La découverte fit grand bruit dans toute l'Union et même dans le monde entier, déterminant une ruée d'aventuriers pressés de faire fortune. Les uns traversaient les Rocheuses en « chariot à bâche », d'autres arrivaient par voie de mer, après avoir traversé l'isthme de Panama ou contourné le Cap Horn. Avant la fin de 1849 la Californie comptait déjà 90 000 habitants et un certain ordre commençait à se dégager du chaos initial. Une « convention » élue vota en un tournemain une constitution et l'année d'après la Californie était admise dans l'Union comme État de plein droit, alors que l'Utah dut, pour le devenir, attendre jusqu'à 1896.

Cependant s'opérait dans l'agriculture une révolution qui allait permettre de décupler la production des immenses étendues de terres arables dont disposaient désormais les agriculteurs américains. Jusqu'alors seule la main de l'homme, au moyen de la faucille ou de la faulx, assurait la coupe des blés et la fenaison. Or en juillet 1831, après de nombreux essais, Cyrus McCormick avait, en Virginie, démontré aux plus incrédules, sur six acres d'avoine, l'efficacité de la moissonneuse mécanique à traction animale qu'il avait inventée. La moissonneuse-batteuse suivit peu après, bientôt produite en usine par centaines, puis par milliers d'unités. En peu d'années des centaines de milliers d'hectares où jusque-là paissaient des millions de bisons furent convertis en champs cultivés.

Parallèlement l'industrie se développait si vite qu'en 1850, pour la première fois, la valeur des produits manufacturés dépassa celle des produits agricoles. Cette révolution économique avait été accélérée par le génie mécanique des Américains, inventeurs nés. Pour ne citer qu'une de ces inventions, c'est un mécanicien yankee, Elias Howe, qui en 1846 breveta sa machine à coudre. Désormais les vêtements d'hommes et de femmes pouvaient être cousus mécaniquement en usine.

Jusque vers le milieu du siècle une production agricole ou industrielle de masse ne pouvait se concevoir dans la vallée du Mississippi, car à l'âge de la traction animale les Monts Alleghany opposaient un obstacle difficilement surmontable au transport des denrées. Riche en voies navigables, cet immense bassin ne pouvait en fait exporter ses produits qu'en les transportant par eau jusqu'à la Nouvelle Orléans, où ils devaient être rechargés sur des bateaux à destination de Philadelphie ou de New York. Le creusement du canal reliant le Hudson au lac Erié, ouvert en 1825, avait déjà grandement amélioré les communications entre Est et Middle West et stimulé le développement commercial et industriel des grands ports lacustres : Buffalo, Cleveland, Chicago. Mais la région des Grands Lacs ne fut vraiment débloquée et ne put prendre son plein essor que par la construction de chemins de fer. Trois dates doivent être retenues : le 30 juin 1841 l'*Erie Railroad* lançait le premier train sur son ruban de fer. En octobre 1851 le *New York and Hudson River Railroad* ouvrait son service de passagers et de marchandises entre New York et Albany, et le 21 avril 1956 le premier train franchissait le Mississippi entre Rock Island, Illinois, et Davenport, Iowa. A cette date les grands réseaux de chemin de fer de la côte atlantique, le *New York Central*, le *Pennsylvania* et le *Baltimore & Ohio* venaient d'être prolongés jusqu'aux Grands Lacs et à l'Ohio. Désormais plus de la moitié du peuple américain habitait et travaillait au-delà des Monts Alleghany et le haut bassin du Mississippi devenait le centre de la production et de la transformation des céréales, ainsi que de l'élevage du bétail.

L'Est n'en conservait pas moins sa prééminence industrielle, en sorte que les intérêts des États riverains de l'Atlantique et ceux de l'intérieur s'opposaient souvent, provoquant des impasses parlementaires. Mais sur les points importants celles-ci étaient rompues par des compromis. C'est ainsi qu'en 1846 le tarif élevé de 1842, consécutif à la violente dépression de 1837, fit place à un tarif plus libéral. Au bout de quelques années celui-ci assura au gouvernement des recettes dépassant ses dépenses normales.

Une autre réforme heureuse fut l'instauration par le gouvernement fédéral d'une trésorerie indépendante, celle même qu'avait préconisée Jackson, adversaire de tout dépôt de fonds fédéraux dans les banques d'État ou dans une banque nationale. Par une loi votée en 1846, le gouvernement se chargeait de ses propres fonds, ainsi rendus inaccessibles à la spéculation privée. Ce système se maintint sans interruption jusqu'en 1913, année où fut instauré le système dit de « Réserve fédérale ».

Cependant de bien plus graves préoccupations dominaient la politique intérieure des États-Unis : quel allait être le régime — esclavage ou liberté — dans les territoires conquis sur le Mexique? A Washington le parti esclavagiste était plus puissant que jamais, car, grâce à l'admission du Texas et de la Floride en 1845, il avait la majorité au Sénat. Il exigeait que la Californie et le Nouveau Mexique demeurassent des territoires admettant l'esclavage, que le District de Columbia continuât aussi de l'admettre, et qu'une nouvelle loi renforçât les dispositions de la Constitution sur la restitution des esclaves fugitifs à leur maître. Par contre les abolitionnistes du Nord, de plus en plus nombreux et de plus en plus convaincus que leur cause devait finalement triompher, voulaient que la Californie fût immédiatement admise comme État libre et que l'esclavage fût interdit dans le Nouveau Mexique et dans le District de Columbia. Comment réconcilier des exigences aussi diamétralement opposées?

Le même Henry Clay qui, trente ans auparavant, avait été le principal artisan du compromis du Missouri, s'y essaya, et, en apparence, réussit de justesse. Telle que la signa finalement le président Fillmore en automne 1850, la loi ainsi proposée portait que la Californie entrerait dans l'Union comme État libre; que le restant du territoire cédé par le Mexique serait divisé en deux Territoires dont chacun aurait le droit de décider s'il acceptait ou rejetait l'esclavage; que la traite des esclaves serait interdite dans le District de Columbia, mais que l'esclavage y demeurerait légal, et qu'une nouvelle loi permettrait aux propriétaires d'esclaves fugitifs de récupérer ceux-ci plus facilement.

En réalité ce compromis favorisait les Sudistes. En effet, si la Californie leur échappait, en revanche tout le restant de l'immense territoire cédé par le Mexique demeurait ouvert à l'esclavage et la nouvelle loi sur les esclaves fugitifs punissait si sévèrement quiconque aiderait ceux-ci à s'échapper que le droit de propriété des maîtres était mieux protégé que jamais.

Aussi le compromis voté par le Congrès souleva-t-il un véritable tollé dans les milieux libéraux de l'Est et du Nord. Fondée en 1833 et animée par une élite de philanthropes et d'orateurs tels que E. Wendell Phillips et Ch. Sumner, l'*American Antislavery Society* multiplia les conférences publiques, les articles de journaux, les affiches, les tracts et les brochures. Parmi ces dernières les plus lues et les plus efficaces étaient les récits pathétiques d'esclaves fugitifs.

Mais la cause de l'abolition fut le mieux servie dans les esprits par le succès foudroyant, tant aux États-Unis qu'en Europe, du roman de Mme Harriet Beecher-Stowe, « La Case de l'Oncle Tom » (1852). Le lecteur sentait en effet qu'il y avait là un souffle de vérité, des scènes réalistes de la vie atroce des esclaves dans les plantations du Sud, des types exacts de maîtres affreusement brutaux.

De même les imaginations furent très frappées par l'organisation remarquable de ce qu'on a appelé le « Chemin de fer souterrain », c'est-à-dire le réseau clandestin de relais-cachettes diurnes permettant aux esclaves échappés du Sud de gagner par des marches de nuit le Nord ou le Canada, où ils seraient à l'abri de toute possibilité d'arrestation et d'extradition ou d'enlèvement.

Le compromis boiteux de 1850 avait à peine reçu un début d'application que la lutte reprit plus violente que jamais entre les deux blocs qui s'affrontaient à Washington. Qu'allait-il advenir du non moins immense territoire transmississippien, alors connu sous le nom de Nebraska et Kansas, qui, au sud du Canada, s'étendait entre les États libres du Nord-Est et les territoires du Far West récemment annexés? Un sénateur de l'Illinois, Stephen A. Douglas, crut avoir trouvé une solution viable en proposant un texte de loi connu sous le nom de *Kansas-Nebraska Bill*. Ce texte abrogeait le compromis du Missouri interdisant l'esclavage au Nord du 36° 30' (Missouri excepté) et divisait cette étendue non encore organisée en deux Territoires, l'un, le Nebraska, au nord de 40° de latitude nord, et l'autre, le Kansas, au sud de ce parallèle. Chacun d'eux devait être libre de se donner une constitution prévoyant ou interdisant l'esclavage. L'indignation fut à son comble dans l'Est et le Nord. Mais les meetings de protestation n'eurent aucun effet à Washington où les Sudistes étaient toujours fortement retranchés. Le Congrès vota, et le président Pierce signa cette loi, qui ouvrait un immense territoire à l'extension de l'esclavage.

Le mieux qu'espérait l'opinion modérée était un partage : le territoire du Sud, le Kansas, pensait-on, serait la proie des esclavagistes, qui y implanteraient leur « institution particulière », tandis que les Nordistes domineraient dans le Nebraska, qui deviendrait un territoire libre. Mais les choses tournèrent différemment. De plus en plus déterminés, les adversaires de l'esclavage donnèrent à leur indignation une double forme pratique : la création en 1854 d'un nouveau parti, le parti « républicain », organe de lutte contre toute extension de ce fléau social, moral et social, et celle d'une Société d'Aide aux Immigrants, qui organisa l'envoi dans le Kansas de colons partisans du travail libre. Ceux-ci devaient, lors des élections, créer une majorité en faveur d'une constitution rejetant l'esclavage. Les esclavagistes du Missouri de leur côté organisèrent une contre-invasion du Kansas, afin de s'y assurer, eux, la majorité. On en vint aux mains, et une guerre civile au petit pied — préfiguration de la grande qui allait suivre — ensanglanta le pays.

Deux événements d'importance se produisirent alors à peu d'intervalle, acheminant irrésistiblement l'Union vers la scission tant redoutée. D'abord, le 6 mai 1857, la Cour suprême émit, à propos d'une action intentée par un Noir, Dred Scott, qu'elle était appelée à juger en dernière instance, une décision lourde de conséquences : il en résultait qu'un Noir n'avait pas le droit d'intenter un procès — car aux yeux de la Constitution fédérale, il n'était pas un citoyen, mais une chose appartenant à son propriétaire — et d'autre part que le gouvernement fédéral n'avait pas eu, et n'avait pas le droit d'interdire l'esclavage au-delà d'une quelconque ligne géographique. C'était là une défaite cuisante pour le nouveau parti « républicain ».

Se rendant compte que l'équilibre précaire menaçait d'être définitivement rompu en faveur des esclavagistes, il se sentit désormais mûr pour des décisions hardies.

Deux ans plus tard, le 16 octobre 1859, un abolitionniste blanc dont le fanatisme anti-esclavagiste ne connaissait pas de bornes, John Brown, commit un acte de folle témérité : aidé d'une poignée de Blancs et de Noirs, il s'empara de l'arsenal fédéral de Harper's Ferry (Virginie), dans l'idée d'armer les esclaves qu'il allait, de sa propre autorité, émanciper, et qui, pensait-il, allaient se joindre à lui. Comme on pouvait s'y attendre, le coup de main échoua, les troupes fédérales reprirent d'assaut l'arsenal et John Brown fut pendu.

L'épisode eut un énorme retentissement dans tout le pays. Ce défi lancé par John Brown à tous les États du Sud y déchaîna la colère et la peur. De part et d'autre de la ligne *Mason and Dixon* (1) les passions furent poussées au paroxysme.

Tandis qu'en ce milieu du XIXe siècle se dessinait le destin des États-Unis, magnifique, grandiose, mais guetté par le tragique, la conscience profonde de la nation s'affirmait avec vigueur par la floraison d'une littérature que bien des pays pouvaient lui envier.

Si, au début du siècle, New York avait pu se targuer de la faire naître et de lui donner un bon départ avec le *Sketch Book* de Washington Irving (1819) et la publication en 1820 du premier des nombreux romans de Fenimore Cooper qu'allait dévorer Balzac, à partir de 1830 et jusqu'à la fin du siècle c'est Boston et le Massachusetts plutôt que New York qui deviendront le centre culturel des États-Unis. Transplantée d'Europe, la semence romantique trouva dans cette partie de la Nouvelle Angleterre un terrain fertile où germèrent des talents et des œuvres proprement américains. Le plus doué de ces écrivains fut sans conteste Ralph W. Emerson, le transcendantaliste, qui, retiré dans le petit village de Concord en 1834, y rédigea jusqu'à sa mort en 1882 des essais riches de sens et un journal singulièrement attachant. Le *Walden* ou *La vie dans les bois* (1854) de H. D. Thoreau, tranche autobiographique de cet écrivain dont la pensée influença Tolstoï et M. Gandhi, est à sa manière un petit chef-d'œuvre, et la *Scarlet Letter* (la lettre écarlate), ce roman qui en 1850 rendit célèbre son auteur, Nathaniel Hawthorne, méritait pleinement son succès.

Avec Edgar Allan Poe nous quittons la Nouvelle Angleterre et son atmosphère puritaine, car c'est à Baltimore, Philadelphie et New York que ce méridional, ce rêveur composa les poèmes et les contes tant admirés de Baudelaire.

(1) Ligne de séparation entre les États du Nord et ceux du Sud.

Né à New York en 1819, Herman Melville, qui passa plusieurs années comme marin à bord d'un baleinier, publia en 1851, sans aucun succès, son étonnant *Moby Dick,* où il explore le sens de la destinée humaine et qui — on ne s'en est aperçu qu'il y a une soixantaine d'années — compte parmi les grands livres de la littérature mondiale.

Son contemporain Walt Whitman, qui grandit à Brooklyn et dans un Long Island encore très champêtre, a été fort influencé par le jacksonisme. Publiées en 1855, ses *Leaves of Grass* (feuilles d'herbe) reflètent sa foi dans les vertus du petit peuple, dans l'égalité des hommes — ces créatures quasi sacrées — et dans une démocratie conçue comme une « camaraderie d'amour » (*loving comradeship*). L'imminente guerre civile dans laquelle il se consacra corps et âme à soigner les blessés dans les hôpitaux allait lui donner l'occasion de mettre héroïquement en pratique son amour délirant du prochain.

18

LA GUERRE CIVILE
ET SES LENDEMAINS (1861-1877)

En mai 1860 le parti républicain désignait Abraham Lincoln comme son candidat aux élections présidentielles. Le 6 novembre suivant il était élu grâce à une scission du parti démocrate.

Il eût été difficile de faire un choix meilleur. Dégingandé dans son allure, maladroit dans ses gestes, cet avocat de haute taille allait révéler ses extraordinaires qualités de chef. Plein de sagesse et de bon sens il ne prenait aucune décision sans avoir profondément réfléchi. S'il semblait parfois hésiter ou tergiverser, l'événement montrait ensuite qu'il avait su patiemment attendre le juste moment pour la décision. Son honnêteté, qui n'excluait pas l'habileté du politicien, la fermeté de sa volonté, l'ascendant qu'il exerçait sur ceux qu'il s'agissait de convaincre allaient être pour son parti un précieux atout dans la lutte imminente.

Le Sud comprit aussitôt ce que signifiait cette élection. Lincoln n'avait-il pas, peu de temps auparavant, dans un discours retentissant, défini son programme politique en des termes dépourvus de toute ambiguïté :

> « Une maison divisée contre elle-même ne peut pas se tenir debout. Un gouvernement ne peut pas indéfiniment demeurer à demi libre et à demi esclave. Je n'entends pas que l'Union soit dissoute, je n'entends pas que la maison s'effondre. Mais j'entends qu'elle cesse d'être divisée. »

Quelques semaines après l'élection, en effet, le 20 décembre 1860, la Caroline du Sud décida, sur un vote unanime de son parlement,

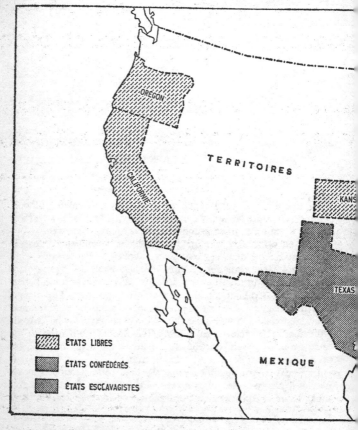

OREGON

TERRITOIRES

CALIFORNIE

KANS

TEXAS

MEXIQUE

///// ÉTATS LIBRES

ÉTATS CONFÉDÉRÉS

ÉTATS ESCLAVAGISTES

Carte 3 — Les États-Unis et la « confé

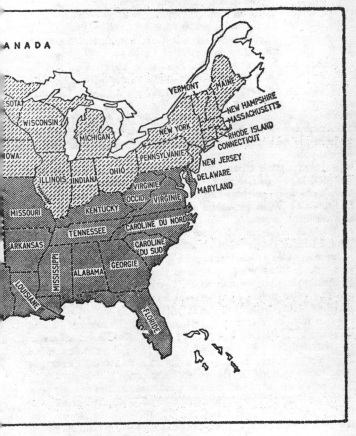

ANADA

VERMONT MAINE
NEW HAMPSHIRE
MASSACHUSETTS
RHODE ISLAND
CONNECTICUT
NEW JERSEY
DELAWARE
MARYLAND

SOTA
WISCONSIN
MICHIGAN
IOWA
ILLINOIS INDIANA OHIO
NEW YORK
PENNSYLVANIE

MISSOURI KENTUCKY VIRGINIE OCCID VIRGINIE

ARKANSAS TENNESSEE CAROLINE DU NORD

MISSISSIPPI ALABAMA GEORGIE CAROLINE DU SUD

LOUISIANE

FLORIDE

on » lors de la guerre civile (1861-1865).

de se retirer de l'Union. Dès avant l'inauguration de Lincoln comme Président (4 mars 1861) elle forma avec six autres États (la Georgie, l'Alabama, la Floride, le Mississippi, la Louisiane et le Texas) la Confédération (*Confederated States of America*). Bientôt quatre autres États (l'Arkansas, la Caroline du Sud, la Virginie et le Tennessee) allaient porter à onze le nombre des États sécessionnistes.

Le discours « inaugural » prononcé le 4 mars 1861 par Lincoln exclut toute possibilité de compromis. Ce furent toutefois les Sudistes qui prirent l'initiative des hostilités. Le 12 avril 1861 le général P. Beauregard bombardait le fort Sumter en Caroline du Sud.

La guerre — une guerre sans merci — allait durer quatre ans moins trois jours, car ce n'est que le 9 avril 1865 que le général Lee allait capituler à Appomattox avec la dernière armée confédérée encore en état de se battre contre les armées fédérales du général Grant. Les hostilités s'étaient déroulées sur trois fronts principaux : le front maritime, le front des États riverains de l'Atlantique et le front du Mississippi.

Sur mer, c'est le blocus des ports sudistes par la flotte nordiste qui joua le rôle déterminant. Car bientôt la principale richesse du Sud, le coton, ne put plus être exportée vers l'Angleterre. Mais les Sudistes n'en avaient pas moins remporté d'importants succès grâce aux vaisseaux achetés à l'Angleterre et équipés pour la guerre de course. C'est ainsi que l'*Alabama* avait coulé 65 navires de l'Union avant d'être, en 1864, envoyé par le fond au large de Cherbourg.

Sur le front du Mississippi la prise de la Nouvelle Orléans (1862), puis celle de Vicksburg (1863) par le général Grant, rendirent à la Fédération la libre disposition du fleuve et affaiblirent les forces confédérées en isolant complètement les deux États sécessionnistes situés sur la rive droite : le Texas et l'Arkansas.

Sur le front des États côtiers, les troupes fédérales subirent d'abord un revers après l'autre. Leur premier succès véritable fut la bataille de Gettysburg (1 - 3 juillet 1863), mais il leur fallut encore presque deux ans de dures campagnes avant que le général Grant pût convaincre le général Lee de déposer les armes.

La lutte avait été très coûteuse en vies humaines. Sur environ deux millions d'hommes, les armées nordiques en avaient perdu 360 000. Quant aux Confédérés ils avaient perdu 250 000 hommes, soit environ le tiers de leurs effectifs. De grandes parties du Sud avaient été dévastées et tout le Sud ruiné. Mais le principal semblait acquis : la « maison » cessait officiellement d'être « divisée ».

L'émancipation des esclaves s'était effectuée en trois temps. Mettant à profit un demi-succès remporté par l'armée fédérale quelques jours auparavant à Antietam, le président Lincoln émit le 22 septembre 1862 une proclamation préliminaire annonçant que, le 1er janvier 1863, dans les États ou fractions d'États rebelles tous les esclaves seraient « désormais et à jamais libres ».

A cette date en effet — deuxième temps — la proclamation définitive d'émancipation, encore limitée aux États insurgés, fut publiée et eut le grand retentissement qu'on en pouvait attendre.

Pendant les années qui suivirent divers États esclavagistes, à commencer par le Missouri, votèrent individuellement des lois d'émancipation des esclaves.

Mais le troisième temps — celui de l'émancipation universelle — ne survint que le 18 décembre 1865, date à laquelle fut voté par le Congrès le fameux 13e amendement à la Constitution, ainsi conçu :

> « Ni esclavage, ni aucune forme de servitude involontaire, excepté en châtiment d'un crime dont l'accusé aura dûment été reconnu coupable, ne pourront exister aux États-Unis, ni en aucun lieu soumis à leur juridiction [...] »

Lorsque cet amendement historique fut adopté, la guerre était déjà terminée. Mais cinq jours après l'effondrement de la résistance sudiste, Lincoln avait été assassiné. C'était un grand malheur pour l'Union, car, lui disparu, le difficile problème de la « Reconstruction » allait être très maladroitement résolu et les conséquences des erreurs commises allaient se faire sentir pendant plus d'un siècle. Lincoln avait eu l'intention d'indemniser les propriétaires d'esclaves et, par une aide législative appropriée, d'assurer aux affranchis les moyens de vivre sous un régime de liberté. Mais ses idées ne furent pas retenues. Le nouveau Président, Andrew Johnson, se fit certes le continuateur de la politique de modération et de compréhension de Lincoln, mais il ne sut pas imposer ses vues à un Congrès dominé par les Républicains « radicaux », c'est-à-dire résolus à mater les vaincus récalcitrants, fût-ce par la manière forte, et à asseoir fermement dans le Sud la domination de leur parti politique. Deux lois vengeresses (2 et 23 mars 1867) soumirent à une occupation militaire prolongée les États rebelles regroupés en cinq districts. C'est l'autorité militaire qui présida à l'enregistrement des nouveaux électeurs de couleur, cependant qu'un grand nombre des anciens électeurs blancs étaient exclus du vote en raison de leur participation à la rébellion.

Le 28 juillet 1868 le Congrès mit en vigueur un 14e amendement à la Constitution disposant que les Nègres étaient citoyens des États où ils étaient domiciliés au même titre qu'ils étaient citoyens des États-Unis. Il interdisait aux États de promulguer des lois ayant pour effet de priver quiconque de sa vie, de sa liberté ou de sa propriété sans « décision judiciaire régulière » (*due process of law*) ou de refuser à quiconque la protection égale des lois.

Après, enfin, l'élection présidentielle de 1868, qui donna la victoire au héros de la guerre civile, le Général Grant, et aux Républicains, le Congrès vota le 15e amendement (ratifié le 30 mars 1870) qui entourait le droit de vote de la protection fédérale directe dont il avait grand besoin. Il spécifiait que :

> « Ni les États-Unis ni aucun État ne dénieront aux citoyens des États-Unis le droit de vote ou ne le restreindront en raison de leur race, de leur couleur ou du fait qu'ils étaient précédemment esclaves ».

Les législateurs fédéraux postulaient que ces textes, remplis des meilleures intentions, seraient dûment appliqués par les gouvernements des États, même lorsque l'occupation militaire aurait pris fin. Mais c'était une totale et tragique erreur, comme les événements allaient le montrer.

Les relations entre Blancs et Noirs demeurèrent tendues à l'extrême pendant toute cette période, à laquelle les Sudistes donnèrent le nom à la fois imagé et péjoratif de « régime de la valise » (*Carpet-bag Regime*). Les *Carpet-baggers* étaient les civils blancs qui, disait-on, alléchés par des perspectives de gain facile, descendaient du Nord en pays occupé avec, pour tout bagage, une méchante valise vide qu'ils s'agissait de remplir.

En réalité les vaincus calomniaient ces civils. Certes plus d'un étaient des profiteurs qui se faisaient élire à des postes lucratifs par des électeurs noirs ignorants. Mais un grand nombre d'entre eux étaient venus pour des fins désintéressées, par exemple pour créer des écoles ou aider les Noirs dans leur apprentissage de la liberté.

Ce que maint historien américain de l'époque de la « Reconstruction » a surtout souligné, c'est l'irresponsabilité financière de ces parlements d'État « intégrés » et la gabegie qui s'ensuivit. Il est en effet exact que les finances publiques furent souvent mal gérées par ces législateurs novices, que la fraude et la concussion ne furent pas rares. Mais il faut reconnaître que, néfaste pour les Blancs du Sud, le régime de la Reconstruction fut bienfaisant pour la population noire du Sud. Il donna l'occasion à son élite — car elle en avait déjà une — de montrer que l'on pouvait, malgré une peau noire, être à la fois compétent et honnête, comme le furent un F. L. Cardozo, trésorier de la Caroline du Sud (1872-1876) ou un B. K. Bruce, qui représenta le Mississippi au Sénat de 1875 à 1881. Et c'est sous ce régime décrié que furent par exemple fondées les Universités pour Noirs bien connues d'Atlanta (1865) et de Howard (1867).

Pendant toute cette difficile période, les Blancs ne cachèrent nullement leur volonté de redevenir les maîtres « chez eux » et de remettre les Noirs « à leur place ». Cette volonté s'est le plus crument exprimée par la fondation d'une société secrète, le *Ku Klux Klan*, destinée à intimider systématiquement les Noirs et surtout à les écarter des urnes. Elle fut particulièrement active à ses débuts, entre 1866 et 1869. Agissant la nuit, ses membres portaient un masque blanc, une sorte de mitre pointue et se revêtaient d'un long linceul blanc propre à épouvanter les esprits simples. Dans les cas extrêmes les enlèvements nocturnes de Noirs jugés dangereux se terminaient par un lynchage.

Cependant, comme il était à prévoir, l'occupation militaire se relâchait, ou même elle était réduite, ne fût-ce que pour des raisons budgétaires. Parallèlement, l'un après l'autre les États du Sud réussissaient à renverser les « législatures » républicaines, c'est-à-dire biraciales, établies sous le régime de la contrainte. L'un des premiers actes du Président Hayes, qui, à la Maison Blanche, avait succédé au Président Grant à l'expiration de ses deux mandats, fut, en avril 1877, de rappeler de Louisiane et de Caroline du Sud les derniers contingents fédéraux encore cantonnés au sud de la ligne Mason-Dixon. Les Démocrates s'empressèrent naturellement de reprendre le pouvoir dans ces deux derniers États.

L'autorité fédérale exercée depuis 1865 par les Républicains reconnaissait ainsi son impuissance à imposer au Sud récalcitrant l'égalité, devant une loi commune, des esclaves affranchis et de leurs anciens maîtres. Sur le plan racial, sinon sur le plan économique, les vaincus devenaient ainsi, à vrai dire, plus qu'à demi vainqueurs.

Les États du Sud sortaient de la lutte épuisés et réduits à la misère. Il n'était pas rare qu'un ancien maître et ses anciens esclaves devenus ses *share-croppers* (métayers), se disputassent littéralement, selon une expression imagée, « le dernier dollar » (*the bottom dollar*). En Caroline l'industrie du riz, laissée à l'abandon, était ruinée, car l'eau salée avait inondé les champs. Anéantie pendant la guerre, l'industrie sucrière de Louisiane ne put retrouver son ancienne prospérité. Mais c'était le coton, cet « or blanc » d'avant-guerre, qui était le plus durement atteint. Le prix en était tombé très bas car, faute de pouvoir l'acquérir dans les États du Sud durant la guerre, l'Angleterre avait introduit ou stimulé la culture cotonnière dans d'autres pays sub-tropicaux. En 1870 la superficie plantée en coton en Virginie avait diminué de deux millions d'acres (800 000 hectares) par rapport à 1860 et ce n'est qu'en 1879 que l'ensemble des États du Sud put produire une récolte de coton égale à celle de l'année de la sécession.

Mais si la guerre avait laissé dans le Sud ces terribles séquelles, si pour beaucoup de Georgiens ou de Louisianais, suivant l'expression d'un poète d'alors, « toute la vie consistait à ne pas mourir », le pays dans son ensemble avait peu souffert. Bien au contraire, la guerre avait fortement stimulé le développement économique, accéléré l'exploitation de ses immenses ressources naturelles, favorisé l'essor de la grande industrie, multiplié les investissements bancaires, provoqué de nouveaux échanges commerciaux avec l'étranger, déterminé la rapide mise en œuvre d'inventions mécaniques qui allaient accroître la production industrielle et agricole dans des proportions inespérées.

L'une des premières lois votées à la faveur de la guerre par le parti républicain fut la loi sur le « bien de famille » (*Homestead Act*) de 1862, cette même loi à laquelle un président démocrate avait auparavant opposé son veto. Elle concédait gratuitement à tout citoyen américain, ou à tout immigrant étranger qui déclarait son intention de se faire naturaliser, une terre de 160 acres (environ 65 hectares) à la seule condition qu'il s'engageât à la cultiver pendant 5 ans.

La même année — donc en pleine guerre civile — le Congrès donna à l'agriculture une non moins judicieuse impulsion en votant une loi concédant à chaque État un lot considérable de terre domaniale pour leur permettre de créer des collèges de formation agricole scientifique. Ces dons fédéraux aux États allaient porter leurs fruits et ils sont à l'origine de la prodigieuse avance de la grande agriculture américaine en matière de rendements.

Dans les années qui suivirent, 32 millions d'hectares passèrent directement entre les mains de centaines de milliers de *homesteaders*. Mais, comme on pouvait s'y attendre, après les cinq années prévues par la loi, beaucoup de ces terres n'échappèrent pas à une spéculation effrénée.

C'est également en 1862 que, pour stimuler la construction de chemins de fer dans l'Ouest, le gouvernement fédéral accorda en toute propriété à deux premières compagnies, l'*Union Pacific* et le *Central Pacific*, 40 milles carrés (plus de 10 000 hectares) en bordure de la ligne à construire pour chaque mille (1609 mètres) de rail posé. Il s'agissait de relier le plus vite possible par voie ferrée l'Atlantique au Pacifique. Tandis qu'avec des équipes d'ouvriers principalement irlandais, l'*Union Pacific* progressait aisément à travers la plaine vers les Rocheuses, le *Central Pacific*, à partir de San Francisco, avait une tâche plus difficile : il lui fallait d'abord faire venir de l'Est, par mer, tout son matériel, puis creuser des tranchées ou des tunnels à travers la Sierra Nevada avec des équipes de coolies chinois. Le 10 mai 1869 la jonction dans le nord de l'Utah put être célébrée avec fierté et avec un grand éclat dans toute l'étendue du pays.

Au total les compagnies de chemins de fer américaines reçurent gratuitement du gouvernement fédéral plus de 40 millions d'hectares et plus de 20 autres millions des gouvernements d'État, soit une superficie presque aussi grande que la France entière. Nul doute que cette générosité n'ait, sur le moment, grandement servi les intérêts de la masse de la population. Marchandises et voyageurs purent être acheminés vers leur destination bien plus rapidement et à bien meilleur compte. Autre amélioration : en 1864, au plus fort de la Guerre civile, George M. Pullman construisit son premier wagon-lit et en 1868 G. Westinghouse inventait son frein à air comprimé.

Mais la voie se trouvait largement ouverte à la spéculation des terrains. Un premier acquéreur pouvait couramment revendre le lot acheté par lui à un second trois fois plus cher qu'il ne l'avait lui-même acquis, et les compagnies se faisaient souvent payer de grosses sommes par des municipalités ou des intérêts privés pour que le tracé d'un chemin de fer projeté traverse ou desserve une ville plutôt qu'une autre. De même, exerçant une sorte de monopole, les compagnies ne se privaient pas de fixer des tarifs de transport arbitraires, discriminatoires et souvent exorbitants. Ces formes de spéculation ou de piraterie, et bien d'autres, expliquent en partie les énormes fortunes accumulées par de véritables forbans tels que J. Fisk, V. Gould et surtout le « commodore » Cornelius Vanderbilt.

Ces abus ne tardèrent pas à créer dans le public un grand mécontentement. Le Massachusetts donna le signal de l'intervention des pouvoirs publics en instituant, en 1869, une commission d'enquête sur les plaintes élevées contre les compagnies de chemins de fer desservant l'État.

Mais l'attaque la plus violente dirigée contre toutes ces compagnies le fut par les agriculteurs du Middle West, qui souffrirent le plus cruellement de la panique de 1873. Ils formèrent une organisation véritablement militante connue sous le nom de *Grange*. Celle-ci arracha aux pouvoirs législatifs de l'Illinois, de l'Iowa, du Wisconsin et du Minnesota des lois (*Grange Laws*) fixant des tarifs de transport maximums, interdisant toute discrimination entre les divers clients des chemins de fer, et instituant un début de contrôle sur ces « utilités publiques ».

Bref, au lendemain de la Guerre civile, en raison des énormes intérêts immobiliers et mobiliers en jeu, les chemins de fer furent le principal domaine où sévirent une spéculation effrénée et des abus flagrants. Mais la corruption s'étendit à d'autres secteurs de la vie économique et politique. L'administration Grant est maintenant encore considérée par les historiens américains comme par excellence l'ère des *rings*, c'est-à-dire des bandes organisées de fraudeurs dirigés par des *bosses* qui, trop souvent impunément, mettaient au pillage les fonds publics.

Les terrains si généreusement concédés aux compagnies de chemins de fer par le gouvernement fédéral et considérés par lui comme terres domaniales étaient souvent encore les terrains de chasse des tribus indiennes inexorablement refoulées d'Est en Ouest. Le gouvernement fédéral était censé les avoir achetés à la suite de traités dûment conclus avec des chefs plus ou moins habilités par leur tribu à en recevoir paiement, et il était censé assurer aux tribus ainsi expropriées une « réserve » où elles pourraient s'établir définitivement. C'est ainsi qu'en 1842, après que l'ultime révolte des Seminoles eut été écrasée, les derniers Indiens demeurés à l'est du Mississippi avaient été transférés dans l'Oklahoma. Une ligne de démarcation nord-sud avait été tracée du Minnesota au Texas et les Indiens s'étaient vu promettre qu'ils pourraient tenir les terres situées à l'ouest de cette ligne « aussi longtemps que les arbres croîtraient et que les eaux couleraient ». Et pourtant, dix ans après déjà, le Congrès organisait les Territoires du Kansas et du Nebraska à l'Ouest de la ligne de démarcation solennellement garantie, sans se préoccuper des moyens d'existence des Indiens, et ceux-ci étaient invités à signer de nouveaux traités abandonnant à l'envahisseur blanc de nouvelles terres.

En 1867, répudiant la promesse faite antérieurement aux Indiens des plaines qu'ils pourraient conserver éternellement leurs nouveaux terrains de chasse, le Congrès vota une loi prévoyant le transfert de tous ces Indiens dans des réserves sises en Dakota du Sud et en Oklahoma. Mais la résistance de ceux que l'on voulait ainsi déporter une fois de plus fut particulièrement forte et une véritable guerre d'escarmouches s'ensuivit qui devait durer près de neuf ans. Les équipes de travailleurs occupés à la construction de la voie ferrée transcontinentale eurent souvent à se défendre contre les Cheyenne et les Arapaho armés d'arcs et de flèches. Vers 1875 des unités de l'armée fédérale commandées par des généraux qui s'étaient distingués pendant la Guerre civile, tels que Sherman et Sheridan, avaient finalement brisé la résistance de leurs adversaires.

Mais à peine ceux-ci avaient-ils, résignés, pris possession des nouvelles terres qui leur étaient allouées dans le Dakota du Sud qu'on y découvrit de l'or. Une ruée d'aventuriers blancs s'y précipita aussitôt. De là la guerre des Sioux de 1876. En juin de cette année les Blancs subirent un revers cuisant. Dans la bataille devenue fameuse de Little Big Horn, George Custer et le détachement de quelque deux cents hommes qu'il commandait furent massacrés par une petite armée Sioux que commandait le chef Sitting Bull (Taureau assis). Mais cette victoire était purement épisodique : les Sioux durent se soumettre avant la fin de l'année. Ç'avait été le dernier combat sérieux des envahisseurs avec les Indiens. La résistance des Peaux-

Rouges à l'irrésistible conquête de leur sol ancestral par les Blancs avait ainsi virtuellement pris fin.

La période d'énorme expansion territoriale du milieu du XIXᵉ siècle, accomplie aux dépens du Mexique et des Indiens, fut suivie d'une prospection désordonnée, mais combien fructueuse, des ressources minérales du sous-sol. Celles-ci étaient immenses. Les deux besoins les plus impérieux de l'économie américaine en cours de mécanisation étaient le charbon et le fer. On avait déjà précédemment découvert, dans le nord-est de la Pennsylvanie, de précieux gisements d'anthracite qui, vers 1860, produisaient déjà quelque dix millions de tonnes par an et qu'une demi-douzaine de compagnies de chemin de fer s'empressèrent de faire passer sous leur contrôle. Mais le *Middle West* s'avéra extraordinairement riche en houille. L'extraction annuelle de celle-ci n'était, vers 1860, que de six millions de tonnes, mais vingt ans après elle avait plus que décuplé.

Disposant des ressources voulues en minerai de fer, en charbon et en chaux, la Pennsylvanie était devenue le grand centre de la production du fer dès avant la Guerre civile, avec Pittsburgh comme capitale industrielle. Mais les mines de fer de l'État étaient en voie d'épuisement et le développement de sa sidérurgie aurait pu être compromis si, peu avant la guerre civile, de fabuleux gisements de minerais de fer et de cuivre n'avaient été découverts non loin de la rive sud du lac Supérieur. Mais comment les transporter à Pittsburgh? Le transport par voie ferrée eût été trop coûteux et les rapides séparant le lac Huron du lac Supérieur semblaient devoir interdire le transport par voie lacustre. Mais les ingénieurs réalisèrent ce qui passait alors pour un tour de force : ils creusèrent un large canal qui contournait ces rapides et qui fut ouvert à la navigation en 1855. Au cours des vingt années suivantes, ce furent donc des millions de tonnes de minerai de fer et de cuivre qui furent acheminées par voie d'eau, dans de grands bateaux ventrus (des « *red-bellies* »), vers les forges d'abord de Pennsylvanie, mais bientôt aussi de l'Ohio, de l'Indiana et de l'Illinois.

Vers le même moment, en 1859, un forage heureux en Pennsylvanie occidentale permettait à E. L. Drake d'exploiter commercialement un premier puits de pétrole. Quelques années après le pétrole commençait à remplacer le suif et l'huile de baleine comme moyen normal d'éclairage. Mais il n'allait acquérir sa pleine valeur d'or noir que bien plus tard, lorsqu'eut été inventé le moteur à combustion interne.

Point de guerre de longue durée sans désordre financier. La guerre civile n'avait pas manqué de coûter à l'Union des sommes énormes :

une moyenne de deux millions de dollars par jour. Dès le début des hostilités l'or et l'argent étaient devenus rares ou introuvables. Aussi le gouvernement fut-il amené, l'année d'après, à émettre du papier-monnaie destiné à remplacer les pièces d'or et d'argent. Ainsi furent mis en circulation des billets de banque connus, à cause de leur couleur, sous le nom de *greenbacks* (« dos verts »). A la fin de la guerre il y en avait pour 450 millions de dollars en circulation et la dette de l'Union atteignait trois milliards de dollars.

Naturellement la valeur effective des *greenbacks* connaissait des fluctuations proportionnelles au degré de confiance du public. Une victoire fédérale la faisait monter, un revers la faisait descendre. Mais à mesure que la guerre se prolongeait, l'érosion de ces billets s'accentuait, en sorte que vers 1864, ils ne valaient guère plus d'un tiers de leur valeur nominale. D'où hausse extravagante de tous les articles de consommation achetés avec ce papier-monnaie.

Entre-temps, toutefois, un effort sérieux avait été fait à Washington pour réformer le système de trésorerie fédérale légué par Jackson. En 1863 fut en effet votée une loi établissant un système fédéral de banques dites « nationales ». Ces banques n'étaient nullement autorisées à exécuter des opérations gouvernementales. Ce devaient être simplement des banques privées, mais offrant à leurs clients des garanties de stabilité et de sécurité, car elles devaient obtenir une licence ou concession du gouvernement fédéral et elles étaient soumises par lui à une surveillance et à des inspections régulières. Les banques ordinaires pouvaient devenir des banques « nationales » en déposant auprès du gouvernement fédéral des obligations des États-Unis. Elles pouvaient alors elles-mêmes émettre du papier-monnaie à concurrence de 90 % de la valeur de leur dépôt. Le nouveau système avait un double objectif : garantir partout dans le pays les émissions de billets des banques locales, et surtout favoriser la vente des obligations du trésor, nerf de la guerre.

La garantie fédérale accordée à des banques nationales eut pour effet de faire accepter leurs billets par le public aussi largement que les *greenbacks*. En 1865 le Congrès vota une loi instituant une taxe de 10 % sur tous les billets émis par les banques locales non concessionnées. Toute émission de ce genre fut ainsi vite arrêtée. Grâce à des augmentations d'impôts et à des recettes douanières très élevées, l'assainissement des finances du pays se poursuivit ainsi dans d'assez bonnes conditions, à telle enseigne qu'en 1879 la trésorerie fédérale put être autorisée à échanger contre des pièces d'or ou d'argent le papier-monnaie qui lui était présenté.

Le système de banques « nationales » ainsi instauré n'était certes pas parfait. L'une de ses principales faiblesses était qu'aucun fonds de réserve n'était prévu pour venir en aide aux banques en période de difficultés financières ou de panique du public. Mais dans l'ensemble il donna satisfaction et ce n'est qu'en 1913 qu'il devint indispensable de le réformer et de lui substituer le système de « réserve fédérale ».

Comme on l'a vu, la Guerre civile avait été principalement financée par des emprunts. Mais elle l'avait aussi été en partie par un impôt temporaire sur le revenu, par l'introduction de droits d'accise (impôts indirects) élevés, et surtout, dès 1861, par un relèvement du tarif douanier — le premier depuis 1842. Il fut vite suivi d'autres, en sorte qu'en 1864 les droits de douane atteignaient la moyenne considérable de 47 % *ad valorem*. Le principal objectif recherché avait été d'accroître les ressources du trésor, mais c'était subsidiairement un moyen de protéger l'industrie américaine contre la concurrence étrangère. La guerre terminée, les industriels réussirent à maintenir ce rempart douanier et leurs positions au Congrès demeurèrent si fortes qu'aucune administration — démocrate ou républicaine — ne parvint à obtenir une réduction tant soit peu importante des droits de douane avant 1913.

Les marchandises européennes, et notamment les tissus anglais, eurent ainsi la plus grande peine à s'insinuer dans ce marché enviable.

En revanche la porte était largement ouverte à l'entrée des capitaux européens, qui bientôt affluèrent par centaines de millions de dollars, surtout investis dans les chemins de fer. Elle l'était également à cette autre source de richesse pour un pays en plein développement : l'immigration. La Guerre civile ne l'avait que peu affectée. La décennie 1861-1870 compta 2 300 000 immigrants et celle de 1871-1880 2 800 000. D'abord massés dans l'Est, ils se répandirent de proche en proche dans tous les États de l'Union, sauf dans ceux du Sud. Car nul ne songeait à venir concurrencer une main-d'œuvre noire surabondante et fort mal payée.

Pendant la Guerre civile et la période de Reconstruction, le gouvernement fédéral, absorbé par ses préoccupation internes, n'accorda par nécessité que peu d'attention aux événements extérieurs, qui, d'ailleurs, ne l'affectaient pour ainsi dire pas. Il ne laissa cependant pas échapper deux occasions d'agir utilement sur ses confins.

Les relations de l'Union avec la Russie tsariste, alors si éloignée, avaient toujours été plutôt bonnes. Elles devinrent excellentes durant la Guerre civile car, à la différence de la plupart des puissances européennes qui favorisaient la Confédération, c'est le gouvernement fédéral qu'appuya le Kremlin. Le tsar venait en effet d'abolir le servage dans son empire, et il souhaitait que les États-Unis suivissent son exemple et émancipassent leurs esclaves. C'est dans cette ambiance que, souverain d'un Alaska désert et par trop excentrique, il offrit au Président Andrew Johnson de lui vendre ce territoire apparemment sans valeur. Le très capable secrétaire d'État d'alors, William Seward, éprouva de la difficulté à persuader le Congrès de payer 7 200 000 dollars cette sorte de banquise polaire. Mais, expansionniste-né et imbu d'une foi inébranlable dans la « destinée manifeste » de son pays, Seward dépensa toute son éloquence et obtint du Sénat, le 9 avril 1867, la ratification du traité d'achat qu'il avait négocié.

C'est lui aussi qui, la même année, provoqua l'annexion de ces îles Midway qui, pendant la seconde guerre mondiale, allaient en 1943 jouer un rôle si important dans la reconquête du Pacifique par la flotte américaine.

Chaud partisan de la Confédération rebelle et enhardi par ses succès initiaux, Napoléon III avait en 1862 débarqué un corps expéditionnaire français au Mexique. Son idée première semble avoir été de se créer une sorte de frontière commune avec les États sudistes afin de pouvoir leur prêter une assistance efficace. En même temps il espérait faire du Mexique une dépendance française durable. Mais la résistance des Mexicains fut beaucoup plus vigoureuse qu'il ne s'y attendait. Ce n'est qu'après deux ans d'opérations difficiles qu'il crut avoir occupé une portion du pays assez importante pour y installer un empereur fantoche, l'archiduc autrichien Maximilien. Déjà, cependant, la cause des Confédérés était virtuellement perdue. Le gouvernement des États-Unis eut donc bientôt les mains libres. S'appuyant implicitement sur la doctrine de Monroe, il envoya à la frontière mexicaine une armée placée sous les ordres du général Sheridan et exigea du gouvernement français le retrait de ses troupes. Se sentant menacé par les ambitions de la Prusse, Napoléon III ne pouvait que s'exécuter. Il le fit au début de 1867. Tôt après, les Mexicains s'emparaient du malheureux Maximilien et le fusillaient.

Nul danger extérieur n'allait plus, pendant de longues années, menacer la sécurité de l'Union.

19 LES DÉBUTS DU
GRAND CAPITALISME AMÉRICAIN (1877-1898)

L'élément qui a dominé l'histoire des États-Unis au lendemain de la « Reconstruction » du Sud est sans contredit le prodigieux développement agricole, industriel et commercial de l'ensemble du pays. L'enchaînement des événements formels de politique intérieure à caractère surtout électoral, la succession des hôtes de la Maison Blanche, l'alternance des partis au pouvoir, le républicain et le démocrate, sont, dans le recul, d'importance secondaire. Naguère encore, c'étaient des conceptions morales et politiques qui s'affrontaient. Désormais ce sont surtout des intérêts ou des coalitions d'intérêts.

Une exception cependant : à la question, militairement et légalement résolue, du droit de l'esclave à la liberté, se substitue maintenant un nouveau problème non moins redoutable, un problème nettement racial, avec toutes les implications morales qu'il comporte : le Noir, libéré par une majorité de Blancs, sera-t-il dans le Sud, parce que Noir, privé des droits du citoyen qu'il vient, en théorie, d'obtenir? Y aura-t-il, par delà les apparences légales, deux sociétés distinctes et adverses dans le Sud : la caste supérieure des Blancs, et une société noire d'ilotes relégués dans des ghettos ruraux et urbains et n'en sortant que pour accomplir des travaux serviles au profit des Blancs?

C'est en effet ce qui arriva. Les vingt dernières années du XIXᵉ siècle ont été marquées dans le Sud par un double phénomène : la ségrégation des Noirs — qu'elle fût simplement de fait, ou qu'elle fût consacrée par une réglementation officielle — et, dans les domaines nécessairement communs aux deux races, la discrimination à leur encontre.

Désormais, si, à condition d'y être domestique, le Noir était toléré dans la maison des Blancs, il n'eut accès ni à leurs restaurants, ni à leurs hôtels, ni à leurs plages, ni à leurs terrains de jeu, ni à leur spectacles. C'est toutefois dans les écoles que la ségrégation fut pratiquée le plus tôt et le plus rigoureusement. C'est là aussi qu'elle se heurta au ressentiment le plus violent des parents noirs instruits, désireux d'assurer à leurs enfants le meilleur écolage possible. Ce ressentiment s'est encore accru depuis 1896, date à laquelle la Cour Suprême a proclamé sa doctrine du *separate but equal* (« séparé, mais égal »). Mais, en fait, seul le *separate* fut strictement appliqué; l'infériorité des écoles noires allait demeurer criante jusqu'au milieu du xxᵉ siècle.

Ce qui toutefois fut sans doute plus grave encore, c'est que le Noir fut en fait privé du droit de vote que le 15ᵉ amendement lui avait solennellement reconnu. Après que les Blancs eurent mis à l'essai divers moyens détournés, mais efficaces, d'écarter le Noir des urnes, les « législatures » d'État intervinrent ouvertement. Celle du Mississippi fut la première à promulguer en 1890 une loi imposant à l'électeur le paiement, dans des conditions savamment compliquées, d'un impôt de capitation (*poll-tax*). Modeste certes, il dépassait cependant souvent les ressources misérables des métayers noirs. En 1892 une nouvelle loi exigea que chaque électeur se montrât capable de lire et d'interpréter un passage de la Constitution fédérale. Il était ainsi facile aux *registrars*, tous blancs, de déclarer « illettré » même un Noir cultivé. Bref, l'immense majorité des Noirs du Sud furent ainsi, pendant plusieurs générations, privés de leurs droits civiques.

Enfin, suprême mesure d'intimidation, la coutume déjà implantée dans le Sud de « faire des exemples » en lynchant des Noirs et souvent les brûlant vifs, cette coutume barbare devint presque une institution. Pendant la dernière décennie du xixᵉ siècle, on compta 1460 lynchages de Noirs. Tous les records précédents étaient ainsi battus.

Cependant le Sud blanc se relevait peu à peu de ses ruines, avec l'assistance de capitaux venus du Nord.

Car l'économie du restant du pays connaissait un essor exceptionnel. De nombreux facteurs se conjuguaient pour le favoriser : les États-Unis avaient un sol fertile et d'immenses forêts à une époque où, dans la construction et dans la fabrication des objets d'usage courant, le bois trouvait les emplois les plus variés; le pays disposait de quantités, qui alors apparaissaient illimitées, de charbon, de minerai de fer, de cuivre, d'argent, de plomb, de pétrole, sans parler de l'or de la Californie et de l'Alaska; les capitaux requis pour l'exploitation de ces richesses abondaient, car, par l'industrie et le commerce intérieur, ainsi que par des balances commerciales avec l'étranger toujours excédentaires, le Nord-Est avait accumulé des réserves considérables, et l'épargne européenne s'offrait avec enthousiasme sans qu'il fût même nécessaire de la solliciter; il y avait pléthore de main-d'œuvre, tant en raison d'une forte natalité que d'une immigration européenne effrénée, dans les rangs de laquelle se trouvaient d'excellents ouvriers spécialisés; de plus, à la différence de l'Europe, les États-Unis avaient réalisé l'unité politique sur une immense étendue, sans que des barrières douanières apportassent des entraves à la libre circulation des produits et des biens : le Hudson, les Grands Lacs et le Mississippi, qui avaient été reliés par des canaux, offraient d'incomparables facilités de transport, complétées par une multitude de voies ferrées qui, quarante ans après l'achèvement de la première ligne intercontinentale, allaient transporter un milliard de tonnes de marchandises par an; étalée entre deux océans, alors protecteurs, et deux pays voisins qui ne constituaient aucune menace : le Canada et le Mexique, l'Union n'avait pas besoin d'armée et, à la différence des puissances européennes, elle pouvait consacrer toutes ses ressources et toutes ses énergies à son développement interne; le peuple américain était travailleur, possédait toute la gamme des aptitudes techniques, et ses institutions politiques et judiciaires étaient stables, bien que parfois entachées de corruption, sans que l'on eût à redouter coups d'État ou révolutions; enfin les efforts individuels d'« entrepreneurs » intelligents, habiles, mais surtout animés d'un étonnant esprit d'initiative, ainsi que les efforts collectifs des grandes sociétés d'affaires (*corporations*) qui se constituaient l'une après l'autre — tous efforts orientés vers le gain — jouissaient de la protection et de l'assistance directe du gouvernement fédéral, que ces puissants intérêts avaient d'ailleurs les moyens d'influencer et de manœuvrer.

La conjugaison de tous ces facteurs détermina une véritable révolution dans les modes de production. A l'artisanat avait succédé, sous un régime de laissez-faire accepté de tous, une multitude de petites entreprises industrielles qui se faisaient concurrence. Désormais les mieux gérées — ou parfois celles dont les chefs avaient le moins de scrupules — tendaient à absorber celles qui, au contraire, se trouvaient en difficulté, en sorte que l'on assista à une irrésistible concentration de la production. Les vingt dernières années du XIX\ :superscript:e siècle furent donc marquées par l'avènement du *big business*, c'est-à-dire des grandes organisations assez puissantes pour dominer le marché et acquérir ainsi un monopole virtuel dans des branches importantes de la production, de la distribution et des transports.

Ces concentrations, bientôt dénommées *trusts*, permirent d'abaisser les prix de revient. Mais le bénéfice n'alla pas au consommateur, c'est le patron qui le garda pour lui. D'où l'indignation du public, dont l'hostilité à l'égard des trusts se traduisit, sur le plan parlementaire, par une législation anti-trust, il est vrai rudimentaire. Celle-ci visa à dissoudre ces consortiums tentaculaires, à les fragmenter en affaires plus petites et à les resoumettre au jeu de la libre concurrence.

Il faut cependant reconnaître que cette tendance au monopole était dans une grande mesure le résultat inévitable du progrès technique. Les nouvelles méthodes de production appelaient d'importants investissements de capitaux, qui n'étaient rentables que dans de grandes entreprises. Il n'est que juste d'ajouter que celles qui acquéraient ainsi un monopole virtuel dans une certaine branche de la production n'avaient souvent pu le faire qu'en raison d'une plus grande efficience.

Tant est que ces énormes concentrations de pouvoir économique créaient pour la première fois un dilemme qui n'est pas encore résolu aujourd'hui : d'une part elles étaient en mesure — et souvent elles ne s'en privaient pas — d'exploiter le restant de la communauté. D'autre part, comment trouver le moyen d'exercer sur elles une surveillance adéquate sans sacrifier les avantages d'une production de masse, et sans détruire ceux que présente manifestement un régime d'entreprise privée et d'initiative individuelle?

Vers la fin du XIXᵉ siècle ces concentrations à caractère monopolisateur avaient été réalisées aux États-Unis pour le cuivre, la viande de bœuf, l'huile de coton, le sucre, le sel, le tabac, les machines agricoles, les allumettes. Mais les plus colossales, celles qui exercèrent une influence déterminante sur la vie américaine et qui ont revêtu une importance véritablement historique sont celles qui portèrent sur le fer et l'acier, sur le pétrole et sur les banques, et auxquelles sont respectivement associés les noms d'Andrew Carnegie, de John D. Rockefeller et de Pierpont Morgan.

Aucun moment dans l'histoire des États-Unis n'offrait en effet à des hommes doués d'intelligence, d'énergie et d'esprit d'initiative d'aussi admirables occasions de satisfaire leur ambition. Ils ont joui, et jouissent encore d'un prestige incomparable auprès de leurs compatriotes, sans que ceux-ci aient encore pu décider au juste comment les juger : étaient-ils d'admirables chefs d'industrie auxquels les États-Unis ont dû leur croissance économique ? ou des forbans qui ont monopolisé la richesse créée par la science des techniciens et le travail de la classe ouvrière?

Né en Écosse, Andrew Carnegie (1835-1919) avait douze ans quand, avec son père, il débarqua à New York et gagna Pittsburgh.

Deux ans après, dans une fabrique de coton, il gagnait son premier argent, $ 1,20 par semaine. Bientôt il entrait au service du *Pennsylvania Railroad*, où la vivacité de son intelligence et son honnêteté lui valurent un rapide avancement et une première occasion de placement judicieux. Avant sa trentième année, il gagnait ses $ 50 000 par an. Tôt spécialisé dans le fer (avant de l'être dans l'acier), il organisa ou acheta quelques sociétés de fabrication de rails et de locomotives, s'installa à New York, construisit en Pennsylvanie une gigantesque usine de fabrication d'acier selon le nouveau procédé Bessemer, acheta des gisements de minerai de fer et de charbon, et disposa bientôt de sa propre flotte de transport sur les Grands Lacs, de son propre port sur le lac Érié, de ses propres liaisons ferroviaires, créant ainsi le premier grand trust « vertical ». Grâce à ses capacités hors de pair, la production sidérurgique des États-Unis dépassa en 1890 celle de l'Angleterre et, quelques années après, celles, combinées, de la Grande-Bretagne et de l'Allemagne. A la fin du siècle les aciéries de Carnegie produisaient par an un total, alors énorme, de 3 millions de tonnes d'acier, qui lui valaient un bénéfice net de plus de 40 millions de dollars par an.

Ces énormes bénéfices, il les devait non pas seulement à ses dons d'organisateur, mais aussi à trois facteurs essentiels : d'abord l'offre de main-d'œuvre était telle que les patrons pouvaient alors dicter les conditions de travail : douze heures par jour, sept jours ouvrables par semaine, à des salaires aussi bas que possible; d'autre part les maîtres de forge avaient su protéger leur industrie et obtenu du Congrès un tarif douanier quasi prohibitif de 28 dollars par tonne de rails d'acier importée. Enfin la fiscalité des États était si faible que la plus grande partie du profit demeurait acquise au patron.

Après la découverte en 1859 de nappes de pétrole commercialisable en Pennsylvanie occidentale, une concurrence effrénée se livra entre les nombreuses compagnies d'exploitation pétrolière qui avaient surgi du jour au lendemain. Pendant ce temps un jeune homme d'affaires de Cleveland, John D. Rockefeller (1839-1937), qui s'était rendu compte de l'énorme demande dont ce nouveau produit allait être l'objet, achetait l'une après l'autre les petites raffineries locales et les groupait en une seule affaire. Grâce à d'importants rabais obtenus des réseaux de chemin de fer du *New York Central* et de l'*Erie*, Rockefeller obtint le monopole du raffinage à Cleveland. De proche en proche il se rendit également maître du raffinage à Pittsburgh, à Philadelphie et à New York. Il organisa un circuit de vente exemplaire et absorba aussi les compagnies spécialisées dans le transport par pipe-line. Il avait ainsi acquis dans l'ensemble du pays le monopole du raffinage et du transport du pétrole. En 1882 la *Standard Oil C°* créée par lui dans l'Ohio émergeait du chaos antérieur comme le premier des grands trusts. Dissous par la Cour suprême de l'Ohio il fut peu après reconstitué sous le régime plus favorable du New Jersey et poursuivit son ascension. Peu avant 1900 Rockefeller avait éliminé la plupart de ses concurrents, créé une organisation puissamment structurée promise à un avenir durable, et amassé une fortune fabuleuse.

L'essor non moins prodigieux de la maison Morgan illustre au mieux la phase finale, et peut-être la plus importante, du processus américain de concentration : la création du trust de l'argent. A vrai dire il a été rendu possible — ou même, pourrait-on dire, nécessaire — par l'inexistence de toute réserve fédérale. En ce sens c'est l'initiative privée qui a rempli le vide laissé par la législation alors en vigueur et ainsi rendu de très grands services à la collectivité.

Un courtier anglais, J. S. Morgan, s'était spécialisé dans la vente, fort lucrative, de valeurs américaines au public britannique. Il plaça son fils, J. Pierpont, à la tête d'une filiale américaine. Doué d'un sens aigu des affaires, celui-ci la développa vertigineusement. Quelques années après il s'associa avec une banque réputée de Philadelphie, la banque Drexel. Sous la direction effective de Pierpont Morgan — lui-même guidé par de sains principes d'intégrité financière — la nouvelle firme Drexel, Morgan & Co, qui en 1890 devint P. Morgan & Co, étendit rapidement ses opérations. Elle s'occupa d'abord, avec un plein succès, de placer en Europe des valeurs américaines, notamment des actions du *New York Central*. Les liens étroits de P. Morgan avec ce réseau allaient, durant une vingtaine d'années, l'orienter vers son activité principale : l'assainissement et le financement de réseaux de chemins de fer, à commencer par le *New York Central* où étaient engagés de gros capitaux anglais et français. Pierpont Morgan se mit donc en devoir de réorganiser ceux qui, mal ou malhonnêtement administrés, ne payaient plus de dividendes, de réduire leur capitalisation, d'installer à leur tête des conseils d'administration plus capables ou plus honnêtes, d'organiser des fusions de compagnies dont la rivalité était un pur gaspillage. La panique de 1893 aurait provoqué la faillite d'un grand nombre de ces sociétés si « Jupiter » Morgan n'était pas intervenu pour les tirer de leur mauvais pas. Avant la fin du siècle plus d'un tiers des voies ferrées du pays avaient été ainsi « morganisées ». C'est-à-dire que leur direction avait été réorganisée sur une base solide. Pour P. Morgan il s'agissait en effet avant tout d'assurer le versement de dividendes sur les titres vendus en Europe par la firme, et de maintenir ainsi intact son crédit.

Entre-temps l'activité de la banque Morgan s'était étendue à bien d'autres branches de l'industrie : sidérurgie, télégraphe, téléphone, électricité, etc., dans lesquelles, pour des raisons d'efficience et de rendement, elle avait favorisé les grandes concentrations que connaissent les États-Unis d'aujourd'hui.

Cette politique, qui visait avant tout à rassurer les épargnants, eut incontestablement certains effets heureux : elle élimina des concurrences malsaines, favorisa les bonnes gestions, libéra pour de meilleures utilisations des fonds mal employés, encouragea la production de masse et provoqua la baisse du prix de certains articles de grande consommation. C'était ce que Carnegie appelait la « démocratie triomphante ». Mais était-ce de la démocratie que cette concentration de la puissance économique et financière entre les mains de quelques privilégiés? C'est un fait que ceux-ci étaient indifférents à la misère des travailleurs qui étaient les principaux artisans de leur opulence. Ils considéraient la main-d'œuvre comme un simple « produit » soumis à la loi de l'offre et de la demande. Or l'offre dépassait la demande, en sorte que l'ouvrier n'avait pas le choix : ou bien il acceptait de travailler aux conditions qui prévalaient alors, ou bien, privé de gagne-pain, et ne pouvant avoir recours aux organisations charitables, car elles auraient vu en lui un « fainéant », il ne pouvait que s'adonner au vol ou mourir de faim.

Or ces conditions étaient extrêmement dures. La journée de travail était encore couramment de douze heures et dans nombre d'usines le repos du dimanche n'était pas observé, car c'eût été une perte pour le patron que d'arrêter ses machines. Chaque année, vers la fin du XIXe siècle, un million environ d'accidents du travail causaient quelque 20 000 morts. Les victimes et leur famille n'avaient droit à aucune compensation, car les employeurs n'avaient pas de responsabilité légale. Mais surtout le travailleur n'avait aucune sécurité d'emploi car il pouvait à chaque instant être réduit au chômage. Les deux grandes dépressions de 1873 et de 1893 provoquèrent la fermeture de très nombreuses usines et plongèrent plusieurs millions de travailleurs dans une misère que la charité privée, si généreuse qu'elle fût, ne pouvait qu'imparfaitement pallier.

L'élite ouvrière comprit de bonne heure que seule l'union des travailleurs pouvait arracher au patronat une amélioration de leur sort. Mais cette solidarité, il n'était pas facile de l'obtenir. Le principal obstacle était l'immigration. En effet la classe ouvrière était, de ce fait, divisée par toutes sortes de cloisons : nationalité d'origine, langue, religion; mais la principale était la grande méfiance, pour ne pas dire l'hostilité, qui animait habituellement les ouvriers de vieille souche américaine envers les immigrants. D'autre part le patronat voyait d'un très mauvais œil tout groupement de travailleurs, le sachant fatalement orienté vers la revendication, et tâchait par tous les moyens d'en empêcher la formation ou du moins de l'entraver.

Le premier effort sérieux de syndicalisation ouvrière fut la création en 1869, à Philadelphie, du « Noble Ordre des Chevaliers du Travail ». A partir de 1879 il connut un grand développement. En 1886 il comptait quelque 700 000 membres. Mais, dans les circonstances d'alors, son programme était utopique : la journée de 8 heures, la totale abolition du travail des enfants, la nationalisation des services publics, etc. Médiocre organisateur et un peu timoré, le « grand-maître » d'alors, Terence Powderly, ne sut pas guider son organisation vers des buts vraiment pratiques. Il mit certes sur pied un grand nombre de coopératives de production, mais toutes eurent bientôt périclité, soit qu'elles fussent mal gérées, soit qu'elles eussent succombé à l'hostilité des milieux d'affaires. Bref, avant la fin du siècle, le « Noble Ordre » avait cessé d'exister.

Cependant, en 1881 un mouvement syndical répudiant tout objectif trop ambitieux et visant des buts immédiats avait été lancé par un jeune Juif hollandais, Samuel Gompers, membre militant du syndicat des *Cigar-makers* de New York. En 1885 cette organisation encore modeste prit le nom de *American Federation of Labor* (AFL). Grâce à l'ascendant qu'il exerçait sur les travailleurs, Gompers avait en effet déjà rallié quelques premiers syndicats. Il eut bientôt rallié presque tous les plus importants. En 1900 sa Fédération, qui comptait 550 000 membres cotisants, était devenue une puissance. Elle avait dès le début constitué des réserves pour permettre aux syndicats membres, lors d'une occasion favorable, de déclencher des grèves avec quelque chance de succès. Son principal, bien qu'encore lointain objectif était, cependant, grâce à des contrats de travail collectifs, de renforcer la position des syndiqués face au patronat.

Et en effet l'AFL obtint pour ses membres des salaires sensiblement meilleurs et, çà et là, des heures de travail moins longues. Mais ces améliorations ne touchaient pas la masse ouvrière dans ses millions. L'organisation ne représentait en effet qu'une oligarchie de travailleurs : les ouvriers qualifiés, la plupart du temps de souche américaine. Par des règles d'apprentissage très strictes et par des cotisations élevées, elle excluait en fait la majorité des travailleurs, les immigrants de fraîche date dont les bras étaient le seul gagne-pain. Certains syndicats affiliés s'assuraient ainsi un véritable monopole de l'emploi. D'autre part les membres dûment rémunérés de la direction avaient déjà parfois tendance à perdre le contact avec les réalités quotidiennes du travail en usine et il y eut quelques malversations.

N'empêche que, dans l'ensemble, par l'exemple de discipline qu'elle donnait, l'AFL représentait alors un jalon important dans l'amélioration des conditions de travail de la masse ouvrière.

Le bilan de ses efforts eût été plus favorable encore si, par leur conservatisme et leur alliance implicite avec le patronat, les tribunaux n'avaient pas annulé certains progrès que l'on avait pu croire acquis par la voie législative.

Une chose est à noter : à la différence de certaines organisations européennes de travailleurs, l'AFL acceptait le système économique existant, se tenait à l'écart des partis politiques et n'adhérait pas à la thèse de la lutte des classes. A un moment où, de l'autre côté de l'Atlantique, après la publication du *Capital* de Karl Marx en 1867 et 1882, de premiers doctrinaires affirmaient qu'il était possible d'abattre le capitalisme par la force, le marxisme introduit sur sol américain par des immigrants allemands n'y trouva guère d'écho et demeura un obscur petit mouvement étranger. Toutefois avait été fondé en 1875 un parti socialiste avec un programme inspiré du marxisme. Après 1890 celui-ci fut dirigé par un Antillais, Daniel de Leon, qui avait enseigné à New York à l'Université Columbia. Il devait plus tard jouir de la haute estime de Lénine. Mais son attitude véhémentement révolutionnaire rendit stérile son effort de prosélytisme.

En principe le syndicalisme américain répudiait donc tout recours à la violence. Mais l'attitude hostile et haineusement négative du patronat en face de toute revendication collective des travailleurs provoqua souvent de redoutables ressentiments et provoqua parfois de sanglantes émeutes. A cet égard quatre épisodes saillants doivent trouver place dans toute histoire des États-Unis.

Le premier se place dès 1877, alors qu'à la suite de la grande dépression de 1873 les compagnies de chemins de fer se trouvaient en difficulté financière. La compagnie *Baltimore & Ohio* prit le parti d'abaisser le salaire de ses ouvriers. Indignés, ceux-ci firent aussitôt grève. De sanglants désordres éclatèrent à Pittsburgh. Il y eut un grand nombre de morts et des destructions se chiffrant à plusieurs millions de dollars. L'ordre ne put être rétabli que par l'intervention de troupes fédérales.

Les choses furent encore plus graves en 1886. L'enjeu était, pour la première fois, la journée de huit heures. A l'appui de cette audacieuse revendication un petit groupe d'anarchistes organisa à Haymarket Square (Chicago) un meeting qui devint houleux et au cours duquel fut jetée une bombe. Celle-ci tua plusieurs agents. Nul n'a jamais su qui l'avait jetée, mais le patronat et une bonne partie de l'opinion publique n'en furent que plus convaincus que la revendication de la journée de huit heures avait un caractère de subversion. La répression fut dure et arbitraire : plusieurs pendaisons, sans preuve absolue de culpabilité.

En 1892 les ouvriers d'une aciérie à Homestead, Pennsylvanie, firent grève pour s'opposer à une réduction de salaire et, acte alors inouï, ils prirent possession de l'usine. Le gouverneur de l'État dut faire intervenir des forces de milice considérables pour obtenir l'évacuation de l'usine et il y eut de nombreux tués.

Deux ans après, en 1894, les ouvriers de la *Pullman Car Company*, soutenus par le syndicat des cheminots (*American Railway Union*), se mirent en grève à Chicago. Le président démocrate d'alors, Grover Cleveland, crut devoir faire appel à des troupes fédérales, bien que le gouverneur de l'Illinois, Altgeld, eût assuré que les autorités de l'État étaient en mesure de maintenir l'ordre. La grève fut ainsi brisée par la force, et le chef du syndicat des cheminots, Eugene Debs, fut condamné à six mois de prison.

Tandis que le prolétariat industriel affirmait ainsi avec vigueur ses droits à l'encontre d'un patronat tout-puissant et rétif, une autre section de la population franchement défavorisée dans la lutte sinon pour l'existence, du moins pour le mieux-être : les exploitants agricoles (*farmers*) du Middle West et du Sud, s'insurgeaient eux aussi contre le sort que leur faisaient, croyaient-ils, les pouvoirs publics et tâchaient eux aussi de s'organiser. Leur sort était alors, en effet, peu enviable. Leur blé, leur maïs, leur coton se vendaient mal, et à des prix très bas, alors que les tarifs de chemin de fer et d'entreposage leur semblaient exorbitants. A cela vint s'ajouter, à partir de 1887, une série désastreuse d'années de sécheresse. C'est dans ce contexte qu'en mai 1891 fut lancé à Cincinnati un parti militant de revendications politiques, le *People's Party* dont les membres s'appelèrent « Populistes ». Entre autres réformes d'ordre économique — qui paraissaient alors franchement révolutionnaires — ils réclamaient la nationalisation des chemins de fer, des télégraphes et des téléphones, un impôt progressif sur le revenu et surtout une politique d'inflation monétaire.

Les agriculteurs du Middle West et du Sud étaient en effet convaincus que la politique adoptée par le gouvernement fédéral au lendemain de la Guerre civile, qui visait à limiter l'émission de *greenbacks* et de dollars-argent et à les rendre remboursables en or

— autant dire une politique de déflation — était responsable de l'effondrement du prix des denrées agricoles. Il leur semblait souverainement injuste qu'après avoir emprunté de l'argent à la banque quand le boisseau de froment se vendait à 1 dollar, ils se vissent obligés de rembourser la même somme, alors qu'ils ne recevaient plus que 63 cents par boisseau. Les Populistes demandaient donc un accroissement de la quantité de monnaie en circulation, soit sous forme d'émission de papier-monnaie, soit sous forme d'émission illimitée de pièces d'argent, dont 16 onces devaient équivaloir à une once d'or. La seconde de ces propositions reçut naturellement le plein appui des propriétaires et actionnaires de mines d'argent et, lors des élections de 1890 et de 1892, elle enflamma l'opinion dans les États de l'Ouest et du Sud. L'atmosphère était celle d'une véritable croisade. Fanatisés, les partisans du bimétallisme s'écriaient : « L'or est la monnaie du riche, l'argent est l'ami du pauvre ».

Les élections de 1890 portèrent en effet le nouveau parti au pouvoir dans une douzaine d'États de l'Ouest et du Sud. Mais aux élections fédérales suivantes, celles de 1892, ce fut le très orthodoxe Démocrate Grover Cleveland qui fut élu président, et il barra la route à toute mesure inflationniste. Au lieu que les membres des partis traditionnels se ralliassent au parti populiste, c'est eux qui adoptèrent plusieurs points importants du programme populiste. C'est ainsi qu'un William J. Bryan, le plus bouillant et le plus brillant des candidats démocrates à la présidence, aurait pu porter l'étiquette de populiste.

En portant à la présidence un Républicain aussi rigide que William McKinley, les élections de 1896 scellèrent la défaite des *Silverites* (partisans de l'argent) et assurèrent le maintien de l'étalon or. Elles marquèrent aussi la fin du Populisme en tant que parti distinct.

Un autre groupe de défavorisés était les fonctionnaires fédéraux qui, par le jeu des élections, en raison du système fermement établi des « dépouilles », pouvaient du jour au lendemain perdre leur place. Au surplus ces postes très convoités allaient naturellement souvent à des incompétents. Une loi promulguée en 1883 sous la présidence de Chester A. Arthur apporta enfin une amélioration. Elle créait une Commission de la fonction publique de trois membres chargée d'instaurer ces examens d'admission au « mérite » depuis longtemps réclamés par quiconque avait à cœur la compétence et l'honnêteté des fonctionnaires fédéraux.

Le Congrès fit aussi œuvre utile dans deux autres domaines.

Il avait longtemps hésité à intervenir en matière de services publics et en particulier de tarifs de chemins de fer, cela par crainte d'empiéter sur les droits des États. Mais les plaintes et les litiges nés d'une foule d'opérations effectuées sur le territoire de deux ou plusieurs États avaient provoqué une situation inextricable. Poussé par l'opinion publique, le gouvernement fédéral se vit donc contraint d'agir. En 1887 fut votée une loi sur le Commerce entre États (*Interstate Commerce Act*). Elle interdisait toute discrimination dans les tarifs, telle que rabais consentis à des clients de choix, et ordonnait aux compagnies de chemin de fer de publier leurs tarifs. Elle prévoyait aussi la création d'une Commission du Commerce entre États (*Interstate Commerce Commission*, ICC) chargée de veiller à ce que la loi soit appliquée. Cette commission — la première de ces commissions administratives semi-indépendantes qui sont une particularité du système gouvernemental américain actuel — allait par la suite voir ses pouvoirs accrus et jouer un rôle de plus en plus important.

En 1890, également talonné par un fort mouvement d'opinion publique, le Congrès vota à une très forte majorité le *Sherman Antitrust Act*, qui déclarait illégaux « tout contrat, ou toute combinaison sous forme de trust ou autre, ou toute conspiration, visant à restreindre les échanges ou le commerce entre les différents États, ou avec les nations étrangères ». Était déclarée coupable d'infraction « toute personne qui s'efforce de monopoliser, ou de conspirer avec toute autre ou toutes autres personnes en vue de monopoliser une partie des échanges ou du commerce entre les différents États, ou avec des nations étrangères ».

Ces formules assez vagues pouvaient fort bien être appliquées à la *Standard Oil Co* ou à tout autre « trust » existant alors, mais pendant les années qui suivirent ni le Département fédéral de la justice ni les tribunaux ne se montrèrent disposés à sévir contre les grandes « combinaisons ». En fait d'ailleurs, une stricte application de la loi n'aurait pas manqué d'entraver le progrès technique. Pour comble, la loi Sherman, qui répondait assurément à de louables intentions, servit dans certains cas d'arme contre le développement du syndicalisme ouvrier, assimilé à un « trust » du travail.

Pendant les dix dernières années du XIXᵉ siècle, si mouvementées sur le plan intérieur, l'Union put ne prêter qu'une attention distraite aux événements mondiaux.

Néanmoins, ne fût-ce que par traditionnel attachement à la doctrine de Monroe ou par suite du développement de son commerce extérieur, elle observait non sans appréhension toute activité déployée par les puissances européennes sur le sol du continent américain ou dans les Antilles.

Peu après la Guerre civile la Grande-Bretagne et le Venezuela étaient en désaccord au sujet du tracé de la frontière entre ce dernier pays et la Guyane anglaise. Se sentant le plus faible, le Venezuela proposa un recours à l'arbitrage, ce à quoi la Grande-Bretagne s'opposa. Le Venezuela fut ainsi amené à rechercher l'appui des États-Unis, qu'après réflexion le président Cleveland lui accorda. Il y eut en 1895 un échange de notes acerbe entre le secrétaire d'État Richard Olney et le ministre des Affaires étrangères britannique, Lord Salisbury. Le premier alla jusqu'à affirmer en style peu diplomatique :

> « Les États-Unis exercent aujourd'hui une souveraineté de fait sur ce continent et leur volonté fait loi dans les domaines auxquels ils limitent leur interposition... Combinées avec leur position d'isolement, leurs ressources illimitées les rendent maîtres de la situation et pratiquement invulnérables à l'égard d'une quelconque autre puissance ou de toutes les autres. »

Lorsque, prétendant trancher dans le vif, le président Cleveland eut l'audace de demander au Congrès, et obtint de lui, le pouvoir de nommer lui-même une commission chargée de délimiter la frontière contestée, il y eut de part et d'autre comme un branle-bas de combat. Mais de part et d'autre aussi la voix de la raison et du bon sens l'emporta. La Grande-Bretagne se dit prête à porter le différend devant un arbitrage international. Un traité fut conclu à cet effet en 1897 et deux ans après le tribunal arbitral constitué à Paris rendait un jugement dans l'ensemble favorable à la Grande-Bretagne.

Si Cleveland avait pareillement haussé le ton dans cette altercation avec la Grande-Bretagne, la raison principale en est qu'un effort heureux avait abouti à un resserrement des liens de solidarité entre tous les États du continent américain sous l'égide des États-Unis. Le prestige de l'Union était donc en jeu. Le champion de ce resserrement avait été une personnalité de premier plan, James G. Blaine. Comme secrétaire d'État durant la brève présidence du Républicain James Garfield en 1881, et celle de Benjamin Harrison, lui aussi Républicain, de 1889 à 1893, Blaine avait multiplié les contacts avec les républiques sud-américaines, et tâché d'orienter la doctrine de Monroe vers la solidarité des États du Nouveau Monde sous la direction des États-Unis.

Ses efforts aboutirent à la réunion, sous sa propre présidence, pendant l'hiver 1889-1890, d'un premier Congrès panaméricain. L'ordre du jour ne manquait pas d'audace : création d'une union douanière et d'une union monétaire panaméricaines; arbitrage de tous les différends qui pourraient s'élever entre nations américaines, etc. La discussion sur ces sujets demeura naturellement académique, mais il y eut un résultat tangible : l'établissement à Washington, aux frais des nations participantes, d'un Bureau des républiques americaines comme centre d'information commerciale.

Ainsi naissait l'Union Panaméricaine, qui allait se développer, tenir une conférence après l'autre, et, lors de la neuvième (Bogota, 1948), se transformer en une « Organisation des États Américains » (OAS), celle même que nous connaissons aujourd'hui.

20 IMPÉRIALISME ET RÉFORMISME
(1898-1914)

L'ultimatum adressé le 28 avril 1898 par le gouvernement des États-Unis au gouvernement espagnol et, cinq jours plus tard, la déclaration de guerre par le Congrès représentèrent pour bien des Européens l'entrée sensationnelle des États-Unis dans la lice mondiale et le début d'un impérialisme agressif.

Cependant bien des indices antérieurs montraient que ce géant économique, avec ses 74 millions d'habitants, ne pourrait demeurer cantonné dans son isolationnisme et qu'il était inéluctablement appelé à faire sentir son poids dans les affaires internationales. En 1887, dans les îles Hawaï qui étaient déjà devenues une manière de protectorat américain, les États-Unis s'étaient fait reconnaître le droit de construire une base navale à Honolulu. Et dans l'immensité du Pacifique de premiers jalons, devenus possessions ou protectorats — les îles Midway, quelques-unes des îles Samoa — avaient été antérieurement posés par des missionnaires ou des trafiquants.

L'année 1889 avait été marquée par le morcellement et la vente des dernières terres domaniales — celles de l'Oklahoma, arrachées aux Indiens — qui n'eussent pas encore été défrichées par de hardis pionniers. Désormais c'était hors du pays que l'esprit d'aventure des habitants et la recherche d'une nouvelle « frontière » pourraient trouver à s'exercer.

Coïncidence frappante, 1889 est également l'année de la première Conférence pan-américaine organisée par des États-Unis devenus plus conscients de leurs liens hégémoniques de fait avec le restant du Nouveau Monde.

L'année 1890 avait été non moins significative. C'est en effet cette année-là qu'avait paru le livre retentissant d'un officier de marine, Alfred T. Mahan, intitulé *Influence of Sea Power on History* (Influence de la puissance navale sur l'histoire). Il y tirait, pour les États-Unis d'alors, les conséquences de la suprématie, démontrée par l'histoire, de la puissance navale, et insistait sur l'importance de bases navales bien équipées. Il impliquait que le moment était venu de ne plus laisser à la flotte britannique le soin de faire respecter la doctrine de Monroe!

Cette même année un *Naval Act* venait en effet donner une vigoureuse impulsion à la construction d'une flotte de guerre moderne qui n'avait été qu'amorcée dans les budgets de la décennie précédente.

Dans ce contexte les graves événements qui, à partir de 1895, se déroulaient dans l'île toute proche de Cuba pouvaient difficilement laisser Capitol Hill indifférent. Seule possession — avec Puerto-Rico — que l'Espagne conservât dans le Nouveau Monde après la perte de ses colonies américaines, Cuba était le théâtre d'une furieuse insurrection de la population contre l'autoritarisme inflexible et les exactions d'un gouvernement espagnol qui ne craignait pas de recourir à d'inhumains sévices pour mater les rebelles. La presse « jaune » des États-Unis, et en particulier la très chauvine presse Hearst, prit violemment parti pour les insurgés dont elle encouragea les efforts pour se libérer du joug espagnol. Vers le début de 1898 un fort mouvement d'opinion dans tout le pays préconisait une guerre contre l'oppresseur. Dans cette campagne interventionniste entraient à la fois des considérations d'idéalisme libéral et humanitaire et un nationalisme prompt à saisir une aussi bonne occasion d'affirmer la puissance américaine.

Le 21 avril en effet, d'accord avec le Président McKinley, le Congrès déclarait la guerre à l'Espagne.

Cette guerre ne fut qu'une promenade navale et militaire, tant les forces étaient disproportionnées. En dix semaines d'hostilités tout fut terminé et la résistance espagnole brisée à Cuba, à Puerto-Rico et aux Philippines. Le 12 août un armistice était signé et bientôt le traité de Paris (10 décembre 1898) scellait l'expulsion définitive de l'Espagne de ce Nouveau Monde qu'elle avait si longtemps régenté. Les États-Unis acquéraient la souveraineté sur Puerto-Rico, l'île de Guam et — moyennant le versement de 20 millions de dollars — l'archipel des Philippines. Quant à Cuba, dont le libération avait été l'enjeu nominal de la guerre, il obtenait en effet l'indépendance, mais sur le papier. Cette indépendance (dans le sens de « souveraineté nationale ») devait en fait demeurer fort incomplète jusqu'en 1934. Tout d'abord la grande île fut en effet placée sous régime d'occupation militaire. Une assemblée constituante élabora une constitution républicaine et en 1902 l'île accéda à l'autonomie, mais la nouvelle république fut contrainte de signer un traité qui lui interdisait de contracter une dette nationale excessive ou de faire quoi que ce soit qui pût mettre son indépendance en péril. Par contre les États-Unis avaient le droit d'intervenir, le cas échéant, pour protéger la vie, la liberté et la propriété des habitants et ils avaient le droit d'acheter ou de louer des bases navales.

Connues sous le nom d'amendement Platt, ces clauses démentaient clairement les mobiles « idéalistes » qui avaient amené les États-Unis à entrer en guerre contre l'Espagne. Elles dénotaient d'indéniables velléités impérialistes et faisaient du pays libéré un simple protectorat américain. A la faveur de ce régime le *big business* américain eut vite fait de s'assurer le monopole virtuel, fort lucratif, de l'industrie de la canne à sucre, du tabac, de l'extraction minière ainsi que des télégraphes et des téléphones. Ces clauses restrictives créaient incidemment des rancunes qui, deux générations plus tard, allaient, par un retour de flamme, mettre en danger jusqu'à la sécurité de l'Union.

Puerto Rico n'offrait pas de problème spécial, car dès avant la guerre l'Espagne lui avait accordé une large autonomie, qu'il conserva. En revanche l'annexion des Philippines fut une source de graves difficultés. Le même Aguinaldo qui s'était révolté contre la domination espagnole se dressa contre le nouveau maître et ce n'est qu'au prix d'une guerre meurtrière que le corps expéditionnaire américain put mettre fin à sa résistance. Ç'avait été une véritable guerre coloniale, de style européen.

Le traité signé à Paris entraînait, à plus ou moins longue échéance, diverses conséquences. L'une des toutes premières fut de convaincre le gouvernement américain de la nécessité de creuser un canal à travers l'Amérique centrale. Il avait fallu 68 jours au croiseur *Oregon*, stationné à San Francisco, pour contourner le cap Horn et rejoindre dans les eaux cubaines son poste de combat. A défaut d'un canal, les États-Unis auraient dû se constituer deux flottes, l'une dans l'Atlantique, l'autre dans le Pacifique.

Nul ne se rendit mieux compte de la nécessité de ce canal que Th. Roosevelt, élu vice-président au côté du Républicain McKinley lors de la consultation de 1900. L'assassinat de ce dernier en 1901 le porta à la présidence, où il put donner carrière aux ambitions qu'il nourrissait pour son pays et à son goût de l'action. Il avait été précédemment sous-secrétaire d'État à la marine et il avait manifesté son ardeur combative comme volontaire dans la campagne de Cuba. La situation devant laquelle il se trouvait était la suivante : un demi-siècle auparavant, en 1850, les États-Unis avaient signé avec la Grande-Bretagne un traité prévoyant déjà le creusement d'un canal à travers l'Amérique centrale. Mais ce projet ne fut pas mis à exécution. F. de Lesseps fut ainsi libre d'entreprendre cette tâche, mais ce fut un échec retentissant, assorti d'un scandale financier. En 1901 un nouveau traité avec la Grande Bretagne autorisa les États-Unis à construire et à fortifier un canal ouvert aux même conditions, en temps de paix, aux navigateurs de toutes les nations. Le Congrès opta pour un tracé traversant l'isthme de Panama, en territoire colombien. Le 22 janvier 1903 un traité fut donc dûment signé avec le gouvernement colombien, aux termes duquel les États-Unis s'engageaient à verser à celui-ci une somme de 10 millions de dollars et un loyer annuel de 250 000 dollars pour la location d'une bande de territoire de 5 milles (8 km) de chaque côté du canal à creuser. Mais, ne trouvant pas ces clauses assez favorables, le Sénat colombien refusa de les ratifier.

La réaction de Roosevelt fut rapide et violente. Il donna à entendre aux Panaméens qu'il les soutiendrait s'ils se séparaient de la Colombie et proclamaient leur indépendance. Ainsi firent-ils le 3 novembre 1903. Les États-Unis reconnurent sur-le-champ la souveraineté du nouvel État tandis que la flotte américaine empêchait le gouvernement colombien de débarquer des troupes et de rétablir son autorité. Le gouvernement panaméen ne fit aucune difficulté pour signer et ratifier un nouveau traité ne différant que peu du projet précédent et accordant au gouvernement américain le droit d'intervenir pour maintenir l'ordre dans la zone prise à bail. Les travaux, considérés alors comme formidables, commencèrent sans retard et le 15 août 1914, d'écluse en écluse, le premier navire franchit le canal. La puissance navale des États-Unis en était grandement accrue et un champ immense était désormais ouvert à leur stratégie globale.

Mais il y avait eu aussi un aspect négatif : aucun autre épisode de la politique étrangère de l'Union n'a sans doute autant contribué à renforcer les appréhensions des États latino-américains à l'égard du « colosse nordique » et de l' « impérialisme yankee ». Elles ne furent certes pas dissipées lorsque, en 1921, pris de remords, le gouvernement américain versa, en compensation tardive et bientôt jugée dérisoire, 25 millions de dollars au gouvernement colombien qu'il avait traité avec tant de désinvolture.

Cependant la construction du canal de Panama créait un problème de sécurité nouveau : ce canal, fort vulnérable, il s'agissait maintenant d'en assurer la protection contre toute attaque, de conserver donc la maîtrise des eaux antillaises et d'empêcher toute autre puissance d'acquérir des bases dans cette région.

De là, en 1904, ce que l'on a appelé le « Corollaire Roosevelt » à la doctrine de Monroe.

Sujettes à de fréquent coups d'État, les petites républiques des Antilles et de l'Amérique centrale ne pouvaient souvent pas servir l'intérêt des emprunts contractés par elles auprès de créanciers européens. Dans ce cas, les puissances européennes estimaient avoir le droit d'intervenir militairement pour protéger les droits de leurs ressortissants. Mais ce faisant, ces puissances ne seraient-elles pas tentées d'acquérir dans ces petits pays des bases, ou tout au moins des leviers politiques ou économiques? C'est pour parer à ce danger que, dans une message au Congrès, Roosevelt formula la prétention suivante :

> « En Amérique, comme ailleurs, de mauvais actes (*wrong-doing*) chroniques... peuvent finalement nécessiter l'intervention d'une nation civilisée, et dans l'hémisphère occidental l'adhésion des États-Unis à la doctrine de Monroe peut, dans des cas flagrants, contraindre ceux-ci, bien qu'à contre-cœur, à exercer des pouvoirs de police internationale ».

Les États-Unis invoquaient ainsi leurs craintes vis-à-vis des puissances européennes, mais, quant à eux, les États latino-américains redoutaient bien davantage leur grand voisin du Nord, et dans la plupart d'entre eux ce « corollaire » fut interprété comme une nouvelle velléité d'expansion impérialiste de la part des États-Unis.

La première intervention ainsi prévue se produisit en 1905 dans une République Dominicaine qui ne pouvait rembourser ses dettes. A la suite d'un débarquement, la dette extérieure du pays fut réduite et transférée des banques européennes à une banque des États-Unis.

L'année suivante des troubles révolutionnaires éclatèrent à Cuba et la flotte américaine y débarqua des troupes qui ne furent retirées qu'en 1909.

Il n'y eut pas de nouvelle intervention américaine dans les Antilles durant le second mandat de Roosevelt (1905-1909). Mais sous la présidence de W. H. Taft (1909-13) il y eut une importante récidive au Nicaragua. En 1911 des banquiers américains prirent en mains le contrôle financier du pays et en 1912 un contingent de fusiliers marins fut débarqué en vue de prévenir une révolution. Taft estimait que, si ce genre d'intervention servait les intérêts stratégiques et financiers des États-Unis, il rendait aussi le plus grand service au pays en y maintenant l'ordre et il apportait la prospérité aux habitants. Peu goûtée de la population, cette gestion paternaliste allait se prolonger une vingtaine d'années.

Woodrow Wilson, qui succéda à Taft à la Maison Blanche, n'avait certes rien d'un impérialiste, mais les situations dont il hérita en 1913, un certain concours de circonstances, et surtout le souci de la sécurité du pays durant la guerre mondiale dans laquelle les États-Unis allaient être bientôt engagés, eurent un effet qui correspondait peu à ses principes de respect envers les petites nations. Son administration fut responsable d'un plus grand nombre d'interventions que l'ensemble de celles qu'avaient comptées les administrations de T. Roosevelt et de W. Taft. En 1915 il y eut des troubles révolutionnaires à Haïti. Le pays fut alors occupé par les fusiliers marins, qui ne furent retirés qu'en 1934. En 1916 la République dominicaine subit un régime assez analogue qui fut maintenu pendant 8 ans.

Wilson intervint aussi à Cuba : de 1917 à 1922 l'île connut de nouveau une période d'occupation partielle.

Certes ce régime d'occupation se voulait bienfaisant et les finances, l'agriculture, l'hygiène surtout furent l'objet d'améliorations certaines dans les quatre républiques nominalement indépendantes que les forces armées des États-Unis occupaient à la fin de la guerre mondiale : Nicaragua, République dominicaine, Haïti, Cuba. Mais les États-Unis étaient inévitablement taxés d'impérialisme et ce n'est que plus tard, et graduellement, qu'ils crurent pouvoir renoncer à leur politique interventionniste et inaugurer un nouveau système de relations avec leurs voisins latino-américains.

Celles qu'ils eurent pendant cette période avec le plus grand et le plus proche de ces voisins, le Mexique, forment un chapitre à part. Elles continuaient naturellement d'être fondamentalement viciées par le souvenir, difficilement effaçable, de l'énorme spoliation de 1848. Ces relations étaient rendues encore plus délicates par la situation confuse qui régnait dans le pays. Après les 35 ans de tyrannie de Porfirio Diaz, qui avait largement ouvert la porte à des capitaux américains avides de profits, une guerre civile à plusieurs têtes (Carranza, Huerta, Villa) déchirait le pays. Telle était l'inextricable situation devant laquelle Wilson se trouva quand il devint président. Qui devait-il reconnaître comme chef de l'État? A l'encontre de qui interdire l'exportation d'armes américaines?

Après de longs mois d'étude et d' « expectative vigilante » (*watchful waiting*), il eut l'habileté de consulter les trois principales républiques d'Amérique du Sud, l'Argentine, le Brésil et le Chili, de se laisser guider par elles et de s'associer à elles dans une décision commune favorable à Carranza. Celui-ci finit en effet par l'emporter sur son principal adversaire, Huerta. N'empêche que, lorsqu'un certain calme revint au Mexique, Wilson s'était vu contraint de faire intervenir les forces armées des États-Unis par deux fois : à Vera Cruz en 1914 et à la frontière nord du pays en 1916-17.

Cependant d'importants développements s'étaient produits sur ce que l'on peut appeler le front du Pacifique. Après l'annexion des îles Hawaï en juillet 1898, celle des Philippines — qui avait fait prendre pied à l'Union, d'un bond, à proximité immédiate de la Chine — avait rempli d'aise le groupe d'Américains qui envisageaient pour leur pays de magnifiques perspectives d'entreprise idéaliste comme aussi de profit et de puissance dans l'Empire du Milieu. Or ces perspectives étaient quelque peu obscurcies par l'intrusion des puissances européennes. Dans son extrême faiblesse, la dynastie mandchoue n'avait pu empêcher que la Grande-Bretagne, la France, l'Allemagne, la Russie n'annexent, ne prennent à bail ou ne placent sous leur protectorat certains territoires chinois périphériques. Bientôt ce furent même les provinces centrales de la Chine qui firent l'objet de convoitises colonialistes et qui risquèrent d'être découpées en « sphères d'intérêt ». Petit à petit ces sphères d'intérêt n'allaient-elles pas devenir de véritables possessions coloniales d'où les capitaux et les intérêts commerciaux des États-Unis seraient exclus ?

C'est pour parer à ce danger qu'en 1899 John Hay, secrétaire d'État sous la présidence de W. McKinley, préconisa officiellement la politique de la « Porte ouverte ». Il s'agissait en effet pour lui de maintenir la Chine — ce fabuleux marché en puissance — largement ouverte au commerce et aux investissements américains. Il adressa donc successivement aux chancelleries des principales puissances intéressées deux notes dans lesquelles il les mettait en demeure d'assurer aux citoyens de tous les pays, dans leurs sphères d'intérêts respectives, la pleine liberté du commerce et l'égalité des droits. La plupart des réponses furent assez évasives, mais en 1900 J. Hay considéra officiellement que la politique de la Porte ouverte avait reçu leur accord. Th. Roosevelt, W. Taft et W. Wilson marquèrent leur adhésion à cette doctrine, mais ils s'aperçurent qu'il leur était bien difficile de la faire respecter.

Aussi bien l'émergence du Japon comme puissance dominante en Extrême-Orient après sa victoire de 1905 sur la Russie changeait radicalement la situation. Le Japon s'était rendu maître de la Mandchourie méridionale et la « Porte ouverte » était le cadet de ses soucis. De là entre les États-Unis et le Japon une tension qu'aggrava une question de principe et de dignité : à la faveur d'une réglementation encore très généreuse de l'immigration plus de 100 000 Japonais avaient pu s'établir en Californie, mais ils se plaignaient d'y être l'objet d'une humiliante discrimination raciale. En 1906 la ville de

San Francisco inaugura la ségrégation scolaire, ressentie comme une indignité par un peuple ombrageux et fier de sa culture millénaire. Déjà l'on parlait de guerre, mais T. Roosevelt obtint de la municipalité de San Francisco l'abrogation de son règlement raciste et, en échange, le Japon accepta en 1908 un *Gentlemen's Agreement* par lequel il s'engageait à ne plus délivrer de passeport à ses ressortissants désireux de venir chercher du travail aux États-Unis. Mais il n'était pas question de rapatrier les immigrants déjà installés dans le Far-West américain. Leurs descendants sont maintenant 393 000 (recensement de 1970).

Tandis que les États-Unis se sentaient pris dans l'engrenage d'un impérialisme colonialiste que réprouvaient et combattaient bien des Américains, un mouvement de réforme politique et sociale de plus en plus ardent se dessinait dans le pays.

Déjà précédemment un Henry George dans son livre *Progress and Poverty* (1879), un Edward Bellamy dans *Looking Backward* (Regard en arrière, 1888) et bien d'autres avaient attiré l'attention approbatrice d'un nombre croissant d'Américains sur les vices de cette « libre » société américaine qui, si longtemps, avait cru pouvoir se proposer en exemple au monde. La vie d'autrefois, toute de simplicité et d'honnête travail dans une ambiance d'égalité, avait cédé la place à la corruption et au règne du privilège. La conviction longtemps ancrée dans les esprits que le gouvernement le meilleur était celui qui gouvernait le moins, le confortable « laissez-faire » qui en était résulté, avaient abouti aux pires abus. La corruption la plus cynique s'était établie à demeure dans les rouages administratifs tant à l'échelle municipale qu'à celle du gouvernement, au lieu que ce fussent les mandataires du peuple, honnêtement élus par lui, qui tinssent fermement en mains les rênes du pouvoir. De tous côtés d'énormes concentrations de capitaux engendraient des trusts et des monopoles qui acculaient à la faillite le petit négociant, le petit industriel indépendants, et qui sapaient le fondement économique de la démocratie individualiste aux États-Unis. Un exemple effrayant était l'organisation, en 1901, par J. P. Morgan & Co, de concert avec Andrew Carnegie, de la gigantesque *U. S. Steel Corporation* dont la capitalisation atteignait le chiffre colossal de plus d'un milliard et demi de dollars. Ces énormes empires industriels créaient de non moins énormes richesses, mais celles-ci demeuraient entre les mains d'un petit nombre de privilégiés, sans que la masse populaire en eût sa part. Certes quelques-uns ce ces magnats — un Rockefeller, un Carnegie — rendaient plus tard à la collectivité une partie importante de leurs gains sous forme d'écoles, de bibliothèques, d'hôpitaux, etc., mais des millions d'êtres humains continuaient de vivre misérablement dans leurs taudis et c'est un fait qu'au début du XXe siècle 1/8 de la population possédait 90 % de la richesse nationale, tandis qu'un nombre considérable d'Américains ne possédaient rien.

Tels étaient les leitmotivs clamés dans les réunions publiques et repris dans une presse périodique courageuse par des citoyens indignés que l'on appelait les *muckrakers* (râtisseurs de crotte).

Ç'avaient été tout d'abord des individus et des organisation privées —telle l'admirable Hull House fondée à Chicago par Jane Addams— qui s'étaient efforcés d'améliorer la situation des déshérités sociaux, mais on s'était vite aperçu que ces entreprises individuelles ne pouvaient être que des palliatifs et que, si l'on voulait faire œuvre durable, il fallait recourir à la contrainte législative.

Les premières grandes batailles du mouvement réformiste se livrèrent à l'échelon de l'État. En effet, en vertu du système constitutionnel américain, c'étaient les États qui avaient compétence pour toutes les affaires de caractère social. Les heures de travail et les salaires, les conditions de travail en usine, la protection des femmes et des enfants, l'instruction publique, l'administration municipale, tout cela était du ressort non pas de l'autorité fédérale, mais de l'État.

Pour les réformistes le problème immédiat était donc d'accéder au gouvernement de l'État. Ce n'était pas aisé, car les avenues du pouvoir étaient tenues par de puissants intérêts qu'alléchaient de profitables contrats de fourniture de gaz et d'électricité, d'adduction d'eau, de construction de routes ou d'édifices publics, etc. Néanmoins de notables résultats purent être enregistrés, en particulier dans le Middle-West. En 1900 l'un des politiciens d'alors les plus courageux, Robert M. La Follette, fut élu gouverneur du Wisconsin, et pendant les années qui suivirent, maintenu au pouvoir par un électorat fidèle, il introduisit tout un train cohérent de réformes : la démocratisation du régime électoral, le droit de révoquer les fonctionnaires malhonnêtes, la publication et la limitation des sommes dépensées par les partis au cours des campagnes électorales, la création de commissions chargées de protéger les citoyens de l'État contre les appétits des compagnies de chemins de fer, le vote d'un système de compensations pour les accidents du travail, l'interdiction du travail des enfants, etc.

D'autres États suivirent cet exemple. Mais il était évident que, pour être équitablement et durablement résolus, la plupart des problèmes sociaux devaient l'être sur le plan fédéral. C'est ce que s'efforça de réaliser, aussitôt porté à la Présidence (1901), le jeune et fougueux T. Roosevelt. Né en 1858 dans une famille riche, diplômé de l'Université Harvard, il était imbu des principes d'une saine démocratie. Doué de toutes les qualités du chef qui sait se faire suivre, il fit souffler un vent de réforme sur Capitol Hill. Il entraîna derrière lui une coalition suffisante de sénateurs et de représentants — tant membres de son parti, le Républicain, que Démocrates — pour faire céder, partiellement au moins, au sein des deux partis, la résistance de la « vieille garde » conservatrice. Un an ne s'était pas écoulé qu'il avait victorieusement prouvé qu'au-dessus du grand patronat il y avait le gouvernement et que celui-ci pouvait se faire obéir. Outrageusement exploités, les mineurs d'anthracite avaient fait une grève prolongée afin d'obtenir la journée de 9 heures et un relèvement de leurs salaires (1902). De premiers désordres faisaient redouter le pire. Lorsqu'ils étaient intervenus dans des cas semblables, les prédécesseurs de Roosevelt à la présidence — Hayes en 1877, Cleveland en 1894 — s'étaient rangés du côté des patrons. Cette fois Roosevelt put mettre à la raison les propriétaires de charbonnages qui refusaient de se soumettre à l'arbitrage proposé par les salariés. Il les menaçait, s'ils ne cédaient pas, de placer leurs mines sous l'autorité militaire fédérale. Surpris par ce ton tout nouveau de l'exécutif ils cédèrent. Le gouvernement nomma une commission d'arbitrage qui trancha en faveur des salariés.

La même année débuta une lutte active contre les trusts. Le pouvoir fédéral ne les avait jusque-là pas sérieusement inquiétés, malgré l'arme que la loi Sherman pouvait fournir contre eux. Roosevelt donna à l'*Attorney General* (ministre de la justice) l'ordre de poursuivre la *Northern Securities Co* qui, avec l'aide de la maison Morgan, s'était assuré le monopole des chemins de fer de tout le Nord-Ouest, au dam des usagers. La Cour Suprême rendit une décision favorable au gouvernement et Roosevelt poursuivit sa croisade contre les trusts. Il n'hésita pas à s'attaquer au plus puissant, la Standard Oil.

Cette campagne déchaîna l'enthousiasme populaire et indigna le grand patronat. Mais il faut convenir que les résultats en furent assez maigres. Roosevelt lui-même s'en rendit compte. Du moins avait-il affirmé et fait accepter le principe — alors encore discuté — de la souveraineté du gouvernement fédéral sur la grande industrie privée. D'autre part Roosevelt déploya des efforts heureux pour renforcer les pouvoirs impartis au gouvernement par la loi sur le commerce entre États. Sur son initiative le Congrès vota en 1903 une loi obligeant les compagnies de chemin de fer à respecter les tarifs officiels et leur interdisant de consentir des réductions. Trois ans plus tard la loi Hepburn autorisait un abaissement de tarifs de chemin de fer jugés déraisonnables. De plus la Commission pouvait désormais prescrire à toutes les compagnies de chemin de fer un système de comptabilité uniforme. Le gouvernement pourrait ainsi se rendre compte si les profits réalisés par elles étaient excessifs.

Toutefois la contribution la plus heureuse de T. Roosevelt aux réformes d'ensemble fut sans doute la vigoureuse impulsion qu'il donna à la conservation des ressources du pays. Il fut le premier président à se rendre compte de l'importance vitale de la question. Les immenses biens domaniaux avaient jusque-là été gérés par des fonctionnaires qui — selon ses propres termes — « avaient la ferme habitude de décider autant que possible en faveur des intérêts privés contre l'intérêt public ». Le domaine fédéral avait été littéralement mis au pillage par les compagnies de chemins de fer, les industriels du bois, les marchands de bétail. Sans bourse délier, ces derniers engraissaient leurs troupeaux sur les pâturages fédéraux, qu'ils abandonnaient ensuite à la pire érosion. Puissamment aidé par le directeur des services forestiers, Gifford Pinchot, Roosevelt réagit avec vigueur. Il ajouta 130 millions d'acres (environ 55 millions d'hectares) au domaine forestier, et fit voter en 1902 une loi autorisant le gouvernement fédéral à entreprendre des travaux d'irrigation sur les terres arides. C'est en vertu de cette loi que, depuis lors, le gouvernement fédéral a construit un nombre impressionnant de barrages de plus en plus puissants.

Mais le plus grand mérite de T. Roosevelt a sans doute été, par sa parole entraînante et par son insistance, d'avoir enfin fait comprendre au peuple américain qu'aucune richesse n'est inépuisable et que le moment était venu de mettre un frein à l'individualisme hérité de l'âge des pionniers et devenu franchement dévastateur.

Le Président William H. Taft (1909-1913), lui aussi Républicain, poursuivit l'œuvre réformiste de son prédécesseur, voire dans des conditions meilleures, car le mécontentement populaire était devenu si fort que même les chefs de la « vieille garde » républicaine reconnaissaient la nécessité de faire des concessions. Sous l'administration du nouveau président, un plus grand nombre de trusts furent dissous que sous celle de T. Roosevelt. La Commission du commerce entre États vit ses pouvoirs accrus. Plusieurs lois dissocièrent la propriété des minéraux du sous-sol de celle du sol. Malgré une forte opposition, le gouvernement fit voter une loi instituant une caisse d'épargne postale et un service public de colis-postaux, mesures jugées par certains « socialisantes » et donc subversives!

Sur le plan électoral le « progressisme » continuait à gagner du terrain. En 1910 ce furent les Démocrates qui obtinrent la majorité à la Chambre des représentants. Deux ans après ils se donnèrent un chef, Woodrow Wilson, qui, à une foi inébranlable en la démocratie, joignait de rares qualités d'intelligence et de caractère et un tempérament d'orateur. Gouverneur de l'État de New Jersey de 1910 à 1912, cet ardent presbytérien, cet érudit universitaire avait fait ses preuves comme administrateur. A peine installé à la Maison

Blanche, il montra de quel bois il entendait se chauffer. Il convoqua le Congrès en session spéciale et, faisant revivre une coutume presque oubliée, s'adressa directement à lui en termes énergiques : «Les droits de douane doivent être modifiés, déclara-t-il. Nous devons abolir tout ce qui peut avoir ne serait-ce que l'apparence d'un privilège ». C'était une proposition pleine de risques. Depuis la Guerre civile aucune véritable brèche n'avait pu être pratiquée dans le système protectionniste. Si la Chambre s'exécuta d'assez bonne grâce, le Sénat, excité par un *lobby* déchaîné, opposa une très forte résistance. Dans une lettre publique Wilson ne craignit pas alors d'adresser au Sénat récalcitrant un réprimande sévère. Appuyée par une partie influente de la presse, celle-ci produisit l'effet voulu. Six mois après son accession à la présidence, Wilson eut la satisfaction d'apposer sa signature à la loi instituant le tarif dit « Underwood », qui prévoyait la première réduction sérieuse des droits de douane depuis plus d'un demi-siècle.

Avant les élections, Wilson avait inscrit à son programme la réforme bancaire qui s'imposait depuis longtemps. Le système existant, avait-il fait ironiquement valoir, était idéal « pour concentrer le numéraire et restreindre le crédit. » Et il ajoutait : «La direction doit être publique et non pas privée ; elle doit appartenir au gouvernement lui-même, de telle sorte que les banques soient l'instrument, et non pas le maître de l'entreprise individuelle. » Votée après des débats prolongées, la loi sur la « Réserve fédérale » de 1913 remplissait cette condition. En créant 12 banques de réserve fédérale dans 12 régions, elle détrônait Wall Street et assurait une décentralisation équitable tout en conférant au gouvernement, et non pas aux financiers privés, le soin de diriger l'ensemble du système. Précédemment négligés, le Sud et l'Ouest obtenaient ainsi de meilleures facilités bancaires et les billets de banque de la Réserve fédérale fournissaient les moyens de paiement élastiques dont le besoin s'était depuis si longtemps fait sentir.

C'est le cas de dire que la nouvelle institution naissait juste à temps (23 décembre 1913). Avec la loi du 25 février précédent, qui créait le premier impôt fédéral permanent sur le revenu, elle allait permettre à l'Union de faire face dans de bonnes conditions à la guerre mondiale imminente.

D'autres lois enfin permirent au gouvernement de lutter contre certaines pratiques abusives que la loi anti-trust Sherman ne pouvait atteindre. En septembre et octobre 1914 le Congrès vota une loi créant la Commission fédérale du commerce, chargée de surveiller les opérations commerciales, et la loi anti-trust Clayton qui, entre autres dispositions favorables aux travailleurs, en contenait deux saluées par Samuel Gompers, président de l'American Federation of Labor (AFL), comme une sorte de *Magna Carta* du travail : l'une d'elles exemptait les syndicats ouvriers de l'application des lois anti-trust et l'autre spécifiait enfin que les grèves, les piquets de grève et les boycottages ne violaient aucune loi fédérale.

La guerre européenne, dont les remous de plus en plus violents venaient lécher les côtes des États-Unis, détourna quelque peu le Président et le Congrès de leur tâche interne de réforme administrative et sociale, en les obligeant à concentrer leur attention sur les questions brûlantes de politique extérieure. Mais malgré ces graves préoccupations d'ordre international, la loi Adamson de 1916 établit la journée de huit heures pour les employés de compagnies de chemin de fer desservant plus d'un État et la même année une loi fédérale créa douze banques de crédit agricole habilitées à consentir aux agriculteurs des prêts à taux d'intérêt fort bas.

En trois ans Wilson avait ainsi fait voter par le Congrès l'ensemble législatif le plus important, le plus cohérent et le plus efficace depuis Lincoln et révélé aux électeurs les possibilités d'action d'un exécutif à la hauteur de sa mission.

Les défavorisés du système capitaliste d'alors en avaient ressenti, ou allaient en ressentir, les effets bienfaisants, avec cependant une exception majeure : la classe de beaucoup la plus pauvre de la population, les quelque 9 millions de Noirs — dont 90 % habitaient alors le Sud — n'avaient pas été touchés par cette vague de réformes. Au contraire, leur sort s'était plutôt aggravé, car leur ségrégation avait été rendue institutionnelle par une série de lois d'État populairement nommées *Jim Crow* (Jacot Corneille). Malgré l'aide appréciable de philanthropes du Nord, la politique de collaboration dans la soumission que leur avait prêchée un chef bien intentionné, Booker T. Washington, n'avait pas sensiblement affecté le niveau de vie de la population noire.

Mais un changement s'annonçait dans l'état d'esprit de la race totalement négligée par les progressistes de Washington. Un premier et ardent résistant, W. B. Du Bois, publia en 1903 un beau livre, *The Souls of Black Folk* (L'Ame des Noirs), dont le leitmotiv prophétique était : « Le problème du XXe siècle est le problème de la ligne de couleur ». Deux ans après, sous son inspiration, un groupe d'une trentaine de militants noirs se réunirent à Niagara Falls dans l'intention de créer une organisation nationale de protestation contre toutes les formes de ségrégation et de discrimination raciales. En 1906 ils se réunirent à nouveau, symboliquement, à Harpers Ferry (Virginie occidentale), le lieu même où, en 1859, John Brown avait déclenché sa folle tentative d'insurrection des Noirs. C'est à cette occasion que Du Bois rédigea la déclaration-programme suivante, qui est toujours valable :

« Nous sommes résolus à ne jamais renoncer à la moindre parcelle de nos droits d'hommes conscients de notre virilité. Nous revendiquons chaque droit — politique, civil et social — qui appartient à tout Américain né libre et nous ne cesserons pas de protester et de rebattre les oreilles de l'Amérique jusqu'à ce que nous ayons obtenu tous ces droits. »

Enfin, lors du centenaire de la naissance de Lincoln (1909), fut cimentée l'alliance des Nègres du mouvement de Niagara et des Blancs libéraux, héritiers de la tradition abolitionniste. C'est de la fusion de ces deux groupes que sortit l'Association nationale pour le progrès des Gens de couleur (*National Association for the Advancement of Colored People*) appelée à jouer un rôle de plus en plus important.

L'année suivante, en 1910, Du Bois lançait l'organe des revendications de sa race, *The Crisis*. Depuis lors ce périodique mensuel poursuit infatigablement le dessein de son fondateur.

21   LES ÉTATS-UNIS ET
LA PREMIÈRE GUERRE MONDIALE (1914-1919)

Le 28 juin 1914 l'héritier de l'Empire austro-hongrois était assassiné à Saraïevo par un nationaliste serbe. Nul aux États-Unis n'imaginait alors que ce meurtre lointain dût bientôt avoir pour conséquence d'entraîner l'Union dans une guerre européenne meurtrière. Le principe jeffersonien « d'honnête amitié avec toutes les nations » mais de refus de toute « alliance insidieuse » (*entangling*) n'avait en effet perdu ni son attrait ni sa force. Et lorsque les premières batailles furent livrées entre les deux monarchies de l'Europe centrale et la Triple Entente (à laquelle allait bientôt se joindre l'Italie), la réaction générale aux États-Unis fut une réaction de stricte neutralité. Wilson se fit l'interprète du peuple américain en la proclamant dès le 4 août. Quelques jours après, dans un message à ses concitoyens, il la définissait en termes frappants : « Les États-Unis doivent être neutres en fait comme en théorie... Nous devons être impartiaux dans nos pensées comme dans nos actes ».

Et cependant la grande majorité des Américains fut bientôt amenée à épouser la cause de la Grande-Bretagne et de la France. Demeurés très forts, les liens de langue et de culture avec la première s'étaient resserrés au cours du XIXe siècle, et un fonds d'amitié avec la seconde subsistait depuis la précieuse assistance apportée à l'Union naissante par un La Fayette, un Rochambeau, un de Grasse. D'autre part le militarisme prussien, ses méthodes brutales et ses ambitions sans bornes alarmaient et effrayaient de nombreux esprits. La raison fondamentale de l'entrée prochaine des États-

221

Unis dans la guerre était peut-être la conviction qu'une victoire allemande porterait une atteinte fatale à l'idéal, aux institutions, aux intérêts, du peuple américain.

De son côté le Président Wilson était tiraillé entre deux tendances. D'une part il estimait que les torts étaient partagés entre les Alliés et les Puissances centrales, qu'une paix durable devait être une paix sans victoire et que les États-Unis devaient se borner à un rôle de médiation impartiale. D'autre part sa sympathie profonde allait à la cause des Alliés, qu'au fond, sans se l'avouer, il jugeait beaucoup moins coupables que les Allemands. Aussi traita-t-il les violations du droit international commises par les Alliés avec beaucoup moins de sévérité que celles que le gouvernement allemand perpétrait pour mieux se défendre contre la supériorité navale de ses adversaires. Ces derniers organisèrent en effet contre l'Allemagne un blocus qui faisait bon marché de plusieurs règles classiques du droit international. Wilson se trouvait ainsi dans une situation assez analogue à celle dans laquelle les États-Unis s'étaient débattus pendant les guerres de la Révolution et de l'Empire français. Ce blocus fit grand tort aux armateurs américains. Nombre de leurs navires furent détournés de leur destination et déchargés de leur cargaison dans les ports britanniques. Invoquant la doctrine de la liberté des mers, le Département d'État éleva contre ces confiscations illégales une protestation après l'autre, mais elles n'allaient jamais jusqu'à la menace. A vrai dire elles semblaient plutôt destinées à apaiser l'indignation des armateurs américains et à prouver au gouvernement allemand que le gouvernement américain s'efforçait de respecter ses engagements de puissance neutre.

Quant à l'Allemagne, c'est à la fin de 1915 qu'elle inaugura sa campagne sous-marine. Celle-ci visait à affamer la Grande-Bretagne et à la priver des fournitures militaires américaines dont elle avait un si pressant besoin. Wilson déclara alors que les États-Unis tiendraient l'Allemagne pour responsable de la perte de navires américains et de vies américaines. Le 7 mai le paquebot *Lusitania* fut coulé sans avertissement, ce qui causa la perte de 1198 vies humaines, dont 128 américaines. Le tollé d'indignation aux États-Unis fut tel que l'idée d'une participation à la guerre fit plus qu'effleurer les esprits. Wilson n'était cependant pas encore prêt à l'envisager. Il s'efforça seulement, par des notes sévères, d'amener l'Allemagne à renoncer à des méthodes de guerre illégales qui coûtaient la vie à d'innocents civils neutres. Après le torpillage sans avertissement, en mars 1916, du paquebot français *Sussex*, Wilson menaça toutefois de rompre les relations avec l'Allemagne si celle-ci ne s'engageait pas à mettre fin à de tels torpillages. Le gouvernement allemand crut cette fois devoir céder.

Pendant ce temps l'opinion publique dans le pays devenait visiblement plus favorable aux Alliés, malgré les efforts — souvent maladroits — de la propagande allemande et autrichienne. Le sentiment proallié était évidemment renforcé par le développement de liens économiques de plus en plus étroits avec la Grande-Bretagne et la France. Le blocus britannique rendait négligeable le commerce avec l'Allemagne, tandis que les adversaires de celle-ci pouvaient recevoir d'énormes quantités de produits américains. Avant l'entrée en guerre des États-Unis, le pays avait vendu aux Alliés pour plus de deux milliards de dollars de matériel de guerre et de munitions, et les achats de vivres et d'articles destinés à la population civile étaient encore plus considérables. Cette situation avait créé aux États-Unis une prospérité éclatante qui atteignait toutes les couches de la population, car le gouvernement achetait aux agriculteurs tout leur blé à un prix élevé, les salaires avaient été augmentés et des dizaines de milliers de Noirs qui menaient dans le Sud une existence misérable avaient été embauchés dans des nouvelles usines qui surgissaient à Chicago et à Détroit. Ils voyaient ainsi leur sort s'améliorer sensiblement.

Au début les Alliés payaient les fournitures achetées par eux soit en or soit en vendant les titres américains que possédaient leurs ressortissants. Mais ces ressources furent vite épuisées et dès l'été 1915 les Alliés durent recourir à des emprunts lancés par la maison Morgan. Après avoir été idéologiquement intéressés à la victoire des Alliés, bien des Américains l'étaient désormais financièrement. Une victoire allemande, ils s'en rendaient de mieux en mieux compte, aurait eu pour eux, pour tout le pays, des conséquences désastreuses qu'il fallait tout faire pour éviter.

Lors de la campagne électorale de 1916, le parti démocrate avait soutenu la candidature de Wilson à un renouvellement de son mandat au cri partout répété de « *He kept us out of War* » (il nous a préservés de la guerre). Ce n'était pas nécessairement un engagement pour l'avenir, mais beaucoup d'électeurs l'interprétèrent ainsi. Quoi qu'il en soit, Wilson se vit confier par le peuple un second mandat.

L'issue de la guerre demeurant toujours indécise sur le front oriental comme sur le front occidental, Wilson jugea le moment propice pour explorer publiquement les possibilités d'une paix négociée. Dans un discours prononcé le 22 janvier 1917 il préconisa une paix par laquelle aucune des deux coalitions ne pourrait s'arroger la victoire, le droit pour toutes les nationalités de disposer d'elles-mêmes, la liberté des mers, la limitation des armements et l'organisation d'une « Ligue pour la Paix » qui rendrait toute agression impossible.

Pour Wilson c'était la dernière occasion qui devait se présenter de tenter un effort de médiation. Quelques jours plus tard en effet — le 31 janvier — le gouvernement allemand annonçait qu'à partir du 1er février il conduirait une guerre sous-marine illimitée dans une zone océanique spécifiée et dans la Méditerranée, et que ses sous-marins auraient pour instructions de couler à vue non seulement les navires des puissances belligérantes, mais aussi tous les navires neutres qui se risqueraient dans ces zones. L'état-major allemand était apparemment persuadé qu'il réussirait ainsi à affamer la Grande-Bretagne et qu'un président élu parce qu'il avait préservé ses compatriotes de la guerre n'oserait sans doute pas les y précipiter.

Le gouvernement américain se borna provisoirement à rompre les relations diplomatiques avec l'Allemagne, mais il décida de passer outre à l'interdiction allemande, en armant toutefois les navires battant son pavillon. Ce qui devait arriver arriva : au mois de mars 1917 une demi-douzaine de navires américains furent envoyés par le fond, entraînant des pertes de vies américaines. Le 2 avril Wilson adressa au Congrès un message représentant comme inévitable la guerre contre le « gouvernement impérial de l'Allemagne ». Sa dernière hésitation avait été levée, car le Tsar venait d'être détrôné, la Russie se donnait le 15 mars un gouvernement républicain, en sorte que, désormais (1), toutes les puissances alliées étaient gouvernées selon des principes démocratiques, face à une coalition des autocraties militaires. Aux yeux du Congrès cette considération ne pouvait manquer de revêtir une certaine importance. Aussi le 6 avril vota-t-il à une très forte majorité cette guerre que Wilson lui proposait comme une croisade « pour la paix définitive du monde... pour la liberté des peuples » ... et avant tout « pour la sauvegarde de la démocratie ».

Ainsi invitée à dépenser sans compter « son sang et ses forces pour les principes qui lui avaient donné naissance », la nation américaine banda ses énergies comme elle ne l'avait sans doute encore jamais fait. Wilson assuma une dictature de fait. Il sut s'entourer de collaborateurs enthousiastes et capables, tels que Bernard Baruch, président du Comité des Industries de guerre (*War Industries Board*). Avec leur aide et celle de la nation entière il organisa l'effort de guerre des agriculteurs, des chefs d'industrie et des travailleurs avec une maîtrise et une célérité sans égales. Pour faire face aux besoins du corps expéditionnaire américain et de la population civile

_____

(1) Nul ne pouvait alors savoir que le régime républicain instauré en Russie n'allait durer que huit mois.

des puissances alliées, la production agricole fut augmentée de plus d'un quart. La fabrication des engins de guerre connut un accroissement vertigineux. A l'aide de l'impôt sur le revenu et d'une série d'« emprunts de la liberté », le gouvernement se procura pendant la guerre 36 milliards de dollars dont il prêta 10 aux Alliés.

Mais il s'agissait avant tout de gagner la bataille de l'Atlantique contre les sous-marins ennemis. Aussi le gouvernement saisit-il les nombreux navires allemands internés, réquisitionna-t-il les bateaux neutres et mit-il en chantier plus de 3 millions de tonnes de constructions neuves.

Avec la collaboration d'officiers instructeurs français et britanniques plusieurs millions d'hommes reçurent dans d'immenses camps une formation militaire intense. Il fallait en effet, à tout prix, gagner de vitesse les Allemands : bientôt débarrassés de leurs adversaires russes par le traité de Brest-Litovsk (3 mars 1918), ceux-ci allaient pouvoir porter tout leur effort sur le front occidental, dans l'espoir d'écraser les armées françaises et britanniques avant que l'afflux des divisions américaines ne pût faire définitivement pencher la balance du côté des Alliés.

Le premier contingent américain débarqua en France dès le mois de juin. Il avait une valeur surtout symbolique. Mais bientôt, sous le commandement du général en chef John J. Pershing, l'armée américaine put assumer la responsabilité d'un secteur sur le front de la Meuse. La situation des Alliés devenait de plus en plus angoissante. Le désastre subi par l'armée italienne à Caporetto en octobre 1917 les avait obligés à envoyer des renforts par delà les Alpes afin d'arrêter l'avance autrichienne. Avec les quarante divisions qu'ils avaient pu retirer du front oriental, les Allemands avaient sur le front occidental une supériorité numérique qu'ils utilisèrent pleinement dans leurs offensives de mars et avril 1918 dirigées principalement contre les armées britanniques du général D. Haig. Placées directement, désormais, sous un commandement unique, celui du général F. Foch, les armées alliées étaient à bout de souffle. Le gouvernement américain redoubla ses efforts. Les convois de troupes et de matériel à travers l'Atlantique se succédèrent à une cadence de plus en plus rapide. En mars ils transportèrent 80 000 hommes, en avril 118 000, en mai près de 250 000, à partir de juin plus de 300 000 chaque mois. Le front tenu par les forces américaines put être élargi et en septembre — premier et important succès — elles avaient réduit le saillant de St-Mihiel.

Bientôt, grâce à l'appoint américain, la fortune des armes changea du tout au tout sur l'ensemble des fronts. Rapidement enrayée, l'offensive allemande du 15 juillet sur la Marne fit place, le 18, à une contre-offensive alliée qui, victorieuse, eut bientôt libéré

Soissons. Au même moment les arrières des puissances centrales étaient menacés par la rapide avance de l'armée d'Orient qui avait brisé la résistance bulgare, atteint le bas Danube et déjà menaçait Budapest et Vienne. Le moral allemand fléchissait dans la population civile comme dans l'armée. Sur toute l'étendue du front, entre Manche et Meuse, les armées alliées avançaient; elles rompaient la ligne Hindenburg, contraignant l'empereur Guillaume II à abdiquer et le grand état-major allemand à s'avouer vaincu. Le 11 novembre celui-ci signait l'armistice de Compiègne.

Sur un autre front, le front psychologique, Wilson n'avait pas moins efficacement contribué à l'effondrement de la résistance ennemie. En effet, le 8 janvier 1918, dans un discours retentissant, écartant tout esprit de vengeance, il avait préconisé des conditions de paix modérées. C'est, affirmait-il avec toute l'autorité qui s'attachait à ses paroles, contre le gouvernement militariste allemand que les États-Unis se battaient, mais non pas contre le peuple allemand, pour lequel il n'avait qu'estime et respect. Publiés et répandus dans tous les pays du monde, les buts de guerre énoncés par le Président Wilson sous quatorze chefs avaient produit une profonde impression dans les empires centraux. Les cinq premiers points définissaient l'idéal à atteindre. Ils prévoyaient l'abandon des ententes internationales secrètes, la liberté des mers, la suppression des barrières économiques entre les nations, la réduction des armements dans les divers pays et un règlement des revendications coloniales prenant en considération les intérêts de la population autochtone. Plus spécifiques, les huit points suivants répondaient à la préoccupation d'assurer aux nationalités européennes le droit de se gouverner elles-mêmes et de se développer librement. Ils prévoyaient notamment la restitution de l'Alsace-Lorraine à la France et l'érection d'un État polonais indépendant.

Dans l'esprit de Wilson son quatorzième point était la clef de voûte de tout l'édifice. Il avait la teneur suivante :

> « Il faut, moyennant des pactes précis, constituer une association générale de nations afin de fournir à tous les États, les grands comme les petits, des garanties mutuelles d'indépendance politique et d'intégrité territoriale ».

N'ayant pas préalablement consulté les gouvernements britannique et français, Wilson parlait pour lui-même, et, espérait-il, pour les États-Unis. Mais les Allemands purent croire que ces conditions de paix d'inspiration élevée représentaient le programme des Alliés, et c'est dans cet espoir que, le 4 octobre déjà, le gouvernement allemand avait adressé au Président Wilson une note lui demandant d'entamer avec lui des négociations de paix sur la base de ces quatorze points.

La conférence de la paix s'ouvrit à Paris en janvier 1919. Mais entre-temps Wilson qui, durant la guerre, avait dirigé les opérations civiles et militaires avec lucidité d'esprit et avec un jugement très sûr des événements et des hommes, ce même Wilson commit une série d'erreurs. Lors des élections de novembre 1918, il invita la population à élire un Congrès démocrate. C'était jouer le jeu de son parti au détriment du parti rival. L'électorat réagit à cette invitation en votant pour une majorité républicaine tant au Sénat qu'à la Chambre des représentants. D'autre part Wilson décida de prendre personnellement la direction de la délégation américaine. C'était blesser les sentiments de nombreux Américains qui estimaient qu'un président des États-Unis ne devait pas quitter le sol national. Chose plus grave sur le plan de la stratégie parlementaire, Wilson n'invitait à l'accompagner à Paris aucun membre du Sénat ni aucun des chefs du parti républicain. Convaincu de la justice de son idéal, il ne voulait pas être embarrassé par des collègues qui pouvaient ne pas être d'accord avec lui. Il croyait que, le traité une fois rédigé et signé, le Sénat n'oserait pas le rejeter. Enfin il paraissait ne pas se rendre compte du changement d'esprit et de cœur qui s'était opéré dans la population américaine; fatiguée de la guerre, celle-ci sentait renaître en elle ses vieilles méfiances vis-à-vis des nations européennes, elle éprouvait un certain désenchantement et les dissensions entre partis retrouvaient toute leur acrimonie.

Les trois principaux négociateurs du traité : Lloyd George, Clemenceau, Wilson, et leurs collègues allaient se réunir à Paris dans une atmosphère de haine, de convoitise et de peur : haine de l'Allemagne abattue et besoin de vengeance; convoitises territoriales et appétit de réparations; peur enfin du bolchévisme et de la subversion sociale. Malgré la répugnance de Wilson, la paix fut dictée à l'Allemagne et non négociée avec elle. Les 440 articles du traité de Versailles rejetaient sur l'Allemagne l'entière responsabilité de la guerre et de ses dévastations, lui enlevaient toutes ses possessions coloniales, l'obligeaient à restituer l'Alsace-Lorraine à la France, à céder la Posnanie et la Poméranie orientale à la Pologne restaurée, et imposaient au vaincu une somme de réparations énorme. D'autres traités allaient mutiler l'Autriche et la Hongrie et créer de nouveaux États, la Tchécoslovaquie et la Yougoslavie. Wilson fut mainte fois obligé de transiger avec ses principes. Il y consentit dans l'espoir que c'était un moindre mal si pouvait être réalisée une Société des Nations capable de redresser les erreurs commises.

En effet, malgré une opposition acharnée, Wilson réussit à incorporer au traité cette Société des Nations dans laquelle il voyait la promesse d'un avenir de paix pour l'humanité. On peut dire qu'elle fut sa création. Elle était ouverte à toutes les nations, petites ou grandes. Sa direction incombait à un Conseil dominé par les grandes puissances et à une Assemblée au sein de laquelle tous les États membres étaient représentés à égalité. Les Membres s'engageaient à « respecter et à maintenir contre toute agression extérieure l'intégrité territoriale et l'indépendance politique présente de tous les Membres de la Société » (ainsi disposait le fameux article 10), à soumettre tous les différends à l'arbitrage, et à exercer des sanctions militaires et économiques contre tout État qui recourrait à la guerre au mépris de ses engagements. De plus le Pacte contenait des clauses sur le désarmement, sur l'administration des colonies placées sous mandat et sur la création d'une Cour permanente de justice internationale et d'un Bureau international du Travail. Enfin, surmontant les hésitations de Clemenceau et de Lloyd George, Wilson avait réussi à insérer un article déclarant que « les ententes régionales, comme la doctrine de Monroe, ne sont considérées comme incompatibles avec aucune des dispositions du Pacte. »

Le 18 juin 1919, à l'issue de très laborieuses tractations, le traité était signé à Versailles et le 10 juillet le Président Wilson le soumettait au Sénat pour ratification. Ce fut alors, au Sénat, et à un moindre degré dans l'ensemble du pays, une véritable tempête de protestations. Plusieurs chefs républicains, et en particulier le sénateur Henry Cabot Lodge, qui détestait Wilson, virent dans le rejet du traité un moyen d'infliger au parti démocrate une défaite cuisante. Les Américains de souche allemande dénonçaient le traité parce qu'il mutilait leur ancienne patrie, les Américains de souche italienne parce que les Alliés avaient violé leurs promesses envers l'Italie, les Américains de souche irlandaise parce que la Grande-Bretagne, l'oppresseur abhorré de l'Irlande, ne se voyait pas contrainte de lui accorder l'indépendance.

Le traité avait cependant aussi ses défenseurs; peut-être même aurait-il obtenu la majorité nécessaire des deux tiers si Wilson avait consenti à un compromis sur l'article 10. Mais il y était fermement opposé. Il entendit porter le débat devant le peuple et entreprit dans l'ouest du pays une épuisante croisade de persuasion. En 22 jours il prononça 37 discours. Le 26 septembre, en quittant Pueblo (Colorado), il eut dans son compartiment une attaque, qui fit de lui un malade pendant le restant de ses jours.

Les débats au sein des commissions du Sénat, puis du Sénat se prolongèrent jusqu'en mars 1920, date à laquelle ce dernier rejeta le traité, c'est-à-dire également le Pacte de la S.D.N. qui en faisait partie intégrante. Un an après les États-Unis signaient avec l'Allemagne un traité séparé qui mettait officiellement fin à l'état de guerre entre les deux pays.

Les États-Unis se retrouvaient ainsi sur la pente d'un isolationnisme qui ne correspondait plus à leur situation de fait dans le monde du XXe siècle et qui n'augurait rien de bon ni pour eux-mêmes ni pour la Société des Nations. Leur absence allait en effet contribuer à rendre celle-ci impuissante.

22

L'année 1920, durant laquelle le président Wilson n'était plus que l'ombre de lui-même, fut pour la nation une année de désarroi, d'incertitude et de mécontentement. Les milliers de militaires démobilisées dans une incroyable précipitation étaient certes heureux de retrouver leur famille et d'être rendus à la vie civile ; mais cela n'allait souvent pas sans des déconvenues et des mécomptes. Un certain nombre d'entre eux s'apercevaient que leur place avait été prise en leur absence et les soldats de couleur qui, en France, avaient goûté dans les lieux publics à l'absence de toute ségrégation s'interrogeaient sur le sens de cette « démocratie » pour laquelle ils avaient ou combattu ou trimé à l'arrière du front. Leur mécontentement s'était traduit en 1919 par plus d'une vingtaine de violentes émeutes raciales, notamment à Chicago, à Omaha (Nebraska), à Elaine (Arkansas). D'autre part l'actif et imaginatif chef noir, W. B. Du Bois, avait eu l'idée de convoquer à Paris, pendant la conférence de la paix, la première Conférence panafricaine. Fait entièrement nouveau et gros d'avenir, celle-ci liait avec éclat la discrimination pratiquée à l'encontre des Noirs des États-Unis par leurs concitoyens Blancs à l'exploitation des Nègres d'Afrique par les colonisateurs européens.

Cette même année entrait sur la scène américaine un Jamaïcain noir comme l'ébène, Marcus Garvey, prophète et sorcier. Fanatiquement nègre, ce raciste à rebours suscita parmi les Noirs des États-Unis

231

un enthousiasme sans borne. Il clamait à l'adresse des Blancs des vérités dures et crues :

> « Vous ne trouvez pas de mots assez forts pour condamner ces Allemands qui voient dans un traité un simple chiffon de papier bon à déchirer, alors que vous-mêmes vous violez dix fois par jour les engagements que vous avez solennellement contractés, dans votre propre constitution, vis-à-vis de nous autres Noirs, Américains de couleur. »

et il lançait à ses frères des appels truculents et flatteurs :

> « Hommes noirs, vous fûtes grands autrefois. Vous redeviendrez grands! [...] Organisez-vous et vous obligerez le monde à vous respecter. »

Lasse de la guerre, l'ensemble de la population se demandait à quoi elle avait servi. Aux banquiers, sans doute! Elle en venait non seulement à critiquer ceux qui l'y avaient entraînée, mais même à concevoir des doutes sur l'excellence de l'*American Way of Life* (le mode de vie américain), jusque-là sacrosaint. Ainsi s'explique pour une part la fondation en 1919 d'un « Parti communiste américain » qui s'affilia à la IIIe Internationale dirigée par l'U.R.S.S. Il convient d'ailleurs d'ajouter que, ne trouvant pas de sol propice où s'implanter fermement, il était destiné à végéter et allait demeurer négligeable.

Dans *Main Street* (Grand'rue) (1920), un Sinclair Lewis décrivait l'insondable platitude de la vie dans une petite ville du Middle West et il s'apprêtait à caricaturer dans *Babbitt* (1922) un entre des milliers de petits *businessmen* médiocres, ignares, pétris de préjugés. Un H. Mencken décrivait de son côté les faux-semblants et les hypocrisies de la société américaine et n'avait pas assez de sarcasmes à l'encontre de ce qui subsistait de l'héritage puritain. Dans son premier roman, *The Sun also rises,* Hemingway s'élevait en style tranchant contre l'idéalisme menteur qui avait sévi durant les années de guerre et il dénonçait, lui aussi, dans les situations les plus osées et avec une verdeur de langage alors encore inaccoutumée, la pudibonderie de ses compatriotes. Aussi bien, avec d'autres écrivains, journalistes et artistes, il avait préféré s'expatrier à Paris, dans le quartier Montparnasse, censément à l'abri du matérialisme désespérant de la civilisation américaine.

Mais ce n'était là qu'une petite minorité sans influence et à vrai dire dissociée de la nation. En réalité, ce à quoi aspiraient l'immense majorité des Américains, c'était un retour à la vie normale (*normalcy*), c'est-à-dire au bon vieux temps d'avant la guerre. Et c'est ce qu'ils exprimèrent clairement aux élections de 1920. Coupable d'avoir précipité le pays dans le brasier de la guerre, le parti démocrate fut balayé par l'électorat qui porta à la Maison Blanche, à une énorme majorité, une médiocrité devenue quasi proverbiale, Warren G. Harding. Cet assidu joueur de poker allait conserver, à la présidence, sa mentalité de petit journaliste de province. Pour la première fois, il convient de l'ajouter, en vertu du 19e amendement à la Constitution, les femmes avaient voté, apparemment dans le même sens que l'électorat masculin.

Fort de ce mandat et par une pente naturelle, Harding fit une politique de tout point conservatrice, ou plutôt il la laissa faire par le Congrès, car, profitant de la mollesse de l'exécutif, celui-ci n'eut pas de peine à réaffirmer la suprématie qui lui avait échappé pendant l'ère du « progressisme » instaurée par Th. Roosevelt et par Wilson, et pendant toute la durée de la guerre.

A part quelques innovations heureuses telles que la création en 1921 d'un Bureau du budget qui mit fin au gâchis de son élaboration au sein même de la Chambre des représentants, on peut dire que la présidence de Harding fut marquée par trois événements principaux : le régime de la prohibition des spiritueux, une réglementation restrictive de l'immigration et des scandales à l'échelon administratif le plus élevé.

C'est le 1er janvier 1920 qu'entra en vigueur le 18e amendement à la Constitution interdisant sur toute l'étendue du territoire des États-Unis la fabrication, le transport et la vente de toute boisson alcoolique. Était considéré comme alcoolique tout breuvage contenant plus d'1 % d'alcool. C'était prohiber, en même temps que le whisky et le gin, le vin et la bière, boissons habituelles de millions d'immigrants et de descendants d'immigrants. C'est une puissante association, principalement féminine, l'*Anti-Saloon League* (Ligue contre les débits de spiritueux) qui, à la faveur de la guerre, avait obtenu l'intervention du pouvoir fédéral dans un domaine jusquelà strictement réservé aux États.

Peu de lois ont jamais été aussi massivement et impunément violées que le *Volstead Act*, instrument légal de cet amendement constitutionnel. Non seulement ceux qui avaient l'habitude de boire peu ou prou se mirent en devoir de se procurer des spiritueux — soit en en achetant clandestinement, soit en faisant fermenter dans leur sous-sol des raisins secs, ou même des figues — mais ceux qui ne buvaient pas auparavant se découvrirent un goût très vif pour les alcools. Dans maint restaurant on servait pudiquement du vin rouge dans des tasses à café. Pour répondre à la demande, des réseaux de trafiquants surgirent dans tout le pays. La profession de *bootlegger* (vendeur d'alcool de contrebande) devint la plus lucrative de toutes, souvent grâce à la complicité de la police. Elle s'organisa avec une efficacité tout américaine, non sans dégénérer en parfait gangstérisme et en *racketeering*. Par des menaces et souvent par des meurtres, les *gangs* (bandes) s'assuraient le monopole, prodigieusement lucratif, de violer la loi dans un secteur donné ; elles invitaient les maisons de jeu ou de prostitution, ou même des commerces aussi légaux et tranquilles que les blanchisseries, les teintureries ou les laiteries, à se laisser « protéger ». Faute de payer le tribut exigé par les *racketeers*, on devine à quoi s'exposaient les récalcitrants. Le vitriol et la mitraillette entraient en jeu.

La répression était quasiment inexistante, car d'une part les Américains ont toujours été assez tolérants vis-à-vis des contrevenants à la loi — surtout s'agissant d'une loi aussi contraire aux mœurs et aussi contestée — et, d'autre part les agents de répression étaient ridiculement peu nombreux : quelque 2 000 pour tout le pays : de surcroît, la modicité de leur solde ne pouvait que les inciter à l'arrondir illégalement.

Avant la guerre les syndicats ouvriers avaient depuis longtemps réclamé des mesures législatives destinées à restreindre le flot des immigrants. Arrivant à Ellis Island sans le sou, et souvent déjà endettés, ces derniers étaient en effet prêts à accepter les gages les plus bas et pesaient donc lourdement sur les salaires. Sous l'influence de préjugés racistes qui prévalaient alors — car le gros de la nouvelle immigration ne provenait plus des pays anglo-saxons et germaniques, mais de pays à population slave et juive, ou latine (1) — le Congrès lui-même avait préconisé des mesures propres à endiguer ce flot jugé indésirable. Mais trois présidents, Cleveland, Taft et Wilson avaient opposé leur veto.

Après la guerre, les conditions avaient changé ; les intérêts du patronat et du salariat s'étaient rapprochés, car les progrès constants de la mécanisation réduisaient la demande de manœuvres accoutumés aux bas salaires européens. Au surplus, de 1915 à 1918-19, en raison de l'universelle mobilisation et faute de moyens de transport maritime, le nombre des immigrants avait été insignifiant. Mais en 1920 il remonta brusquement à quelque 900 000. Il était évident que des milliers d'Européens désiraient fuir leur pays dévasté et rêvaient de l'eldorado américain. En 1921 fut donc votée sans peine une loi qui limitait l'immigration en provenance de l'Ancien monde à 350 000 personnes par an. A cet effet le « quota » de chaque nation était réduit à 3 % du nombre de ses ressortissants présents aux États-Unis lors du recensement de 1910. Cette mesure était en fait dirigée

(1) Voir Appendice VI.

contre les nations méditerranéennes et slaves et favorisait l'immigration dite « ancienne », alors fort ralentie, celle qui provenait de Grande-Bretagne, d'Irlande, d'Allemagne, des Pays-Bas et de Scandinavie.

En 1924 une nouvelle loi vint aggraver cette première restriction. Désormais le nombre maximum d'immigrants à admettre immédiatement était abaissé à 165 000 et il était prévu qu'à partir de 1929 le nombre maximum d'immigrants européens ne serait plus que de 150 000. Chaque groupe national devait recevoir un « quota » désormais proportionnel au nombre estimatif de personnes descendant de ce groupe dans la population américaine recensée en 1920.

Ce système de contingentement ne s'appliquait qu'à l'Ancien monde. Le Nouveau jouissait d'un privilège hémisphérique, car l'immigration en provenance du Canada et de l'Amérique latine n'était soumise à aucune restriction. Quant à celle en provenance d'Afrique et d'Asie, elle continuait naturellement d'être interdite. Se rendant compte que c'était là une insulte à l'adresse de peuples ombrageux comme la Chine et le Japon, le Département d'État avait protesté auprès du Congrès, mais en vain. Aucune discrimination, fort heureusement, à l'encontre des juifs. Un bon nombre, fuyant Hitler, allaient franchir l'Atlantique et utilement renforcer le potentiel intellectuel et scientifique des États-Unis.

Le cabinet constitué par Harding se composait en partie d'hommes de réelle valeur, notamment C. E. Hughes, secrétaire d'État, et Herbert Hoover, secrétaire au commerce. Mais la plupart étaient franchement médiocres. Qui pis est, deux d'entre eux, le secrétaire à l'intérieur et l'*Attorney general* (ministre de la justice) ne purent éviter d'être cités en justice pour corruption. Le scandale qui fit le plus de sensation et qui rejaillit le plus fâcheusement sur l'administration Harding fut celui d'Elk Hills (Californie) et de Teapot Dome (Wyoming). C'est au ministère de l'intérieur qu'incombait le contrôle de la gestion des puits de pétrole situés dans le domaine public. En 1922 les profits de ces deux gisements furent secrètement réservés — moyennant un pot de vin de plus de 300 000 dollars — à deux magnats du pétrole. Ce sont les imprudentes dépenses somptuaires du secrétaire à l'intérieur qui dirigèrent les soupçons des enquêteurs. C'était un coup très grave porté au Président qui s'était si mal entouré. Son honnêteté pouvait elle aussi être mise en question et il est en somme heureux pour lui qu'il ait succombé à une hémorragie cérébrale en août 1923, avant que son ministre n'ait été condamné à un an de prison et à une forte amende.

Il fut non moins heureux pour le parti républicain que le vice-président, Calvin Coolidge, appelé par la Constitution à succéder à Harding, fût un homme d'une parfaite intégrité. De vieille souche puritaine comme l'indiquait son prénom, il avait derrière lui une carrière politique fort honorable dans le Massachusetts, dont il avait été élu gouverneur. Réputé pour sa frugalité, et même sa parcimonie, il croyait à la vertu du travail, à l'initiative individuelle et au devoir qu'a le gouvernement de gouverner le moins possible. Esprit assez étroit, froid par tempérament, il fut très populaire, en partie à cause de ses lieux communs lapidaires, p. ex. : « *The business of America is business* », et n'eut pas de peine à se faire désigner par la Convention républicaine de 1924 comme candidat à la présidence, puis à obtenir en novembre le mandat de la nation.

Pendant le second « terme » de Coolidge, le climat économique continua d'être au beau fixe, en sorte que, sur le plan intérieur, ces quatre années d'administration strictement conservatrice se déroulèrent sans événement vraiment saillant.

L'élection de 1928, par contre, présenta des traits nouveaux. Alors qu'à la « convention » républicaine la désignation (*nomination*) alla au protestant de vieille souche américaine Herbert Hoover, ministre du commerce, le candidat que lui opposa le parti démocrate fut un Irlandais catholique, Alfred Smith, qui avait grandi dans le *Lower East Side* de New York, alors par excellence le quartier pauvre des immigrés. Il avait été élu, puis réélu gouverneur de l'État de New York. Pour la première fois s'affrontaient au niveau le plus élevé du gouvernement les deux éléments alors encore nettement disparates de la population : l'élément anglo-saxon ancien, qui jusque-là avait exercé le pouvoir à Washington, et l'élément nouveau issu de la récente vague d'immigration celtique, qui se sentait déjà tout aussi américain que l'autre, et qui entendait s'affirmer.

En novembre Hoover l'emporta haut la main. Son succès, il le devait non pas sans doute à sa foi prohibitionniste (alors que son adversaire n'avait pas craint de préconiser l'abolition du 18e amendement), mais plutôt à la vague de prospérité qui persistait sous l'administration républicaine, et aussi à beaucoup de méfiance de la part des protestants vis-à-vis d'un catholique. Cette méfiance fit en effet voter pour le candidat républicain nombre d'Américains traditionnellement membres du parti démocrate, ceux-là mêmes que dans les anciens États confédérés, certains appelaient les *Wasps* (1) (White Anglo-Saxon Protestant). N'empêche qu'Al Smith avait pu rallier à lui, contre toute attente, le Massachusetts et le Rhode Island, sièges vénérables du conservatisme, et, à sa manière, frayé la voie à un

(1) En anglais *wasp* signifie guêpe.

futur candidat à la présidence, lui aussi Irlandais et catholique, John F. Kennedy.

Pendant les années 1920 l'idée dominante, en matière d'économie, était que, si le gouvernement aidait les hommes d'affaires à réaliser des profits substantiels et d'année en année croissants, grâce à une augmentation régulière et de la population et de la production, chaque Américain trouverait sans peine un emploi. Ainsi, par le jeu des forces naturelles, sans intervention de l'État, la prospérité filtrerait jusqu'aux couches les plus pauvres de la population. Aucune réforme de base n'apparaissait donc nécesaire. Les grèves nuisaient sans contredit aux affaires. Les juges croyaient donc en toute honnêteté agir pour le bien commun en s'efforçant de les prévenir ou de les briser par des « injonctions » légales.

C'est pendant ces années que, paradoxalement, les tarifs douaniers votés par le Congrès atteignirent la cote la plus élevée. Devenus à la faveur de la guerre le principal État créancier du monde alors qu'ils étaient précédemment État débiteur, il eût semblé indiqué que les États-Unis permissent à leurs débiteurs européens et sud-américains de s'acquitter par le seul moyen possible : la vente de leurs produits aux États-Unis. N'était-ce pas en blé, en riz des Carolines et en coton que, avant la guerre, les débiteurs américains s'étaient acquittés vis-à-vis de leurs créanciers européens? Tout au contraire, le bas tarif Underwood sagement instauré par Wilson en 1913 avait été, en 1922, remplacé par le tarif Fordney-McCumber qui relevait fortement les droits de douane, et en 1930 — déjà par conséquent en pleine crise économique — malgré les protestations des économistes les plus avisés, Hoover ne refusa pas de signer le tarif Hawley-Smoot, encore plus prohibitif. Il allait, plus encore peut-être que tout autre facteur, contribuer à l'effondrement des échanges internationaux, et notamment rendre plus difficile aux États européens d'acheter le blé des fermiers américains. Or le marasme dans lequel se débattaient ces derniers après les plantureuses années de guerre était encore aggravé par un phénomène de surproduction qui allait s'amplifiant. Hoover reconnut enfin qu'il fallait faire quelque chose pour les agriculteurs et, sur sa recommandation, le Congrès vota en 1929 une loi sur la commercialisation des produits agricoles. Le *Federal Farm Board* créé par cette loi devait disposer d'un fonds de 500 millions de dollars qui permettrait au gouvernement d'acheter aux agriculteurs leur production excédentaire, et donc de soutenir les prix. Toujours optimiste, Hoover considérait que cette surproduction était due à la carence européenne, qu'elle n'était que temporaire, et que plus tard il serait possible d'écouler ces excédents sur le marché. Mais ce ne fut pas le cas. Toutes ces céréales, ce coton, ce tabac s'avérèrent invendables et l'agence dûment créée mit fin à ses achats. Ç'avait été le début d'une politique de soutien fédéral des prix agricoles au moyen d'un coûteux stockage. Trente ans après, le gouvernement américain n'avait pas encore réussi à s'en dégager bien que le nombre des producteurs eût diminué des deux tiers.

La première décennie de l'entre-deux-guerres a été caractérisée par un état d'esprit violemment isolationniste et par une invincible méfiance envers tout ce qui était « non-américain ». Les émigrés de fraîche date étaient toujours un peu suspects de « radicalisme », c'est-à-dire, au sens américain de ce mot, de tendances révolutionnaires et subversives. Dans cette ambiance une affaire comme l'émouvante affaire Sacco et Vanzetti est à peine surprenante. Ces deux travailleurs italiens domiciliés dans le Massachusetts, qui avaient ouvertement manifesté des idées très « avancées », pour ne pas dire teintées d'anarchisme, furent arrêtés en 1920 et inculpés de meurtre et de vol. Sous l'influence évidente de préjugés politiques, un juge et un jury rendirent un verdict de culpabilité et prononcèrent la peine capitale malgré des preuves jugées insuffisantes dans le monde entier. Car l'affaire passionna tous les esprits libéraux. De sursis en sursis elle traîna jusqu'en 1927, date à laquelle, malgré tous les efforts de leurs défenseurs, les infortunés furent finalement exécutés.

Dans de telles conditions, on aurait pu croire que le Congrès, reflet des grands courants d'opinion, allait adopter une politique extérieure de repli sur son immense et confortable rectangle. Or il n'en fut rien, principalement grâce à l'ouverture d'esprit du secrétaire d'État Hughes, dont la sage impulsion allait être suivie par ses successeurs Kellogg et Stimson. Il se rendit en effet compte que les États-Unis ne pouvaient désormais se tenir à l'écart des affaires mondiales et qu'il était dans leur intérêt de prendre au bon moment des initiatives, notamment en matière de désarmement, de règlement pacifique des différends et de stabilité économique. Hughes s'engagea même sur la voie de la coopération avec la Société des Nations dans toutes ses activités qui ne revêtaient pas un caractère politique. Sans en être membre, le gouvernement américain participa aux frais des commissions et conférences où il se faisait représenter par des délégués ou des observateurs.

La première indication de cette politique intelligente orientée vers la paix, le gouvernement américain la donna en convoquant, avec le gouvernement britannique, la Conférence de Washington de 1920-21 consacrée en partie au désarmement naval, en partie aux questions d'Extrême-Orient. Hughes domina la Conférence par sa forte personnalité, et ses propositions singulièrement hardies de réduction des flottes furent en bonne partie acceptées. La conférence aboutit en effet à un traité naval des 5 puissances par lequel tout d'abord les États-Unis et la Grande-Bretagne souscrivaient au principe de la parité navale entre elles deux. D'autre part le tonnage en grandes unités était fixé selon la proportion suivante : 5 pour les États-Unis et la Grande-Bretagne, 3 pour le Japon, 1,75 pour la France et l'Italie. Cela entraîna en fait un certain désarmement, ce qui ne devait pas être le cas pour la grande conférence de ce nom qui se réunit à Genève en 1932-33.

Pour ce qui est de l'Extrême-Orient, la conférence de Washington visait à obtenir quelques garanties du Japon, qui avait profité de la guerre en Occident pour élargir sa mainmise sur une partie du continent asiatique. Un traité à 4, signé par les États-Unis, la Grande Bretagne, la France et le Japon, et un traité à 9, signé par tous les États qui avaient des intérêts dans le Pacifique, en garantissant l'intégrité territoriale de la Chine et la « porte ouverte » au commerce de toutes les nations, stabilisait l'Extrême-Orient autant que le pouvait faire un simple document solennellement orné de signatures, puis dûment ratifié. La signature du Japon était destinée à être reniée, mais pas avant une dizaine d'années. Ce répit avait son prix.

Après la guerre, les relations des États-Unis avec l'Europe furent comme de juste dominées par la question des réparations imposées à l'Allemagne et par celle du remboursement des dettes de guerre contractées par les Alliés. Il devint vite évident que l'Allemagne ne pouvait ni ne voulait s'acquitter des obligations que lui faisait le traité de Versailles. La riposte différée de la France fut l'occupation de la Ruhr (1923) et un essai d'exploitation directe de ce riche bassin industriel. Hughes aida la France à sortir de ce guêpier en proposant qu'une commission revisât le montant et l'échelle des versements à effectuer par l'Allemagne. Ce fut le plan Dawes (1924), ainsi nommé parce qu'il fut proposé par ce banquier de Chicago. Ce règlement permit aux Français d'évacuer la Ruhr et facilita la conclusion en 1925 du traité de Locarno qui apportait enfin à la France certaines garanties de sécurité. En 1928, à la suite de la nouvelle défaillance de l'Allemagne, le plan Dawes fut modifié, dans le sens d'une nouvelle réduction, par une commission que présida un autre Américain, Owen D. Young. Les versements très diminués de l'Allemagne devaient s'étaler sur 60 ans.

La question des réparations était étroitement liée à celle des dettes de guerre. Pendant et après les hostilités, les États-Unis avaient prêté aux pays européens 10 350 000 000 dollars à 5%.

Dans les pays débiteurs, soutenus par leur opinion publique, la plupart des dirigeants considéraient que c'était là la contribution des États-Unis à la cause commune. La participation physique des États-Unis à la guerre n'avait-elle pas été tardive et dans l'ensemble du tableau, minime? Et leurs pertes en vies humaines (1) et en biens matériels n'avaient-elles pas été minimes en comparaison de celles des Alliés? Mais le Congrès ne l'entendait pas ainsi. Pour lui, comme pour Harding et Coolidge, il s'agissait d'une transaction commerciale et financière en bonne et due forme dont la signature devait être honorée. Et en effet, entre 1923 et 1930, les pays débiteurs durent signer individuellement des accords de remboursement. Certes les taux d'intérêt étaient abaissés et les échéances échelonnées sur plus de 60 ans. Mais cette exigence d'un oncle Sam florissant fut naturellement assez mal vue des États européens exsangues et, dans leur irritation, certains journalistes ne se privèrent pas de le traiter d'oncle Shylock.

A vrai dire ce système, même amendé, de réparations et de remboursement des dettes était dépourvu de tout réalisme, pour ne pas dire de simple bon sens. L'Allemagne n'a pu payer les quelques réparations dont elle s'est acquittée que moyennant une injection de dollars. D'après des calculs précis, jusqu'à l'effondrement de 1933, les Allemands se virent prêter environ 6 milliards de dollars, ce qui permit au pays de verser 4 miliards et demi de réparations, dont 2 milliards et demi revinrent aux États-Unis sous forme de remboursement de dettes de guerre. Mais en fait la quasi totalité des 6 millards investis en Allemagne n'a jamais été remboursée.

En conclusion l'Allemagne a versé en réparations à ses créanciers beaucoup moins qu'elle n'a reçu d'eux et, pour ce qui est des États-Unis, la trésorerie fédérale n'a récupéré qu'une faible partie des sommes énormes investies et perdues en Europe par les firmes, les banques et les citoyens américains. L'épisode du traité Kellogg-Briand signé à Paris en 1928 par 59 États qui s'engageaient à renoncer à jamais à la guerre comme instrument de politique nationale a été, on ne le sait que trop, sans portée aucune. Il est cependant intéressant, car il illustre au mieux l'illusion dans laquelle se complaisaient alors bon nombre d'Américains haut situés, à savoir que des actes nobles, une confiance chevaleresque dans la parole donnée ou dans la signature apposée sur un parchemin par le représentant d'un État peuvent mettre fin à une politique de force même s'ils ne sont pas eux-mêmes appuyés par la force.

Cette abolition solennelle de la guerre aurait dû être logiquement

_____

(1) 126 000 hommes tués sur le front ou morts dans un hôpital, soit moins d'1/10 des pertes de la France, environ 1/7 de celles du *Commonwealth* britannique, et 1/5 de celles de l'Italie.

suivie d'un désarmement général. Mais, longuement préparée par le Secrétariat de la Société des Nations, la grande conférence enfin convoquée à Genève pour le 2 février 1932 n'aboutit à rien. Hitler s'apprêtait à conquérir le pouvoir en Allemagne et il allait, au contraire, acculer au réarmement les pays les plus épris de paix.

Mais revenons à l'hémisphère occidental. Durant la décennie qui suivit la guerre, Hughes et ses successeurs, au département d'État réussirent dans l'ensemble à améliorer les relations des États-Unis avec l'Amérique latine. Le mot fameux de Th. Roosevelt : « Parlez doucement, portez un gros bâton et vous irez loin! » avait été peu apprécié au sud du Rio Grande et il apparaissait difficile de persuader les républiques hispano-américaines que le porteur du gros bâton ne croyait plus à sa vertu et l'avait laissé tomber. C'est un fait qu'à la fin de la guerre, malgré le vif désir de retrait de Wilson, les contingents américains n'avaient pas encore pu être retirés des quatre républiques voisines placées sous un régime de tutelle partielle : Cuba, Haïti, la République Dominicaine et le Nicaragua. Après la défaite de l'Allemagne et avec la réduction de la tension internationale, les États-Unis pouvaient se permettre une politique de dégagement dans la zone d'accès au Canal de Panama. Le ministre Hughes amorça donc le processus d'évacuation, mais il s'avérait plus facile de débarquer des troupes d'intimidation et de pression que de les rembarquer, car encore fallait-il, en partant, laisser derrière soi un gouvernement tant soit peu stable et capable d'assurer la protection des biens étrangers. Cuba fut évacué en 1922 et la République Dominicaine en 1924, mais le dernier soldat américain ne quitta le Nicaragua qu'en 1933 et Haïti en 1934, sur l'insistance du Président F. Roosevelt.

Quant aux relations des États-Unis avec le Mexique, elles purent être grandement améliorées durant cette troisième décennie du XXe siècle. Au pouvoir depuis 1920, le président Obregon introduisit dans le pays une ère de relative stabilité politique et de réformes. Toutefois la mise en vigueur de la constitution révolutionnaire de 1917 donna lieu à un sérieux litige avec les compagnies pétrolières américaines qui avaient obtenu des concessions d'exploitation, car elle interdisait la propriété privée du sous-sol. Plutôt que d'intervenir militairement pour défendre les intérêts américains menacés, comme la coutume en avait longtemps prévalu et comme il en était sollicité, le gouvernement américain dépêcha à Mexico un diplomate habile, Dwight Morrow, qui obtint en 1927 un règlement de compromis. Celui-ci n'allait s'avérer que provisoire, mais l'essentiel était acquis : les relations des États Unis avec le Mexique étaient assainies, car elles étaient désormais des relations d'égal à égal.

Certes l'atmosphère de méfiance vis-à-vis du « géant du Nord » demeurait tenace en Amérique latine, comme le montra par exemple la conférence panaméricaine de la Havane en 1928. Mais le département d'État fit un effort méritoire pour donner à la doctrine de Monroe un autre sens que celui qu'elle n'avait que trop assumé aux yeux des Latino-Américains : celui d'une hégémonie des États-Unis sur tout le continent. En 1930, dans un « Mémorandum officiel sur la doctrine de Monroe », il répudia le corollaire Roosevelt (1) et déclara que l'unique objectif de la doctrine était de protéger l'Amérique latine contre toutes ambitions européennes. En d'autres termes les États-Unis se démettaient de la responsabilité qu'ils avaient assumée sans consulter leurs voisins du Sud, celle d'assurer la police de tout l'hémisphère.

Cependant se déroulaient en Asie de graves événements qui ne pouvaient laisser les États-Unis indifférents. Au renversement de la dynastie mandchoue en 1911 avait succédé en Chine une période confuse d'où émergeait, placée d'abord sous la direction d'un grand idéaliste, SunYat-sen, une nouvelle organisation politique, le Kouo-Min-Tang. Elle se donnait à tâche d'assurer l'indépendance politique de la Chine, un gouvernement démocratique et les débuts d'une véritable protection sociale. A la mort de Sun Yat-sen en 1925, Tchang Kaï-chek lui succéda. Son gouvernement fut vite reconnu par les États-Unis, car ils mettaient en lui leur espoir de voir arrêtée par un gouvernement ami stable l'inquiétante infiltration communiste qui, de la Sibérie, faisait tache d'huile vers le sud.

Et en effet en 1927, Tchang Kaï-chek expulsa les communistes du Kouo-Min-Tang, mais ne put les déloger de leur réduit dans le nord du pays, et ce fut dès lors la guerre civile entre eux et le gouvernement nationaliste de plus en plus conservateur de Tchang Kaï-chek. Mais l'existence de ce gouvernement encore fort en apparence n'était pas du goût du gouvernement japonais. Au lieu de pouvoir absorber une province chinoise après l'autre comme il se le promettait, il voyait compromise sa mainmise sur la riche Mandchourie. De là son coup de force de septembre 1931 et sa création de l'État fantoche du Mandchoukouo. Tchang Kaï-chek fit aussitôt appel à la Société des Nations et aux États-Unis. La première dépêcha sur les lieux une commission d'enquête présidée par Lord Lytton. Celle-ci reconnut implicitement qu'il y avait bien eu agression, mais elle se garda d'invoquer l'article 16 du Pacte, qui ordonnait des sanctions, car les membres du Conseil se sentaient incapables

(1) Voir page 211.

de les appliquer sans l'aide des États-Unis. Or le Congrès répugnait non moins à intervenir, malgré les efforts déployés par Stimson, alors secrétaire d'État, en faveur d'une politique concertée de fermeté vis-à-vis de l'agresseur. Tout ce qu'il put obtenir, c'est, en 1932, une déclaration de non-reconnaissance d'un changement territorial effectué par la force en violation d'un traité. Le Japon se vit amené à quitter la Société, mais peu lui importait : il conservait la Mandchourie et pouvait de là reprendre le fil de ses secrets desseins.

L'« incident » de Mandchourie ainsi clos était singulièrement instructif : il démontrait avec éclat que, manifestement timorés, ni les nations membres de la Société des Nations ni les États-Unis — la puissance la plus directement intéressée en l'occurrence — n'étaient disposés à s'opposer par une action concertée à une agression caractérisée. C'était une leçon dont allaient se souvenir non seulement Tokio, mais Berlin et Rome.

Aux troisièmes élections présidentielles qui suivirent la première guerre mondiale, celles de 1928, ce fut de nouveau un Républicain, Herbert Hoover, qui fut élu. Le parti républicain n'était-il pas le parti de la prospérité?

Effectivement celle-ci atteignait, semblait-il, des dimensions inconnues jusqu'alors dans l'histoire économique du pays. Les actions montaient à des sommets vertigineux et chaque mois le public happait avidement pour des centaines de millions de dollars de titres qu'il comptait revendre bientôt avec un gros profit. La production croissait sans cesse grâce à de nouvelles applications d'une science en constants progrès, à de nouvelles sources d'énergie, à de nouvelles techniques qui se substituaient aux anciennes techniques artisanales. En 1928 73 ouvriers produisaient autant que 100 en 1920. Les articles considérés à l'origine comme des articles de luxe réservés aux seuls riches étaient désormais à la portée de la moyenne des familles américaines. Les usines ne pouvaient livrer assez d'automobiles, de réfrigérateurs, d'appareils de radio, d'aspirateurs électriques, de postes téléphoniques, pour satisfaire une demande en apparence insatiable.

Henry Ford, notamment, avait révolutionné l'industrie des moyens de transport en créant son fameux modèle T. Grâce à ses méthodes de standardisation et de division du travail il pouvait à la fois relever les salaires de ses ouvriers, diminuer leurs heures de travail et vendre ses automobiles à un prix qui les rendait accessibles à l'immense classe moyenne de la population. La production d'électricité doublait toutes les quelques années. Les salles de cinéma ne désemplissaient pas, soit qu'elles offrissent des films muets soit qu'à partir de 1927 le film sonore eût fait son apparition. Dans des élans lyriques la presse, qu'enrichissait une publicité déchaînée, célébrait l'« ère nouvelle » dont Hoover, alors secrétaire du commerce, avait pu dire : « Nous, les Américains, nous sommes plus près d'abolir à jamais la pauvreté qu'aucun pays dans l'histoire du monde».

En 1929, lorsque Hoover entra à la Maison Blanche, bien des Américains croyaient qu'il était le mieux capable de réaliser cette vision magnifique. Pendant la guerre il avait fait ses preuves comme un organisateur hors ligne et sa philosophie du *rugged individualism* (robuste individualisme) et des vertus de l'entreprise privée inspirait une totale confiance. On ne s'apercevait pas alors qu'elle convenait peut-être à l'époque des Carnegie et des Rockefeller, mais moins sans doute à l'« ère nouvelle ».

Tant est que Hoover avait à peine eu le temps de prendre la mesure du Congrès avec lequel il était appelé à collaborer que de sinistres craquements se firent entendre. Après un premier grave avertissement le 24 octobre 1929, ce fut, à la Bourse de New York, le 29 octobre, la plus grande panique de l'histoire boursière : il s'y traita 16.410.030 actions : l'indice chut de 43 points. La cote d'un grand nombre de valeurs estimées les plus « sûres » tomba de 80 % par rapport aux cours de septembre et beaucoup d'entre elles ne trouvèrent même pas d'acheteur. A la fin du mois les actionnaires avaient subi une perte de 15 milliards de dollars et la valeur des titres de toute espèce se trouvait réduite de 40 milliards de dollars. Des millions d'épargnants avaient perdu les économies de toute leur vie.

La spirale de la dépression se poursuivit inexorablement. Des milliers d'usines durent du jour au lendemain fermer leurs portes. Ce fut la banqueroute pour des milliers de banques. Des millions de chômeurs se trouvèrent sans ressources. Faute de pouvoir payer leurs hypothèques des centaines de milliers de familles perdirent leur foyer. Nombre de mères ne purent nourrir leurs enfants affamés. Les impôts cessèrent de rentrer. Les maîtresses d'école et les employés municipaux attendirent en vain à la fin du mois le chèque de leur traitement.

Quelles étaient les causes de ce désastre? Et pourquoi la dépression qui suivit allait-elle, malgré l'administration de remèdes violents, dépasser en longueur les plus graves que le pays avait subies jusqu'alors, celles de 1837, de 1873 et de 1893? Une légion d'économistes américains distingués ont étudié le phénomène dans sa genèse et son évolution en sorte qu'après coup nous sommes admirablement documentés sur ce qu'il eût fallu faire (et surtout ne pas faire) pour éviter pareille calamité. Pour autant que ces causes extrêmement complexes se prêtent à un bref résumé, elles se ramènent aux suivantes :

Tout d'abord la capacité de production de la nation était devenue beaucoup plus grande que sa capacité réelle de consommation. Une trop grande partie du revenu national allait à une petite fraction de la population. En 1929 plus d'un tiers des dividendes étaient versés à 17 000 actionnaires et plus des trois cinquièmes à seulement 150 000. On a calculé que de 1922 à 1929 les salaires des ouvriers n'augmentèrent que de 33%, alors que ceux des employés augmentèrent de 42%, le profit net des sociétés de 76% et les dividendes des actionnaires de 108 %. Le petit nombre des privilégiés épargnaient ou réinvestissaient leurs gains considérables, alors que les travailleurs de l'industrie, et surtout les agriculteurs, ne recevant pas leur juste part du revenu national, se voyaient dans l'impossibilité d'acheter les produits sur l'écoulement desquels tout le circuit commercial et monétaire reposait.

D'autre part, la politique du gouvernement en matière de tarifs douaniers et de dettes de guerre avait entravé l'accès aux marchés étrangers des produits américains, et notamment des produits agricoles traditionnellement exportés : blé, coton, tabac. Ainsi aggravée, la surproduction devenait chronique et les prix des denrées agricoles fléchissaient. En 1929 les prix de ces produits par rapport à ceux des autres produits étaient de 11 % inférieurs à ceux de 1913 en valeur constante. Seul un petit nombre d'agriculteurs réussissaient à rembourser les dettes qu'ils avaient dû contracter et à éviter la saisie de leur bien. Nombre de propriétaires devenaient ainsi des locataires et se voyaient acculés à la misère.

De plus, et peut-être surtout, d'excessives facilités de crédit, à peine tempérées *in extremis* par une timide intervention du *Federal Reserve Board* en mars 1929, avaient favorisé un grave abus des ventes à tempérament et une spéculation effrénée. Les avances de courtiers (*brokers' loans*) dépassèrent 7 milliards de dollars à des taux d'intérêt atteignant 10 ou 12 %! En effet on n'achetait plus de titres en vue d'un placement stable basé sur les recettes normalement escomptées d'une firme sainement administrée, mais uniquement pour les revendre quelques semaines ou quelques mois après avec un profit en dernière analyse assuré uniquement par la confiance aveugle du public. Les dettes des pouvoirs publics et les dettes privées finirent par dépasser largement 100 milliards de dollars.

En somme les analystes s'accordent à conclure que, sous des apparences de santé, l'économie nationale était fondamentalement malsaine. Ni les agriculteurs ni la classe ouvrière ne recevaient la part équitable du revenu national qui aurait assuré un juste équilibre; la mécanisation de plus en plus poussée commençait à réduire la demande d'ouvriers non qualifiés et acheminait de toute façon vers le chômage des plus pauvres; d'où un facteur important de sous-consommation; la richesse tendait à se concentrer au sein de monopoles ou d'oligopoles de plus en plus puissants dont les profits, nets d'impôt, servaient exclusivement à trois fins : le réinvestissement dans l'affaire, et (pour l'actionnaire) d'une part le confort d'une vie luxueuse et d'autre part l'invitation à la spéculation.

Autrement dit l'abondance était là, théoriquement à la portée de tous, mais, dans la pratique, sa distribution était vicieuse et tout l'édifice de la prospérité était à la merci d'un coup de dé : la perte de la confiance.

Due à des causes artificielles, la dépression déclenchée par la grande panique d'octobre 1929 appelait, eût-on pu croire, une intervention énergique du gouvernement fédéral. Mais tel n'était pas l'avis de Hoover qui, comme un très grand nombre de ses compatriotes, croyait à l'automatisme des forces de redressement. Il ne s'opposait pas absolument à une action des pouvoirs publics en faveur des chômeurs dans le besoin, mais après que l'effort de la charité privée se serait avéré insuffisant.

Et encore pensait-il surtout à une intervention des autorités municipales et à celle des comtés, et seulement si celles-ci jugeaient la tâche au-dessus de leurs forces, à celle des États. Il convenait qu'« en tant que nation nous devons préserver de la faim et du froid ceux de nos concitoyens qui se trouvent dans d'honnêtes difficultés ». Mais il était fermement opposé à ce que fût inscrit au budget fédéral un poste permettant de secourir directement les chômeurs affamés. Fort de sa connaissance des dépressions cycliques antérieures, qui s'étaient résorbées d'elles-mêmes, il leur assimilait celle qui se déroulait sous ses yeux et, dans son optimisme congénital, il avait tendance à en sous-estimer la gravité. Aussi ne songeait-il nullement à recourir à de grands moyens non encore éprouvés.

A un certain moment plusieurs indices trompeurs lui firent même croire que la prospérité était « au coin de la rue » (*round the corner*). Président et Congrès se contentèrent donc de palliatifs : un programme assez modeste de construction de routes et d'édifices publics; un poste budgétaire de 300 millions de dollars permettant de renflouer les agriculteurs en détresse. Ce n'est que sous la pression d'un Congrès dont la majorité était maintenant démocrate qu'il accepta la création d'une *Reconstruction Finance Corporation* appelée à accorder des prêts aux banques, aux compagnies d'assurances et aux grandes affaires.

Au printemps de 1932 la charité privée, les municipalités, les États avaient épuisé leurs ressources et les chômeurs (maintenant plus de 12 millions) continuaient de se débattre avec leur famille contre la faim. Les faillites commerciales ne se comptaient pas. Les prix agricoles étaient au plus bas. La classe moyenne était désormais aussi touchée que la classe ouvrière. En trois ans, de plus de 80 milliards de dollars, le revenu national s'était abaissé à 40.

Malgré le peu de goût qu'ont les Américains pour les révolutions depuis celle, exemplaire, de 1776, des cris subversifs commençaient à se faire entendre çà et là. Les esprits les plus hardis s'interrogeaient sur la validité d'un système économique qui aboutissait à des situations pareilles. Le petit noyau de communistes et de sympathisants s'agitait et recrutait des adhérents, car un fait donnait à réfléchir : si de proche en proche la grande dépression affectait toutes les nations capitalistes, l'Union soviétique, qui avait tourné le dos à la « libre entreprise » et au « robuste individualisme », était, on le savait, parfaitement indemne.

Dès 1930 le mécontentement général s'était manifesté aux élections législatives. Les Républicains avaient perdu de nombreux sièges et les Démocrates s'étaient assuré la majorité. Lors des élections présidentielles de 1932 la « Vieille Garde » républicaine désigna à nouveau le président Hoover comme son candidat. Les Démocrates présentèrent Franklin D. Roosevelt. C'était un excellent candidat. Il s'était distingué tant comme jeune sous-secrétaire à la marine sous l'administration de son cousin Théodore Roosevelt que comme gouverneur de l'État de New York. Terrassé par la poliomyélite en 1921, il s'était raidi contre son mal, on le savait, avec une indomptable énergie et avait conservé un magnifique optimisme. Personnalité pleine de charme et esprit plein de ressources, il s'imposait aux foules par sa rayonnante humanité non moins que par son bon sens et par son expérience politique. Bref il avait manifestement l'étoffe d'un chef qui saurait tirer le pays de la fondrière où il se débattait désespérément. Dans sa campagne électorale il promit à ses auditoires, avec un accent de conviction qui ne pouvait tromper, un *New Deal*. Cela signifiait, en un raccourci compris de tous les joueurs de poker, une nouvelle « donne », une nouvelle dispensation, une distribution plus équitable des biens de ce monde. Le slogan eut un succès immédiat et aux élections de novembre, Roosevelt l'emporta avec une majorité de 413 suffrages électoraux et de plus de 7 millions de suffrages populaires.

Il fallut cependant attendre de longs mois avant qu'aucune mesure de quelque importance ne pût être prise. Déjà, comme tout président avant l'expiration de son mandat, dans l'incertitude du résultat des élections, Hoover n'avait pu agir librement. Ainsi le voulait la tradition qui, depuis le début de l'Union, maintenait un intervalle de trois mois entre les « conventions » des partis, au début de l'été, et les élections de novembre. Chose plus grave encore en période de crise étaient les quatre autres mois d'intervalle (de novembre à mars) durant lesquels le président sortant était autant dire paralysé et le président nouvellement élu démuni encore de tout pouvoir. Et en effet, pendant ces quatre mois, la population, qui sentait qu'il fallait à tout prix agir, trépignait d'impatience. En mars 1932, enfin conscient de ce vice constitutionnel, le Congrès avait bien voté le 20e amendement à la constitution qui avançait au début de janvier le début du « terme » du Président et du Congrès (réduisant ainsi de deux mois la période d'incertitude et de stagnation parlementaire et exécutive), mais il ne devait entrer en vigueur que le 15 octobre 1933!

ROOSEVELT ET LE « NEW DEAL » (1933-1939)

Vint enfin ce 4 mars 1933 où le président Franklin D. Roosevelt allait pouvoir prendre les initiatives tant attendues. Dans son allocution inaugurale, par lequelle il empoigna littéralement son auditoire, il affirma immédiatement sa volonté de secourir la pauvreté et la misère, de rétablir l'équilibre entre l'agriculture et l'industrie, d'exercer un contrôle sur les pratiques bancaires par tous les moyens en son pouvoir. Respectueux du Congrès, il lui demandait « les larges pouvoirs exécutifs qui lui permettraient, comme s'il eût fallu se dresser contre un ennemi extérieur, de faire face au désastre national et de le surmonter ». Il avait su d'emblée s'imposer au Congrès qui, dans l'ensemble, durant les fameux 100 jours suivants, suivit docilement ses suggestions les plus hardies.

« Les plus hardies! » Mais, à les examiner de près, elles n'étaient nullement révolutionnaires. A vrai dire, ce que Roosevelt tentait, c'était simplement de réaliser la suite des réformes depuis longtemps nécessaires dans un pays qui se disait démocratique, celles que Th. Roosevelt et Wilson avaient inaugurées, mais qu'avaient interrompues la guerre de 1914 et la décennie franchement réactionnaire qui venait de s'écouler.

L'avalanche de lois s'inspirant du *New Deal* que Roosevelt, ce génial improvisateur, réussit à faire voter par le Congrès en un temps record étaient pour une part des mesures de secours et d'assistance directe, pour une part des mesures de réforme durable. Nombre d'entre elles avaient ce double caractère.

Pendant les huit années des deux premiers « termes » de Roosevelt (car il fut réélu en 1936 à une majorité encore accrue), son administration dépensa quelque 16 milliards de dollars en assistance directe aux chômeurs ; des fonds fédéraux vinrent en aide aux entreprises commerciales en déconfiture ; un large programme de travaux publics fut mis à exécution (routes, bureaux de poste, etc.) et des prêts accordés aux sociétés de construction d'habitations qui purent ainsi créer de nombreux nouveaux emplois. Dans la lancée de Théodore Roosevelt, son cousin Franklin accorda une très grande attention à la conservation de la nature et des ressources naturelles mises au pillage par les individus et les sociétés. L'afforestation et d'autres mesures telles que la régularisation des cours d'eau permirent de lutter contre l'érosion. Il était grand temps. La sécheresse désastreuse du milieu de la décennie allait par exemple convertir en nuages de poussière l'humus maltraité dans plusieurs États par des cultures ou des façons impropres, chassant ainsi vers la Californie des milliers de cultivateurs de l'Oklahoma. Dans son roman *The Grapes of Wrath* (Les raisins de la colère, 1939), Steinbeck allait décrire de façon saisissante cette calamité provoquée par l'homme lui-même.

Pour tenter de rétablir l'équilibre de la nature ainsi détruit, le gouvernement institua, à l'instigation de Roosevelt, un *Civilian Conservation Corps* qui assura un travail éminemment sain (afforestation et autres mesures contre l'érosion) à trois millions de jeunes gens.

Choqué par la misère de nombre d'intellectuels qui exerçaient des professions libérales, le président s'engagea dans une voie toute nouvelle en offrant du travail, dans leur spécialité propre, aux écrivains, aux artistes, aux musiciens dans le besoin.

Certes, dans cette gigantesque entreprise de secours il y eut parfois du gaspillage et beaucoup de déchet. Telle des nouvelles agences instituées, par exemple la *National Recovery Administration* (NRA), se solda par un échec avant même que la Cour suprême ne l'eût déclarée inconstitutionnelle. On se disait fermement décidé à équilibrer le budget, tandis qu'en fait on laissait la dette nationale s'enfler à une cadence vertigineuse. Les conseillers dont s'entoura Roosevelt — les membres de son « trust des cerveaux » (*brain trust*), pour la plupart des professeurs de l'Université Columbia — n'étaient pas toujours d'accord entre eux et ordre et contre-ordre se succédaient parfois selon que le *boss* (le patron), mû par les circonstances du moment, donnait la préférence au plan suggéré par l'un ou à celui que suggérait un autre.

Mais dans l'ensemble, même si un important reliquat de chômage devait subsister jusqu'à l'entrée en guerre des États-Unis en 1941, la nation se relevait petit à petit et le système capitaliste, intelligemment dirigé, s'avérait assez souple pour pouvoir surmonter par ses propres moyens ses pires épreuves.

Il le prouvait surtout par les réformes grâce auxquelles il sut se renouveler et s'adapter à des conditions radicalement changées.

Après avoir, dès le premier jour, fermé toutes les banques (ce que l'on a appelé les « vacances bancaires »), le *New Deal* les rouvrit, mais en les plaçant dorénavant sous une surveillance serrée et en instaurant la garantie par le gouvernement des dépôts des clients. Il abandonna l'étalon or, interdit aux particuliers de posséder ou détenir de l'or et dévalua le dollar par paliers successifs jusqu'à ce qu'en janvier 1934 sa valeur stabilisée s'établît à 59,06 % de celle d'avant 1933, soit à 1/35e d'once d'or pur. Il s'agissait, au moyen de l'inflation ainsi provoquée, de relever le prix des denrées de première nécessité ; il institua le contrôle de la vente des titres, qui avait donné lieu à tant d'abus, et soumit à la surveillance des pouvoirs publics les grands trusts privés qui avaient pris en main les services d'utilité publique : eau, gaz, électricité. Il formula des codes de pratique commerciale équitable en vue de mettre fin à des formes de concurrence néfastes. Il releva le barème de l'impôt sur le revenu des riches et des sociétés et introduisit quelque ordre dans la répartition, jusque-là fort arbitraire, des rentrées fiscales entre les États et la fédération. Malgré une très forte résistance, il mit sur pied la *Tennessee Valley Authority* (TVA), organe gouvernemental chargé de mettre en valeur les ressources négligées d'un des grands bassins fluviaux du pays au moyen de barrages hydroélectriques. Cette agence nouvelle était habilitée à exécuter sur le territoire des sept États intéressés un programme compréhensif d'amélioration économique et de bonification rurale fort nécessaires. Cette expérience de dirigisme limité à une région allait obtenir un plein succès.

Il n'est pas un domaine de la vie américaine que les réformes du New Deal n'aient touché. C'est à lui aussi que l'on doit par exemple la fin de cette « noble expérience », la prohibition fédérale des spiritueux. Dès le 5 décembre 1933 un 21e amendement à la Constitution annulait le malencontreux 18e. Paradoxalement, un gouvernement fédéral qui se mettait en devoir d'élargir considérablement ses propres compétences restituait aux États un secteur fédéral imprudemment envahi par un précédent gouvernement.

Dans une vue d'ensemble sur le *New Deal*, il est trois domaines qui méritent une attention spéciale en raison de l'importance qu'allaient revêtir, pour l'avenir, les réformes dont ils furent l'objet : l'agriculture, le travail et la sécurité sociale.

Dans le domaine gravement touché de l'agriculture, il s'agissait en somme de relever le prix des produits du sol, de réduire la production de céréales, de coton, de tabac pour éviter des excédents ruineux, d'accorder aux agriculteurs de meilleures facilités de crédit, de ren-flouer les exploitations gérées par locataires et métayers. Ces objectifs furent en partie atteints, car en 1937 les prix agricoles étaient de 86 % plus élevés que ceux de 1932.

Grâce à plusieurs lois, dont deux *Agricultural Adjustment Acts* (le premier ayant été invalidé par la Cour Suprême), la situation sur le marché agricole fut quelque peu assainie. Les deux principales innovations consistaient la première à verser des subventions en espèces aux agriculteurs qui réduiraient les surfaces consacrées à une monoculture épuisante pour le sol, à charge pour eux de consacrer les terres ainsi rendues disponibles à des cultures capables de le protéger, la seconde à ramener le rapport entre les prix agricoles et les autres prix à la moyenne de ce rapport qui s'était établie entre 1909 et 1914. C'était ce que l'on était convenu d'appeler la « parité ». Appelée à être modifiée selon les circonstances, celle-ci allait subir de bien fortes pressions pendant les décennies suivantes, car le montant de la « juste compensation » accordée aux cultivateurs variait (et pouvait naturellement baisser) si le gouvernement fixait la parité à un niveau moins défavorable pour lui.

Le grand défaut de toute cette législation est qu'elle profitait surtout aux propriétaires d'exploitations assez étendues et relativement prospères. Les petits locataires, les métayers — c'est-à-dire les *share-croppers* noirs dans les États du Sud — et les ouvriers agricoles — Noirs ou Mexicains — n'en recevaient aucun soulagement. Certains même virent leur sort plutôt s'aggraver, notamment les Noirs de la Caroline du Sud, de l'Alabama et du Mississippi, en raison de la réduction des cultures commerciales. Nul doute que sur ce point la timidité du législateur n'ait été en partie due à l'influence qu'exerçaient au Congrès les représentants de la classe des propriétaires terriens dans le *deep South* (le Sud profond).

Il en alla assez différemment de l'autre élément le plus défavorisé de la population, les Indiens, au nombre de quelque 300 000 âmes. Leur statut avait été défini par une loi de 1887 qui autorisait le Président à morceler leurs réserves. Chaque chef de famille devait recevoir en toute propriété 160 acres (env. 70 hectares) et le reliquat des terres devait être vendu. En 1924 tous les Indiens avaient reçu la citoyenneté américaine. Mais cet effort pour les amener à partager le mode de vie de l'ensemble de la population ne donna pas de bon résultats. Un grand nombre d'entre eux vendirent leur parcelle — surtout si le sous-sol recelait du pétrole — ou s'adonnaient à l'ivrognerie. La majorité, surtout dans l'Arizona et le New Mexico, refusa d'abandonner ses traditions tribales et son organisation communautaire. Petit à petit l'administration se rendit compte que ce n'était pas un bien pour les Indiens de leur faire adopter l'*American way af life* et en 1934 l'*Indian Reorganization Act* prit sagement le contrepied de la loi de 1887 et autorisa les tribus à s'en tenir à leur système séculaire de culture et de pâture communautaires.

Dans le domaine du travail, le *New Deal* prit des initiatives hardies en faveur du salariat. Le *National Recovery Act* de 1933 eut pour effet de réduire les heures de travail, de relever les salaires et de garantir le droit au contrat collectif, mais deux ans après la Cour suprême déclarait la loi inconstitutionnelle. Certaines de ses dispositions purent cependant être reprises et améliorées dans deux lois importantes.

On peut dire que la première, le *Wagner Act* de 1935, posa les bases de la puissance des syndicats américains. Il garantit en effet aux travailleurs le droit de créer les syndicats de leur choix, et, par leur canal, de négocier avec le patronat. Il créa un *Labor Relations Board* habilité à arbitrer en cas de litige du travail. La loi fit naturellement l'objet de très violentes attaques, mais ne tarda pas à démontrer son utilité. Quelque peu assoupie, ou condamnée à l'inertie pendant la période précédente, la vieille *Federation of Labor* connut un certain réveil, et c'est alors (1935) que, sous l'énergique impulsion de John L. Lewis, président du syndicat des ouvriers de la mine, naquit une organisation rivale beaucoup plus dynamique, le *Committee for Industrial Organization* (CIO). Celui-ci eut vite fait d'organiser l'ensemble des travailleurs de la sidérurgie et de l'automobile ainsi que d'autres industries qui avaient jusqu'alors échappé à la syndicalisation.

Quant au *Fair Labor Standards Act* (loi sur les normes équitables du travail), il visa à améliorer les conditions de travail dans les industries les plus retardataires. Il fixa à 40 heures par semaine le durée normale du travail et à 40 cents l'heure le salaire minimum, et il interdit le travail des enfants dans toutes les industries qui vendaient leurs produits dans plus d'un État.

Non moins déterminantes pour l'avenir furent les lois par lesquelles le *New Deal* engagea résolument le pouvoir fédéral sur une voie qui lui avait été jusque-là interdite : la sécurité sociale. C'était à vrai dire presque une révolution, car jusque-là c'était à chaque État qu'il incombait de s'occuper de ses chômeurs, de ses vieillards, de ses infirmes. Quelques-uns d'ailleurs, p. ex. le Wisconsin, s'étaient distingués par une législation sociale bien conçue qui ne laissa pas d'inspirer certains textes proposés par Roosevelt et votés par le Congrès. Le *Social Security Act* de 1935 créa une assurance chômage, et un système de pensions pour les personnes âgées, les

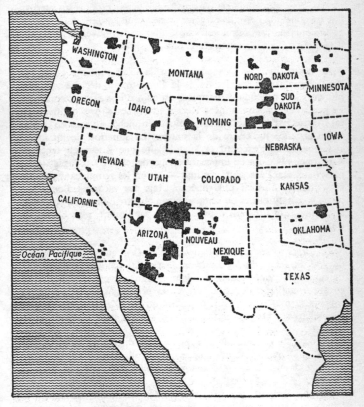

Carte 4 — Réserves indiennes.

aveugles et les enfants infirmes. Ces programmes étaient financés en partie par les patrons, en partie par les salariés, et administrés par les États sous le contrôle du gouvernement fédéral. Il y avait certes encore bien des lacunes dans ces dispositions. Les périodes de chômage couvertes par la loi étaient par exemple fort courtes et le nombre des bénéficiaires encore faible par rapport au nombre des travailleurs, mais le principe était acquis, la structure établie, et au cours des années il suffirait d'ajouter de nouvelles catégories d'ayants-droit et d'élargir ces droits.

Au début du *New Deal*, on l'a vu, la Cour suprême avait, par des interprétations restrictives de la Constitution, déclaré caduques plusieurs lois cependant marquées au coin d'une saine démocratie. Et pendant plusieurs années Roosevelt vit ses efforts contrecarrés ou frustrés par la réaction solidement retranchée au sein de la plus haute instance judiciaire de la nation. La situation devint même si tendue entre l'exécutif et le judiciaire que Roosevelt tenta de « réformer » la Cour en imposant un âge de retraite aux juges — les plus vieux étant les plus obstinés — et en les remplaçant par des personnalités d'esprit plus libéral. Mais des vacances s'ouvrirent par la voie naturelle et un sang nouveau put être infusé à la vénérable institution, qui fut petit à petit gagnée par l'esprit, plus libéral, du siècle.

Tel fut, dans ses grandes lignes, le *New Deal* qui souleva la colère de Wall Street et du *big business*. Il a certes échoué dans son ambitieux effort pour rétablir le plein emploi, car en 1937 il y avait encore 7 millions de chômeurs et le produit national atteignait à peine 72 milliards de dollars, alors qu'en 1929 il avait dépassé 82 milliards. Mais du moins avait-il obtenu trois résultats indéniables :

D'abord, en assurant une protection directe et durable aux exploitants agricoles et aux salariés, il avait constitué un contrepoids heureux au pouvoir devenu exorbitant des grandes affaires.

De plus il avait une fois pour toutes donné au gouvernement fédéral des responsabilités bien plus considérables dans des domaines où la suprématie exclusive des États conduisait à des inégalités choquantes et à un chaos législatif inextricable.

Enfin le moral de la nation, tombé au plus bas, avait été incontestablement relevé et il n'était plus question, pour des citoyens ruinés et désespérés, de se jeter par la fenêtre d'un douzième étage. La nation avait retrouvé la foi dans ses institutions et dans son avenir. Roosevelt pouvait être satisfait des résultats de son prodigieux labeur et demeurer indifférent aux vitupérations haineuses que ne lui ménagèrent pas ses adversaires.

Pendant la phase initiale, et difficile, de l'administration Roosevelt la politique extérieure du pays joua un rôle en somme mineur dans les préoccupations du parti au pouvoir. Lors de la conférence monétaire et économique de juin 1933 à Londres, Roosevelt refusa de stabiliser le dollar malgré une très forte pression des pays européens, car il estimait une certaine inflation indispensable au relèvement économique du pays.

Un événement de plus grande importance fut, la même année, la reconnaissance officielle de l'Union soviétique. Le régime communiste était selon toute apparence fermement établi et le bon sens commandait de s'incliner devant ce fait. D'autre part cette reconnaissance était, pouvait-on croire, de nature à stimuler le commerce extérieur. Le secrétaire d'État Cordell Hull s'intéressait particulièrement à celui-ci. Il estimait que les entraves apportées aux échanges internationaux étaient une des principales causes de guerre. A son instigation le Congrès vota en 1934 une loi sur les Accords commerciaux (*Trade Agreements Act*) qui autorisait l'exécutif à négocier avec les autres pays des traités prévoyant un abaissement réciproque des droits de douane. Et en effet, en 1939 le département d'État en avait négocié 21.

Vis-à-vis de l'Amérique latine la politique de Cordell Hull et de Roosevelt fut résolument de non-intervention et de bon voisinage. La doctrine de Monroe fut de plus en plus infléchie dans le sens d'une responsabilité commune des affaires de l'hémisphère. Cette tendance fut clairement exprimée dans les conférences panaméricaines de Montevideo (1933) et de Buenos Aires (1936). Cette dernière précisa même que toute menace à la paix dans cette région intéressait tous les États américains et décida que, si pareille menace surgissait, leurs ministres des affaires étrangères se consulteraient immédiatement.

C'est dans le même esprit qu'en 1934 le gouvernement de Washington négocia avec le gouvernement cubain un traité abolissant l'amendement Platt, ressenti par les Cubains comme un affront, et mit fin à ses dernières interventions dans les Antilles : à Haïti et dans la République Dominicaine. La même année, dans le même esprit, il promettait l'indépendance aux Philippines.

C'est au Mexique que cette politique de décolonisation et de bon voisinage se manifesta le plus clairement. Poursuivant l'application de la constitution du pays, le nouveau président L. Cardenas expropria en 1938 les compagnies pétrolières, qui étaient toutes américaines. Loin d'intervenir pour les protéger,

Hull et Roosevelt se contentèrent d'insister sur une compensation adéquate. Des négociations serrées aboutirent en 1942 à un accord. Plutôt symbolique, le dédommagement convenu était fort maigre. Mais les effets politiques de l'accord étaient autrement importants : l'appui d'un Mexique ami allait se révéler précieux pendant la guerre.

Les années du *New Deal* coïncidèrent assez exactement avec la montée apparemment irrésistible de Hitler en Allemagne et les ambitions territoriales effrénées de Mussolini en Italie. Se rendant compte du danger de guerre qui croissait en Europe et obsédé par l'expérience de la guerre de 1914-18 dans laquelle le pays s'était laissé entraîner, le public américain se sentait plus que jamais enclin à un isolationnisme intransigeant. A n'en pas douter le pays entendait demeurer neutre à tout prix. Fidèle reflet de l'opinion publique, le Congrès n'eut qu'une préoccupation : éviter la répétition des événements de 1917. De là une série de lois de neutralité dont la dernière, celle de mai 1937, fut la plus sévère. Elle interdisait toute vente de matériel de guerre et tout prêt à des belligérants, retirait aux citoyens américains le droit de voyager sur les navires d'un État en guerre. D'autre part tout belligérant qui désirait acheter des marchandises américaines non prohibées devait les payer comptant (*cash...*) et les transporter (*... and carry*) sur ses propres navires. Il en résultait que si la Grande Bretagne ou la France était attaquée par l'Allemagne, les États-Unis ne leur accorderaient aucune aide. C'était un encouragement pour Hitler, qui se le tint pour dit.

Au même moment, un instant arrêté dans son grignotement de le Chine, le Japon reprenait systématiquement sa politique de mainmise sur le pays à partir de la côte et refoulait Tchang Kaïchek vers l'intérieur du continent. La réaction des États-Unis à toutes ces velléités d'agression fut plutôt timide : en octobre 1937 un discours assez énigmatique de Roosevelt à Chicago sur la mise en « quarantaine » des pays agresseurs, et une avance financière au gouvernement chinois.

Toutefois une autre mesure du Congrès, l'ouverture d'un crédit d'un milliard de dollars pour l'accroissement de la flotte, semblait indiquer que, malgré les lois sur la neutralité, une majorité des membres du Congrès concevait des doutes sur la possibilité de tenir le pays à l'écart d'une nouvelle guerre.

23   LES ÉTATS-UNIS ET LA SECONDE
GUERRE MONDIALE

L'ACHEMINEMENT VERS LA GUERRE

Pendant la période électorale qui précéda son second terme il était inévitable que l'attention de Roosevelt fût principalement tournée vers les graves problèmes intérieurs du pays. Mais avec sa confirmation triomphale comme hôte de la Maison Blanche au début de novembre 1936, il se vit confronté par une situation extérieure suprêmement alarmante. Ce n'était évidemment pas le moment de se poser la question insidieuse : en s'étant tenus à l'écart du système de sécurité collective qu'avait conçu Wilson, les États-Unis n'étaient-ils pas en partie responsables de son fiasco ?

Les sinistres faits mondiaux qui, de proche en proche, allaient menacer les États-Unis de se trouver pris comme dans un étau étaient les suivants :

Benito Mussolini, qui avait instauré en Italie une dictature fasciste, avait déchaîné ses ambitions impérialistes en envahissant l'Éthiopie. Cette facile conquête achevée, il avait, le 5 mai 1936, annexé le pays et proclamé le roi Victor Emmanuel III empereur. Les timides sanctions économiques mollement appliquées à l'Italie, pays agresseur, par les membres d'une Société des Nations divisée avaient été inefficaces. Ce triomphe aiguisait visiblement les appétits fascistes.

Solidement installé au pouvoir depuis 1933, Adolf Hitler

257

s'était hâté d'encaserner toute la jeunesse allemande; il l'équipait et l'exerçait au métier des armes à une cadence forcenée. Le 7 mars 1936 il réoccupait sans coup férir la Rhénanie démilitarisée, violant ainsi le traité de Locarno. Fait combien troublant, la Grande Bretagne et la France n'avaient pas pu, ou même voulu, s'entendre pour s'y opposer.

En Espagne, après l'abdication d'Alphonse XIII, un gouvernement de gauche avait été constitué. Mais le général Franco s'était insurgé contre lui, et il avait l'appui de l'Allemagne et de l'Italie. Les dictatures militaires marquaient ainsi un nouveau point en Europe.

Quant au Japon, déjà incrusté en Mandchourie, il préparait visiblement un prochain nouveau bond et signait avec l'Allemagne de Hitler un traité instituant un « axe » Berlin-Tokyo.

En face de ces événements, l'attitude de la plupart des Américains était encore une certaine indifférence, teintée toutefois de désapprobation. Se sentant protégés par deux larges océans ils éprouvaient de la difficulté à s'imaginer directement intéressés. Certes nombreux étaient ceux qui éprouvaient un sentiment de malaise, car ils avaient peine à comprendre la philosophie brutale de ces régimes totalitaires qui sacrifiaient l'individu à l'État moloch : n'avaient-ils pas grandi dans l'idée qu'au contraire l'État doit, s'il intervient, se mettre au service de l'individu, c'est-à-dire protéger sa vie et ses biens ? Mais seuls les plus réfléchis étaient conscients d'un danger imminent.

Incomparable connaisseur des modes de pensée et de l'état d'âme de ses compatriotes, Roosevelt savait qu'il ne pouvait avancer qu'avec la plus grande prudence sur la voie d'une ultime intervention aux côtés des démocraties européennes menacées, bien qu'il fût clairvoyant et la jugeât bientôt nécessaire. Il s'agissait pour lui, lorsqu'il faisait une proposition au Congrès, de ne jamais devancer que d'un pas — et non pas de deux — ses réticences isolationnistes afin d'éviter qu'il ne se cabre.

Cependant les agressions se succédaient inexorablement. En 1937 les Japonais prenaient possession de Pékin et de Changhaï et refoulaient les forces de Tchang Kaï-chek vers l'intérieur. Le 11 mars 1938 Hitler envahissait l'Autriche et deux jours après le nouveau chancelier installé par les Allemands proclamait son union (*Anschluss*) avec le Reich allemand. Le 30 septembre 1938, à la conférence de Munich, la France et la Grande Bretagne abandonnaient d'un trait de plume la Tchécoslovaquie à la rapacité de Hitler, qui annexait le Sudetenland. Quelques mois après, Franco triomphait définitivement du gouvernement républicain espagnol, les Italiens débarquaient en Albanie et les Nazis occupaient la Bohême et la Moravie, qui devenaient un protectorat allemand. Le 22 mai 1939 l'Allemagne et l'Italie signaient à Berlin un pacte militaire de 10 ans.

Depuis le début de l'année, Hitler et sa presse fulminaient contre la Pologne, exigeant la cession de Dantzig et du « corridor » polonais. Le 23 août, nouvel et sinistre coup de théâtre : l'Allemagne et l'U.R.S.S. scellaient leur apparente réconciliation en signant à Moscou un traité de non-agression. De ce traité, la Pologne allait visiblement faire les frais. Et en effet, le 1er septembre au matin, l'aviation allemande pilonnait les aérodromes et les villes de la Pologne cependant que les blindés envahissaient le pays. Deux jours après, la Grande-Bretagne et la France honoraient la signature du traité qui les liait à la Pologne et déclaraient la guerre à l'Allemagne.

Pendant ces deux années angoissantes, paralysé par la loi de neutralité de 1937 et par l'impréparation encore presque totale de l'opinion américaine, Roosevelt et son secrétaire d'État Cordell Hull n'avaient rien pu faire pour aider la Grande-Bretagne et la France. Une première tentative pour persuader les membres-clés du Sénat que, dans l'intérêt même du pays, il était absolument nécessaire de modifier cette loi avait échoué. Il fallut le choc et le fracas de la guerre déclenchée contre la Pologne pour convaincre la majorité du Congrès que la conjonction de ces trois forces déchaînées : hitlérisme, fascisme et stalinisme représentait un danger mortel pour ce qui, en Europe, restait de pays démocratiques libres, et qu'il fallait au plus vite soutenir l'effort de guerre de la France et de la Grande-Bretagne. Le Congrès vota enfin en novembre une nouvelle loi de neutralité. Celle-ci autorisait désormais la vente de matériel de guerre et de munitions aux belligérants, à condition toutefois qu'ils les payent comptant et les transportent sur leurs propres navires (*Cash and carry*). Désormais la Grande-Bretagne et la France pouvaient donc se ravitailler aux États-Unis en matériel de guerre aussi longtemps qu'elles disposeraient des sommes nécessaires en dollars et conserveraient une maîtrise suffisante de l'Atlantique. Nulle question d'intervention sous aucune forme ne pouvait encore se poser, car la plupart des Américains croyaient toujours, ou voulaient croire, que la France et la Grande-Bretagne pourraient par leurs propres forces résister à Hitler.

Le printemps de 1940 réserva aux Américains de nouvelles stupeurs. En avril les armées allemandes envahirent le Danemark et la Norvège, en mai la Belgique, les Pays-Bas et la France. Le 25 juin cette dernière, dans les forces armées de laquelle les Américains n'avaient pas cessé de placer leur foi et leurs espoirs, signait un armistice consacrant son effondrement et son total effacement. La France anéantie se donnait un régime de semi-dictature présidé par le général Pétain.

Par contre, galvanisée par une personnalité hors série, Winston Churchill, la Grande-Bretagne poursuivait la lutte. Elle constituait le tout dernier bastion de la défense occidentale, et, qui sait?, la promesse du salut des peuples opprimés d'Occident. C'est ce qu'avait compris dès le 18 juin un Français inconnu, le général de Gaulle, qui avait iimmédiatement rallié Londres pour continuer lui aussi à se battre.

Dès lors, une idée simple et claire fit son chemin dans les esprits réfléchis de l'autre côté de l'Atlantique : si Hitler réussissait à vaincre la Grande Bretagne, il s'assurerait la maîtrise de tout l'Atlantique oriental (occidental pour les Européens); il n'aurait aucune difficulté à s'emparer de l'Afrique occidentale française, d'où le Brésil deviendrait pour lui une proie facile. De son côté le Japon pouvait d'un moment à l'autre s'emparer des possessions françaises, britanniques et néerlandaises d'Extrême-Orient et d'Océanie et dominer cette immense zone du Pacifique. Il fallait donc envisager comme possible une situation où les États-Unis pourraient être géographiquement et idéologiquement encerclés par des forces hostiles et où leur seul et dernier glacis serait le canal de Panama et les Antilles.

Ces considérations alarmantes s'imposèrent aux esprits les plus perspicaces de Capitol Hill à partir de l'été 1940 et Roosevelt put enfin disposer d'une certaine liberté d'initiative et de manœuvre, malgré les clameurs de l'*America First Committee* (Comité de l'Amérique avant tout) dont l'isolationnisme et le pacifisme étaient habilement encouragés et en partie financés par une propagande allemande très active.

Ce qui pressait le plus, c'était évidemment d'alarmer le pays et de fortifier sa défense et son potentiel d'aide militaire. Le 8 septembre Roosevelt proclama un état d'urgence national. Le même mois, pour la première fois en temps de paix, une loi de conscription sélective rendait le service militaire obligatoire pour tous les hommes de 21 à 35 ans. Des crédits de plus de 15 milliards de dollars furent inscrits au budget pour la défense nationale. Les usines d'aviation mirent en chantier des milliers d'aéroplanes et les usines d'automobiles furent orientées vers des fabrications d'armements. Toujours en septembre, Roosevelt conclut avec Churchill un accord aussi important pour les États-Unis que pour la Grande Bretagne : en échange de 50 destroyers de type ancien destinés à la protection des navires anglais chargés de matériel de guerre, les États-Unis louaient en territoire britannique, de Terre-Neuve à la Guyane, des bases militaires propres à renforcer le système de défense nord-américain.

Toutes ces mesures furent prises en pleine période électorale, car le second terme de Roosevelt touchait à sa fin. Contrairement à la tradition qui excluait un troisième terme présidentiel, Roosevelt avait été redésigné par la Convention démocrate comme le candidat du parti à la présidence. Sur le terrain de la politique intérieure son rival, le Républicain Wendell Willkie, choisi dans une atmosphère de confusion, attaqua certes le *New Deal*. Mais devant le danger extérieur, un accord tacite existait entre les deux hommes. Willkie approuvait le service militaire obligatoire et le troc des destroyers contre des bases et il promettait, s'il était élu, de poursuivre la politique d'assistance au Royaume-Uni instaurée par le parti au pouvoir. Ce sont donc des considérations de politique intérieure qui départagèrent les suffrages, et le champion du *New Deal*, Roosevelt, fut réélu, bien qu'à une majorité un peu diminuée.

Une fois de plus libre de ses mouvements, il put dès la rentrée parlementaire agir avec sa vigueur habituelle. Tout d'abord, dans son allocution inaugurale du 6 janvier 1941 il définit de façon frappante les quatre objectifs que les pays épris de liberté devaient se fixer face à l'idéologie et aux pratique totalitaires : la liberté d'expression, la liberté de conscience, la libération de la misère et la libération de la peur. Ceci dit, il s'agissait avant tout de trouver un moyen légal de circonvenir la loi de neutralité, car, vu l'état persistant d'une opinion publique qui n'évoluait que lentement, il était encore risqué d'en proposer ouvertement l'abolition. D'ailleurs cette abolition aurait pu signifier la guerre immédiate, alors que le pays n'y était pas encore militairement préparé. Le biais adroitement adopté par l'esprit toujours fertile de Roosevelt fut celui du prêt-bail (*Lend-Lease*). Il avait l'avantage d'éviter l'écueil tant redouté de nouvelles dettes de guerre des alliés des États-Unis. Longuement débattue, cette loi autorisait le gouvernement américain à «louer» du matériel de guerre et du ravitaillement à toute nation « dont le Président estimerait la défense d'importance vitale pour celle des États-Unis ». Il n'était pas question de récupérer les articles cédés à bail ou de se les faire rembourser en nature ou en espèces avant la fin de la guerre.

Aussitôt convoi sur convoi transportèrent vers les ports britanniques des milliers de fusils, de mitrailleuses, de canons et des cargaisons de denrées alimentaires.

La neutralité n'était plus qu'un mot vide de sens, d'autant que suivirent presque aussitôt d'autres mesures frisant davantage encore la belligérance : la saisie des navires de l'axe Berlin-Rome ancrés dans les ports américains; l'occupation par les forces américaines du Groenland et de l'Islande; l'extension du prêt-bail à l'U. R. S. S., soudain devenue l'alliée de la Grande Bretagne et de la Pologne après l'agression allemande du 22 juin 1941; et surtout, après que des navires américains eurent été attaqués par des sous-marins allemands, l'ordre donné par le Président de « tirer à vue » sur les sous-marins « ennemis ».

Chose singulière, mais explicable, Hitler ne réagissait pour ainsi dire pas à tous ces actes qui faisaient visiblement fi de la neutralité et qu'il aurait pu justement qualifier de « provocations ». En réalité, conscient du danger redoutable que représenterait pour lui l'entrée en guerre des États-Unis, il s'attachait à éviter le plus possible cette échéance, donnait à son ministre des affaires étrangères et à son ministre de la marine l'ordre impérieux de les ménager le plus possible et déployait tous ses efforts pour déterminer le Japon à entrer en lice contre eux, car peut-être les États-Unis hésiteraient-ils à lutter sur deux fronts.

Cependant ni Churchill ni Roosevelt ne perdaient de vue, dans ce branle-bas général, l'importance que revêtaient le facteur psychologique et les principes d'une saine morale internationale fondée sur le droit. Ils jugèrent donc utile de formuler de façon frappante les objectifs que devaient se proposer toutes nations démocratiques. Le 14 août 1941 ils se rencontrèrent dans l'Atlantique près de Terre Neuve et rédigèrent ensemble la Charte dite « de l'Atlantique ». Celle-ci définissait en termes généraux les normes que devaient respecter les « Nations Unies » : aucun changement territorial qui n'ait reçu l'agrément de la population intéressée ; le droit de tous les peuples de choisir leur propre forme de gouvernement ; la collaboration internationale pour le progrès économique et la sécurité sociale ; l'accès de toutes les nations aux matières premières ; la liberté des mers ; et, « en attendant l'établissement d'un système plus large et permanent de sécurité générale, le désarmement des pays agresseurs ». On retrouvait là, simplifiés, l'essentiel des 14 points du président Wilson.

Cependant la tension continuait de s'accroître en Extrême-Orient. Déjà Tokyo faisait à mots couverts allusion » à un « ordre nouveau », à la « sphère de co-prospérité » qu'il se proposait d'instaurer « dans la plus grande Asie ». D'ailleurs les incessants mouvement de troupes nipponnes ne laissaient plus aucun doute sur les intentions du Japon.

Après de longues hésitations le gouvernement américain s'était finalement décidé à interdire toute vente de pétrole au Japon. De sinueuses négociations continuaient cependant de se dérouler à Washington entre les deux gouvernements. Mais déjà les dés étaient jetés : le dimanche matin 7 décembre 1941 au matin, des nuées d'avions japonais déversaient leurs bombes sur la flotte de guerre américaine ancrée dans la rade de Pearl Harbor (Iles Hawaï), détruisant ou endommageant ses huit cuirassés, tandis que d'autres forces japonaises s'attaquaient avec une égale férocité aux îles Guam, Midway et Wake ainsi qu'aux Philippines.

C'était pour les Américains la plus terrible diane de leur histoire. Une véritable « union sacrée » se forma instantanément entre tous les secteurs de la population. Les derniers tenants d'un continentalisme étroit ou d'un isolationnisme à trame pacifiste étaient convertis, au moins momentanément : sous le coup d'une indignation vengeresse, le Congrès déclara immédiatement que l'état de guerre existait avec le Japon et trois jours après l'Allemagne et l'Italie déclaraient la guerre aux États-Unis. Le conflit européen et le conflit asiatique n'en faisaient plus qu'un. Le 1er janvier 1942 les représentants des États-Unis, de la Grande-Bretagne, de l'U.R.S.S., de la Chine et de 22 autres pays signaient une déclaration aux termes de laquelle ils acceptaient les principes de la Charte atlantique, devenue celle des Nations Unies, et s'engageaient à ne pas faire la paix avec l'ennemi commun jusqu'à ce qu'il ait été vaincu.

LES OPÉRATIONS DE GUERRE (1941-1945)

Si l'effort de guerre des États-Unis en 1917-18 avait été spectaculaire, celui qu'ils déployèrent durant leur part de la Seconde Guerre mondiale fut proprement stupéfiant. L'amour-propre profondément blessé de tous les Américains, le sentiment de l'insulte subie et de la patrie menacée étaient chez eux si violents qu'ils étaient prêts à bander leurs énergies jusqu'à la limite des forces humaines. Leur expérience de la guerre précédente, celle des très grandes affaires, leur génie d'organisation, leur sens de la coopération civique et du « travail d'équipe » (*team work*) furent, avec leurs immenses ressources, leurs atouts les plus précieux.

Plus que jamais la guerre qui leur était imposée était une guerre de matériel. Or ce matériel, les États-Unis pouvaient, à l'abri de toute attaque aérienne, en fabriquer davantage que l'ensemble de leurs ennemis. Et les hommes étaient là pour le desservir, plus de 12 millions de soldats courageux, vite formés et entraînés.

Parmi les innombrables instruments de guerre nécessaires, il en est deux qui étaient particulièrement importants et que l'on peut prendre en exemple : les avions et les navires de guerre et de transport.

Pendant toute l'année 1939 l'industrie aéronautique à des fins militaires n'avait encore pu produire que quelque 2 000 avions. En 1944 c'est 96 356 qui sortirent des ateliers de fabrication. En 1940 la production de navires de commerce n'avait guère dépassé 600 000 tonnes. En 1943 c'est 19 millions de tonnes qui sortirent des chantiers de construction maritime et 16 millions en 1944. Pendant la même période le tonnage de la flotte de guerre passa de 1 825 000 à 5 000 000 de tonnes.

La production de chars d'assaut et de camions dans les usines d'automobiles de Detroit, de canons et de mitrailleuses dans les centres sidérurgiques ne fut pas moins fabuleuse. Des industries entières furent créées de toutes pièces, notamment une industrie de caoutchouc synthétique rendue indispensable, du fait de la mainmise du Japon sur les plantations d'hévéas d'Indochine.

Le « nerf de la guerre » fut dûment assuré par une politique financière auss saine que les circonstances le permettaient. De 1939 à 1945 les dépenses de guerre atteignirent quelque 300 milliards de dollars et à la fin de la guerre la dette nationale s'élevait à 247 milliards, mais le coût de la vie n'avait augmenté que de 31 %. Si l'on avait pu obtenir ce résultat remarquable, la raison principale en est que, parallèlement aux énormes emprunts dont le service incomberait aux générations futures, une proportion considérable du budget de la guerre (2/5) avait été alimentée par un impôt sur le revenu draconien.

Enfin, dernier facteur « constructif », les conflits du travail purent être réduits au minimum, tant grâce au patriotisme qui animait les travailleurs que grâce au doigté du gouvernement et à la retenue du patronat. Les salaires purent n'être augmentés que de 15 % (en 1942), et par la suite la stabilité presque complète du coût de la vie permit aux syndicats de ne pas pousser leurs revendications.

Au moment où les États-Unis — devenus, selon l'expression imagée de Roosevelt, le « grand arsenal des démocraties » — mettaient en marche leur énorme machine de guerre, la situation militaire ne faisait qu'empirer sur tous les fronts. En Russie l'envahisseur avait été péniblement arrêté aux portes de Moscou et de Leningrad — mais cela pour une bonne part grâce au Général Hiver — et il montait l'opération en direction du Caucase qui, le printemps venu, lui permettrait d'atteindre les puits de pétrole ardemment convoités. En Extrême-Orient les Japonais ne faisaient qu'une bouchée de Singapour, occupaient la Thaïlande et la Malaisie, conquéraient l'Indonésie et les Philippines, et déjà menaçaient Ceylan et l'Inde.

Devant cette succession de revers sur tous les fronts, Roosevelt comprit d'emblée que, pour redresser la situation et reconquérir l'Europe et l'Insulinde, il fallait élaborer une stratégie globale et l'appliquer méthodiquement. La première grande décision prise fut de donner la priorité à la défaite de l'Allemagne. Le raisonnement était juste : si les États-Unis concentraient leurs efforts sur le Pacifique, l'Allemagne pourrait pendant ce temps briser la résistance de la Grande-Bretagne et de la Russie. L'Europe et le Proche-Orient perdus, on pourrait même redouter une jonction entre les forces allemandes et les forces japonaises par le nord de l'Océan

Indien. Par contre si la Russie et la Grande-Bretagne, puissamment épaulées, ne se laissaient pas vaincre, il deviendrait relativement facile, l'Europe une fois dégagée, d'avoir raison du Japon.

La seconde décision non moins importante était dictée par le souvenir des échecs cuisants que les Alliés avaient subis en France pendant la première guerre mondiale avant qu'eût été instaurée l'unité de commandement. Le principe adopté fut celui des « opérations combinées ». Les politiques militaires de toutes les Nations Unies obéiraient aux mêmes directives et les ressources économiques de chacune seraient mises en commun. Les armées, les flottes de tous pavillons seraient placées sous le commandement unique des « chefs d'état-major combinés » dont le quartier général serait établi à Washington. Toujours méfiante, la Russie ne participa toutefois pas à cet accord. Le minimum indispensable de coopération stratégique et politique entre elle et les alliés occidentaux fut assuré par des câblogrammes entre Staline, Churchill et Roosevelt et par quelques conférences entre eux ou entre leurs ministres.

Paradoxalement, malgré la priorité accordée au front européen, c'est dans le Pacifique que l'on put constater le premier signe mondial d'un prochain retournement de la situation. Malgré les pertes subies à Pearl Harbor, les forces navales et aéronavales des États-Unis dans le Pacifique demeuraient redoutables. C'est en effet la flotte qui, pendant la période de neutralité, avait bénéficié des premières mesures de réarmement. Déconvenue inattendue pour le Japon, dès le début du mois de mai 1942 une flotte japonaise fut mise à mal dans la Mer de Corail (près de l'Australie) et en juin une offensive japonaise en direction des îles Hawaï fut, dans la bataille de Midway, arrêtée net par des bombardiers américains basés sur des porte-avions. Deux mois après déjà débutait la grande contre-offensive des Américains, qui attaquaient Guadalcanal dans les Iles Salomon.

C'est à la charnière des années 1942 et 1943 que l'on put observer, sur les quatre fronts principaux, les premiers indices indiscutables du changement de marée.

En novembre 1942, sur la basse Volga, les Russes réussirent à encercler Stalingrad péniblement tenu par les Allemands et le 31 janvier 1943, déchaînant la fureur de Hitler, ce qui restait de l'armée allemande du général Paulus mettait bas les armes.

Le 23 octobre 1942, à cent kilomètres seulement d'Alexandrie, le général Bernard L. Montgomery attaquait l'armée germano-italienne de Rommel; le 4 novembre, il avait brisé sa résistance et elle fuyait en désordre en direction de la Tunisie.

Le 8 novembre 1942 plus de 200 000 Américains et Britanniques débarquaient au Maroc et en Algérie sous le commandement du général Eisenhower. Renforcés par des contingents de la France libre, ils progressèrent vers l'est. Quelques mois après les deux théâtres nord-africains d'opérations n'en faisaient plus qu'un; les deux armées alliées opéraient en effet leur jonction en Tunisie et les derniers soldats de l'Axe Berlin-Rome sur sol africain étaient faits prisonniers.

De même c'est à mi-novembre 1942 que fut livré le combat naval décisif de Guadalcanal qui coûtait à l'ennemi 2 cuirassés, 1 croiseur, 2 destroyers et 10 transports.

Cette amorce d'un reflux général était si manifestement une simple indication de ce qui allait suivre que Hitler, Mussolini et les « seigneurs de guerre » nippons auraient déjà pu juger la partie perdue et en tirer les conséquences, si trois facteurs ne les avaient influencés : leur orgueil d'abord. Grisés par le succès, ils voulaient croire que ces revers n'étaient que des épisodes et refusaient de se reconnaître voués à une défaite certaine. D'autre part la décision des Alliés d'exiger d'eux une capitulation « inconditionnelle » ne leur laissait pas le choix. Enfin et surtout la bataille de l'Atlantique n'avait pas encore tourné à l'avantage des alliés. La reconquête de l'Europe se concevait à partir de la Grande Bretagne, qui devait jouer le rôle d'un gigantesque réservoir de matériel terrestre, naval et aérien, et de troupes. A cet effet il fallait assurer la sécurité d'innombrables convois à travers l'Atlantique nord. Or de véritables meutes de sous-marins allemands opéraient entre les deux continents. Les pertes encourues étaient désastreuses : 5 millions de tonnes en 1940, guère moins en 1941. L'entrée en guerre des États-Unis en décembre 1941 n'améliora d'abord pas le bilan, car pendant les six mois qui suivirent les sous-marins allemands étendirent leurs opérations aux eaux antillaises et au golfe du Mexique, coulant les navires américains par centaines. La situation ne tarda cependant pas à évoluer, bien que lentement, dans l'Atlantique occidental ; les pertes qui demeurèrent les plus considérables furent celles que subissaient les convois à destination de Murmansk et d'Arkhangelsk. Il s'agissait en effet d'acheminer à travers l'Océan arctique les cargaisons de « prêt-bail » qui, impatiemment attendues par la Russie, représentèrent plusieurs milliards de dollars. Pendant l'année 1942 un quart du nombre de vaisseaux convoyés vers la Russie septentrionale fut envoyé par le fond.

Ce n'est qu'au milieu de l'année 1943 que les alliés gagnèrent définitivement la Bataille de l'Atlantique. Les Américains purent alors accumuler en Grande Bretagne les ressources en matériel et en hommes qui allaient enfin permettre d'ouvrir en France le second front réclamé à cor et à cris par Staline.

Les autres événements saillants de l'année 1943 sur le théâtre européen furent le refoulement par les Russes des armées allemandes jusqu'en Ukraine, au cours de combats acharnés; l'invasion de l'Italie par les troupes américaines et alliées; la chute de Mussolini en juillet et, le 8 septembre, la capitulation du nouveau gouvernement italien; à la fin de l'année, enfin, la conférence « au sommet » de Téhéran, où furent prises les grandes décisions sur les opérations futures. Se souvenant du rôle important qu'avait en septembre 1918 joué l'armée alliée des Balkans dans la défaite des puissances centrales, et désireux de préserver si possible les petits États de l'Europe orientale d'une mainmise définitive par la Russie, Churchill eût volontiers envisagé une expédition à travers l'Adriatique ou la mer Égée. Mais Roosevelt et son chef d'état-major, le général George C. Marshall, y étaient résolument hostiles.

C'est donc sur les plages normandes que débarquèrent le 6 juin 1944 et les jours suivants les forces alliées. La tête de pont fut bientôt élargie, Cherbourg pris le 26 juin, la résistance allemande brisée un mois après, Paris libéré le 23 août, tandis que des troupes alliées, débarquées en Provence, remontaient la vallée du Rhône. A la mi-septembre les Allemands se voyaient contraints d'évacuer tout le territoire français sauf une zone avoisinant le Rhin. Ils se ressaisirent toutefois en automne, et reprirent même l'offensive dans les Ardennes en décembre, mais dès le début de mars 1945 les Alliés traversaient le Rhin et s'enfonçaient au cœur de l'Allemagne cependant que, venant à leur rencontre, les armées russes se frayaient un chemin à travers la Pologne et la Hongrie et déjà menaçaient Vienne et Berlin.

Le 25 avril, les armées russes et alliées se rejoignirent au bord de l'Elbe. La résistance allemande s'effondra. Hitler se suicida dans les ruines de Berlin, le haut commandement allemand capitula sans condition et le 8 mai était signé à Reims l'armistice qui mettait fin à la guerre sur le théâtre d'opérations européen.

Sur le front du Pacifique, les Américains avaient cru à l'origine ne pouvoir que difficilement contenir les forces japonaises avant la défaite de l'Allemagne. Or, dès après la prise de Guadalcanal en janvier 1943, ils avaient décidé de monter une grande contre-offensive amphibie en adoptant la tactique de l'*island-hopping* (bond d'île en île) et celle du « saute-mouton ». Et en effet, au cours de l'année 1943, ils avaient « sauté » des Iles Salomon dans les Iles Gilbert. Au début de 1944, ils passèrent des Iles Gilbert dans les Iles Marshall et les Iles Marianne, en sorte qu'ils ne se trouvaient déjà plus qu'à quelque 2 000 kilomètres de l'archipel nippon. Désormais les bombardiers américains pouvaient semer la destruction et la mort sur les ports et les usines japonais. Pendant ce temps le général Douglas MacArthur était parti à la reconquête des Philippines. La grande bataille navale du golfe de Leyte (23-25 octobre 1944) eut pour résultat d'anéantir virtuellement la puissance navale japonaise, Manille tomba en février 1945 et peu après toutes les Philippines étaient libérées. Enfin en avril les Américains débarquèrent dans la plus méridionale des îles japonaises, Okinawa, qui devait être le point de départ de l'ultime assaut.

Certes le Japon disposait encore d'effectifs importants en Chine continentale. Aux prises depuis 1937 avec les forces de Tchang Kaï-chek ils les avaient repoussées loin à l'intérieur, aidés par les dissensions entre le généralissime chinois et ses compatriotes communistes. Mais comment espérer des renforts alors que le pays ne disposait déjà plus des navires qui eussent pu les transporter, ni des avions qui auraient pu protéger ces transports ?

A partir du début de mai 1945, date de la liquidation du front allemand, les Américains purent concentrer tous leurs efforts sur le front d'Extrême-Orient.

A la fin de juin, la conquête de l'île d'Okinawa achevée, une décision particulièrement difficile attendait le nouveau président, Harry S. Truman. Celui-ci avait en effet, le 12 avril 1945, succédé au président Roosevelt, décédé au début de son quatrième mandat. Comment concevoir les opérations finales qui détermineraient enfin l'état-major nippon à demander la paix ? Il fallait s'attendre à une résistance fanatique, si l'on en jugeait d'après les attaques d'avions-suicides (*kamikaze*) qui infligeaient tant de dommages et coûtaient tant de pertes en vies humaines à la flotte américaine. L'état-major américain avait chiffré à plus d'un demi million d'hommes les pertes qu'entraînerait une invasion de la totalité de l'archipel nippon. Truman venait toutefois d'apprendre que cette entreprise ne serait peut-être pas nécessaire, car depuis 1942 un groupe international de physiciens (dont plusieurs avaient fui l'Allemagne hitlérienne) avait, dans le plus grand secret, travaillé à Chicago à la fission de l'atome — cette fission qui permettait de libérer une énergie incomparablement plus considérable que celle des explosifs classiques. Le 16 juillet 1945 un premier essai nucléaire près d'Alamogordo dans le désert du Nouveau Mexique avait pleinement réussi, et deux au moins de ces bombes apocalyptiques étaient prêtes. Désireux d'épargner les sévères pertes de vies américaines qu'il fallait escompter et d'accord avec ses conseillers militaires, Truman décida qu'il ne pouvait en toute conscience s'opposer à l'usage de cette arme terrible. Le 6 août une première bombe atomique fut larguée sur la ville de Hiroshima, le 9 une seconde sur Nagasaki. Quelques semaines auparavant, conformément à un accord secret conclu à la conférence de Yalta, l'U.R.S.S.

avait déclaré la guerre au Japon et envahi la Mandchourie. Le 10 août le Japon capitulait sans conditions et le 2 septembre l'acte de reddition était signé à bord du *Missouri*.

Ainsi se terminait la guerre la plus coûteuse de l'histoire du monde. Seuls de tous les belligérants les États-Unis avaient échappé aux bombardements et à la dévastation. Leurs énormes ressources étaient demeurées intactes. Et cela allait leur valoir de lourdes responsabilités.

LES PRÉPARATIFS DE PAIX

Le souci des opérations militaires n'avait pas empêché le Président et le Congrès de réfléchir à ce que devrait être le monde rendu à la paix. L' « infamie » de Pearl Harbor avait porté un coup sévère à l'isolationnisme traditionnel. A la différence du Congrès de 1916-1918, ceux de 1940-1942 et de 1942-1944 étaient en faveur d'une coopération politique tendant à assurer à l'avenir le maintien de la paix. Aussi Roosevelt et son secrétaire d'État Cordell Hull purent-ils s'atteler à la tâche de convertir les Nations Unies, machine du temps de guerre, en une organisation permanente de sécurité mutuelle.

Il devenait de plus en plus évident qu'à la fin des hostilités seules émergeraient deux véritablement grandes puissances : les États-Unis et la Russie soviétique. Certes la coopération de l'U.R.S.S. avait très tôt laissé fort à désirer. Souvent ses actes, ses manœuvres diplomatiques paraissaient calculés non pas tant pour contribuer au succès de la cause commune que pour favoriser l'extension du communisme. Mais Roosevelt avait foi dans la vertu du sourire et des larges avances. Il croyait que l'attitude négative de Staline et de son appareil gouvernemental leur était dictée par la peur, et que celle-ci était assez naturelle, vu les invasions massives et dévastatrices qui avaient jalonné l'histoire du peuple russe. Il pensait pouvoir désarmer la méfiance du Géorgien en lui marquant son amitié d'homme à homme et en se fiant à sa parole. C'était une grande erreur, comme le montrèrent déjà les événements de 1944 : de toute évidence, à mesure que les armées russes repoussaient les Allemands à travers la Pologne et les pays balkaniques, le tout premier souci du Kremlin était d'y installer des gouvernements communistes à sa dévotion.

A la conférence de Yalta (février 1945) Roosevelt, déjà très malade, joua de nouveau la carte de la confiance, alors que, mieux averti, Churchill usait d'une diplomatie beaucoup plus réaliste. Indépendamment de la conduite des opérations futures sur le théâtre européen et des modalités de l'occupation de l'Allemagne, les deux problèmes principaux qui furent débattus à la conférence furent les frontières et le gouvernement de la Pologne, et la guerre contre le Japon.

La Pologne devait perdre ses provinces orientales, où la population allogène était en majorité, et recevoir en compensation la Silésie et le Poméranie allemandes, ainsi qu'une partie de la Prusse orientale. Son gouvernement provisoire, comme aussi celui des États balkaniques libérés, devrait comprendre tous les éléments démocratiques de la population, lesquels, par voie d'élections libres et sans entraves, constitueraient aussi rapidement que possible des gouvernements répondant à la volonté populaire.

D'autre part, en vertu d'un accord qui fut tenu secret, l'Union soviétique promit d'entrer en guerre contre le Japon. En échange elle recevrait des compensations territoriales aux dépens et du Japon et de la Chine de Tchang Kaï-chek. Ce dernier n'avait pas été consulté. La suite des événements allait montrer que l'intervention militaire de la Russie, achetée à un si haut prix, s'avérerait plus nuisible qu'utile aux intérêts américains.

Quant à l'accord sur la Pologne, sa disposition la plus importante aux yeux des Polonais : des élections libres pour déterminer le choix des membres du futur gouvernement, fut promptement violée. La conférence de Potsdam (juillet 1945) où les États-Unis furent représentés par le président Truman, fut bien incapable d'arrêter le processus de communisation par la force des États d'Europe orientale libérés du joug allemand par les armées russes.

Au cours de la conférence de Yalta l'existence d'un gouvernement provisoire français présidé par le général de Gaulle aurait presque passé inaperçue, tant Roosevelt s'obstinait à ne pas le reconnaître, si Churchill et son ministre des affaires étrangères, Eden, ne s'étaient « battus comme des tigres » en sa faveur (selon le témoignage de G. Hopkins, le conseiller le plus écouté de Roosevelt). Ils finirent par obtenir qu'il participât à l'occupation de l'Allemagne.

Cependant, en pleine guerre, d'autres conférences internationales s'étaient tenues sur le territoire des Etats-Unis. La conférence panaméricaine de Rio de Janeiro (janvier 1942) avait assuré la bonne entente entre les États-Unis et les États de l'Amérique latine, si nécessaire pendant la guerre. Tout au plus l'Argentine, foyer de propagande nazie, causa-t-elle quelque inquiétude à Washington.

D'autres conférences, qui, elles, revêtaient un caractère non pas hémisphérique, mais mondial, avaient jeté les bases de la réorganisation future de la collectivité internationale. Dès novembre 1943, s'inspirant d'une idée à la fois généreuse et réaliste, c'est-à-dire bien américaine, la conférence d'Atlantic City (New Jersey) avait créé l'Administration des Nations Unies pour la Reconstruction et le Secours (UNRRA) chargée d'apporter les « premiers secours » aux pays dévastés et affamés. En mai 1944 une autre conférence internationale, celle de Bretton Woods (New Hampshire), décida de créer une Banque internationale de reconstruction qui devait consentir des prêts aux pays dans le besoin, et un Fonds international doté de moyens lui permettant de favoriser la stabilisation des monnaies.

La tâche essentielle était cependant de tracer les grandes lignes de la future organisation mondiale de sécurité chargée de maintenir la paix entre les nations. C'est ce dont s'occupa la conférence de Dumbarton Oaks (District de Columbia) (été et automne 1944). Le projet ainsi élaboré servit de base aux travaux de la conférence de San Francisco (25 avril-26 juin 1945) à laquelle participèrent les délégués de 50 États. Mais les deux principaux auteurs du projet ne comptaient pas parmi eux : le président Roosevelt était mort en avril et Cordell Hull avait dû démissionner pour raison de santé. La délégation américaine était présidée par le nouveau secrétaire d'État, Edward Stettinius. Truman avait tiré la leçon de la triste expérience faite par le président Wilson. Cette fois la délégation des États-Unis était « bipartisane ». Elle comprenait les chefs du parti républicain aussi bien que du parti démocrate dans les deux Chambres.

Telle qu'elle fut signée à l'issue de la conférence, la Charte des Nations Unies ne prévoyait pas pour la nouvelle organisation une stucture très différente de celle qu'avait établie le Pacte de la Société des Nations. Une Assemblée générale où les États membres, petits et grands, étaient représentés sur un pied de complète égalité, devait siéger une fois par an. La tâche essentielle, celle de prévenir les conflits armés, incomberait au Conseil de Sécurité, qui devait être en mesure de se réunir aussitôt que le besoin s'en ferait sentir. Il devait se composer de 5 membres parmanents et de 6 autres membres choisis par l'Assemblée pour une période de deux ans. Les 5 membres permanents (États-Unis, Union soviétique, Grande Bretagne, Chine et France) devaient être au bénéfice d'un droit de veto sur toutes les mesures relatives à des questions de fond. Les États membres s'engageaient à régler leurs différends par des moyens pacifiques, à s'abstenir, dans leurs relations internationales, de recourir à la menace ou à l'emploi de la force, et à donner à l'ONU pleine assistance dans toute action entreprise par elle conformément aux dispositions de la Charte. L'article

51 reconnaissait toutefois le droit de légitime défense, individuelle ou collective. Les discussions les plus âpres tournèrent autour du recours du Conseil de Sécurité à la force à l'encontre d'un État agresseur, et au droit de veto, dont l'URSS allait faire par la suite un si large usage.

Conçue comme devant représenter une amélioration par rapport au Pacte de la Société des Nations, la Charte des Nations Unies n'en reposait pas moins sur une prémisse douteuse : à savoir que la coopération du temps de guerre entre ses principaux membres se poursuivrait dans la période d'après-guerre. Cet espoir allait malheureusement être déçu. D'autre part il n'était pas question de désarmement. De plus l'arme atomique, qui allait révolutionner les relations entre les deux plus grandes puissances mondiales, n'avait pas encore fait son apparition et le seul fait que la Charte appartînt à l'ère préatomique allait rendre singulièrement délicate sa stricte application dans les relations entre elles.

24   D'UNE GUERRE FROIDE A UNE PAIX FRÊLE
(1945-1976)

De nouveau la fin de la guerre avait éveillé de grands espoirs dans l'esprit de l'élite pensante des États-Unis. N'allait-on pas, par une action internationale, pouvoir enfin prévenir le retour de la guerre entre les grands de ce monde — d'une guerre que la découverte de la fission de l'atome rendrait fatalement encore plus meurtrière? Le Sénat de 1945-46 n'avait heureusement rien de commun avec celui de 1915-20. C'est par 89 voix contre 2 qu'il ratifia la Charte des Nations Unies élaborée à San Francisco. Oubliant ou écartant les déboires éprouvés dans les relations récentes de leur pays avec la Russie stalinienne, bon nombre d'Américains faisaient confiance à la nouvelle institution. Leur foi en son efficacité s'accrut encore quand son siège fut fixé aux États-Unis. Ce choix s'était en effet imposé à la majorité des États membres. Ils entendaient empêcher ainsi que les États-Unis ne se dérobassent comme ils l'avaient fait en 1919.

La pression des familles impatientes de revoir au foyer les *boys* dispersés au loin sur terre et sur mer fut telle que l'autorité militaire crut devoir céder et que la démobilisation prit une allure encore plus précipitée qu'en 1918-19. Au milieu de l'année 1946 les forces armées des États-Unis n'atteignaient même plus le tiers des effectifs russes sous les drapeaux. Certes, en théorie, l'équilibre des forces pouvait être considéré comme assuré, puisque les États-Unis allaient conserver le monopole de la bombe atomique jusqu'en septembre

273

1949. Mais en fait ce monopole ne jouait aucun rôle, car, satisfaits de leurs propres frontières, et par tempérament épris de paix, les Américains ne pouvaient concevoir que leur gouvernement pût brandir la menace de cette nouvelle arme en vue d'arrêter les constantes tentatives d'empiètement de l'U.R.S.S. sur des territoires limitrophes. Cela, Staline le savait, il s'y fiait et il agit en conséquence.

Aussi, durant la première année de paix, la Russie put-elle sans peine largement assouvir son double appétit : celui d'un État toujours désireux d'agrandir son territoire, et celui d'une puissance qui se donnait pour mission de propager le marxisme-léninisme dans le monde entier. Grâce au talent de ses négociateurs et à leur intransigeance, les règlements de Yalta et de Potsdam lui avaient été éminemment favorables et elle les exploitait habilement. Non seulement elle annexait Koenigsberg, qui devenait Kaliningrad, mais elle obtenait que sa zone d'occupation en Allemagne encerclât complètement Berlin : un Berlin découpé en quatre zones, mais administré conjointement par les quatre puissances occupantes : les États-Unis, l'U.R.S.S., la Grande-Bretagne et la France.

D'autre part, en un tournemain Moscou avait établi le communisme dans la zone qui lui avait été attribuée et dans trois des États d'où les armées russes avaient chassé l'envahisseur allemand : la Pologne, la Bulgarie et l'Albanie. La Hongrie, la Roumanie et la Tchécoslovaquie allaient suivre. Les revendications se succédaient, l'une plus âpre que l'autre : participation à l'occupation de la Ruhr; adroite modification du régime des Détroits; visées sur l'Azerbaïdjan iranien. Les négociations relatives à un traité de paix avec l'Allemagne et l'Autriche qui se déroulaient successivement à Londres, à Moscou et à Paris n'aboutissaient à aucun résultat en raison des exigences soviétiques que les Alliés estimaient impossible de satisfaire. Petit à petit ceux-ci étaient alors eux-mêmes amenés à durcir leurs positions.

La première véritable alarme, c'est Churchill qui la sonna dans le discours qu'il prononça en mars 1946 à Fulton (Missouri) :

> « De Stettin sur la Baltique à Trieste sur l'Adriatique, un rideau de fer est descendu sur le continent [...] Ce que la Russie veut, c'est l'expansion indéfinie de son pouvoir et de ses doctrines... ».

Désormais Truman avait compris : on ne pouvait sans doute empêcher le Kremlin de prendre certaines initiatives audacieuses à partir de ses positions de force, tant le potentiel des Alliés en armes conventionnelles — le seul qui comptât en fait — avait été affaibli. Mais ce que l'on pouvait faire, c'était renoncer à tout effort de compromis et, à chaque nouvelle menace, riposter par une parade collective aussi efficace que possible.

Les années qui suivirent virent en effet toute une série d'initiatives russes suivies de contre-mesures alliées. Celles-ci étaient généralement conçues par le gouvernement des États-Unis et mises en œuvre aussi rapidement que le permettait la nécessité d'obtenir l'assentiment des gouvernements britannique et français, et d'organiser la riposte commune.

Tout d'abord, à l'obstruction de la Russie au sein du Conseil de contrôle de Berlin et à la volonté manifeste de soviétiser sa zone, les États-Unis et la Grande Bretagne répondirent par la fusion de leurs zones respectives (2 décembre 1946).

Dans les Balkans les Russes déployaient une activité fébrile. Par des menaces à peine voilées ils entendaient obtenir de la Turquie une révision du statut des Détroits et ils soutenaient activement en Grèce la rébellion communiste contre le gouvernement d'Athènes. La Grande-Bretagne n'avait plus les moyens d'assister ce gouvernement qui, d'un moment à l'autre, pouvait chanceler.

La riposte fut la « doctrine Truman ». Le 12 mai 1947 en effet le président Truman demanda au Congrès d'ouvrir un crédit de 400 millions de dollars d'aide militaire et économique aux gouvernements de ces deux pays aux abois. Et il définit la politique qu'il entendait suivre désormais :

> « Les États-Unis doivent avoir pour politique d'appuyer les peuples libres qui résistent aux efforts déployés pour les subjuguer par le moyen de minorités armées ou de pressions extérieures.
> « Nous devons aider les peuples libres à modeler leur propre destinée chacun à sa manière [...] principalement au moyen d'une assistance économique et financière. »

En mai 1947 le Congrès vota en effet ces crédits. Il n'est pas douteux qu'ils jouèrent un rôle décisif dans l'éventuelle liquidation de l'insurrection. Tant est que Grèce et Turquie demeurèrent fermement en dehors de l'orbite soviétique.

Cependant les efforts pour faire basculer dans le camp communiste l'Italie et la France ne cessaient pas. Si la résistance de ces deux pays fléchissait, non seulement les lignes de communication permettant d'assister la Grèce et la Turquie seraient menacées, mais Staline se rendrait virtuellement maître de l'Europe entière.

Inspirée par la « doctrine Truman », la riposte préventive fut le « plan Marshall ». Le 5 juin 1947 le général G. Marshall, devenu secrétaire d'État, prononça à l'université Harvard un discours retentissant : si les pays européens dressaient un programme commun de restauration économique, les États-Unis les aideraient financièrement à le mettre à exécution. Les pays visés se hâtèrent de mettre au point, à Paris, un plan approprié, en sorte qu'en novembre 1947 Truman put demander au Congrès de voter les crédits nécessaires.

Celui-ci les vota en effet en avril 1948. Pendant les quatre années suivantes, c'est 14 milliards de dollars qu'aux frais du contribuable américain le gouvernement des États-Unis consacra à cette œuvre de sauvetage. Le succès fut éclatant. En 1952, grâce à cette généreuse injection de dollars, l'économie des États ainsi assistés était renflouée. Voire, leur production industrielle dépassait celle d'avant-guerre.

Pendant ce temps l'U.R.S.S. continuait systématiquement d'étudier les points faibles de la défense de l'Occident. Le 30 décembre 1947 le roi Michel de Roumanie était contraint d'abdiquer et un gouvernement contrôlé par le parti communiste proclamait le pays « république populaire ». Quelques semaines après, en février 1948, un coup d'État magistralement ourdi fit passer la Tchécoslovaquie dans le camp communiste.

Une autre alarme non moins grave suivit : le 1er avril 1948, profitant de la vulnérabilité de Berlin-Ouest — précaire enclave occidentale en zone soviétique — l'U.R.S.S. imposa de sévères restrictions au trafic ferroviaire et routier entre la ville et les zones américaine, britannique et française de l'Allemagne occidentale. Le but évidemment poursuivi était d'isoler et d'affamer Berlin, de l'acculer à la reddition et d'en faire la capitale d'un nouvel État satellite.

On se rendit aussitôt compte à Washington de la gravité du danger. Comme la faiblesse des effectifs disponibles et le souci de préserver la paix interdisaient de chercher à forcer le blocus terrestre, un pont aérien fut immédiatement organisé sur une échelle sans précédent. Il fallut plus d'un an de ce déploiement spectaculaire de force aérienne pour que Staline reconnût qu'il avait perdu la partie. Lorsque le blocus prit fin, le 30 septembre 1949, l'aviation américaine et britannique avait transporté dans la ville 2 300 000 tonnes de denrées alimentaires et de charbon.

Les graves événements de Prague et de Berlin en 1948 eurent au moins leur utilité : d'abord ils décidèrent le Congrès à réintroduire le service militaire sélectif imprudemment abandonné l'année précédente. D'autre part ils provoquèrent dans l'opinion publique des États-Unis un sursaut tel que ce que l'on eût pu croire impossible fut jugé indispensable : pour la première fois dans leur histoire les États-Unis allaient contracter par traité, *en temps de paix,* des obligations militaires vis-à-vis de pays étrangers. En avril 1949, en effet, ils signèrent le traité d'alliance qui les liait à la Grande-Bretagne, à la France, à l'Italie, à la Belgique, aux Pays-Bas, au Luxembourg, à la Norvège, au Danemark, à l'Islande, au Portugal et au Canada. Son article le plus important (qui s'inspirait de la nouvelle charte de l'Organisation des États américains) stipulait qu'

« une attaque armée contre une ou plusieurs d'entre les parties survenant en Europe ou en Amérique du Nord sera considérée comme une attaque contre toutes ».

La ratification du Sénat (par 83 voix contre 13) ne se fit pas attendre. Peu de temps après, une loi d'assistance pour la défense conjointe assura une aide militaire aux pays de l'Organisation du Traité de l'Atlantique Nord (O.T.A.N.), ainsi qu'à plusieurs autres pays d'Europe et d'Asie dont l'indépendance présentait une importance vitale pour les États-Unis. En décembre 1950 les signataires du traité décidèrent de créer une armée chargée de défendre, sous commandement unique, l'Europe occidentale contre toute agression et, sur leur demande, le général Eisenhower fut nommé commandant suprême des armées alliées en Europe.

Quelque temps auparavant, en vue d'enrayer de nouveaux progrès du communisme dans des pays rendus vulnérables par la misère et par le mécontentement populaire, le président Truman avait, en janvier 1949, par son « point 4 » — devenu célèbre sous ce nom — proposé une extension du plan Marshall aux pays sous-développés qui avaient besoin d'assistance. Le Congrès allait, non sans quelque retard, voter les premiers crédits nécessaires à cette fin.

Le 8 avril 1949 les trois zones de l'Allemagne occidentale — l'américaine, la britannique et la française — étaient fusionnées et l'on s'acheminait vers la création d'un État allemand, amputé certes de sa partie orientale, mais rallié au monde libre et susceptible de tenir une place importante sur le front occidental commun.

A l'autre extrémité du globe, les États-Unis amorçaient un même effort de réconciliation avec leur plus farouche ennemi d'antan, le Japon. Depuis 1945 le général D. MacArthur y avait exercé une sorte de proconsulat. Il avait imposé au pays tout un programme de réformes assez mal accueillies. Mais à partir de 1947 la tension croissante entre les États-Unis et l'U.R.S.S. provoqua un changement de politique. Washington se rendit compte de l'utilité du Japon en tant qu'avant-poste militaire et économique dans la résistance à l'expansionnisme soviétique. Le zèle réformiste de l'occupant américain se relâcha et bientôt (le 8 septembre 1951) les États-Unis allaient signer avec le Japon, à San Francisco, un traité de paix qui était bien plus favorable à ce dernier qu'il n'eût pu l'espérer quelques années auparavant.

Tout cet ensemble de mesures et d'efforts calculés pour étoffer et mieux organiser la résistance collective à l'infiltration et à l'agression communistes venait à son heure. Une heure même tardive, car l'année 1949 avait été pour les États-Unis une année de menaces particulièrement sévères. Le camp communiste enregistrait en Asie victoire sur victoire. Malgré l'aide substantielle que les États-Unis continuaient de fournir à Tchang Kaï-chek, les communistes chinois s'emparèrent le 22 janvier de Pékin, le 23 avril de Nankin. Les armées du Kouo-min-tang fondaient comme neige au soleil. Le 7 décembre le « Généralis-sime » abandonnait toute résistance sur le continent et s'enfuyait à l'île Formose (Taïwan) avec ce qui lui restait de troupes. Les 20 années de guerre civile se soldaient par un triomphe éclatant de Mao-Tsé-toung.

Autre sujet d'alarme : le 23 septembre 1949, Truman annonçait au monde que l'U.R.S.S. avait fait éclater sa première bombe atomique. Le monopole qui avait excusé, sinon justifié la mollesse de l'effort américain en matière d'effectifs militaires et d'armements classiques avait pris fin. Cela obligeait le gouvernement à repenser la stratégie globale du pays et de ses alliés.

En tout état de cause, l'attention des États-Unis allait nécessairement, plus que dans le passé, se porter vers l'Extrême-Orient, où les positions américaines étaient devenues les plus faibles. Sans doute fut-ce une erreur, de la part du gouvernement, que d'omettre en 1949, dans sa définition du « périmètre défensif » des États-Unis — et donc pour MacArthur d'évacuer — la Corée du Sud, convoitée par la Corée du Nord placée sous régime communiste. Quoi qu'il en soit, le 24 juin 1950 une armée nord-coréenne de 60 000 hommes franchissait le 38e parallèle, qui constituait la frontière entre les deux Corées. Elle ne tarda pas à s'emparer de Séoul.

La réaction du président Truman fut aussi immédiate qu'auda-cieuse. Sans prendre le temps de consulter le Congrès, il donna aux forces navales et aériennes américaines l'ordre de se porter au secours des Sud-Coréens. En même temps il saisissait le Conseil de Sécurité de l'O.N.U. de cette agression caractérisée. Celui-ci invita les États membres de l'Organisation à résister à l'agression par la force. En effet une douzaine d'États décidèrent d'envoyer des contingents aux côtés des forces américaines et, lorsque le Conseil de Sécurité demanda aux États-Unis d'établir l'unité de commandement, c'est le général MacArthur qui fut nommé général en chef des troupes de l'O.N.U. Il s'était trouvé que, pour une autre raison, le siège de l'U.R.S.S. au Conseil de Sécurité était demeuré vide, en sorte qu'aucun veto n'avait été opposé à la volonté de la majorité. Grâce à la présence d'esprit de Truman, les Nations Unies, mises à l'épreuve, avaient agi contre l'agresseur avec une célérité remarquable. C'était pour l'institution un succès majeur.

C'est naturellement l'armée américaine qui, en réalité, porta le poids de la guerre, car les contingents de la France, de la Turquie, etc., n'étaient guère que symboliques. Sous l'énergique direction du général MacArthur, un débarquement bien conçu à l'arrière des positions nord-coréennes (15 septembre 1950) redressa la situation si complètement que les armées de l'O.N.U. envahirent la Corée du Nord. Le 20 novembre une première division américaine atteignait même les bords du Yalou, qui constituaient la frontière avec la Mandchourie.

Mais ce redressement était fragile, et même politiquement funeste. Quelques jours plus tard, en effet, 200 000 « volontaires » chinois traversaient le fleuve et repoussaient les forces de l'O.N.U. loin vers le sud. Des divergences se manifestèrent alors entre le général MacArthur et le président Truman. Le premier, dont l'optique était purement militaire et ne s'étendait qu'à l'Extrême-Orient, estimait que l'on pouvait et devait gagner la guerre de Corée en bombardant les bases et les aérodromes chinois de Mandchourie et en aidant les forces de Tchang Kaï-chek à envahir la Chine continentale. Par contre, Truman et ses conseillers estimaient qu'il fallait limiter au territoire coréen la guerre sino-américaine non déclarée, se borner à y rétablir le statu quo d'avant les hostilités et se garder de provoquer une guerre totale avec la Chine, au secours de laquelle l'U.R.S.S. ne manquerait pas de se porter.

Le 11 avril 1951 — en plein accord avec la Constitution, qui confie au Président le commandement en chef des forces armées et qui proclame la suprématie de l'autorité civile sur l'autorité militaire — Truman releva le général MacArthur de son commandement et les États-Unis continuèrent de livrer une guerre limitée à la seule Corée. Le front se stabilisa graduellement de part et d'autre du 38e parallèle. En juin 1951, évidemment d'accord avec la Chine, le délégué soviétique à l'O.N.U. donna à entendre que le commandement nord-coréen était prêt à ouvrir des négociations d'armistice; et en effet, au début de juillet, la petite localité de Pan Mun Jon devint le théâtre d'interminables tractations.

Mais pendant ce temps les États-Unis tiraient la leçon du « coup » coréen, qui ne laissait pas de rappeler celui de Pearl Harbor et qui était survenu peu après ceux de Prague et de Berlin. Ils poussaient méthodiquement leur propre réarmement et aidaient celui de leurs alliés. A cette fin le Congrès vota d'amples crédits pour la défense et augmenta les impôts. Mais surtout, trois mois après que l'U.R.S.S. eut rattrapé les États-Unis dans le domaine atomique, Truman autorisa, le 31 janvier 1950, la mise à l'étude d'une bombe à l'hydrogène (ou thermonucléaire), capable de reléguer à un taux de destruction très inférieur la « simple » bombe atomique. De même, il mit en train l'étude des fusées à longue portée que Hitler avait « étrennées » en 1944, avec Londres pour cible, et que, de son côté, Moscou s'attachait fiévreusement à perfectionner. Fruit et aliment de la guerre « froide », la course aux armements entre les deux supergrands prenait ainsi une dimension nouvelle : elle devenait une course frénétique à la suprématie nucléaire, et bientôt thermonucléaire.

Aux yeux de l'historien, pendant l'ère Truman la politique intérieure des États-Unis devait nécessairement céder le pas aux graves événements de politique étrangère qui affectaient violemment l'ensemble du pays. Mais elle n'en offre pas moins mainte occasion d'observer et le jeu des institutions américaines et les mobiles, les passions qui, dans le pays, déterminent le comportement des individus et des groupes.

Candidat de compromis à la vice-présidence lors des élections de 1944 et appelé à ces fonctions, Harry S. Truman avait été, le 12 avril 1945, lors de la mort de Roosevelt, brusquement projeté à la Maison Blanche. Il avait grandi dans l'atmosphère d'une petite ville du Missouri. Nombre de ses compatriotes ne lui reconnaissaient pas l'étoffe d'un successeur de Washington ou de Lincoln. Cependant cet Américain éminemment « moyen », qui, avant de devenir sénateur, s'était longtemps adonné à de très petites affaires, allait montrer quelles ressources de bon sens, de droiture, de courage, d'énergie, voire d'intuition politique il possédait sous des apparences assez banales.

Mal préparé à ses fonctions, il donna d'abord, certes, quelques signes d'indécision. Il sembla hésiter entre une politique conservatrice et une politique progressiste. Mais bientôt il se révéla comme le continuateur de F. D. Roosevelt, dont le *New Deal* devint, selon son expression, le *Fair Deal,* c'est-à-dire une « donne » juste et équitable. Il se fit le défenseur des classes défavorisées de la société : agriculteurs et travailleurs de l'industrie, en sorte qu'il se fut vite mis à dos l'aile sudiste, profondément conservatrice, du parti démocrate. Mais il n'eut pas la main heureuse dans le choix de certains hauts fonctionnaires et le niveau de probité dans plusieurs services fédéraux laissa à désirer sous son administration.

Le problème majeur qui l'occupa de 1945 à 1947 fut nécessairement la reconversion de l'économie de guerre du pays, dirigée de Washington, en une économie de paix affranchie des contraintes imposées pendant les hostilités. Il s'agissait d'abolir sans trop d'à-coups les contrôles auxquels il avait fallu, en 1941, soumettre l'industrie, le commerce, les prix. Cette reconversion, le Congrès la facilita d'autant plus généreusement par des subventions aux démobilisés, par des dégrèvements, etc., que chacun redoutait (et que l'U.R.S.S. escomptait) une crise économique plus grave que celle qui avait suivi la Première Guerre mondiale. Mais il n'en fut rien. Le retour à une économie libre se fit dans l'ensemble vite et bien, malgré d'inévitables tiraillements et, çà et là, un fort mécontentement qui se traduisit par des grèves. Dans la plupart des cas les syndicats obtinrent gain de cause, mais la répercussion des augmentations de salaires sur le coût de la vie se fit aussitôt sentir et l'annonce, en octobre 1946, de l'abolition prochaine des derniers contrôles, sauf celui des loyers, détermina une rapide montée des prix à la consommation.

Le crédit du parti au pouvoir en fut naturellement affecté, et aux élections de 1946, pour la première fois depuis 1930, les Républicains obtinrent la majorité dans les deux Chambres. Ils prirent aussitôt position contre les syndicats, dont la puissance grandissante les inquiétait. A cet effet, sous l'impulsion du sénateur de l'Ohio, Robert A. Taft, ils révisèrent la loi Wagner de 1935. Votée en juin 1947 malgré le veto de Truman, la nouvelle loi, connue sous le nom de *Taft-Hartley Act*, avait pour but, dans l'esprit de ses auteurs, d'assurer l'égalité devant la loi des patrons et des salariés, et de mettre la population à l'abri des abus de pouvoir des syndicats. Par contre les chefs syndicalistes virent en elle un coup sournois porté à la négociation de contrats collectifs. En fait la loi permettait aux employeurs de poursuivre en justice les syndicats qui avaient rompu un contrat, elle interdisait le *closed shop*, c'est-à-dire l'obligation pour les employeurs d'embaucher uniquement des ouvriers appartenant au syndicat ; elle condamnait toute une liste de pratiques dites *unfair* (déloyales) auxquelles se livraient souvent les syndicats ; mais surtout elle autorisait le gouvernement à s'opposer, par une *injunction* (arrêt suspensif) valable 80 jours, à la poursuite d'une grève mettant en péril la sécurité nationale. Ce délai de réflexion (*cooling off period*) de presque trois mois devait permettre la conduite de négociations entre patrons et travailleurs sous une prudente médiation du gouvernement et sous la pression de l'opinion publique. Malgré plusieurs efforts pour la modifier, la loi Taft-Hartley est toujours en vigueur et il semble qu'elle ait prouvé son utilité.

La situation dans laquelle un président démocrate doit collaborer avec un Congrès à majorité républicaine, ou *vice versa*, s'était déjà présentée plusieurs fois dans l'histoire des États-Unis, mais jamais, peut-être, la tension entre l'exécutif et le législatif n'avait été aussi acrimonieuse qu'en 1947-48. Chaque fois que Truman proposait une réforme de tendance libérale, par exemple une première mesure destinée à faciliter l'exercice par les Noirs des droits civiques que leur reconnaissait la Constitution fédérale, le Congrès la rejetait, ou l'égarait dans un labyrinthe de procédure.

Se croyant fermement en selle, les Républicains abordèrent l'élection présidentielle de 1948 avec une confiance totale dans le succès de leur candidat, le gouverneur Thomas E. Dewey. Mais loin de se croire voué à l'échec, Truman, candidat démocrate, fit preuve d'un esprit combatif et d'une habileté manœuvrière que l'on n'attendait pas de lui. Il se dépensa sans compter pendant la campagne électorale, flagellant sans merci le 80e Congrès qui avait repoussé son programme de *Fair Deal.* Et le jour des élections, à la surprise générale, une majorité très nette le confirma dans ses fonctions présidentielles.

C'était un triomphe remarquable. Mais Truman ne put guère l'exploiter, car, bien qu'en majorité démocrate, le 81ᵉ Congrès ne s'avéra pas beaucoup moins conservateur que le précédent. Il rejeta l'essentiel des mesures de *Fair Deal* qui lui étaient proposées, notamment l'octroi de subventions fédérales aux écoles et une assistance fédérale aux Noirs illégalement dépouillés par les États du Sud de leurs droits d'électeurs. Il se borna à majorer le salaire minimum, porté en 1949 de 45 à 75 cents l'heure, à étendre le système de sécurité sociale à de nouveaux groupes de travailleurs, portant de 35 millions à près de 45 millions le nombre des assurés (1950), et à voter quelques crédits pour la construction de logements à prix modérés.

C'est toutefois sur un autre terrain que le terrain parlementaire que se déroulèrent les événements intérieurs les plus importants au cours du second mandat du président Truman. Ce qui préoccupait alors le plus vivement l'opinion publique, c'était la révélation des activités d'espionnage et d'infiltration menées aux États-Unis avec une facilité déconcertante par des agents communistes pendant et après la guerre. Petit à petit les Américains avaient appris des faits troublants : alors qu'au péril de leur vie ils avaient aidé de toutes leurs forces la Russie dans son effort de guerre, un réseau d'espions soviétiques avait recueilli et transmis clandestinement à Moscou des renseignements sur les secrets américains de fabrication d'engins de guerre. Alors que le vice-président Truman ignorait encore tout des travaux de mise au point d'une bombe atomique, Staline était, lui, déjà pleinement informé. En 1945 des documents secrets du service des renseignements d'alors, l'*Office of Strategic services* (O.S.S.) avaient été découverts dans le bureau d'une feuille communiste. En 1946 une retentissante affaire d'espionnage russe au Canada avait eu des prolongements aux États-Unis. Arrêté en Angleterre, le physicien d'origine allemande, naturalisé américain, Klaus Fuchs, qui avait pendant la guerre travaillé à la recherche atomique à Los Alamos (Nouveau Mexique), avait depuis 1942 livré d'importants secrets aux services de renseignements soviétiques. Il y avait certainement eu d'autres complicités américaines! Les communistes travaillaient impunément dans l'ombre! Dans l'administration, dans les universités, des citoyens américains à tendance « radicale » exprimaient ouvertement des idées et déployaient des activités « non-américaines »!

De là le grand mouvement de chauvinisme, confinant à une hystérie collective, qui déferla sur le pays pendant l'administration Truman. Se souvenant d'un épisode tristement célèbre de l'histoire du Massachusetts au XVIIᵉ siècle (1), ceux qui le désapprouvaient ou le trouvaient excessif le qualifièrent de *witch-hunting* (chasse aux sorcières). Et en effet le zèle des superpatriotes ou des obsédés fit souvent fi du droit des citoyens d'exprimer des idées dont le seul tort était d'être libérales. Nombreux furent les ultra-nationalistes pour qui tout compatriote orienté vers la gauche devenait un agent communiste.

Ce mouvement général de défense contre l'infiltration marxiste devait nécessairement affecter le gouvernement. En effet celui-ci institua en 1947 tout un mécanisme permettant, censément, de s'assurer du loyalisme des fonctionnaires. Sous la pression du Congrès les enquêtes sur le « loyalisme » des individus se multiplièrent et devinrent plus strictes. De plus la Chambre des Représentants créa un comité des « activités non-américaines ». Au cours de ses travaux, celui-ci découvrit que plusieurs personnes qui avaient occupé des postes de quelque importance sous l'administration Roosevelt avaient sympathisé avec le parti communiste, ou même lui avaient fourni des renseignements. Tel était le cas du président de la Dotation Carnegie pour la paix internationale, Alger Hiss, qui, alors haut fonctionnaire du département d'État, avait accompagné Roosevelt à la conférence de Yalta en qualité de conseiller. L'affaire Hiss eut en 1948 un gros retentissement dans tout le pays. Les ultra-nationalistes en déduisirent que tout le *New Deal* avait été infecté de communisme, voire que la politique extérieure du gouvernement, en particulier en Chine, avait été sinon dictée, du moins influencée par des agents communistes. Des ennemis jurés de l'administration Truman allèrent jusqu'à prétendre que le département d'État était encore truffé de communistes, et de grands journaux tels que le *Chicago Tribune* firent chorus avec eux. Le plus acharné et le plus influent de ces superpatriotes était le sénateur républicain du Wisconsin, Joseph McCarthy. Il ne craignit pas de dresser une liste de 205 fonctionnaires du département d'État plus ou moins affiliés au parti communiste, qui selon lui participeraient à la direction de la politique étrangère du pays. Ces accusations étaient évidemment absurdes. Mais l'idée d'une conspiration secrètement ourdie par les suppôts de Moscou pour subvertir l'ordre établi avait quelque chose de séduisant. Ce roman policier géant trouva plus d'un esprit crédule, quoique le sénateur fût bien incapable de fournir la moindre preuve. On put dès lors parler d'une vague de « maccarthysme ». Des soupçons pesèrent sur quiconque avait, dans sa jeunesse, exprimé des idées « avancées », ou avait été plus ou moins étroitement lié avec une personne devenue elle-même suspecte ; et cela entraîna bien des tragédies pour de modestes fonctionnaires, des professeurs, des écrivains, des artistes, et même des acteurs de cinéma.

(1) Voir page 38.

Influencé par cette grande peur collective, le Congrès vota en 1950, malgré l'opposition du président, une loi qui instituait l'enregistrement de tous les membres d'organisations classées comme subversives. Elle excluait les citoyens « déloyaux » de tout emploi dans les usines qui travaillaient pour la défense nationale. Deux ans plus tard, passant de nouveau outre au veto présidentiel, le Congrès vota la loi McCarran qui aggravait les restrictions à l'immigration, tout en perpétuant les discriminations précédemment votées à l'encontre des pays dont les immigrants étaient jugés indésirables.

Cette intolérance systématique, cette fâcheuse manière de violer les libertés fondamentales, de bafouer les « grands droits » (*great rights*) dont les États-Unis s'étaient dits les gardiens jaloux, ces mesures législatives de prévention et de répression naïvement conçues et maladroitement appliquées firent naturellement le plus grand tort aux États-Unis dans l'opinion européenne. On put en effet redouter que le pays tout entier ne sombrât dans le fascisme.

Mais il n'en fut rien. La guerre de Corée, qui avait en grande partie déterminé ces excès, allait prendre fin et le pays eut bientôt recouvré la foi dans les libertés démocratiques, cette foi qui pourrait bien être la grande loi de son histoire.

Lors des élections présidentielles de 1952 cette guerre impopulaire n'était toutefois pas encore terminée, les négociations d'armistice s'éternisaient et l'opinion publique s'impatientait. Comment mettre un point final à cette coûteuse, mais nécessaire aventure?

Le pays n'hésita pas. Il avait le choix entre la candidature démocrate d'Adlaï Stevenson, intellectuel de haut mérite, et le général Eisenhower, héros national, qui n'avait jamais fait de politique. Il se serait volontiers placé au-dessus des partis, mais le parti républicain, le G.O.P. (*Grand Old Party*), avait pu le convaincre de le représenter devant l'électorat. Le général l'emporta à une très forte majorité. Très populaire, il avait en effet une réputation de grand conciliateur; et qui mieux que lui — pensaient les âmes simples — pourrait réussir là où tous les précédents efforts avaient été vains?

En même temps les Républicains reconquéraient de justesse la majorité dans les deux Chambres. Ainsi prenaient fin vingt années d'administration démocrate.

LES DEUX MANDATS D'EISENHOWER (1953-1961)

Le 1er novembre 1952, trois jours avant l'élection qui allait faire du général Eisenhower le prochain hôte de la Maison-Blanche, un événement d'importance cruciale ébranlait l'atmosphère : la Commission américaine de l'énergie atomique faisait exploser dans un îlot du

Pacifique, Eniwetok, sa première bombe thermonucléaire. Le 20 août 1953 l'U.R.S.S. annonçait qu'elle avait elle aussi fait exploser sa première bombe à l'hydrogène. En fait le service des renseignements des États-Unis, la C.I.A. (*Central Intelligence Agency*), savait déjà pertinemment que Moscou avait réalisé sa « percée thermonucléaire » quelques mois à peine après Washington.

La brièveté de cet intervalle — comparé aux quatre années (1945-1949) qu'il avait fallu à Moscou pour rattraper son retard initial — allait donner à réfléchir au gouvernement américain. Les E.U.A. avaient définitivement perdu leur monopole technique et désormais le mieux qu'ils pourraient espérer serait cet « équilibre de la terreur » qui allait devenir la dominante de la stratégie, et donc, en dernière analyse, de la diplomatie des deux supergrands. Au moment où Eisenhower prenait en mains la direction de la politique extérieure du pays, il n'était cependant pas possible de se rendre exactement compte des conséquences de cette révolution.

La première préoccupation du nouveau président fut naturellement de terminer honorablement la guerre de Corée. La promesse de s'employer à le faire avait d'ailleurs largement contribué à son succès auprès des électeurs. Il vola donc jusqu'en Corée, réconforta de sa présence soldats et officiers jusque dans les avant-postes et regagna Washington pleinement au courant des difficultés de la situation, mais aussi des possibilités de décision. Ce n'est toutefois que le 27 juin 1953 que l'armistice put être signé. Un certain désarroi causé par la mort de Staline (5 mars 1953) et une certaine lassitude dans le camp nord-coréen et chinois aidèrent sans doute à mettre fin aux tergiversations. La principale pierre d'achoppement avait été le refus d'un groupe nombreux de Nord-Coréens faits prisonniers par les armées de l'O.N.U. de se laisser rapatrier en terre communiste.

Avant l'élection, les Républicains s'étaient, dans leur « plate-forme », élevés contre le caractère négatif du programme de simple « endiguement » (*containment*) de l'U.R.S.S. pratiqué par les Démocrates sous l'administration Truman et ils avaient préconisé des mesures positives — ils ne disaient pas lesquelles — en vue de repousser vers l'Est (*roll back*) le rideau de fer. Mais une fois au pouvoir ils se gardèrent d'inaugurer une politique susceptible de déclencher une troisième guerre mondiale et leur conduite des affaires ne différa que dans le détail de celle de leurs prédécesseurs.

Eisenhower confia le secrétariat d'État à un avocat de New York qui avait acquis une grande expérience des affaires internationales, John F. Dulles. Avec une énergie inlassable celui-ci s'employa, par des visites personnelles ou au cours de conférences dans toutes les capitales du monde, à organiser une résistance concertée des pays encore libres à l'expansionnisme communiste. Ce faisant il ne craignait pas de recourir à ce qu'on a appelé le *brinkmanship*, c'est-à-dire l'art de ne s'arrêter, dans sa pression diplomatique, qu'à deux doigts de l'abîme, en menaçant de recourir à des « représailles massives » si ses adversaires n'écoutaient pas ses avertissements.

En Europe occidentale, le grand problème à résoudre était de mener à son terme la politique précédemment inaugurée d'intégration de l'Allemagne occidentale dans le système défensif de l'Occident. La simple géographie indiquait que la protection de l'Europe occidentale contre une agression soviétique nécessitait une active coopération, avant tout militaire, de l'ancien Reich. Mais celle-ci soulevait une vive opposition de la part de la France. Ce pays voyait en effet d'un très mauvais œil toute proposition de réarmer cette Allemagne dont les armées venaient de piétiner son sol, de fusiller ses patriotes, et dont on pouvait craindre de réveiller les instincts belliqueux.

En même temps — et ce n'était pas le moindre paradoxe — guéris de leur fièvre guerrière, les Allemands eux aussi s'opposaient énergiquement à leur propre réarmement, et les murs des villes rhénanes se couvrirent de l'inscription lapidaire : *Ohne uns* (Que ce soit sans nous!). Dulles s'employa de son mieux à expliquer aux deux ex-ennemis qu'il y allait de leur propre intérêt. Il dut parfois recourir à la menace, et notamment donner à entendre à la France que les États-Unis pourraient être amenés à envisager une « révision déchirante » (*agonizing reappraisal*) de leur politique, c'est-à-dire de se désintéresser de l'Europe. Toutefois, après des négociations prolongées, Dulles — et la « force des choses » — parvinrent à convaincre les États européens que leurs intérêts coïncidaient exactement avec ceux des États-Unis, et le 23 octobre 1954 furent signés à Paris une série de traités de la plus haute importance : ils créaient une République fédérale allemande dotée des droits souverains d'un État indépendant. Cette nouvelle Allemagne était, moyennant certaines réserves, admise comme membre de l'O.T.A.N. et elle devait fournir des troupes à une armée collective de l'Europe occidentale, au côté des divisions américaines, britanniques, françaises, etc.

Cependant certains signes, plus ou moins perceptibles, sinon de dégel, du moins de pause dans la guerre froide s'étaient manifestés dès avant la mort de Staline (5 mars 1953). Celle-ci provoqua de nombreux remous non seulement à Moscou, mais aussi dans les pays satellites. Il n'est guère douteux que l'insurrection est-allemande du 17 juin 1953 et la grève générale qui l'accompagna n'ont été possibles qu'à cause de flottements qui se produisirent au Kremlin et dans les États du glacis soviétique avant que le pouvoir ne fût stabilisé entre les mains de N. Khrouchtchev. C'est à la dénonciation des « erreurs » et des méfaits de Staline que semble aussi s'être reliée la conclusion inespérée, le 15 mai 1955, d'un traité de paix avec l'Autriche. Un pays en partie soumis à un régime communiste recouvrait sa liberté! Cette attitude relativement conciliante de Moscou annonçait-elle un véritable changement de politique? Ou n'était-elle qu'une simple manœuvre tactique? On ne pouvait le savoir. Mais Eisenhower était lui-même trop épris de paix pour ne pas répondre favorablement à toute avance, même voilée et incertaine, de son adversaire.

C'est ainsi que, sur la proposition des États-Unis, auxquels se joignirent la Grande-Bretagne et la France, une conférence des chefs d'État se tint à Genève du 18 au 23 juillet 1955. Elle buta sur la question d'un traité de paix avec l'Allemagne. Elle n'aboutit qu'à quelques vagues déclarations d'intentions, que devaient s'efforcer de mettre en œuvre les ministres des affaires étrangères. Ceux-ci se réunirent en effet trois mois après, sans parvenir au moindre résultat. Mais n'était-ce pas déjà un progrès que de consentir à discuter ensemble au sommet, pour la première fois depuis la conférence de Potsdam? Et la guerre froide n'allait-elle pas se muer insensiblement en « coexistence pacifique »?

La cruelle répression de l'insurrection de Budapest en automne 1956 montra toutefois, s'il en était besoin, que rien n'était fondamentalement changé dans la politique du Kremlin, sinon une chose peut-être : Khrouchtchev avait hésité quelques jours avant de faire intervenir ses blindés, alors que Staline n'aurait pas hésité une minute. Quoi qu'il en soit, ni Washington ni ses alliés ne crurent devoir, ou pouvoir s'interposer.

Cette même année 1956 fut une date importante pour les États-Unis dans une autre partie du monde : le Proche-Orient. Non seulement des considérations stratégiques les avaient amenés à entretenir une flotte en Méditerranée orientale, mais il leur fallait suivre attentivement la vague de nationalisme qui soulevait les États arabes. Voisins de l'U.R.S.S., ceux-ci détenaient d'immenses richesses pétrolières, en partie exploitées par une puissante compagnie américaine. Il convenait de ne pas se les mettre à dos. Le problème était rendu particulièrement compliqué du fait de leur hostilité envers Israël, dont le gouvernement américain avait d'emblée reconnu l'indépendance en 1947. En Égypte une conspiration d'officiers avait détrôné le roi Farouk en 1952 et, depuis 1953, le pays était gouverné par un dictateur farouchement nationaliste, le colonel G. Nasser. En juillet 1956 celui-ci avait accepté une aide économique et militaire de l'U.R.S.S. La réaction de Dulles fut d'annoncer brusquement que les États-Unis renonçaient à financer la construction d'un gigantesque nouveau barrage à Assouan, sur le Nil, à laquelle ils s'étaient plus qu'à demi engagés. La riposte de Nasser fut, le 26 juillet, de saisir le canal de Suez, source de revenus considérables pour la compagnie de ce nom. Celle-ci était dominée par des intérêts britanniques et français. Londres et Paris ayant en vain proposé aux États-Unis de s'associer à eux dans une action commune, ils déclenchèrent le 5 novembre, en même temps qu'Israël, une opération-éclair en direction du canal. Mais, respectueux du Pacte des Nations Unies, Eisenhower s'opposa à cette agression, l'U.R.S.S. brandit la menace d'une intervention nucléaire, les Nations Unies exigèrent un cessez-le-feu immédiat et force fut aux assaillants de céder et de retirer leurs troupes du sol égyptien.

Cette expédition avortée eut un triple effet : elle démontra que la France et la Grande-Bretagne, ex-grandes puissances, ne pouvaient désormais plus agir, militairement parlant, sans l'approbation des États-Unis; elle exacerba le nationalisme arabe, car Nasser avait triomphé, grâce à la coalition imprévue de l'U.R.S.S. et des E.U.A.; enfin elle avait nui aux traditionnelles bonnes relations entre Grande-Bretagne et États-Unis. Mais ce n'était qu'un nuage passager, car l'entente fut bientôt rétablie entre les deux puissances anglo-saxonnes. En proie à des travaux de sape pronassériens, les gouvernements du Liban et de la Jordanie redoutaient des manœuvres intérieures et extérieures visant à leur faire perdre leur indépendance au profit d'une unité arabe sous l'hégémonie du Caire. États souverains, ils sollicitèrent l'aide américaine et britannique. Et en effet, le 15 juillet 1958, quelques centaines de fusiliers marins américains (*marines*) et de petits contingents britanniques vinrent soutenir par leur présence les gouvernements légitimes de Beyrouth et d'Amman. Ces troupes furent dûment retirées le mois suivant, lorsque le danger immédiat parut écarté.

En Extrême-Orient la guerre de Corée, qui avait coûté aux États-Unis 54 000 tués, était terminée. Mais que l'administration fût démocrate ou républicaine, il ne pouvait être question de désengagement. Washington ne pouvait se soustraire au devoir d'aider au relèvement de la Corée du Sud, dévastée par trois ans de guerre, sous peine de la voir retomber aux mains des communistes.

De même il ne pouvait se désintéresser de Taïwan où, en 1949, les débris de l'armée de Tchang Kaï-chek s'étaient réfugiés sous la protection de la flotte américaine. Truman avait eu pour politique d'empêcher les forces nationalistes chinoises d'attaquer la Chine continentale. Au début de son administration, Eisenhower annonça que les États-Unis abandonnaient cette politique d'abstention. Mais il apparut bientôt que la porte laissée ouverte à des hostilités entre les deux Chines pouvait entraîner les États-Unis dans un affrontement qu'ils ne voulaient pas. En janvier 1955 Eisenhower obtint du Congrès l'autorisation de recourir, si besoin était, à la force pour protéger l'île, car, à vrai dire, c'est bien plutôt Pékin qui menaçait l'île d'une invasion.

Pendant toutes ces années les États-Unis continuaient de se refuser à reconnaître le gouvernement de Pékin et de s'opposer à son admission aux Nations Unies. L'argument invoqué était que ce gouvernement ne remplissait pas les conditions requises par le Pacte de l'Organisation en son article 4 : « être un État pacifique acceptant les obligations de la Charte et, au jugement de l'Organisation, être capable de les remplir et disposé à le faire ».

Le siège de la Chine au Conseil de Sécurité continuait donc d'être occupé par la Chine nationaliste, État minuscule n'existant que par la grâce de Washington. Aux yeux de ce gouvernement et de bon nombre d'autres, c'était évidemment un paradoxe et un mal que ces 700 millions d'hommes ne fussent pas représentés au sein d'une organisation à vocation universelle. Mais on pouvait redouter que ce fût un mal plus grand encore si, membre de l'Organisation, Pékin pouvait, dans ce cadre idéal, déployer une activité néfaste pour une paix véritable.

L'Indochine ne demeurait pas un moindre souci pour le département d'État. Lorsque Eisenhower était entré à la Maison-Blanche, les hostilités qui, au lendemain de la Grande Guerre, avaient éclaté entre la France et les forces communistes du Viet Minh se poursuivaient dans des conditions de plus en plus difficiles pour les forces françaises. Ce fut bientôt la catastrophe de Dien Bien Phu (mai 1954), qui décida la France à une complète renonciation.

En juillet la conférence de Genève aboutit à un règlement qui sanctionnait la victoire communiste. Le Viet Minh demeurait maître du Vietnam du Nord, soit 60 % du pays, avec une population de 12 millions d'habitants, tandis que le Vietnam du Sud, le Laos et le Cambodge devenaient des États indépendants.

Conscient de la menace accrue qui allait peser sur ces trois États et sur la Thaïlande, Dulles se hâta de mettre sur pied une organisation de défense collective analogue à l'O.T.A.N. Ainsi naquit à Manille, en septembre 1954, l'Organisation du Traité de l'Asie du Sud-Est (O.T.A.S.E.). Signé par huit des pays de la région, ce traité n'allait toutefois donner que des signes de faiblesse. En réalité, face aux constants empiètements du Vietnam Nord, soutenu par l'U.R.S.S. et par la Chine, l'essentiel de la défense du Vietnam-Sud reposerait désormais sur les États-Unis.

En Amérique latine Eisenhower eut également à faire face à mainte difficulté. Sans doute les relations des États-Unis avec les vingt républiques avaient été théoriquement assainies grâce à la transformation de l'Union panaméricaine en une Organisation des États américains (O.A.S.) répondant mieux au désir de complète égalité de chacun de ses membres. La charte de cette organisation avait été

289

signée le 30 avril 1948 à Bogota (Colombie). Mais l'inévitable hégémonie des États-Unis ne pouvait être que masquée. La méfiance envers l' « impérialisme yankee » subsistait. Au Panama le gouvernement demandait la revision du traité de 1903 portant concession aux E.U.A. de la zone du canal. Il l'obtint en effet en 1955, et l'annuité obtenue par le Panama fut plus que quadruplée. Mais c'était encore bien peu, en regard de l'énorme valeur de la zone concédée. Le drapeau des États-Unis flottait toujours sur une partie du sol panaméen et les revendications du minuscule État, qui se sentait une fois de plus dupé et humilié, n'en furent que stimulées.

Au Guatemala le président Jacobo Arbenz, élu en 1950, orientait manifestement le pays vers le communisme. Ce n'est qu'en juin 1954 qu'il fut évincé du pouvoir par une junte militaire anticommuniste. Et toute l'Amérique latine de murmurer que celle-ci avait été secrètement aidée, sinon formée, par les services secrets des États-Unis, la C.I.A. (*Central Intelligence Agency*).

Bien plus grave allait être à Cuba, le 1er janvier 1959, la prise du pouvoir par Fidel Castro qui, aux portes de la Floride, allait installer un gouvernement communiste farouchement hostile.

En réalité tous les États du Centre et du Sud de l'hémisphère avaient alors contre les États-Unis le même grief : témoins de la généreuse application du plan Marshall à l'Europe, ils leur en voulaient de ne pas leur avoir fait partager cette manne, alors que les riches sociétés minières ou fructicoles américaines continuaient de retirer de substantiels profits de leurs investissements en Amérique latine. Il leur était difficile de comprendre l'embarras du Congrès américain, qui répugnait à demander au contribuable de nouveaux sacrifices pour aider financièrement des juntes militaires, des dictatures, ou, au mieux, des républiques branlantes.

Quoi qu'il en soit, lorsque le vice-président R. Nixon fit en 1958 une tournée de « bon voisinage » en Amérique latine, les étudiants péruviens l'accueillirent à Lima à coups de pierres et d'œufs. Ils donnaient ainsi la mesure de l'impopularité grandissante des États-Unis dans une partie du monde vitale pour eux.

Les deux mandats d'Eisenhower furent d'autre part marqués par toute une série d'événements dans un domaine nouveau, en prodigieuse évolution, le domaine atomique et spatial. Toute la stratégie de la défense américaine en fut révolutionnée. Au début les bombes diaboliques devaient être larguées par des avions qu'il s'agissait d'intercepter. Mais à la suite d'essais soviétiques dans le Pacifique, américains dans l'Atlantique, les Soviets d'abord, puis les Américains mirent au point des fusées à portée intercontinentale qui pouvaient être dotées d'une ogive nucléaire. Les rampes de lancement devenaient un facteur de prime importance. La moindre tentative de désarmement s'en trouva singulièrement compliquée. En effet, alors que, pour pouvoir être mutuellement accepté, tout désarmement implique un certain contrôle inspirant confiance, l'U.R.S.S. se refusait à admettre la moindre vérification sur son territoire. Aussi la première négociation sérieuse sur la voie du désarmement « général et complet » qui se tint à Genève en 1960 et années suivantes n'aboutit-elle à aucun résultat.

L'année 1957 avait été témoin d'un événement de prime importance : l'ouverture sensationnelle de l'ère spatiale avec la mise sur orbite terrestre, par les Russes, le 4 octobre, de Spoutnik I, puis le 3 novembre, d'un Spoutnik II beaucoup plus volumineux. Ce fut une totale surprise pour les États-Unis, qui s'étaient crus à l'avant-garde du progrès technique. Leur sentiment de frustration et d'inquiétude fut encore accru lorsqu'une année après (4 janvier 1959) les Soviétiques mirent sur orbite solaire la première planète artificielle, Lunik I. Force fut au Pentagone, siège de l'état-major des trois armes, de reconnaître qu'après son avance considérable des années d'après-guerre, il s'était laissé distancer. Tout le pays se sentit humilié. Il s'agissait de rattraper ce retard au plus vite, car il y allait de la sécurité même du pays. Avec les progrès à attendre en matière de balistique et de téléphotographie, un vaisseau spatial soviétique survolant les États-Unis ne pourrait-il pas bientôt donner une dimension nouvelle à une guerre entre les deux supergrands ?

La riposte prit deux formes principales. D'abord de nouveaux crédits furent votés pour activer la recherche et les essais spatiaux. Mais aussi une enquête approfondie révéla quelques-unes des raisons pour lesquelles le pays s'était laissé gagner de vitesse dans la course à l'hégémonie spatiale. Il y avait eu dispersion des efforts et rivalité coupable entre les trois armes : terre, mer et air. D'autre part l'U.R.S.S. formait trois fois plus d'ingénieurs que les E.U.A.; l'enseignement scientifique dans les high-schools était très insuffisant; les maîtres et les maîtresses de mathématiques trop peu nombreux, médiocres et mal payés...

Dans l'ensemble le choc fut salutaire. Une vague de saine autocritique prit le relais d'une certaine tendance à la facilité et à l'auto-satisfaction. La résistance à une intervention fédérale dans le domaine de l'enseignement, jusque-là réservé aux 48 États (1), allait enfin s'affaiblir. En août en effet, le Congrès vota le *National Education Act* autorisant le versement aux États d'importants mon-

_____

(1) Passés à 50 lorsque l'Alaska (30 juin 1958) et les îles Hawaï (21 août 1959) furent, de simples « territoires », devenus États.

WASHINGTON

OREGON

IDAHO

MONTANA

WYOMING

NEVADA

UTAH

CALIFORNIE

COLORADO

ARIZONA

NOUVEAU MEXIQUE

C A

NORD

SUD D

NEBR.

TEX

ALASKA

MEXIQUE

HAWAÏ

Carte 5 -

A

SOTA
WISCONSIN
MICHIGAN
IOWA
ILLINOIS INDIANA OHIO
MISSOURI
KENTUCKY
ARKANSAS TENNESSEE
MISSISSIPPI ALABAMA GEORGIE
LOUISIANE

VERMONT MAINE
NEW HAMPSHIRE
MASSACHUSETTS
NEW YORK RHODE ISLAND
CONNECTICUT
PENNSYLVANIE
NEW JERSEY
DELAWARE
VIRGINIE MARYLAND
OCCID. VIRGINIE
CAROLINE DU NORD
CAROLINE DU SUD

FLORIDE

ante États.

tants destinés à renforcer, dans les écoles publiques, l'enseignement de la science, des mathématiques et des langues étrangères, ainsi que la création de bourses fédérales pour étudiants avancés.

Cependant la révolution atomique avait des implications — et l'on pouvait en attendre des applications — qui dépassaient largement le domaine militaire. C'est le mérite d'Eisenhower d'avoir compris ce que l'énergie atomique pouvait signifier pour la paix et d'avoir inlassablement préconisé son utilisation pacifique. Sans doute avait-il eu, en la personne de Bernard Baruch, un prédécesseur qui avait donné l'exemple. En 1946, alors que les États-Unis étaient encore seuls à posséder l'arme atomique, ce dernier avait présenté aux Nations Unies un plan aussi hardi que bien conçu. Il prévoyait la création d'une Autorité atomique internationale qui assurerait le contrôle mondial des armes atomiques et stimulerait l'utilisation non pas destructive, mais « constructive » de l'énergie atomique.

Après la mort de Staline, jugeant le moment favorable, Eisenhower reprit partiellement l'idée, avec une vigueur nouvelle. Dans un discours éloquent, et même dramatique, prononcé devant l'Assemblée générale des Nations Unies en décembre 1953, il présenta tout un programme d' « atomes pour la paix » (*Atoms For Peace*) et proposa la création d'une « banque » de matériaux atomiques à laquelle contribueraient les pays producteurs et qui favoriserait l'utilisation pacifique de l'énergie atomique. Telle fut l'origine de l'Agence internationale de l'énergie atomique dont la charte fut approuvée en 1956 et qui, établie à Vienne, déploie en effet une utile activité mondiale.

Dans le même ordre d'idées, c'est grâce au vigoureux appui des États-Unis que l'O.N.U. put organiser en 1955 à Genève une conférence entièrement consacrée au développement de ces applications pacifiques. Au cours de cette imposante manifestation U.R.S.S. et E.U.A. purent pour la première fois se dévoiler mutuellement quelques procédés techniques de domestication de l'uranium qui, jusque-là, avaient été tenus jalousement secrets. Les divers modes de conversion de l'énergie nucléaire en électricité en reçurent une forte impulsion. Le 18 décembre 1957 fut notamment inaugurée à Shipping-port (Pennsylvanie) la première centrale civile d'énergie nucléaire des États-Unis produisant de l'électricité à usage commercial.

Cependant, au moment même où de premiers symptômes de dissension se manifestaient entre Moscou et Pékin, Eisenhower poursuivait ses efforts pour améliorer les relations entre les États-Unis et la Russie soviétique. Il dépêcha à Moscou le vice-président Nixon; il accueillit à Washington le conseiller intime de Khrouchtchev, A. Mikoyan; en septembre 1959 c'est Khrouchtchev lui-même qui, répondant à l'invitation des États-Unis, parcourut le pays, étudia dans l'Iowa les modes de culture du maïs, et eut avec Eisenhower, au camp David (Maryland), des entretiens pleins d'aménité.

Mais l'accalmie fut de brève durée. Un avion-espion américain opérant dans le ciel soviétique fut abattu le 1ᵉʳ mai 1960 ; la mauvaise humeur du Kremlin se manifesta avec éclat, et lorsque, quelques mois après, Eisenhower quitta le Maison-Blanche, tout était à recommencer dans le domaine de la « coexistence pacifique ».

Pour la première fois depuis vingt ans l'électorat américain avait, en 1952, porté au pouvoir un gouvernement républicain. Mais la très faible majorité républicaine au sein des deux Chambres — par rapport à la majorité considérable (plus de 6 millions et demi de voix) qui avait opté pour Eisenhower plutôt que pour Adlai E. Stevenson — montrait que c'est la très grande popularité personnelle d'Eisenhower, le gentil « Ike », qui avait joué.

Quel usage allait-il en faire ? Dans son premier message au Congrès il se montra Républicain de la bonne observance en rappelant que le rôle du gouvernement est de « stabiliser l'économie et d'encourager le libre jeu de l'initiative individuelle dont notre pays a le génie ». De même il insista sur la nécessité primordiale de comprimer le budget et il confia deux portefeuilles-clés de son cabinet à des représentants du *big business :* la défense à Charles E. Wilson, président de la *General Motors Corporation,* les finances à George M. Humphrey, président de la puissante firme Hanna. Mais il donna un choc à la « Vieille Garde » (*Old Guard*) de son parti en choisissant comme secrétaire du travail le président du syndicat des plombiers, Martin Durkin.

L'équilibre de ces choix illustre assez bien sa politique du « milieu de la route » (*Middle of the Road*). Il la qualifia un jour de « libéralisme dynamique ». En réalité, s'il n'avait pas de talent innovateur, il avait celui de la conciliation et il le montra bien au cours des législatures suivantes, qui redonnèrent une majorité au parti démocrate. En plus d'une occasion il obtint un meilleur concours du parti adverse que de son propre parti et il réussit à faire voter par le Congrès plusieurs mesures suspectes à ce dernier, par exemple la création d'un département fédéral de la Santé, de la Protection sociale et de l'Éducation. C'était en effet ouvrir au pouvoir fédéral un champ d'activité jusque-là exclusivement réservé aux États, et donc, aux yeux des conservateurs endurcis, enfreindre les droits des États inscrits dans la Constitution.

Par contre Eisenhower appuya une disposition législative qui allait dans un sens exactement inverse : un conflit opposait depuis long-temps l'autorité fédérale à celle des États au sujet des gisements sous-marins de pétrole et de gaz naturel adjacents aux côtes de la Louisiane, du Texas et de la Californie. La propriété devait-elle en revenir au pouvoir fédéral ou aux États riverains? Ce sont finalement les droits des États qui l'emportèrent sans qu'Eisenhower fît jouer son veto. Et ceux-ci s'empressèrent de faire appel à des sociétés privées.

Autre mesure dont on peut dire qu'elle revêtait un caractère « républicain » plutôt que « démocrate » : une réforme du système fédéral d'imposition assouplit les conditions d'amortissement de l'équipement industriel et autorisa des abattements en matière de dépenses consacrées à la recherche. Cette dernière fut ainsi dûment stimulée. Le résultat, on le connaît : le nombre élevé de nouvelles applications commerciales des découvertes de la science, et de fructueux brevets américains très recherchés par une clientèle mondiale.

On peut dire que les autres mesures importantes votées par le Congrès sous l'administration Eisenhower se situent au-dessus et au-delà des divergences partisanes et lui furent dictées par l'intérêt évident de la nation ou par le simple bon sens. C'est ainsi qu'en 1954 le système de sécurité sociale fut élargi. Plusieurs millions de nouveaux assurés en devinrent les bénéficiaires. En même temps le barème des prestations en espèces était relevé. D'autres améliorations suivirent en 1956.

Cette même année le Congrès vota un programme de construction de *highways* (autoroutes fédérales) échelonné sur 16 ans et coûtant 33 milliards de dollars. Il amorçait ainsi une politique des transports intérieurs qui, poussée à l'extrême, allait aboutir à la ruine des puissantes compagnies de chemins de fer et, finalement, nuire à l'écologie et aux intérêts supérieurs du pays.

En matière agricole la situation laissée aux Républicains par l'administration sortante était la suivante : afin de maintenir les prix agricoles à une « parité » (1) rigide de 90 °₀, le gouvernement se voyait obligé de retirer du marché et d'acheter d'énormes quantités de coton, de tabac, de beurre, etc., et d'encourir des frais considérables d'entreposage ou d'ensilage. Et finalement ces surplus agricoles s'avéraient invendables.

A ce système de prix rigides l'*Agricultural Adjustement Act* de 1954 substitua un soutien plus souple. En cas de surproduction majeure, les prix de soutien purent descendre jusqu'à 75 ° de la parité. On espérait que les *farmers* seraient ainsi amenés à réduire leur production. Mais cet espoir fut déçu. La surproduction demeura. Les silos regorgèrent de blé. Les prix tendirent à s'avilir encore, au grand mécontentement des exploitants. Finalement le gouvernement conçut l'idée de leur verser une subvention équitable s'ils cessaient de consacrer 40 millions d'acres (16 millions et demi d'hectares) de leurs terres à la monocul-

(1) Voir page 251.

ture et y plantaient des arbres ou y introduisaient des cultures propres à conserver le sol. Connue sous le nom de « banque du sol » (*Soil Bank*), cette mesure s'inspirait d'un point du programme agricole initial du *New Deal*. Le Congrès l'adopta en 1956. Mais avec le progrès continu des techniques agricoles et l'emploi croissant d'engrais améliorés, le problème de la surproduction agricole n'était toujours pas résolu. Qui se serait alors douté que, moins de quinze ans après, une production encore très accrue de blé et de céréales fourragères trouverait des acheteurs ou des destinataires empressés dans le monde entier?

En mai 1954 Eisenhower put enfin obtenir du Congrès le vote d'une loi proposée depuis longtemps. La ville de Chicago n'aspirait-elle pas dès les années 1920 à devenir port de mer, moyennant la construction d'une voie d'eau profonde entre le fleuve Saint-Laurent et les Grands Lacs? Le Canada s'intéressait à cet ambitieux projet plus encore que les États-Unis, car, dans ces derniers, de puissants intérêts, tels que les compagnies de chemins de fer et la ville de Buffalo, craignaient d'être lésés par sa réalisation. Finalement, lassé de ces tergiversations, le Canada — qui jusque-là avait recherché la collaboration technique et financière de son puissant voisin — menaça de construire le canal par ses seuls moyens. Cette attitude résolue eut raison de l'obstruction des États-Unis. Les travaux furent menés à vive allure en sorte que, le 25 avril 1959, la voie maritime du Saint-Laurent put être ouverte aux navires de haute mer dont le tirant d'eau ne dépassait pas 9 mètres. Elle fut solennellement inaugurée par la reine Elisabeth II et par le président Eisenhower. Dès 1962 le trafic commercial par la nouvelle voie navigable entre Montréal et le lac Ontario allait être plus du double de celui que l'on avait enregistré la dernière année (1958) où la batellerie avait dû se contenter d'un canal moitié moins profond.

C'est également une coalition — d'ailleurs instable, voire spasmodique — du parti républicain et du parti démocrate qui permit enfin à la nation de se débarrasser de ce « Grand Inquisiteur », Joseph McCarthy, et de mettre un terme à ses agissements de plus en plus fâcheux. A la faveur de la victoire républicaine aux élections de 1952 il s'était fait nommer président du comité du Sénat sur les « opérations gouvernementales » et du sous-comité permanent du Sénat sur les « enquêtes » (*Investigations*). Ces deux présidences lui valaient une position de force dont il fit un usage proprement irresponsable. Au cours d'une série de *hearings* (audiences publiques) il dénonça et stigmatisa les activités subversives auxquelles se livraient, prétendait-il, certains fonctionnaires du département d'État et de celui de la défense. Il rabrouait les témoins qui ne déposaient pas dans le sens voulu par lui et lançait à tort et à travers des accusations de communisme contre quiconque regimbait. Il alla jusqu'à envoyer en Europe, au printemps de 1953, deux de ses agents avec mission d'enlever des bibliothèques du Service d'Information des États-Unis tous les livres qui pourraient avoir un relent de communisme!

Au printemps de 1954 son arrogance ne connut plus de bornes. Il accusa des officiers respectés d'avoir eu quelques prévenances envers de prétendus communistes. Non seulement le département de la défense nia, mais il contre-attaqua avec vigueur et tout le pays put suivre à la télévision des scènes peu reluisantes pour le parlementarisme des E.U.A. Le sous-comité spécial créé par le Sénat pour arbitrer le différend ne put que recommander, dans son rapport, le vote d'une motion de censure à l'encontre du sénateur du Wisconsin. Le 2 décembre 1954 le Sénat la vota en effet par 67 voix contre 22. Du jour au lendemain McCarthy retomba dans l'obscurité. La vague de maccarthysme prit fin et il redevint possible d'exprimer des idées libérales sans plus s'exposer à des dénonciations calomnieuses.

Il se trouve que les deux événements sans doute les plus marquants de l'administration Eisenhower sur le plan des affaires intérieures se sont passés en dehors du Congrès : la fusion, le 5 décembre 1955, des deux grandes fédérations du travail jusque-là rivales : l'*American Federation of Labor* (A.F.L.) et le *Congress for Industrial Organization*, devenu le *Congress of Industrial Organizations* (C.I.O.), et la décision unanime de la Cour Suprême en date du 17 mai 1954, aux termes de laquelle la ségrégation raciale dans les écoles publiques était déclarée inconstitutionnelle.

Depuis qu'en 1935, en plein *New Deal,* un groupe de syndicalistes militants avait quitté l'A.F.L. et fondé la Commission (bientôt devenue le Congrès) pour l'Organisation industrielle, les deux institutions avaient fait de rapides progrès. En mars 1937, première des firmes géantes, la *United States Steel* avait accepté le principe du contrat collectif. A l'époque le principe paraissait encore quasi-révolutionnaire : ne violait-il pas en effet une des libertés traditionnelles de l'individu, la liberté de contrat? Les autres grandes industries ne tardèrent pas à suivre cet exemple. L'impulsion avait été donnée par des chefs de valeur tels que John L. Lewis, président des *United Mine Workers,* et David Dubinsky, président des *International Ladies' Garment Workers,* qui comptaient désormais parmi les personnalités les plus influentes du pays. Les cotisations syndicales étaient modérées, mais elles étaient versées ponctuellement et elles étaient si nombreuses que les grands syndicats eurent vite accumulé des ressources énormes.

Après de longs travaux d'approche, les chefs éprouvés des deux organisations rivales, George Meany (A.F.L.) et Walter Reuther (C.I.O.), réussirent à opérer la fusion qui allait faire date dans l'histoire du travail aux États-Unis. Le président de la nouvelle centrale syndicale, l'A.F.L.-C.I.O., fut George Meany, président de l'A.F.L., et son vice-président Walter Reuther, président du C.I.O. L'A.F.L.-C.I.O., ne formait plus qu'un bloc de plus de 15 millions de membres. Quelques mois auparavant, après d'âpres négociations le syndicat des *United Auto Workers* avait obtenu de la *Ford Motor Company* et de la *General Motors Corporation* le premier contrat collectif avec ce qu'il appelait « salaire annuel garanti ». L'expression était encore quelque peu impropre, mais le branle était donné, et l'on s'acheminait visiblement vers une situation contractuelle dans laquelle la masse ouvrière se verrait assurer un revenu relativement stable.

En tout état de cause, les syndicats devenaient eux-mêmes de grandes affaires mobilières et immobilières efficacement gérées selon les règles du plus pur capitalisme américain. Les caisses syndicales richement dotées permettaient des grèves prolongées qui allaient arracher aux patrons concession sur concession. La pression accrue des syndicats et leur tendance à en abuser au détriment du pouvoir d'achat de la monnaie et du consommateur eurent cependant l'effet que l'on pouvait prévoir : ils rendirent plus malaisée et plus improbable l'abrogation ou la modification de la loi Taft-Hartley, précisément conçue pour prévenir ces abus. L'énormité de la fortune gérée en accroissait la tentation, comme le montra un scandale retentissant. Dave Beck était le président du syndicat le plus riche des États-Unis, celui des *Teamsters* (camionneurs). Il s'était livré à de doubles malversations. D'une part, mettant au pillage son propre syndicat, il s'était approprié 400 000 dollars des fonds de celui-ci. La corruption patente dans la gestion de ces fonds avait d'ailleurs amené George Meany à expulser les *Teamsters* de l'A.F.L.-C.I.O. ; d'autre part Dave Beck avait fraudé le fisc de plus de 200 000 dollars. Aussi fut-il, en février 1959, condamné à 5 ans de prison et à une forte amende.

Ce double effort d'épuration entrepris conjointement par l'autorité judiciaire et par la direction de l'A.F.L.-C.I.O. ne pouvait que rehausser le prestige de la gigantesque organisation, fruit de l'initiative privée. Elle allait en effet être désormais consultée par les pouvoirs publics avant toute décision majeure susceptible d'affecter les conditions de vie de l'ensemble des travailleurs.

La date du 17 mai 1954 est sans doute la plus importante de l'administration Eisenhower dans le domaine intérieur. C'est en effet ce jour-là que la ségrégation raciale dans les écoles publiques (primaires et secondaires) fut déclarée inconstitutionnelle par décision unanime de la Cour Suprême.

C'était l'aboutissement d'un très long et très lent processus. Jusque-là le régime scolaire dans les États ci-devant esclavagistes était déterminé par un arrêt de la Cour Suprême qui remontait à l'année 1896. La cour avait entériné la ségrégation raciale imposée par la législation des États, mais pour la première fois elle tenait compte des aspirations montantes à plus d'égalité sociale en proclamant la doctrine du *separate but equal* (séparé, mais égal). Toutefois pendant la première moitié du xxᵉ siècle cette égalité demeura purement théorique car, selon que les États étaient ceux du Sud « profond » ou qu'ils appartenaient à la frange moins pénétrée de racisme, ils dépensaient respectivement 10 ou 3 fois moins, dans leurs budgets scolaires, par tête d'écolier noir que par tête d'écolier blanc. La Constitution des E.U.A. réservait l'instruction publique aux États et, dans ce domaine si important, il n'existait même pas un embryon d'autorité fédérale qui eût pu imposer des normes communes. Seule donc la Cour Suprême pouvait, par le biais de l'interprétation de la constitution et en abrogeant les lois qui l'enfreignaient, suppléer à la carence du législateur fédéral.

Petit à petit, tenant compte de l'évolution des idées dans l'ensemble du pays — pour lequel une plus grande égalité sociale commençait à impliquer plus d'égalité raciale — la Cour put obtenir quelques résultats sur la voie de la déségrégation non seulement dans le domaine universitaire mais dans celui du logement et dans celui des pratiques électorales dans les États du Sud. A cet effet elle se référait aux 5ᵉ, 14ᵉ et 15ᵉ amendements (1) à la Constitution.

En 1953 la présidence de la Cour passa d'un Kentuckien à un Californien, Earl Warren, dont la forte personnalité ne tarda pas à s'imposer à ses collègues. C'est en grande partie à son impulsion que sont dus les deux arrêts capitaux qui, l'année suivante, s'attaquèrent à la discrimination raciale dans les enseignements primaire et secondaire.

Dans le premier de ces arrêts (1954) la Cour tranchait quatre procès intentés à l'origine par des plaignants noirs du Kansas, de la Caroline du Sud, de la Virginie et du Delaware. En vertu de lois de leurs États imposant ou autorisant la ségrégation scolaire, ils s'étaient vu refuser l'admission de leurs enfants dans les écoles publiques de leur *county*. Cette ségrégation, invoquaient les plaignants, les privait de la protection égale des lois assurée par le 14ᵉ amendement. A la suite de considérations détaillées, la Cour statua que

(1) Voir appendice IX

« dans le domaine de l'instruction publique la doctrine du « séparé mais égal » ne saurait trouver place. Des « commodités » scolaires séparées sont par définition inégales. Nous concluons donc que les plaignants sont, à raison de la ségrégation dont ils sont l'objet, privés de la protection égale des lois garantie par le 14ᵉ amendement ».

Dans un second arrêt la Cour trancha un procès intenté au nom d'écoliers mineurs de race noire. Les plaignants affirmaient que la ségrégation en vigueur dans les écoles publiques du District de Columbia les privait de la procédure régulière garantie par le 5ᵉ amendement. A l'unanimité la Cour opina dans ce sens.

Un an plus tard, le 31 mai 1955, la Cour décida :

« ... Les tribunaux devront exiger que les défendeurs prennent, dans un délai raisonnablement court, les premières mesures d'application complète de notre arrêt du 17 mai 1954 »

et elle les invita à agir en sorte que

« les parties à ces affaires soient admises dans les écoles publiques sur une base de non-discrimination raciale avec toute la célérité voulue (*with all deliberate speed*). »

Si, dans les États marginaux (Maryland, Virginie occidentale, Missouri par exemple), les autorités obtempérèrent sans trop d'atermoiements, la résistance dans les États de l'ancienne Confédération sudiste fut violente. Plusieurs allèrent jusqu'à fermer les écoles publiques et à subventionner des écoles privées réservées aux seuls enfants blancs (1). Aussi, pendant les quelques années qui suivirent, la rentrée scolaire du début de septembre donna-t-elle lieu à des troubles graves. C'est ainsi que dans la capitale de l'Arkansas, Little Rock, la résistance à l'admission d'enfants noirs dans la *Central High School* de la ville fut, en 1957, organisée par le gouverneur de l'État en personne. Eisenhower se vit, malgré sa répugnance, contraint de donner l'ordre aux troupes fédérales d'intervenir pour que force demeurât à la loi. L'Université d'Alabama, à Tuscaloosa, fut aussi le théâtre de violentes manifestations lorsque son président tenta d'admettre une première étudiante noire.

Mais les effets des décisions de la Cour suprême ne se bornèrent pas au domaine de l'enseignement. Enhardis, impatients, animés d'un esprit tout nouveau, les Noirs s'en prirent directement à la ségrégation dans les transports publics et dans les *lunch counters* (qui correspondent à nos « snack bars »). Ces initiatives coordonnées obtinrent parfois des résultats presque inespérés. L'ironie des choses a même voulu que la décision la plus importante et la plus révolutionnaire ait

(1) Cf. p. 334.

affecté la ville de Montgomery, ex-capitale des États rebelles de la Confédération sudiste lors de la Guerre civile. Sous la direction d'un pasteur alors encore inconnu, le Rév. Martin Luther King, les 60 000 Noirs de la ville et environs boycottèrent les transports en commun, infligeant des pertes considérables à la société privée qui en avait obtenu la concession. Le pays fut impressionné par le « style » de cette manifestation de la volonté collective des Noirs. Imbu des principes de non-violence de Tolstoï et de Gandhi, le pasteur M. L. King avait su insuffler cet esprit quasi-évangélique aux boycotteurs. Ceux-ci se rendaient à pied à leur lieu de travail en chantant des cantiques. Malgré toute une campagne d'intimidation et des arrestations massives, ce boycottage se poursuivit sans arrêt, avec une retenue exemplaire, pendant la plus grande partie de l'année 1956. Finalement, le 13 novembre, la Cour suprême statua que la loi de l'État d'Alabama et l'ordonnance de la municipalité de Montgomery qui requéraient la séparation raciale dans les transports publics violaient les droits constitutionnels des citoyens américains de couleur. Et le boycottage prit fin dans une atmosphère de dignité et d'actions de grâce.

Une tactique non moins exempte de violence fut appliquée dans les restaurants peu coûteux jusque-là fermés aux Noirs. Ceux-ci s'asseyaient tranquillement à une table ou à un comptoir, attendant patiemment d'être servis. Si, après un long moment, ils ne l'étaient pas, ils s'en allaient. Mais ils revenaient une fois, deux fois, trois fois jusqu'à ce que la direction cédât. Le plus souvent elle ne cédait pas, mais appelait la police. Les expulsés n'opposaient alors, pour toute résistance, que celle de leur passivité et du poids de leur corps. Une exception, cependant, à cette stratégie de retenue dans la fermeté : héritière du racisme à rebours de Marcus Garvey (1), une infime minorité de Musulmans noirs (*Black Muslims*), qui avait son prophète. Elijah Muhammad, répudiait violemment toute forme d'intégration dans la société blanche et préconisait une séparation totale.

L'esprit de modération dans lequel l'immense majorité des Noirs revendiquaient leurs droits ne pouvait que recueillir l'adhésion des masses libérales de la population blanche. Le moment paraissait donc venu où le législateur fédéral pourrait enfin tenter d'intervenir avec quelque chance de succès. Depuis la loi sur les droits civiques du 1er mars 1875 — que la Cour suprême avait déclarée inconstitutionnelle — rien n'avait pu être obtenu sur le plan fédéral pour donner un sens concret aux 14e et 15e amendements. Chaque fois qu'un projet de

(1) Voir page 231.

loi à cet effet avait été déposé, il avait été repoussé au Sénat. Truman avait échoué. Mais en 1957 Eisenhower revint à la charge et, de compromis en compromis, les deux Chambres finirent par s'accorder sur un texte qui représentait un premier pas en avant. La loi créait tout d'abord une Commission des droits civiques qui, nommée par le Président avec assentiment du Sénat, compta un Noir parmi ses membres. Cette commission pouvait sommer à comparaître devant elle tout fonctionnaire ou particulier soupçonné d'avoir empêché, ou tenté d'empêcher, un citoyen d'exercer son droit de vote. Les procureurs fédéraux pouvaient rendre des arrêts suspensifs (*injunctions*) empêchant les commissaires électoraux (*registrars*) de refuser la carte d'électeur à des Américains noirs qualifiés. Enfin le recours aux jurys était limité à certains cas seulement. Cela avait son importance car, dans les États du Sud, les jurys ne comprenaient alors que des Blancs, et dans ce genre d'affaires ils acquittaient invariablement les inculpés blancs.

En 1960 le Congrès vota une nouvelle loi permettant aux autorités fédérales de se charger au besoin elles-mêmes de surveiller l'inscription des citoyens sur les listes électorales.

Eisenhower touchait alors à la fin de son second mandat. Ses compatriotes s'accordaient à penser que les historiens de l'avenir ne le classeraient sans doute pas parmi les « grands » présidents : un Washington, un Lincoln, un F. D. Roosevelt. Plusieurs lui reprochaient sa méthode de gouvernement : il n'avait pas conservé par devers lui la plénitude des pouvoirs présidentiels! Il se déchargeait parfois de ses responsabilités propres sur ses collaborateurs, notamment J. F. Dulles! Il avait laissé la porte de l'exécutif entrouverte au législatif! Il avait cultivé les terrains de golf avec un peu trop d'assiduité! Il avait trop longtemps toléré les coupables agissements de McCarthy! Il s'était montré un peu trop convaincu que la loi doit avant tout tenir compte des mœurs existantes et ne pas tenter de les infléchir!

Mais dans l'ensemble il avait bien mérité de la nation en mettant au service de celle-ci son prestige de principal artisan de la victoire, son bon sens et son talent de conciliateur.

JOHN KENNEDY ET LYNDON JOHNSON
OU LA « NOUVELLE FRONTIÈRE »
ET LA « GRANDE SOCIÉTÉ » (1961-1969)

Les élections présidentielles de novembre 1960 présentèrent deux traits saillants : D'abord, la majorité qui porta à la présidence le candidat démocrate, John Fitzgerald Kennedy, plutôt que le candidat républicain, Richard Nixon, fut la plus petite dans toute l'histoire électorale des E.U.A. : 0,2 % du vote populaire (118 000 voix sur un total de 68 300 000). L'équilibre était presque parfait entre les deux pôles électoraux.

D'autre part John Kennedy était le premier catholique romain élu à la présidence. On pouvait donc désormais considérer comme symboliquement révolue l'ère durant laquelle la majorité initiale protestante de la population — communément appelée W.A.S.P. (1) par les groupes minoritaires — voyait en particulier dans la minorité catholique une fraction moins foncièrement « américaine » qu'elle-même, et, partant, se méfiait d'elle.

John Kennedy avait assurément toutes les qualités requises pour faire accepter ses origines catholiques irlandaises. Le plus jeune de tous les présidents élus — il n'avait que 43 ans —, il avait pour lui une certaine élégance physique, beaucoup d'aisance et de dignité, de l'esprit. Pendant la guerre, il s'était distingué dans le Pacifique par son courage. Pendant la campagne électorale, il avait fait preuve d'un grand sens politique et d'une rare habileté. Avec son slogan *The New Frontier* il ne brandissait sans doute pas une promesse très différente du *New Freedom* de W. Wilson, du *New Deal* de F. D. Roosevelt, ou, du *Fair Deal* de H. Truman. Mais, par son évocation d'un prestigieux passé, il ouvrait les horizons illimités qui conviennent à une nation aussi dynamique que l'américaine.

Toutefois la majorité réduite des Démocrates au sein du Congrès allait gêner Kennedy dans ses efforts pour faire voter par ce dernier des mesures tendant à relever le niveau de vie des citoyens les moins favorisés. Durant les trois brèves années de son administration, il subit quelques échecs qui, d'ailleurs, ne pouvaient le décourager. Son programme d'assainissement du marché du blé, qu'il estimait être dans l'intérêt même des agriculteurs, fut rejeté par ceux-ci. Son programme de soins médicaux aux personnes âgées fut écarté en raison surtout de la vive opposition de la très puissante *American Medical Association*. Son programme d'aide fédérale à l'enseignement primaire et secondaire subit le même sort. Les seuls résultats de quelque importance qu'il obtint sur le plan social furent une loi portant le salaire horaire minimum à $ 1,25 et l'extension des prestations de la Sécurité sociale à quelque 4 millions de nouveaux assurés.

Mais il joua un rôle capital comme initiateur clairvoyant de réformes indispensables qui, par la suite, ne manqueraient pas de

(1) Le mot W.A.S.P. groupe les initiales des quatre mots *White Anglo-Saxon Protestant*. Il entraîne un jeu de mots péjoratif, car *wasp* signifie : guêpe.

s'imposer au Congrès. Le moulin vénérable de Capitol Hill (ou simplement *the Hill,* la Colline, comme on l'appelle familièrement) moud lentement, très lentement, mais il finit souvent par bien moudre. A Kennedy revient le mérite de propositions législatives jugées sur le moment hardies, mais auxquelles les membres du Congrès étaient désormais embarrassés pour s'opposer franchement et qu'ils s'efforceraient seulement d'atténuer.

L'exemple le plus frappant en est son initiative dans le domaine des droits civiques dont les Noirs étaient encore frauduleusement privés dans les États du Sud, au mépris des amendements centenaires à la Constitution fédérale. A lui le mérite d'avoir adroitement profité de la violente secousse donnée à la nation par les manifestations de croissant mécontentement des Noirs et par la cruelle répression de la police dans certains États du Sud, pour lancer une véritable croisade antidiscriminatoire. Dans un message spécial adressé au Congrès en février 1963, il fit appel au *fair play* de la nation en termes incisifs :

> « Les résultats désastreux de la discrimination et de la ségrégation raciales se manifestent encore dans virtuellement tous les aspects de la vie nationale [...] En comparaison du citoyen blanc, le Noir des États-Unis n'a qu'une demi-chance d'achever ses études secondaires, qu'un tiers de chance d'accéder à une profession libérale ; mais il a deux fois plus de chances de devenir chômeur, il a la quasi-certitude de ne gagner que la moitié autant et de vivre sept ans de moins. »

Le terrain ainsi préparé, le président Kennedy soumit le 19 juin suivant un projet de loi tendant à ce que :

> « les Noirs ne soient pas privés du droit de chaque Américain de voter, d'aller à l'école, d'obtenir de l'emploi et d'être servi dans les lieux publics sans discrimination arbitraire ».

Il n'est que juste d'ajouter que, dans son programme de démocratie militante, le chef de l'exécutif était puissamment aidé par la Cour suprême. Une des raisons principales de l'opposition parlementaire à ce genre de réforme était le découpage suranné des circonscriptions électorales. Dépeuplées au profit des villes, les circonscriptions rurales, fief de l'immobilisme, conservaient le même nombre de représentants qu'au début de ce siècle, alors que les villes, plus accueillantes aux idées libérales, étaient de plus en plus sous-représentées. Cette situation devait évidemment changer si l'on voulait qu'un vent nouveau soufflât sur Capitol Hill. De là l'arrêt de grande importance rendu par la Cour suprême en mars 1962 : invoquant la Constitution elle habilitait à l'unanimité les Cours fédérales à trancher toute action intentée à l'encontre d'États maintenant un « découpage rural-urbain » discriminatoire.

C'est assurément dans le domaine des affaires étrangères que Kennedy donna toute sa mesure.

Qu'il ait commis quelques erreurs, on ne saurait le nier. Il aurait par exemple aisément pu, en avril 1961, interdire la maladroite tentative d'invasion de Cuba à la Baie des Cochons, qui se solda par un cuisant et retentissant fiasco.

Lorsqu'en décembre 1962, d'entente avec le Premier ministre britannique Harold Macmillan, il proposa la création d'une force nucléaire multilatérale de l'O.T.A.N., il la subordonna certes à des consultations avec « les autres Alliés ». Mais il ne se rendit pas compte qu'en provoquant d'inévitables dissensions au sein de l'Alliance, il allait affaiblir cet O.T.A.N. qu'il voulait précisément renforcer, qu'il durcirait les positions du Kremlin, et qu'il risquerait de compromettre l'acheminement vers la « coexistence pacifique » recherchée de part et d'autre.

Par contre il a vu clair et agi avec autant de sens politique que de détermination et de courage dans quatre domaines qui ont nom Berlin, l'Alliance pour le Progrès, Cuba et le *Kennedy Round* (négociations au sein du G.A.T.T. [*General Agreement on Tariffs and Trade*] en vue de réduire les obstacles au développement du commerce international).

Les 3 et 4 juin 1961 eut lieu à Vienne la rencontre entre le vétéran soviétique, Nikita Khrouchtchev, et le novice américain, John Kennedy. Tablant sur l'inexpérience de son interlocuteur et se méprenant sur la fibre même de sa personnalité, Khrouchtchev crut pouvoir lancer une violente offensive contre les positions alliées en Allemagne. Et ce fut son ultimatum du 15 juin : la conclusion d'un traité de paix avec l'Allemagne ne saurait attendre plus longtemps! Un règlement pacifique en Europe devait être effectué cette année même! Berlin aurait un statut distinct, celui d'une « Ville libre »! Le 21 juin enfin, Khrouchtchev annonçait que, si les puissances occidentales refusaient de négocier sur l'Allemagne, l'U.R.S.S. signerait un traité de paix séparé avec l'Allemagne orientale.

Kennedy ne sourcilla pas. Le 28 juin, après avoir consulté ses alliés, il répondit que les États-Unis « résisteraient à tout effort de l'U.R.S.S. pour rendre permanent le partage de l'Allemagne et pour priver Berlin-Ouest de la protection que lui assurait l'occupation militaire par les puissances occidentales ». Puis il annonça une augmentation des effectifs de l'armée, de la flotte et des forces aériennes américaines et se fit accorder par le Congrès l'autorisation de mobiliser 250 000 réservistes pour une période d'un an.

Avant la fin de l'année l'ultimatum soviétique était désamorcé; peu de temps après, hôte de Berlin-Ouest, Kennedy déclarait à une foule enthousiaste : *Ich bin ein Berliner!* marquant ainsi que plus que jamais les États-Unis garantissaient la liberté de la ville. Voire, le Kremlin fit lui-même quelques avances en vue de diminuer la tension entre Est et Ouest.

Dès le 13 mars 1961, conscient de l'inquiétante impopularité des États-Unis en Amérique latine, et convaincu qu'il fallait faire quelque chose pour frapper les imaginations, Kennedy proposa que les républiques latino-américaines se joignent aux États-Unis pour dresser et exécuter un plan de développement économique et social de 10 ans. Vingt milliards de dollars seraient consacrés à ce plan grandiose qui ne laisserait pas de rappeler le plan Marshall. Il viserait à « construire un hémisphère où tous les hommes pourraient espérer le même niveau de vie élevé et où tous pourraient vivre leur vie dans la dignité et la liberté ».

L'offre fit en effet sensation et elle fut accueillie avec faveur. Le 16 août suivant, la Conférence économique et sociale inter-américaine adopta à Punta del Este (Uruguay) une véritable « Charte » de l' « Alliance pour le Progrès » résumant les objectifs à atteindre : il s'agissait avant tout d'assurer l'éducation de base de la population, l'alimentation de tous, et de permettre à chaque nation de « se suffire à elle-même et de demeurer maîtresse de sa propre révolution, la révolution de l'espoir et du progrès ». Et les États-Unis mirent sur-le-champ un premier milliard de dollars à la disposition des États qui dresseraient leur propre plan cohérent de développement.

Depuis lors l'application de ce programme, hélas entaché d'une assez forte dose d'utopisme, a naturellement souffert de l'instabilité des gouvernements, de la difficulté de canaliser dans la direction la meilleure les montants de moins en moins élevés alloués par le Congrès. Mais, au début de l'administration Johnson, quelques timides premiers résultats paraissaient avoir été acquis, notamment au Mexique et en Colombie.

En octobre 1962, le service des renseignements américains (*Central Intelligence Agency*) avait constaté que l'U.R.S.S. construisait à Cuba des bases de « missiles agressifs ». Quelques-unes de ces engins se trouvaient déjà sur place. Le danger était évident. Le 22 octobre, dans un discours radiotélévisé, Kennedy dénonça la très grave menace qui pesait non seulement sur les États-Unis, mais sur « toutes les Amériques ». Il ordonna aux forces navales et aériennes d'établir immédiatement une « quarantaine » de Cuba, c'est-à-dire un blocus permettant d'empêcher « toute livraison ultérieure d'armes d'agression à bord de vaisseaux du bloc soviétique, ou de tout autre navire ».

Kennedy ignorait alors comment l'U.R.S.S. réagirait à ce blocus. Elle pouvait à juste titre le considérer comme une mesure de guerre. Aussi le ton du discours de Kennedy fut-il très grave. Il termina sur une note dramatique : « Le prix de la liberté est toujours élevé. Mais l'Amérique l'a toujours payé. »

Khrouchtchev céda. Il dérouta ses navires porteurs d'engins balistiques, s'engagea à retirer de Cuba ceux qui s'y trouvaient déjà, mais présenta habilement toute l'opération comme un triomphe de l'U.R.S.S. dans sa lutte pour la paix.

Kennedy comprit que le tarif américain n'était plus adapté à une situation dans laquelle l'Europe revigorée devenait une concurrente de plus en plus redoutable. Témoin du succès du Marché Commun, dont le taux d'expansion économique était alors, affirmait-il, le double de celui des États-Unis, il prit une initiative hardie : dans sa conférence de presse du 8 novembre 1961 il jugea le moment venu

> « de faire face au grand défi lancé, et, espérait-il, aux chances offertes par le Marché Commun. Les États-Unis doivent être prêts à négocier avec la Communauté économique européenne sur un pied d'égalité, car de sérieuses difficultés sont à prévoir s'ils se voient fermer la porte de ce marché ».

Et en effet, le 11 janvier 1962, dans sa déclaration sur l'état de l'Union, il proposa

> « l'élimination graduelle des tarifs des États-Unis et de la C.E.E. relatifs aux articles sur lesquels nous représentons ensemble le 80 °₀ des échanges mondiaux, et une réduction graduelle des droits jusqu'à 50 °₀ sur les grandes catégories ».

Telle est l'origine de ce que l'on a appelé le *Kennedy Round*. Les tractations qui se déroulèrent à Genève furent ardues et lentes. Mais elles finirent par aboutir à des résultats non négligeables, comme on le verra ci-dessous (1).

C'est enfin pendant la dernière année de l'administration Kennedy que se manifestèrent deux légers signes de détente dans les relations entre Washington et Moscou. Le 30 août 1963 fut inauguré entre les deux capitales un lien téléphonique direct capable de réduire le risque de guerre par accident, car il permet aux deux chefs de gouvernement d'échanger en peu de minutes des messages d'importance vitale ; et le 5 août précédent avait pu être signé à Moscou le traité d'interdiction partielle des essais nucléaires auquel le Kremlin s'était longtemps opposé et par lequel les signataires s'interdisaient en fait de provoquer des retombées nucléaires.

(1) Voir page 318.

308

Le 22 novembre 1963, à Dallas, Texas, les deux balles d'un assassin vinrent brutalement interrompre une carrière présidentielle qui, si brève qu'elle fût, s'était déjà révélée féconde. Lyndon B. Johnson, le Vice-Président appelé à succéder à Kennedy, était un tout autre type d'Américain. Loin d'être né dans l'opulence comme son prédécesseur, c'était par excellence un *self-made man*. Enfant, il avait ciré des chaussures et, à peine adolescent, travaillé dans des chantiers de construction de routes. Oirginaire du Texas, ex-État rebelle durant la Guerre civile, ce passionné Texan était non seulement exempt de tout racisme, mais son premier souci à la Maison-Blanche fut d'acheminer vers un vote final favorable le projet de loi sur les droits civiques proposé par son prédécesseur. Malgré d'incessantes tentatives d'obstruction et un déluge d'amendements, il put, le 2 juillet 1964, signer enfin une loi sur les droits civiques dont on peut dire qu'elle a inauguré une révolution dans les États du Sud.

Les dispositions les plus nouvelles et les plus hardies de cette loi étaient celles de son titre II, qui interdisait la discrimination dans les hôtels, motels, restaurants, théâtres, cinémas et autres lieux publics. Elles étaient basées tant sur le 14e amendement (1), qui garantit à tous la protection égale des lois, que sur le pouvoir qu'a le Congrès de régler le commerce entre les États.

Dans la plupart des États du Sud, c'est par centaines que disparurent du jour au lendemain les écriteaux *Whites only* (Blancs seulement) et lors de la rentrée scolaire de septembre 1964 la déségrégation ne provoqua plus les actes de violence habituels.

Mais dans le Sud « profond » le dernier carré des racistes impénitents voyait dans la nouvelle loi un coup fatal porté au *Southern Way of Life* (mode de vie du Sud). Ils l'attaquèrent aussitôt, arguant qu'elle violait le droit de chacun de conduire ses propres affaires comme il l'entend, c'est-à-dire son droit de propriété, et que, partant, elle était inconstitutionnelle. Mais dès le mois de décembre suivant la Cour Suprême avait à l'unanimité débouté les plaignants. La loi allait ainsi pouvoir être appliquée sans obstacle juridique. Au lieu de devoir à chaque instant briser la résistance à la loi, le président Johnson croyait pouvoir enfin s'attaquer à un problème beaucoup plus général : celui de la pauvreté non seulement de la masse noire, mais de nombreux Blancs défavorisés dans la sacramentelle « recherche du bonheur ».

C'était en effet l'un des tout premiers points du programme du président Lyndon B. Johnson lorsque, le 5 novembre 1964, il fut confirmé par une énorme majorité dans ses fonctions présidentielles.

(1) V. Appendice IX.

Par un véritable plébiscite la nation répudia la « plateforme » réactionnaire et anachronique de son adversaire républicain, le sénateur de l'Arizona, Barry Goldwater. Tout semblait ainsi indiquer que le président pourrait, dans de bonnes conditions, s'atteler avec le Congrès à la réalisation de la « Grande Société » — c'est-à-dire d'une société libérée de la faim, des taudis et du chômage — qu'il avait proposée à la nation comme objectif à atteindre.

En réalité il en alla tout autrement. L'attention du président — et les crédits nécessaires — furent tôt détournés de cette œuvre, combien difficile, par des impératifs qui paraissaient plus pressants encore : ceux de l'engrenage vietnamien. Aussi les résultats obtenus furent-ils décevants.

Il y avait d'ailleurs eu, au début, quelques tâtonnements dans la conception même des moyens les plus efficaces de s'attaquer sur le plan fédéral à ce problème angoissant de la pauvreté. Quelques progrès furent certes réalisés par le 89e Congrès (1965-1967). Il vota enfin le premier programme compréhensif d'assistance financière aux écoles et « démocratisa » quelque peu l'enseignement supérieur en en facilitant l'accès aux fils et filles de familles insuffisamment nanties. Mais les rapports initialement bons entre le président et le Congrès allèrent en se dégradant après les élections législatives de novembre 1966, qui firent perdre de nombreux sièges au parti démocrate. De surcroît l'attention du président avait été déviée vers de très contraignantes situations extérieures. De proche en proche celles-ci l'obligèrent à réduire les demandes de crédits affectés à la lutte contre la pauvreté. Elle fut donc discrètement mise en demi-sommeil. Le projet de budget pour l'année fiscale 1969, par exemple, ne prévoyait déjà plus qu'un milliard de dollars pour la « rénovation urbaine ». Il n'y avait guère de quoi pallier le chômage des jeunes, qui croissait dangereusement. Au dire de certains, la principale source d'emplois nouveaux ouverts aux Noirs allait être... la guerre du Vietnam, dévoreuse d'hommes!

Premier foyer d'inquiétude à l'extérieur : le 25 avril 1966 un coup d'État militaire avait tenté de renverser la junte au pouvoir en République Dominicaine. Dirigés par le colonel Camaano, les rebelles affichaient des tendances libérales et réformistes. Mais peut-être étaient-ils infiltrés en sous-main par des agents communistes manœuvrant déjà pour prendre le pouvoir? Ne pouvait-on pas redouter une répétition des récents événements de Cuba, lorsqu'un Fidel Castro avait promptement transformé une rébellion prétendument libérale en une totale mainmise communiste? C'est cette crainte qui dicta à Lyndon Johnson son immédiate décision : le débarquement à Saint-Domingue de plus de 20 000 hommes dont la double mission était de protéger la vie des ressortissants des États-Unis et de mettre fin à l'effusion de sang. C'était là une intervention qui rappelait singulièrement celles de T. Roosevelt en Amérique centrale au début du siècle.

Certes la Maison-Blanche invoqua l'urgence et se hâta de passer la main à l'Organisation des États américains. Dans une trêve précaire, celle-ci s'efforça d'acheminer les deux factions hostiles vers la formation d'un gouvernement d'unité nationale choisi par les Dominicains eux-mêmes. Mais il reste que le « Colosse du Nord » s'était de nouveau ingéré, les armes à la main, dans les affaires internes d'une république de l'Amérique latine et qu'au sud du Rio Grande la méfiance envers les « Yankees » avait subi une fâcheuse escalade

Cependant le problème de beaucoup le plus redoutable dont le président Johnson héritait se situait en Extrême-Orient. Il s'était inexorablement aggravé depuis que, le 26 juin 1950, lors de l'invasion de la Corée du Sud par la Corée du Nord, le président Truman avait décidé d'intervenir militairement dans la guerre civile chinoise aux côtés de Tchang-Kaï-chek. Par la suite, après les accords de Genève de 1954 et le retrait des forces françaises d'Indochine, le président Eisenhower avait été amené à soutenir le Vietnam du Sud contre la pression communiste de Hanoï, lui-même soutenu par Moscou et Pékin. Au début, l'aide américaine s'était bornée à des subsides et à quelques milliers de « conseillers ». Mais les succès et l'emprise territoriale croissante des Vietcongs placés sous l'autorité d'un « Front National de Libération » (F.N.L.), comme aussi la faiblesse du gouvernement de Saïgon, avaient induit le gouvernement américain à armer ses « conseillers ». Finalement, sans qu'aucune guerre eût été déclarée, sans que le Congrès eût été consulté, par simple décision de l'exécutif, c'est un véritable corps expéditionnaire de 12 000 hommes qui fut débarqué sur les côtes du Vietnam du Sud (1962) sous l'administration Kennedy.

Au fur et à mesure que les Vietcongs étaient renforcés par des détachements de l'armée nord-vietnamienne qui se glissaient le long de la frontière du Laos, sur des pistes soigneusement camouflées, le Pentagone se voyait contraint d'accroître ses effectifs. Au début de l'administration Johnson (1964) ceux-ci s'élevaient à quelque 23 000 hommes. En 1968 ils dépassèrent 500 000. L'énorme supériorité des moyens matériels dont disposaient les Américains demeurait cependant inefficace dans la jungle et les rizières, face à des ennemis insaisissables. Les embuscades meurtrières se succédaient. Parfois même c'étaient des bataillons entiers qui surgissaient et lançaient des attaques. Les camps retranchés des Américains étaient nuitamment soumis à des tirs de mortiers. Bref, le 31 mars 1969 les pertes américaines avaient dépassé celles de la guerre de Corée et se rapprochaient de celles de la Première Guerre mondiale.

Quant aux dépenses de cette guerre lointaine et de plus en plus impopulaire, elles n'avaient pas tardé à atteindre le chiffre de 25 milliards de dollars par an.

Espérant encore emporter la victoire, le Pentagone avait persuadé le président d'autoriser le bombardement par avions d'objectifs « stratégiques » situés dans le Vietnam du Nord. Et en effet, à partir du 6 juillet 1966 les bombardiers américains pilonnèrent ponts, voies ferrées, dépôts de munitions jusque dans la banlieue de Hanoï et de Haïphong. Le 28 avril 1967 le général Westmoreland, commandant en chef, était encore optimiste lorsque — fait sans précédent pour un commandant en chef en campagne — il s'adressa aux deux Chambres réunies.

Cependant, en présence d'une résistance qui demeurait aussi fanatique que jamais, Washington dut finalement reconnaître l'échec de ces bombardements et amorça, le 31 mars 1968, une désescalade aérienne.

Hanoï, de son côté, se rendait compte qu'il n'était pas en son pouvoir de rejeter les Américains à la mer. Un début de négociations put donc enfin s'ouvrir entre les belligérants à Paris, en avril 1968.

Depuis lors ces pourparlers consistèrent en sempiternelles répétitions des positions prises de part et d'autre et en violentes accusations mutuelles. Au 30 juin 1969 ils n'avaient toujours pas dépassé le stade du classique « dialogue de sourds ».

Les positions de départ de Washington-Saïgon et de Hanoï-F.N.L. étaient en effet diamétralement opposées : chaque partie considérait l'autre comme l'agresseur. Avant toute négociation sur le fond, Hanoï-F.N.L. exigeait le retrait inconditionnel des forces américaines du Vietnam du Sud, et entendait poursuivre toutes opérations de guerre contre le gouvernement « fantoche » de Saïgon et son allié américain jusqu'à ce que ce dernier se soit exécuté. Pour souligner sa détermination, il déclencha même, le 23 février 1969, une opération massive contre les villes et les camps retranchés du Sud.

Au contraire, si, le 1er novembre 1968, à la veille des élections présidentielles, la Maison-Blanche déclarait avoir mis fin à tout bombardement au nord du 17e parallèle, l'exécutif américain estimait l'avoir fait en vertu d'un « accord tacite » de désescalade mutuelle : suspension des bombardements sur le Nord en échange de l'arrêt des attaques sur les villes du Sud. Or Hanoï-F.N.L. niait l'existence de pareil accord.

Dans ces conditions les pourparlers de Paris ne pouvaient que piétiner. Comme aucun des adversaires ne pouvait se permettre de perdre ostensiblement la face, c'est en marge de la conférence, moyennant des contacts secrets, que l'on réussirait peut-être un jour à sortir de l'impasse. En tout cas la fin de la guerre du Vietnam, avec son cortège d'atrocités mutuelles, promettait de se faire aussi longtemps attendre que celle de la guerre de Corée à Pan Mun Jon.

Les autres impératifs idéologiques, politiques et financiers qui brouillèrent le rêve johnsonien d'une société de bien-être à portée de la main pour tous étaient de deux ordres. Les uns relevaient de la politique extérieure des États-Unis, les autres de la hiérarchie de leurs options — ou plutôt de leurs servitudes — à l'intérieur du pays.

Tout d'abord, en face de l'expansionnisme soviétique toujours latent, Washington poursuivit son soutien actif à la défense de l'Europe occidentale, septentrionale et méditerranéenne, en particulier de Berlin-Ouest et de l'Allemagne fédérale. De là des dépenses considérables pour l'entretien, dans le cadre de l'O.T.A.N., d'une puissante armée stationnée outre-Rhin. Tout au plus ces dépenses furent-elles réduites par la participation accrue d'une Allemagne fédérale devenue très prospère à l'entretien de cette armée. Le retrait de la France du dispositif militaire de l'O.T.A.N., annoncé en mars 1966, ne pouvait qu'inciter le gouvernement américain à manifester avec plus de vigueur encore sa volonté de maintenir intact, par la présence de ses effectifs, son bouclier protecteur d'armes classiques. Aux yeux des membres européens de l'O.T.A.N., naturellement, la garantie de leur sécurité demeurait, en dernière analyse, la panoplie atomique des États-Unis : sous-marins à propulsion nucléaire dotés de fusées Polaris, avions porte-fusées et missiles entreposés dans les silos américains.

D'autre part, malgré les amputations sévères que le Congrès opérait régulièrement dans les crédits que le président proposait pour l'assistance économique et financière aux pays du Tiers Monde, l'aide tant bilatérale que multilatérale à ces pays continuait d'avoisiner 3 milliards de dollars par an.

Bref, pendant l'année fiscale 1968-1969, le seul budget de la défense absorbait au total quelque 70 milliards de dollars des ressources fournies par les contribuables américains, soit 41 % de l'ensemble du budget. Toutefois le coût de la guerre du Vietnam ne représentait guère que 3 % du produit national brut (P.N.B.) de la nation (alors 830 milliards de dollars), ce que le Pentagone ne manquait pas de souligner.

Sur le plan intérieur trois principales séries de faits ont marqué la présidence de Lyndon B. Johnson : ce que l'on peut appeler la course à la lune ; l'éternel problème des relations entre les descendants des esclaves africains et ceux de leurs anciens maîtres blancs ; la résistance de plus en plus résolue opposée par les étudiants au genre d'enseignement qui leur était dispensé d'une part, et de l'autre la condamnation sans appel de la guerre du Vietnam par l'intelligentsia et la partie la plus influente de l'opinion publique.

A des fins de prestige, mais sans doute aussi de stratégie globale, aucune des deux superpuissances, l'U.R.S.S. et les E.U.A., n'avait pu renoncer à une fiévreuse compétition dans la conquête du cosmos. Il semble bien toutefois que, pendant la présidence de L. B. Johnson, pour des raisons obscures, la recherche soviétique se soit quelque peu essoufflée, ou n'ait peut-être plus pu bénéficier de son ancien degré de priorité dans l'ensemble du budget de l'U.R.S.S.

Au contraire, la N.A.S.A. américaine (*National Aeronautics and Space Administration*), qui continuait à disposer d'un crédit de quelque 6 milliards de dollars par an, semblait avoir systématiquement résolu, l'une après l'autre, les innombrables difficultés que présentait le débarquement d'un homme sur la lune. Tant est qu'en décembre 1968 elle avait réussi à mettre sur orbite lunaire une cabine Apollo habitée et qu'elle paraissait pouvoir bientôt permettre à un cosmonaute de fouler le sol de la lune.

Durant la présidence de L. B. Johnson l'angoissant problème de l'intégration des Noirs dans la société américaine prit un brusque tournant. Au moment même où la résistance des États ségrégationnistes du Sud à une complète égalité de fait des Noirs et des Blancs devant la loi était enfin brisée, de sinistres déchaînements de violence mettaient aux prises jeunes Noirs et jeunes Blancs (ou police, et même blindés) dans nombre de villes de toutes régions, montrant clairement que le problème n'était que déplacé et que sa gravité n'avait guère décru. Les millions de Noirs que les États agricoles du Sud avaient déversés dans les cités de l'Est, du Centre et de l'Ouest s'y trouvaient pour la plupart confinés dans des zones de taudis délabrés et insalubres où pullulaient les rats. Chômeurs, ils étaient trop souvent l'objet d'une discrimination de fait dans l'embauche. A vrai dire, ils étaient les victimes désignées de l'automatisation systématique du commerce, de l'industrie, de l'agriculture. Car, faute d'apprentissage technique, ils demeuraient pour la plupart travailleurs non-qualifiés. Ils n'avaient que leurs bras à offrir alors que les métiers mécanisés ne savaient que faire de ces bras. De là une vague de vols, de cambriolages, de crimes, de meurtres.

Ce violent mécontentement était encore attisé par des organisations telles que le *Student Nonviolent Coordinating Committee* (S.N.C.C.). Or ce sigle était devenu parfaitement trompeur depuis que ce comité avait successivement porté à sa présidence deux jeunes extrémistes qui avaient le don d'enflammer leurs auditoires : Stokely Carmichael et Rap Brown. Ils brandissaient le slogan *Black Power* qui avait fait fortune depuis qu'en 1956 le romancier noir Richard Wright avait donné ce titre à un de ses livres. Alors que l'administration fédérale et, à un moindre degré, celle des États déployaient des efforts parallèles combinés pour nommer le plus grand nombre possible de Noirs à des postes d'échelons même élevés, et mettre ainsi fin à toute discrimination raciale, alors que les électeurs de grandes villes telles que Washington et Cleveland se donnaient des maires noirs, voilà qu'un nombre croissant de jeunes Noirs se faisaient les champions d'une sorte de racisme à rebours, hurlaient dans les rues ces deux mots vengeurs : « *Get whitey* » (1), et entendaient se grouper en entités noires, décidées à conquérir par elles-mêmes le droit à la dignité d'une existence séparée.

Quoi qu'il en soit, cet esprit de contestation et de violence prenait trois formes.

D'abord celle de *sit-ins* (occupation illégale, assise, de locaux) pratiqués par des étudiants noirs dans de nombreux collèges et universités. A vrai dire, ces *sit-ins* méritaient parfois plutôt l'appellation humoristique de *mill-ins* (occupation par la bagarre). Ce mouvement semble avoir été déclenché, et surtout exploité, par une société noire récemment formée, l'*Afro-American Student Union*. Parmi ces actes de véhémente protestation un des plus typiques était celui qui, le 3 mai 1968, ébranla la Northwestern University (Evanston, Illinois). Ce que les étudiants noirs revendiquaient, c'était d'entrée de jeu une déclaration du président de l'université ou de son conseil d'administration « déplorant le détestable racisme blanc ». Ils réclamaient un plus grand nombre de bourses d'études, des cités universitaires séparées. Mais ce qui peut-être leur tenait encore plus à cœur, c'était la création de cours sur l'histoire, la littérature et l'art des Noirs.

En fait cet appel aux autorités universitaires sommées, à Evanston et ailleurs, de faire une plus large place au rôle joué par les Noirs dans l'histoire du monde en général et des États-Unis en particulier a été entendu des professeurs d'histoire des enseignements secondaire et supérieur. En effet, leur congrès de décembre 1968, tenu à New York, recommanda une révision des manuels d'histoire des États-Unis tenant compte de la requête des étudiants afro-américains.

En second lieu, sous l'empire de la frustration et du désespoir des mal logés et des affamés, le pays vécut chaque été une période d'émeutes sanglantes et dévastatrices marquées par des fusillades, des pillages de magasins et des centaines d'incendies criminels. Ne citons que celles de Watts (Los Angeles) en août 1965, de Chicago en

(1) Dans la bouche d'un Noir le mot de *whitey* (ou *honky*) est aussi injurieux que le mot *nigger* dans la bouche d'un Blanc. Une traduction possible de cette exclamation serait donc : « Haro sur ces sales Blancs! »

juillet 1966, de Detroit et de Newark (New Jersey) en juillet 1967. Jamais les relations entre les deux races n'avaient connu de pareilles explosions de violence.

Enfin l'administration Johnson a été ponctuée d'assassinats de leaders noirs qui refusaient de se plier aux mots d'ordre de haine et de meurtre : le 21 février 1965 celui de Malcolm X, le Musulman noir converti à des idées de tolérance à son retour de La Mecque, et, le 4 avril 1968, celui du pasteur Martin Luther King, taxé de pernicieuse tiédeur par des extrémistes tels que ceux qui ont constitué le groupe des « Panthères Noires ».

Pendant cette même période l'ardente contestation des étudiants blancs revêtit une importance peut-être plus grande encore. Elle fut en quelque sorte catalysée par les engrenages inexorables de la guerre du Vietnam. De nombreuses organisations libérales, pacifistes ou féministes et des voix portant aussi loin que celles d'un U Thant, Secrétaire Général des Nations Unies, d'un Robert Kennedy, assassiné le 6 juin 1968, d'un sénateur Fulbright, avaient lancé des appels passionnés à une décision de retrait des forces américaines et de réglement politique de la guerre. D'imposantes manifestations avaient tout mis en œuvre pour influencer le gouvernement. Déchaînées, elles avaient réuni 200 000 personnes à New York et à San Francisco le 15 avril 1967.

Mais les plus sensibilisés étaient naturellement les jeunes gens qui allaient être appelés sous les drapeaux. Ils étaient les premières victimes de cette guerre lointaine qu'ils jugeaient « immorale et injuste » et dont la télévision ne leur cachait aucune des atrocités. Le plus souvent ils manifestaient devant les bureaux de recrutement (*draft centers*) aussi détestés par eux que par les idéalistes et les pacifistes de tous bords. Une quarantaine de ces organisations lancèrent à New York une retentissante *Stop the Draft Week* (semaine pour l'arrêt de la conscription). Au cours des violentes échauffourées qui se déroulèrent du 5 au 8 décembre 1967 un certain nombre d'appelés brûlèrent leur carte de conscription (*draft card*).

Peu enclins aux effusions patriotiques, bon nombre d'étudiants antimilitaristes n'hésitaient pas à attaquer le gouvernement et conspuer la Maison-Blanche et le Pentagone, responsables de la poursuite de la guerre. La crise de conscience par laquelle ils passaient exacerbait leur sens critique. Dans l'atmosphère de libre discussion qui règne sur tous les campus américains, ils s'en prenaient à la structure même de cette université à la gestion de laquelle ils entendaient participer. Telle fut l'idée-force des militants qui, le 29 novembre 1967, prirent d'assaut divers bâtiments de l'Université de Californie (Berkeley) et, le 23 août 1968, de l'université Columbia à New York.

Mieux encore, certains s'attaquaient aux fondements mêmes du système « déshumanisant » de la technocratie capitaliste tel qu'il se développait aux États-Unis. Ils étaient encouragés dans cette voie révolutionnaire par un certain nombre d'enseignants, et en particulier par des penseurs aussi convaincus et convaincants qu'un Herbert Marcuse, professeur à l'université de San Diego (Californie), considéré comme le père de la révolte étudiante à travers le monde, et un Noam Chomsky, professeur à l'Institut de Technologie du Massachusetts.

Ce serait toutefois une erreur de croire que cette intelligentsia à tendance anticapitaliste soit largement suivie par la masse américaine. Le capitalisme américain et son culte de la « libre entreprise » plongent des racines très profondes dans un passé quasi mythique. Le système a victorieusement résisté aux secousses de la grande dépression des années 1929 et suivantes. Les interventions de l'État fédéral lui ont même infusé de nouvelles forces. Les grandes affaires ont su intéresser un public d'actionnaires de plus en plus large à son maintien, ou plutôt à son évolution, car il a su évoluer. On peut même dire que les plus solides piliers du capitalisme américain sont les syndicats de travailleurs, dont le conservatisme est proverbial. Grâce aux contrats collectifs et à l'arme des grèves ils arrachent régulièrement au patronat des concessions majeures. Après une grève prolongée (janvier-février 1969) les dockers de la côte atlantique n'ont-ils pas, par exemple, obtenu, échelonnée sur trois ans, une majoration de $ 1,60 de leur salaire horaire? Conséquence immédiate, ce processus partout répété a pour résultat d'obliger les directions d'entreprises à d'incessantes recherches en vue de maintenir leur rentabilité. Et c'est bien pourquoi les États-Unis sont en tête du monde dans le domaine de la technologie agricole, commerciale et industrielle.

Un fait est certain : l'opposition farouche de l'intelligentsia américaine à la guerre du Vietnam contribua pour une large part aux hésitations du président Johnson, tiraillé entre la pression du Pentagone et celle de l'élite intellectuelle, entre les adjurations des « faucons » et celles des « colombes ». Pour pouvoir se consacrer exclusivement à ses harassantes tâches intérieures et extérieures il renonça à briguer un second mandat sept mois avant les élections présidentielles de novembre 1968. Cette dernière période de son administration fut assombrie par l'échec de toutes ses tentatives en vue de mettre fin au piétinement des négociations de Paris. Les États-Unis payaient cher le refus de Ngo Dinh Diem, alors président du Vietnam du Sud, d'organiser en 1956 les élections « libres » prévues deux ans auparavant par l'accord de Genève. De là la volonté de Hanoï de ne pas se laisser « duper » une seconde fois. De là l'exigence, sans cesse reformulée, du retrait préalable et inconditionnel des forces américaines.

Force fut donc à Lyndon B. Johnson de léguer en son entier le casse-tête vietnamien à son successeur.

Du moins ce très honnête Texan a-t-il eu la satisfaction de voir aboutir, le 15 mai 1967, les délicates négociations du « Kennedy Round ». Certes trois ans d'efforts laborieux n'avaient pas permis de réaliser l'objectif initial d'une réduction de 50 % des tarifs douaniers (1). Mais, avec une moyenne de 33 % pour les tarifs industriels, l'accord signé à Genève par 53 pays représentait la libéralisation globale d'échanges internationaux la plus importante qui eût jamais été entreprise.

De plus le président Johnson a eu le mérite de faire voter par le Congrès — outre une loi sur l'immigration rejetant enfin les conceptions racistes qui avaient prévalu en 1921 et 1924 (2) — la loi assurant définitivement aux Noirs la jouissance effective des droits civiques inscrits dans la Constitution, mais dont ils avaient été frauduleusement privés dans les États du Sud pendant un siècle.

LES ANNÉES NIXON-FORD (1969-1977)

Aux élections présidentielles du 5 novembre 1968 c'est deux anciens vice-présidents qui s'affrontèrent. L'un, le Républicain Richard M. Nixon, avait été le choix et l'adjoint du président Eisenhower. L'autre, le Démocrate Hubert Humphrey, était le vice-président sortant. Lequel des deux allait l'emporter? Humphrey semblait pouvoir bénéficier jusqu'à un certain point de l'arrêt des bombardements du Vietnam-Nord, habilement annoncé par le président Johnson cinq jours avant l'élection de son successeur. Et il pouvait s'attirer le vote d'une majorité de travailleurs et de Noirs. Quant à Nixon, peut-être serait-il favorisé par un atout de poids : ses huit années de services au côté de ce héros national, le général Eisenhower. Mais, avant tout, l'électeur moyen ne sentirait-il pas le pressant besoin d'un changement total de l'équipe au pouvoir? Changement qui ouvrirait la porte à de nouvelles méthodes, plus imaginatives et mieux calculées pour hâter la fin de cet affreux cauchemar, la guerre du Vietnam?

C'est Nixon qui devint — il est vrai de justesse — le nouvel hôte de la Maison-Blanche. Toutefois les Démocrates conservaient une solide majorité dans les deux Chambres du Congrès. Cela pouvait promettre de dangereuses tensions entre l'exécutif et le législatif. C'est en effet ce

(1) Voir page 308.
(2) Voir pages 234-235 et appendice VIII.

qui arriva, et qui, au cours du second mandat de Nixon (1973-1974), allait dégénérer en une lutte sans merci.

Le premier souci du nouveau président fut, inéluctablement, de trouver un moyen de sortir le pays du guêpier vietnamien aussi honorablement que possible. Ne pouvant compter sur aucun progrès dans les négociations officielles de Paris, Nixon conçut un plan lui permettant de sauver au moins partiellement la face vis-à-vis de Saïgon : une providentielle « vietnamisation ». C'est-à-dire qu'au fur et à mesure que les troupes américaines seraient retirées des combats sur terre, l'armée sud-vietnamienne, dûment dotée par l'intendance américaine de l'équipement le plus moderne, remplacerait progressivement les unités américaines rapatriées. L'aviation américaine continuerait d'assurer massivement la couverture aérienne. Dans son état de totale dépendance, le président Nguyen van Thieu ne pouvait qu'acquiescer, de très mauvaise grâce.

Ce n'est toutefois que le 8 juin 1969 que Nixon put annoncer le retrait d'un premier contingent de 25 000 hommes, suivi d'un second de 35 000 deux mois après. Le rythme de ces rembarquements s'accéléra en automne. Mais les efforts de Nixon pour mettre graduellement fin à la participation des forces des États-Unis aux combats n'arrêta pas, dans le pays, le flot des protestations de la rue et des campus contre la guerre. Un comité après l'autre surgissait et organisait ou orchestrait un défilé monstre, parfois dans plusieurs villes à la fois. Au printemps 1970, la fièvre monta encore, lorsque se déroula le procès militaire intenté à un lieutenant considéré comme responsable du massacre d'une centaine de civils vietnamiens dans le village de My Lai.

Autre sujet de véhémentes protestations : une offensive américaine lancée dans le Cambodge censément neutre contre les forces nord-vietnamiennes qui s'en étaient fait un « sanctuaire » provoqua une véritable tempête dans le pays. Les étudiants de la *Kent State University of Ohio* se déchaînèrent au point que, le 4 mai, les *National Guardsmen* ouvrirent le feu et tuèrent quatre d'entre eux. Les étudiants firent grève et commirent des dégâts dans plusieurs centaines de collèges et universités. Quelques-uns durent être fermés.

Dans pareille ambiance le vote du Congrès abaissant le droit de vote de l'âge de 21 ans à celui de 18 (1) fut accueilli par les millions de jeunes bénéficiaires avec une certaine indifférence.

Le 7 avril 1971, c'est 100 000 hommes d'un coup dont Nixon annonça le retrait avant la fin de l'année. Mais la ville de Washington n'en fut pas moins, le mois suivant, le théâtre de la plus violente des

(1) Voir Appendice IX.

manifestations de masse. Les arrestations atteignirent le chiffre record de 7 000.

Cependant, les pourparlers ostensibles de Paris, souvent interrompus, duraient depuis plus de quatre ans sans accuser le moindre progrès. Nixon eut donc recours à des contacts ultra-secrets. Il en chargea son assistant pour les questions de sécurité nationale, Henry Kissinger. Ce Juif allemand, naturalisé Américain et devenu professeur à l'Université Harvard, avait toutes les qualités requises : une parfaite connaissance des questions... et des hommes avec lesquels il devait se mesurer, une discrétion absolue, une patience et une endurance à toute épreuve, un certain charme, une présence d'esprit jamais en défaut, l'art de débloquer une situation d'impasse jugée inextricable. Il avait en face de lui le subtil et coriace délégué du Vietnam-Nord, Le Duc Tho. Dans le plus total secret les deux hommes se rencontrèrent un grand nombre de fois à Paris ou en banlieue au cours de l'année 1972.

En décembre enfin, des bombardements dévastateurs sur Hanoï et sur le port de Haïphong eurent raison des dernières tergiversations du gouvernement nord-vietnamien et un accord mettant fin à la guerre non déclarée entre les États-Unis et le Vietnam-Nord put être signé à Paris le 27 janvier 1973 (1).

Cette guerre de onze ans avait coûté aux États-Unis des pertes de 56 000 morts (2 000 de plus que celles de la guerre de Corée) et de 305 000 blessés. De 6 à 8 millions de tonnes de bombes avaient été déversés sur le pays, bien davantage que les forces aériennes des États-Unis n'en avaient largué sur tous les théâtres de la guerre de 1941-1945. Un tiers du sol vietnamien avait été ravagé par une défoliation chimique systématique. C'est par centaines de mille que les villageois sud-vietnamiens avaient cherché un refuge précaire et s'était entassés à Saïgon. Quant à la dépense, elle s'était élevée à quelque 135 milliards de dollars.

Et que dire du traumatisme subi par l'orgueilleuse nation ? Officiellement engagée pour venir en aide à un petit pays menacé de perdre son indépendance, cette guerre était devenue, aux yeux de bien des Américains pensants, « injuste et immorale ». Visiblement, l'ingérence américaine dans les affaires d'Indochine, qui avait paradoxalement pris le relais du colonialisme français, avait été une fatale erreur. Kennedy, on s'en rendait compte *ex post facto,* avait préjugé des forces des États-Unis lorsque, dans son discours inaugural de janvier 1961, il s'était juvénilement et chevaleresquement écrié :

(1) Le même jour le secrétaire à la Défense, Melvin R. Laird, annonçait l'abolition du service militaire obligatoire. Ainsi prenait fin le système de recrutement établi par une loi (*Selective Service Law*) promulguée avant la Seconde Guerre mondiale.

> « Nous paierons n'importe quel prix, nous nous imposerons n'importe quelle charge, nous soutiendrons n'importe quel ami, nous ferons face contre n'importe quel ennemi pour assurer la survie et le succès de la liberté. C'est ce à quoi nous nous engageons. »

Neuf ans après, le 18 février 1970, dans un message au Congrès sur « une nouvelle stratégie de paix », Nixon ne pouvait que prendre le contre-pied du téméraire engagement de son prédécesseur. Dans une formule non moins catégorique, il replia solennellement son pays sur des positions moins aventureuses :

> « Les États-Unis ne peuvent pas (et ils ne le feront pas) concevoir tous les plans, élaborer tous les projets, exécuter toutes les décisions, et assurer toute la défense des nations libres du monde. »

Et trois ans après, dans le discours inaugural qu'il prononça au début de son second mandat, il engagea encore plus avant les États-Unis dans la voie de la retenue en déclarant modestement :

> « Le temps est révolu où les États-Unis pouvaient faire leurs les conflits d'une autre nation, ou assumer la responsabilité de son avenir, ou se permettre de dire à sa population comment elle doit conduire ses propres affaires [...] A l'étranger comme dans notre propre pays, le moment est venu de renoncer à nos politiques de condescendance et de paternalisme à la *Washington knows best.* »

Et Nixon de résumer lui-même sa grave leçon : « *In sum, no more Vietnams !* » (en somme, plus de Vietnams!).

Un autre délicat problème attendait Nixon lors de son investiture : les États-Unis pouvaient-ils, année après année, s'opposer à l'admission de la Chine continentale au sein des Nations Unies, alors que, d'une Assemblée générale à l'autre, croissait le nombre des voix qui la préconisaient bruyamment?

Dès le début de 1971, Nixon prépara graduellement la volte-face des États-Unis, car elle lui paraissait indispensable. Le 13 mars, il abolit les restrictions imposées plus de vingt ans auparavant aux voyages des ressortissants américains en Chine continentale. Trois mois plus tard prenait fin l'embargo sur le commerce avec cette même Chine, qui avait été décrété au même moment. Enfin, le 16 septembre, Nixon annonçait la décision des États-Unis de veiller à ce que la Chine occupe au Conseil de Sécurité le siège que la Charte des Nations Unies avait prévu pour elle. Et en effet, le 25 octobre 1971, la Chine « nationaliste » (Taïwan) était expulsée du Conseil de Sécurité, et sa place prise par la Chine « continentale », au milieu des trépignements de joie d'une majorité des délégués à l'Assemblée générale.

De son côté Pékin avait lui aussi fait de menues ouvertures. Une équipe américaine de tennis de table avait été discrètement invitée par ses soins à venir se montrer dans le pays et se mesurer avec des joueurs chinois. Le 15 juillet 1971, le président étonna le monde en annonçant la visite qu'il se proposait de faire à Pékin l'année suivante, mettant ainsi fin à presque un quart de siècle d'isolement mutuel. Convaincu que « l'ordre international ne saurait être assuré si l'une des grandes puissances demeure à l'écart de cet ordre et lui est hostile », Nixon entendait tourner définitivement la page du bipolarisme Washington-Moscou et entretenir des relations normales avec l'une et l'autre des deux puissances marxistes, elles-mêmes ennemies jurées l'une de l'autre.

Tant est que, en février 1972, accompagné de Kissinger, Nixon descendit d'avion à Pékin et eut des entretiens empreints d'aménité avec Chou En-laï et Mao Tsé-toung. On ne pouvait, du jour au lendemain, effacer les traces et les méfiances de tant d'années d'antagonisme, non plus qu'enjamber le large et profond fossé des idéologies contraires. Mais les États-Unis reprenaient contact avec presque un quart de la population mondiale ; tout danger de guerre entre les deux pays paraissait désormais écarté ; à défaut d'ambassades proprement dites, des Bureaux de liaison allaient être créés à Pékin et à Washington, des relations commerciales allaient être renouées, et des échanges culturels étaient prévus.

Il s'agissait maintenant pour Nixon de désarmer les soupçons de Moscou, que pouvait inquiéter ce rapprochement avec son frère ennemi, Pékin, et de lui prouver que ce rapprochement ne contenait aucune pointe pouvant être dirigée contre lui. Aussi Nixon se hâta-t-il de courir à Moscou, sitôt mis au point par les chancelleries respectives les projets d'accords États-Unis-U.R.S.S. que devaient signer le secrétaire du parti communiste soviétique, Léonid Brejnev, et le président Nixon.

C'est le 22 mai 1972 que débuta la première visite officielle qu'un président des États-Unis ait jamais faite en Union Soviétique. Dix jours après, Nixon regagnait Washington, emportant dans son bagage divers accords dûment signés au Kremlin le 26 mai. Les uns étaient d'ordre plutôt secondaire, mais témoignaient de la volonté des deux parties de favoriser la « détente » et de multiplier les liens entre les deux pays. Un de ces accords créait par exemple une commission permanente de coopération scientifique et technique, tandis qu'un autre établissait un comité paritaire de coopération dans le domaine de la protection de l'environnement. Mais deux autres textes contraignants présentaient la plus haute importance : un traité couramment dénommé S.A.L.T. I (1) limitait les systèmes respectifs de missiles

(1) S.A.L.T. est le sigle de *Strategic Arms Limitation Talks* (Pourparlers pour la Limitation des Armes Stratégiques).

antibalistiques de défense A.B.M. (1) et un accord intérimaire valable 5 ans, esquisse d'un futur traité S.A.L.T. II, fixait un plafond au déploiement des missiles balistiques intercontinentaux offensifs basés sur terre ou sur mer.

Le traité A.B.M. n'attendait que la ratification par le Sénat américain et par le Soviet Suprême. Elle fut obtenue dès le 3 octobre 1972. Depuis lors cette première phase des pourparlers, consacrée aux armements défensifs, est devenue fait acquis. Mais il n'en va pas de même de l'accord intérimaire quinquennal S.A.L.T. II, consacré aux armements offensifs. Au cours de ces cinq années, des négociations ardues, très serrées, empreintes d'une grande méfiance mutuelle, se sont poursuivies en vue de la conversion de l'accord intérimaire en un traité S.A.L.T. II. Plusieurs fois les partenaires ont cru toucher au but. Mais, sur le plan non plus seulement quantitatif, mais qualitatif des armes stratégiques les plus sophistiquées, il est singulièrement plus difficile d'obtenir de part et d'autre une certaine parité. Et la difficulté est encore accrue du fait que, depuis 1972, l'U.R.S.S. et les États-Unis ont l'un et l'autre amélioré des éléments de leur arsenal parfois divergents, et donc de valeurs stratégiques difficilement comparables et chiffrables.

Quoi qu'il en soit, c'est le 3 octobre 1977 que doit prendre fin l'accord intérimaire sur les armes stratégiques offensives. L'un et l'autre partenaires ont malgré tout un intérêt évident à bloquer la spirale montante de leurs énormes budgets militaires et paraissent désirer que soit enfin signé et ratifié un traité S.A.L.T. II.

Parallèlement se déroulaient d'autres négociations, dénommées M.B.F.R. (2), visant à réduire les forces armées de l'O.T.A.N. (et donc des États-Unis) et celles du Pacte de Varsovie (et donc de l'U.R.S.S.) en Europe centrale. Mais là aussi le problème de l'équilibre et des équivalences constitue un redoutable obstacle et la progression est non moins ardue et lente que celle de S.A.L.T. II.

Par contre a pu se tenir à Helsinki, en 1975, et aboutir à la signature de son Acte final par trente-cinq États, une conférence sur la sécurité et la coopération européennes, gage de détente. Le groupe des pays de l'Est et celui des nations occidentales y attachaient la plus grande importance, mais pour des raisons assez différentes : l'U.R.S.S. désirait avant tout faire dûment reconnaître par un accord international les nouvelles frontières créées par ses conquêtes de 1945 en Europe orientale. De leur côté les États-Unis, protagonistes des sociétés

(1) A.B.M. est le sigle de l'anglais *Anti Ballistic Missiles*.
(2) M.B.F.R. est le sigle de l'anglais *Multilateral and Balanced Force Reduction*.

libérales et ouvertes de l'Occident, désiraient ardemment obtenir de l'U.R.S.S., société délibérément fermée, d'une part la libre circulation des idées, des écrits et des hommes à travers des frontières jusque-là hermétiques, d'autre part le respect et l'observation, en zone communiste, des droits de l'homme consignés dans la Déclaration universelle de 1948.

L'U.R.S.S. obtint gain de cause même de l'Allemagne fédérale, principale victime des conquêtes de Staline, car le statu quo territorial en Europe orientale fut solennellement confirmé par la signature de tous les chefs d'État participants. Par contre les États-Unis durent se contenter d'engagements d'ordre très général, qui n'étaient guère que des recommandations ou des préceptes auxquels les signataires promettaient de se conformer. L'Acte final prévoyait toutefois, deux ans après sa signature à Helsinki, une nouvelle conférence qui devait dresser le bilan de l'application de ces engagements ou promesses dûment signés. Elle devait se tenir à Belgrade en juin 1977.

Dans le Moyen-Orient, le président Nixon trouva une situation inchangée depuis la guerre israélo-arabe dite de six jours (1967). C'est-à-dire que l'U.R.S.S. continuait de soutenir et d'armer les États arabes contre Israël. De son côté, fort de sa reconnaissance de l'État d'Israël sitôt créé (nov. 1947), fort aussi d'un puissant mouvement d'opinion favorable à ce courageux petit pays, le président Nixon se devait de poursuivre la politique traditionnelle de Capitol Hill et de la Maison-Blanche. Celle-ci visait à maintenir un équilibre approximatif entre l'armement des deux camps hostiles. Tacitement, les deux Supergrands furent amenés à déconseiller à leurs protégés de déclencher une nouvelle guerre, car celle-ci serait inévitablement encore plus meurtrière et plus coûteuse que les précédentes; et surtout, elle pourrait entraîner pour eux ce risque d'engrenage armé tant redouté d'eux.

C'est cependant ce qui arriva le 6 octobre 1973, quand Syriens et Égyptiens lancèrent une attaque conjointe contre Israël en pleine célébration du Yom Kippour. Elle obtint de surprenants succès initiaux, tandis qu'États-Unis et U.R.S.S. organisaient immédiatement des ponts aériens pour venir en aide l'un à Israël, l'autre aux assaillants arabes. La tension entre Washington et Moscou ne faisait que croître. Le 25 octobre les services de renseignements américains crurent constater que l'U.R.S.S. s'apprêtait à engager des troupes dans la zone des combats. La riposte du président Nixon fut de procéder aussitôt à une mise en alerte (*precautionary alert*) des forces militaires américaines. On était à deux doigts d'un engrenage armé. Mais l'U.R.S.S. se garda de toute intervention directe. Le même jour le Conseil de Sécurité de l'O.N.U. adopta une résolution créant une force d'observateurs militaires chargée de surveiller le cessez-le-feu dûment proclamé. C'est alors que Kissinger put déployer ses talents exceptionnels de gestionnaire de crises. A la suite d'incessantes navettes entre les capitales des belligérants, de négociations tenues rigoureusement secrètes, et des « petits pas » devenus fameux, il put, au début de novembre 1973, faire signer par les délégués d'Israël et de l'Égypte un armistice en six points.

La guerre du Kippour (1) ne manqua pas de produire de fâcheux remous des deux côtés de l'Atlantique : les pays de l'O.T.A.N. étaient irrités de ce que les États-Unis aient alerté leurs forces militaires sans les avoir consultés. Et Kissinger exprima ses regrets de ce que les pays de l'O.T.A.N. aient adopté une politique de non-coopération lors du renforcement militaire d'Israël par les États-Unis.

Bien plus graves furent les représailles des États arabes producteurs de pétrole contre les États-Unis coupables d'avoir soutenu Israël pendant la guerre. Ils mirent en place un embargo conjoint sur toutes livraisons de pétrole aux États-Unis. Ceux-ci en sentirent très durement les effets dans leur habituel confort durant les quelques mois de son application (1973-1974).

Dans l'ensemble, cependant, les États-Unis avaient marqué plusieurs points. Le président Sadate avait précédemment expulsé d'Égypte les quelques milliers de conseillers et de militaires soviétiques que Moscou y entretenait. L'U.R.S.S. ne pouvait plus disposer d'une base navale à Alexandrie. Mais surtout, après que l'amour-propre et le besoin de dignité des Égyptiens eurent été enfin confortés par les incontestables succès de leurs armes, Le Caire pouvait explicitement reconnaître le droit à l'existence d'un Israël qui serait amputé de ses conquêtes, envisager une politique de paix, et chercher outre-Atlantique l'aide technique et alimentaire dont son économie et sa population croissante avaient un criant besoin.

Comme on pouvait s'y attendre, l'« Alliance pour le Progrès » conçue par Kennedy pour instaurer une coopération stable entre les États-Unis et les pays latino-américains avait connu des jours difficiles et de fâcheuses péripéties. Le défi lancé aux États-Unis par Fidel Castro menaçait de faire tache d'huile dans tout le centre et le sud de l'hémisphère. Comment s'y prendre, dans une atmosphère de méfiance et de crainte, pour tâcher d'aider ces pays à relever le niveau de vie de leur population, en majorité paysanne? Dans ces multiples régions de grandes propriétés il convenait sans doute d'orienter le tout premier effort vers les paysans illettrés qui travaillaient la terre de leur maître pour des salaires dérisoires. Il fallait donc favoriser la classique

(1) Dite « du Ramadan » dans les pays arabes.

« réforme agraire », morceler ces latifundia et créer une classe de petits propriétaires soucieux de leur propre terre.

Et en effet les États-Unis persuadèrent plusieurs gouvernements relativement progressistes d'envisager cette réforme, et ils aidèrent à financer de premières expériences. Mais sitôt qu'un coup d'État instaurait un régime militaire de droite, le nouveau régime se hâtait d'arrêter ou de renverser le processus. C'est ainsi qu'au Chili la junte militaire du général Pinochet mit fin à la distribution des terres que l'Alliance pour le Progrès avait amorcée et qu'avait activement poursuivie le président Salvador Allende. Mais même au Mexique et en Bolivie, où la réforme agraire et la distribution des terres avaient pu être mises en train pendant quelques années de suite, les conditions de vie des péons n'avaient pu être sensiblement améliorées.

Esprit réaliste, le président Nixon conclut de ce flagrant état de choses que le parti le plus sage à prendre serait d'abandonner à son sort cette moribonde Alliance. En novembre 1969 il annonça sans ambages que « dorénavant le progrès économique et social en Amérique latine dépendrait moins des États-Unis que des initiatives latino-américaines ».

Quant aux relations — inexistantes — entre les États-Unis et la République populaire de Cuba, plusieurs visites privées de parlementaires américains à La Havane purent faire croire qu'un début de rapprochement entre l'un et l'autre pays n'était pas exclu. Mais cet espoir fut chaque fois déçu. Ne pouvait-on pas cependant admettre comme plausible qu'un jour viendrait où le bon sens l'emporterait et où l'on pourrait enfin entrevoir l'ouverture d'un dialogue de paix entre Washington et La Havane ?

Au début de son premier mandat, Nixon trouva une situation préoccupante dans la zone toute proche du canal de Panama. Certes les États-Unis et le Panama reconnaissaient tous deux la nécessité d'un nouveau traité, car celui qui, en 1903, avait concédé au gouvernement des États-Unis la prise à bail « perpétuel » de la zone du futur canal revêtait désormais un caractère archaïque. Mais les deux parties abordaient les tractations de points de vue très différents.

Pour les États-Unis il s'agissait avant tout d'accroître la capacité du canal, car le tonnage des bateaux transiteurs, qui avait atteint les 100 millions, ne pouvait que croître avec le développement rapide du commerce international est-ouest et ouest-est, et force serait bientôt d'opter entre deux solutions : creuser un nouveau chenal d'écluses le long du chenal existant, ou créer un nouveau canal au niveau des deux océans.

Par contre, pour le Panama il s'agissait avant tout de recouvrer en pleine souveraineté la bande interocéanique large de 16 km qu'il avait dû aliéner au début du siècle en vertu d'un traité « inégal ». Cette portion du sol national était occupée militairement par les États-Unis. C'est eux qui assuraient entièrement la gestion et la défense du canal, et dont le drapeau flottait au vent. Depuis longtemps exprimée en termes véhéments, cette revendication avait été puissamment stimulée par la nationalisation du canal de Suez en 1956. Les Américains ne manquaient pas de faire valoir qu'il n'y avait aucune comparaison possible entre les deux canaux. L'un avait été la propriété d'une société privée qui distribuait de gros dividendes à ses actionnaires. L'autre était administré par les États-Unis dans l'intérêt de toutes les nations, sur une base de non-profit. Les tarifs de transit étaient demeurés « essentiellement inchangés » depuis l'ouverture de la voie d'eau et la plus grande partie des recettes était réinvestie dans de coûteuses améliorations.

Mais cette argumentation ne trouvait naturellement aucun écho à Panama City, car ce qui frappait l'esprit des Panaméens, c'était le contraste quotidien et humiliant entre leur propre pauvreté, leur chronique misère et le luxe éclatant d'un très abondant personnel *gringo* (1). Bref les passions avaient atteint les dimensions d'un véritable irrédentisme périodiquement ponctué de manifestations hostiles.

C'est en 1964, après la plus violente d'entre elles, qu'avaient commencé les négociations. Elles avaient été constamment retardées ou bloquées par le Pentagone. En désaccord avec le Département d'État, celui-ci arguait qu'il serait impossible de défendre efficacement le canal si les États-Unis ne demeuraient pas seuls maîtres de ses deux rives. Il était lui-même puissamment soutenu par un fort mouvement d'opinion publique, très attachée à « son » canal, et par un *lobby* panaméen fort actif à Capitol Hill. De temps à autre cet enlisement des pourparlers déclenchait dans le Panama de violentes réactions populaires, ou même officielles. C'est ainsi que, le 11 septembre 1972, l'Assemblée du Panama eut un geste symbolique : elle vota à l'unanimité le rejet d'un versement de routine des États-Unis pour la jouissance de la zone du canal, car, selon elle, l'occupation de cette zone était purement « arbitraire ».

Le mois suivant le général Omar Torrijos, forte personnalité, assumait les pleins pouvoirs civils et militaires. Le rythme des négociations s'accéléra et en février 1974 Kissinger put annoncer un préaccord en huit points qui déterminait clairement les buts à atteindre. Le plus important prévoyait le retour de la zone du canal sous souveraineté panaméenne à terme. Restait à déterminer la date de ce changement de souveraineté et les dispositions pratiques à

(1) Des États-Unis. Appellation péjorative.

prendre pendant la période transitoire. En une première phase, le Panama exercerait sa juridiction sur un certain pourcentage de la zone. Quant aux États-Unis, ils assureraient comme dans le passé la neutralité et la défense du canal jusque vers l'an 2000

La proximité des élections présidentielles de 1976 n'a pas permis d'en arriver au point final des négociations. C'est donc au nouveau président qu'il appartiendra de mettre un terme aux derniers atermoiements.

Dans l'ensemble, le contentieux demeure donc lourd entre les États-Unis et l'Amérique latine. Il n'empêche qu'au sud du Rio Grande subsiste, plus ou moins latent, un fort courant de bons sentiments envers ces États-Unis dont tant d'investissements ont créé tant d'emplois. On n'y oublie pas toujours que, dans tel ou tel secteur, les États-Unis continuent de privilégier les ressortissants des Amériques centrale et méridionale. C'est encore le cas dans le dernier amendement (1965) à la loi d'immigration. Il a pour effet d'accueillir chaque année 120 000 émigrants d'Amérique latine, alors que tout le restant du monde n'a droit qu'à 170 000 entrées. Cette immigration, à laquelle participent toutes les classes de la population, contribue à assurer une certaine osmose entre l'Amérique de Washington et les autres Amériques. Malgré une certaine incompatibilité des tempéraments nationaux, malgré tous les traditionnels préjugés et antagonismes, grâce à l'incontestable attrait que le mode de vie latino-américain offre aux « Anglo-Saxons » du Nord, d'incessants contacts personnels et un croissant bilinguisme anglo-espagnol (1) tendent à favoriser cet esprit de compréhension réciproque dont on croit percevoir quelques signes.

L'alliance avec le Japon, indispensable pour permettre aux États-Unis de conserver la maîtrise du Pacifique, a connu quelques grincements durant les années Nixon-Ford. Le traité de paix de 1951 n'avait pas rendu au Japon la plus grande des îles de l'archipel des Ryû Kyû, Okinawa. Les forces américaines y avaient, à Naha, créé une base stratégique qui leur avait rendu d'indispensables services durant la guerre de Corée et que Washington tenait à conserver en « trust ». Pendant une quinzaine d'années il fit la sourde oreille aux revendications persistantes et de plus en plus pressantes du Japon.

Mais le moment vint où, relevé de ses ruines, le Japon devint un rival commercial de plus en plus redoutable. Graduellement submergés d'importations nipponnes de qualité aussi bonne, mais de coût bien moins élevé que celui des produits américains similaires, les États-Unis encoururent d'inquiétants déficits commerciaux vis-à-vis

(1) D'après le recensement de 1970, plus de 10 millions d'habitants des États-Unis sont de langue espagnole.

du Japon. Les négociations longtemps pendantes ou interrompues entre les deux pays aboutirent donc, le 15 mai 1972, à un accord rendant au Japon la perle des Ryû Kyû, séparée de la mère-patrie depuis 1945. Nixon était ainsi en meilleure posture lorsque, quelques mois après, le 1er septembre 1972, il rencontra le Premier ministre japonais Tanaka aux îles Hawaï et négocia avec lui un accord destiné à réduire le grave déficit commercial des États-Unis avec le Japon. Cet accord allait être suivi de nombre de *gentlemen's agreements* similaires, car ces déficits sont devenus chroniques.

On peut dire que, dans l'ensemble, la politique étrangère de Nixon, assisté de son conseiller, puis secrétaire d'État, H. Kissinger, a été, du point de vue national, positive. Le pays lui devait une remarquable « percée » sur le plan mondial. N'avait-il pas réussi à entrer en relations normales avec Pékin sans trop inquiéter Moscou, et à demeurer en bons termes avec Moscou sans nuire à ses nouvelles relations avec Pékin? Une ombre, cependant, au tableau : depuis longtemps l'U.R.S.S. insistait pour qu'en matière d'échanges commerciaux les États-Unis missent l'U.R.S.S. au bénéfice de la clause de la nation la plus favorisée. Nixon avait tout fait pour obtenir cette concession du Congrès. Mais lors du vote final intervint le fameux amendement du sénateur Henry M. Jackson : il refuse à l'Union soviétique les bienfaits économiques de la Nation la plus favorisée tant qu'elle ne permettra pas à ses ressortissants d'émigrer selon le droit reconnu dans la Constitution soviétique et proclamé dans la Déclaration des droits de l'homme des Nations Unies. Irrité, le Kremlin ne put se plier à une condition aussi humiliante.

Le président L. Johnson avait, en 1969, légué à son successeur une situation intérieure assez paradoxale. L'opinion publique était étrangement divisée. Les fréquents sondages Gallup montraient que la majorité des Américains étaient, comme l'on disait alors, des « faucons ». Ils croyaient toujours encore que l'escalade des bombardements du Vietnam-Nord hâterait la fin de la guerre dans un sens favorable. Une minorité grandissante, que l'on appelait péjorativement des « colombes », était au contraire radicalement opposée à la guerre. Elle s'exprimait — combien clairement! — sur les campus universitaires, mais aussi dans les colonnes éditoriales de journaux tels que le *New York Times* et le *Washington Post*. Le *Wall Street Journal* en particulier avait tôt attiré l'attention de ses lecteurs sur les aspects financiers de l'engrenage militaire. Alors que le gouvernement s'efforçait de rassurer le public à ce sujet (1), dès 1968 le W.S.J. avait alerté l'opinion dans une série d'articles retentissants. Il constatait la

(1) Voir p. 313.

grave erreur commise par le président Johnson : par crainte d'impopularité, semble-t-il, il n'avait pas imposé à temps au contribuable la majoration d'impôt qui aurait dû contribuer à financer la guerre au fur et à mesure de son déroulement. Il avait au contraire adopté une politique d'emprunts massifs, et celle-ci avait déclenché le cycle inflationniste qui exerçait ses premiers ravages.

Comment allait agir le nouveau président?

De Truman à Johnson, les quatre présidents Démocrates de l'après-guerre avaient été modérément « progressistes ». Nixon, par contre, ne tarda pas à montrer qu'il était de tempérament foncièrement conservateur. Mais il avait à compter avec un Congrès Démocrate prompt à la dépense sociale, et il était avant tout pragmatiste, et même empiriste, ce qui l'amena à s'engager successivement et brusquement dans des voies conradictoires. C'est ainsi qu'il commença par appliquer une dose fort peu « républicaine » et nettement « keynesienne » de financement par déficits, afin de relancer l'économie du pays. Mais, peu après, il eut recours à une expérience de caractère aussi peu « républicain » : c'est par des contrôles partiels des salaires et des prix qu'il s'efforça de lutter contre l'inflation.

Or celle-ci était observée et suivie avec de plus en plus d'appréhension par un monde inondé de dollars-papier. Le régime en vigueur du *Gold exchange standard,* créé à Bretton Woods en 1944, avait étroitement rattaché le dollar à l'or sur la base fixe de 35 dollars l'once. Le dollar était donc devenu moyen d'échange international et monnaie de réserve à l'égal de l'or. Les États-Unis pouvaient émettre des dollars à leur gré. La tentation était forte de combler leurs déficits chroniques par l'émission de milliards de dollars qui leur permettaient d'investir largement et profitablement dans tous les continents. Les États-Unis s'endettaient donc « gratuitement », si l'on peut dire, vis-à-vis de l'étranger. En 1957 les réserves américaines d'or atteignaient encore 25 milliards de dollars. Mais, depuis lors, méfiantes, les banques centrales, dont la Banque de France, avaient discrètement préféré l'or au dollar, et en 1971 le trésor de Fort Knox ne comptait plus que 10 milliards d'or en lingots.

Simultanément les balances commerciales annuelles du pays avec l'étranger, qui avaient été invariablement excédentaires depuis 1893, tendaient à baisser, et, au début de 1971, les Américains apprirent avec stupeur qu'elle était devenue déficitaire. Cependant l'indice du coût de la vie continuait de monter, vivement ressenti par la majorité de la population. A l'étranger les mouvements spéculatifs sur le dollar se multipliaient et s'amplifiaient et le dollar se dépréciait par rapport aux autres monnaies. La cote d'alerte était manifestement atteinte et le 15 août 1975 Nixon se vit contraint d'avoir recours à de grands moyens.

Il annonça d'abord qu'à dater de ce jour le dollar cessait d'être convertible en or. D'autre part, violant les accords du G.A.T.T. (1) il imposait une surtaxe douanière de 10 % sur la plupart des marchandises importées, et, pendant une première phase, il bloquait pendant 90 jours les prix et les salaires.

Pour parer au chaos monétaire mondial ainsi créé, le Groupe des Dix (2) se réunit à Washington, et, le 18 décembre 1971, il dévalua le dollar, relevant le prix de l'once d'or à 38 dollars. En même temps il supprimait la surtaxe de 10 % qui, en Europe, avait soulevé un tollé général.

La phase II mit fin à la période de blocage des prix et des salaires et institua un régime de simple surveillance des prix. Le Conseil du coût de la vie avait le pouvoir de restreindre les majorations de prix et de salaires décidées par les chefs d'entreprises. Mais au bout d'un an le président annonça une troisième et dernière phase : le retour à la liberté des prix. Il se contentait de faire appel au sens civique de ses concitoyens.

Or celui-ci s'avéra défaillant. L'inflation se poursuivit à une cadence si accélérée que, certains mois, l'indice des prix de gros correspondait à un taux d'inflation annuel de 20 %. Le dollar continuait de perdre du terrain par rapport aux autres monnaies. Le 12 février 1973, le Fonds monétaire international décida donc de dévaluer le dollar de 10 %, en sorte que le prix de l'once passait de 38 à 42,22 dollars. Mais ce chiffre demeurait purement théorique, car, en fait, sur le marché libre, l'once allait atteindre et largement dépasser 100 dollars l'once. Le dollar dévalué allait désormais flotter au gré des conditions du marché international et des mouvements spéculatifs. N'empêche que, quelle que soit la valeur du dollar, hausse ou baisse, il continue invariablement de s'imposer au monde entier comme monnaie d'échanges et de paiements internationaux. Voire, il règne en maître souverain jusque sur les marchés noirs des pays communistes!

Cependant les tracas des ménagères et des millions de chômeurs victimes de la récession n'étaient pas près de cesser, bien au contraire. Le 16 octobre 1973, également à la faveur de la guerre du Kippour, les onze pays de l'O.P.E.P. (3) décidèrent à Koweït d'augmenter massivement le prix de leur pétrole brut. C'était une catastrophe pour l'économie des pays non-producteurs, riches ou pauvres, tels que la France ou le Portugal. Au contraire l'U.R.S.S., autarcique en la

(1) Sigle de *General Agreement on Tariffs and Trade*.
(2) En font partie les ministres des Finances et les gouverneurs de banques centrales des dix pays réputés les plus riches.
(3) Sigle de l'Organisation des Pays Producteurs de Pétrole.

matière, mais non-membre de l'O.P.E.P., bénéficiait de cet énorme renchérissement. Les États-Unis se situaient entre ces deux groupes. Ils produisaient eux-mêmes 60 % de leur consommation. Mais celle-ci croissait beaucoup plus vite que leur propre production de pétrole et de gaz naturel. Bientôt ils devraient importer la moitié du carburant liquide qu'ils consommaient, alourdissant d'autant leur balance commerciale gravement déficitaire. Le choc fut rude. Toute la politique énergétique du pays devrait être revisée. Il fallait accélérer l'adduction terriblement coûteuse du pétrole et du gaz naturel de l'Alaska, s'orienter vers d'autres sources d'énergie, perfectionner et rendre moins dangereuse pour l'homme la conversion de l'énergie nucléaire en électricité.

Dès le début de son premier mandat le président Nixon s'était préoccupé de la situation financière fort précaire des États de l'Union en proie à la récession. Mais ce n'est qu'en 1972 qu'il crut pouvoir intervenir utilement, soutenu par le Congrès. Car, paradoxalement, il réussit plus d'une fois à imposer son autorité à un Congrès méfiant. En bon Républicain il considérait que l'administration fédérale avait une tendance fâcheuse à gonfler sa bureaucratie et à empiéter sur les pouvoirs constitutionnels des États. Ceux-ci, rappelait-il volontiers, sont bien mieux placés pour résoudre eux-mêmes certains problèmes dont la complexité locale échappe aux augures de Capitol Hill et aux hauts fonctionnaires de l'exécutif fédéral, y compris, en première ligne, le président! En octobre 1972 il put donc signer une loi qui sembla quasi-révolutionnaire. Celle-ci prévoyait un fonds de 30,2 milliards de dollars de revenu fédéral couvrant une période de cinq ans. Dès la mise en vigueur 5,3 milliards, la première annuité, devaient être versés à raison d'1/3 aux États et 2/3 aux pouvoirs locaux (comtés et municipalités).

Cette mesure décentralisatrice fut fort bien accueillie. Mais, à l'application, des plaintes se firent bientôt entendre. En effet, au même moment le budget fédéral avait réduit ou supprimé divers programmes fédéraux comportant une certaine assistance aux États. D'autre part, sous la pression de la nécessité, les États tendaient eux-mêmes à réduire leurs propres programmes sociaux. De la sorte certains États avaient de bonnes raisons de se demander si, tous comptes faits, ils n'allaient pas être aussi mal lotis qu'auparavant.

Dans l'ensemble, la législation sociale subit un coup d'arrêt durant l'administration Nixon. Il centrait en effet le plus clair de son intérêt sur la politique extérieure, devenue planétaire. Lorsqu'une loi sociale lui déplaisait, plutôt que de lui opposer son veto — qui pouvait être « surmonté » — il la circonvenait en s'abstenant délibérément et arrogamment de dépenser les crédits affectés par le Congrès à des fins précises (*impoundment*). De toute façon, il se méfiait des abus de la Sécurité sociale, ce *welfare* (bien-être) dont il aurait voulu faire, selon la vieille tradition puritaine, un *workfare* (mot-à-mot : vivre par le travail).

Mais comment et où travailler, en période de récession, alors que les usines réduisaient le nombre de leurs ouvriers, ou même devaient arrêter leur production et fermer leurs portes? C'est dans les grandes villes que la population subit le plus durement ces effets de la récession, tout particulièrement à New York. Depuis deux décennies ses contribuables blancs, riches et moins riches, quittaient massivement la ville pour établir leur résidence au dehors, laissant derrière eux des millions de Noirs, de Portoricains, d'immigrants·clandestins, tous en peine de se procurer le minimum vital. Le service municipal des *food stamps* (tickets alimentaires) était débordé. De plus c'est par milliers que la ville elle-même devait congédier ses employés et donc créer de nouveaux chômeurs. L'Université de la Cité de New York, où les études étaient traditionnellement gratuites, ne pouvait plus payer ses professeurs et devait renoncer à cette gratuité qui faisait son orgueil.

Les finances de la ville étaient en perpétuel état de crise. En 1975 sa dette atteignait 12 milliards de dollars. Pendant les années précédentes ses dépenses avaient augmenté de 12 % par an, alors que son revenu ne dépassait pas une croissance de 5 %. Le parlement de l'État à Albany, dont la ville de New York dépendait en tout et pour tout, dut appeler au secours l'autorité fédérale. Mais celle-ci hésitait à intervenir massivement, comme la situation le requérait, de peur de créer un dangereux précédent. A la fin de 1976 nul ne savait si, d'un emprunt à l'autre, un plan général et étalé de remboursement pourrait maintenir le délicat équilibre économique et financier de la ville, constamment au bord de la faillite.

Sur le front du travail, toujours dirigée par le grand vieillard George Meany, la centrale syndicale A.F.L.-C.I.O. continuait de défendre âprement les intérêts des travailleurs, fiers de bénéficier des horaires les moins chargés et des salaires les plus élevés du monde. Son esprit conservateur, son anticommunisme prononcé, elle le manifesta avec éclat en 1975 en invitant à s'exprimer devant ses membres Alexandre Soljénitsyne, le dissident russe récemment exilé de l'U.R.S.S..

Les années Nixon-Ford ne manquèrent pas de connaître des grèves tenaces qui mirent à mal certains secteurs de l'économie. Mais sans entraîner des conséquences vraiment graves, tant est grande la faculté de rebondissement de l'économie des États-Unis. C'est ainsi que, en 1971-72, en pleine guerre du Vietnam, l'opiniâtreté des dockers fit durer 135 jours la grève qui perturba gravement les transports maritimes de toute la côte du Pacifique.

Il est surprenant de noter que, jusqu'à une époque récente, comparativement aux masses laborieuses de la plupart des pays européens, les travailleurs américains étaient restés à la traîne en matière de congés légaux. Au lendemain de la Seconde Guerre mondiale, par exemple, l'employé américain de sexe masculin n'avait encore droit, en moyenne, qu'à six jours de congé annuel. Au cours des années 1970 de grands progrès ont été réalisés, en sorte que le temps de loisir du travailleur américain se rapproche progressivement de celui de son homologue français. Mais syndicats et patronat semblent s'être mis tacitement d'accord pour s'engager dans une voie toute différente de la pratique française : ils préfèrent multiplier les longs week-ends en raccourcissant la semaine de travail, plutôt que d'adopter la double formule des vacances bloquées et des fermetures annuelles. C'est précisément vers une accentuation de cette tendance que semble s'orienter le dernier contrat collectif conclu chez Ford (1976). Il institue en effet la semaine de quatre jours pendant une partie de l'année.

Un des défauts que l'on pouvait reprocher à la plupart des syndicats américains était de réserver en fait leurs avantages à ce que l'on peut appeler l'aristocratie blanche des travailleurs. Encouragé par le président Nixon, le secrétaire au travail George P. Shultz tenta dès 1969 de s'attaquer sur le plan fédéral à cette discrimination à l'encontre des Noirs. Ce fut ce que l'on appela alors le *Philadelphia Plan*. A titre expérimental Shultz s'en prit à six entreprises, établies à Philadelphie et environs, qui bénéficiaient d'une assistance fédérale, et sur lesquelles il avait donc prise ; 1 % seulement de leur main-d'œuvre étaient des Noirs, alors que la région de leur recrutement en comportait 30 %. Aux termes du plan, la direction de ces entreprises devait, à la fin des quatre années suivantes, avoir embauché au moins 26 % de leur effectif parmi les groupes « minoritaires (à forte majorité noire). Cette initiative de l'exécutif fit beaucoup de bruit dans les milieux de travailleurs. Mais elle se heurta à une vive opposition de la part du Congrès et des syndicats. Elle ne mena pas très loin. Du moins Nixon s'était-il manifesté comme un président défenseur ardent des minorités négligées ou prétéritées, et qui se sentaient opprimées.

Durant toutes ces années les progrès des Noirs sur le plan politique et social ne cessèrent de s'affirmer. La lutte contre le reliquat de ségrégation des Noirs dans les États du Sud ne connaissait pas de pause. La stratégie de résistance à la déségrégation scolaire avait consisté à y faciliter légalement la création d'écoles privées par les familles blanches. Le statut d'exemption d'impôts de ces écoles fut dûment abrogé, comme aussi la déductibilité, pour les contribuables, des sommes consacrées par eux à cet enseignement privé (1).

Mais surtout la Cour Suprême intervint une fois de plus. A l'unanimité de ses membres elle entendit, en novembre 1969, mettre fin à la lenteur de la déségrégation scolaire dans l'État du Mississippi : elle statua que l' « *all deliberate speed* » (2) assez vague, de son arrêt de 1955 n'était plus « *constitutionally permissible* », et que l'intégration devait être réalisée « tout de suite » (« *at once* »). Sur le plan national, c'était multiplier le nombre des autobus scolaires affectés au transport de foules d'enfants dans des écoles fort éloignées, où devait être obtenue une certaine proportion entre écoliers blancs et écoliers noirs. D'où des dépenses énormes pour l'entretien et le ravitaillement en pétrole de plus de 150 000 de ces « bus ». Fort mal vu des parents d'élèves, ce « busing » fut une source de très violente opposition et devint un problème national. Il produisit même une certaine dissension entre l'exécutif et le judiciaire. Car Nixon ne cacha pas sa conception : n'était-il pas abusif, et même inconstitutionnel, d'utiliser le ramassage scolaire normal à des fins autres que les siennes propres ?

Sur ces entrefaites, des vacances successives à la Cour suprême permirent bientôt au président de nommer quatre juges partageant son point de vue. Et en juillet 1974, dans sa nouvelle composition, la Cour interdit le *busing* à des fins de déségrégation dans les districts scolaires de la banlieue de Detroit. C'était le premier arrêt de la Cour qui s'écartait de la tendance inaugurée par la décision mémorable de 1954.

L'intégration sociale et politique des Noirs dans la population des États-Unis se poursuivait alors à une cadence variable. Au bas de l'échelle sociale elle était lente, car du fait de la récession et de la forte réduction du nombre d'emplois, la compétition devenait plus vive entre Blancs et Noirs de même qualification — ou de même manque de qualification.

Mais dans le domaine politique l'accès des Noirs à des postes élevés marquait des points. Aux élections fédérales de 1974 et de 1976, 17 représentants noirs figuraient parmi les 435 élus. Le *caucus* noir était devenu un groupe de pression homogène. Il n'hésitait pas à exprimer ses vues sur les besoins de la communauté noire et à s'élever contre tel projet de loi déposé par le président. Dans les onze États du Sud, c'est désormais par centaines que se comptaient les Noirs élus à des fonctions publiques. De nouvelles grandes villes (Los Angeles) se donnaient des maires noirs. A Selma (Alabama), rendu tristement célèbre quelques années auparavant par de sanglantes émeutes raciales, 5 Noirs étaient élus dans un conseil municipal de 10 membres.

(1) Cf. p. 301.
(2) Voir page 301.

Dans les universités, le nombre des *post-graduate students* noirs croissait d'année en année. De jeunes Blancs n'hésitaient plus à étudier dans les universités jusqu'alors en fait noires, comme Howard (Washington D.C.). A Sacramento (Californie) un Noir était nommé président de la *California State University*. C'était là une « percée » très remarquée, car il était le premier Noir appelé à la présidence d'une grande université. La presse noire ne cessait de se développer. Le tirage du mensuel illustré *Ebony*, par exemple, atteignait maintenant 1 million et demi d'exemplaires où foisonnaient les annonces. Une classe moyenne noire se formait lentement, dont les relations avec l'élément blanc de la population ne pouvaient que croître.

En d'autres termes, le préjugé racial était visiblement en lente régression, et l'on pouvait espérer qu'était close l'ère des actes meurtriers et fracassants des années 60.

Le militantisme noir triomphant de ces années n'avait pas passé inaperçu d'un autre groupe ethnique bien moins important, mais qui, depuis bien plus longtemps encore, avait accumulé d'ardents griefs contre l'homme blanc : les Indiens (Peaux-Rouges) aborigènes.

En 1965 des membres de la tribu la plus nombreuse et la plus dynamique, les Navajos, avaient rencontré des activistes noirs. Ceux-ci les avaient encouragés à s'unir entre eux en vue d'actions communes destinées à frapper l'opinion des oppresseurs : c'était le seul moyen d'obtenir un commencement de justice.

C'est en novembre 1969 qu'eut lieu le premier attentat contre l'ordre établi. Ce coup d'éclat fut aussi pacifique que sensationnel : au milieu de la nuit, 89 Indiens, appartenant à plus de 50 tribus différentes, occupèrent la petite île déserte d'Alcatraz, située au centre de la baie de San Francisco. Ils la proclamèrent territoire indien. Ils y organisèrent aussitôt un *pow-wow* (1) symbolique, avec chants et danses rituels, et en firent un centre de renaissance et de culture indiennes.

Surpris, le gouvernement hésita à les déloger, car cet acte de rébellion retentissant, bientôt suivi d'autres, ne manqua pas de donner une forte impulsion au sentiment de culpabilité et de sympathie qui grandissait parmi les descendants des envahisseurs, des dépossesseurs, malheureusement aussi des affameurs et des massacreurs des siècles passés. Venaient de paraître ou allaient paraître en librairie des *best sellers* qui, délibérément et explicitement, retournaient encore le fer dans la plaie.

Le moment était donc favorable à une politique hardie, sinon d'expiation, du moins de réparation. Réparation qui, certes, ne

(1) Cérémonie annuelle rituelle.

pouvait être que dérisoire, mais qui, du moins, substituerait la bonne volonté à l'indifférence. Nixon eut le mérite de saisir l'occasion qui s'offrait. En juillet 1970, dénonçant les siècles d'injustice envers les Indiens, il esquissa un plan global leur assurant dignité, maîtrise de leur destinée, et mettant fin à une politique de dépendance totale vis-à-vis du gouvernement. Il entendait ouvrir « une ère nouvelle dans laquelle l'avenir des Indiens américains serait déterminé par des actes indiens et par des décisions indiennes [...] Nous avons assez longtemps parlé des injustices commises envers les premiers Américains. Comme l'ont exprimé les leaders indiens eux-mêmes, le moment est venu de plus de pluie et de moins de tonnerre ».

En en effet, au cours des années suivantes, usant des larges moyens dont il disposait dans le cadre de ses pouvoirs, Nixon obtint quelques premiers résultats. Les tribus Pueblos Taos et Yakimas recouvrèrent leurs terres sacrées (19 400 hectares) situées autour du Blue Lake (New Mexico). Au début du siècle elles avaient été arrachées à la réserve indienne et rattachées à la *Carson National Forest*. Une tribu indienne de l'Alaska avait été privée de ses droits de propriété. Elle avait longtemps réclamé en vain la reconnaissance de ses titres. Elle obtint finalement gain de cause. De même, une tribu de Floride, les Seminoles, se vit accorder 12,3 millions de dollars pour des terres dont les forces armées des États-Unis l'avaient dépouillée au XIXᵉ siècle.

Qui plus est, Nixon put affecter des fonds fédéraux à l'établissement d'un *Navajo Community College* sur un campus de 480 hectares à Tsaïlé (Arizona). C'est la première institution d'enseignement avancé dans une réserve indienne. Il s'y donne depuis 1973 des cours réguliers de langue, d'histoire et de culture navajo à l'usage des étudiants aborigènes.

Ces divers succès ont enflammé l'imagination des jeunes activistes indiens et déclenché, tant à l'intérieur des réserves qu'à l'extérieur, une véritable prise de conscience des droits ancestraux. Il semble que l'on puisse s'attendre à de nouvelles manifestations des militants indiens et à de nouvelles — combien tardives! — réparations de la part du gouvernement spoliateur.

C'est également au cours des années Nixon-Ford que d'autres groupes ethniques des États-Unis, impressionnés par l'acquis du *Black Power*, et armés de leurs propres griefs, se sont affirmés avec une singulière vigueur. C'est surtout le cas des quelque 10 millions d'Américains mexicains, connus sous le nom de *Chicanos* (1). Ils sont surtout concentrés dans les États proches des 3 000 kilomètres de la frontière entre le Mexique et les États-Unis. Leur chef le plus suivi est

(1) Ce sont les trois dernières syllabes du mot *me-xicano*.

César Chavez. En organisant efficacement les travailleurs *chicanos* des fermes californiennes, il a contraint les riches producteurs de laitue et de raisin à reconnaître leur syndicat. D'autres groupes de pression, plus « radicaux », mènent campagne contre les autorités et la société américaines, les accusant de poursuivre une politique de discrimination envers eux, leur langue et leur culture.

Plus combatifs encore sont le million et demi de Portoricains principalement établis dans l'Est des États-Unis. La plupart ont certes amélioré leur sort par rapport à leurs compatriotes domiciliés dans l'île. Mais beaucoup d'entre eux, demeurés très pauvres, se sentent frustrés et sont devenus de fanatiques revendicateurs. C'est ainsi qu'en 1970 un groupe d'activistes portoricains qui s'appelait *The Young Lords,* a occupé des églises et provoqué des bagarres avec la police. C'étaient surtout des jeunes qui demandaient bruyamment des maîtres d'école bilingues et un enseignement en langue espagnole.

Le statut de « commonwealth » de l'île (1952) a valu à ses habitants de sérieux avantages, mais il est contesté par des groupes assez influents. En 1975 le Congrès a recommandé qu'il soit modifié pour faire place à un nouveau statut, intermédiaire entre celui de 51ᵉ État de l'Union et celui de Territoire indépendant.

Or, lors des élections qui se sont déroulées en 1976 dans l'île, un nombre élevé de Portoricains (48 %) ont exprimé leur désir de former un État fédéré à part entière. D'où beaucoup d'agitation dans les esprits, tant dans l'île que dans les milieux d'immigrés. D'autant qu'il existe aussi un groupe portoricain qui, au contraire, demande l'indépendance complète. Il se nomme « Forces armées de libération nationale » et a récemment revendiqué plusieurs attentats par explosifs, notamment dans des gratte-ciel de Manhattan.

Les États-Unis ne sont pas au bout de leurs peines avec leur légendaire ex-colonie, Porto-Rico.

Aux élections présidentielles du 7 novembre 1972, qui opposaient le sénateur démocrate George McGovern à Nixon, président sortant, ce dernier était en position de force. Le peuple américain était assoiffé d'ordre et de calme. Chacun sentait que les négociations de paix de Paris étaient enfin à la veille d'aboutir et bien des électeurs faisaient fond sur les capacités et l'expérience du président. Son prestige était grand. Ses initiatives diplomatiques, symbolisées par ses récents voyages à Pékin et à Moscou, avaient fait, et laissé, une forte impression. Les humiliations subies au Vietnam avaient trouvé, sinon une compensation, du moins un puissant dérivatif sur un terrain tout autre : le 25 mai 1961 le président Kennedy avait invité les services spatiaux des États-Unis « à faire atterrir un homme sur la lune avant la fin de cette décennie et à le ramener sain et sauf sur la terre ». Or, le

20 juillet 1969, Neil Armstrong avait été cet homme. C'est par millions que les Américains avaient, à la télévision, contemplé cet exploit spatial, suivi de plusieurs autres, et ces éclatantes victoires techniques leur avaient rendu confiance en eux-mêmes — cette confiance que Nixon avait l'art de susciter par son assurance jamais en défaut.

Le jour des élections venu, c'est bien lui qui l'emporta, par 45 millions de voix contre 28 à son rival.

Après ce triomphe, tout semblait lui promettre un second mandat « normal », exempt de bruit et de fureur. Mais les événements — en fait provoqués par lui-même — allaient se charger de tromper son attente.

Le 17 juin 1972, pendant la précampagne électorale, le gardien de nuit de l'immeuble Watergate (à Washington), où se trouvait un bureau du parti démocrate, fut alerté par des allées et venues suspectes. Il prévint la police. Celle-ci arrêta 5 hommes en flagrant délit d'effraction dans ces locaux du parti démocrate. Ils étaient porteurs d'un matériel perfectionné d'espionnage électro-acoustique. Parmi eux se trouvait un membre du comité républicain pour la réélection du président Nixon.

Ce n'était là qu'un simple fait divers, un cambriolage comme tant d'autres qui passa presque inaperçu.

Ce n'est que le 30 janvier 1973, quand les malfaiteurs passèrent en jugement, que l'affaire commença à prendre ses véritables dimensions. Le procès révéla l'existence d'un vaste plan d'espionnage visant le parti démocrate durant la campagne présidentielle. C'est alors qu'entrèrent en action les « limiers du Watergate », journalistes du *Washington Post*, qui flairaient le « scandale du siècle ». Leur retentissante série d'articles avait pour point de mire la Maison-Blanche. L'opinion publique s'inquiéta au point que, le 7 février 1973, le Sénat ordonna la création d'une commission chargée d'enquêter sur les activités dirigées contre le parti démocrate au cours de la campagne présidentielle.

Dès lors, pendant un an et demi, les révélations se succédèrent en un engrenage irrésistible. Tout d'abord l'un des inculpés avoua qu'il avait été payé pour se taire, et que l'opération avait été ordonnée par ses supérieurs de la Maison-Blanche. Il ne s'agissait plus seulement d'actes délictueux, mais de manœuvres pour étouffer (*cover up*) l'affaire. On entra alors dans une période de dissimulations, de parjures, de démissions, de congédiements, car, pour s'exonérer, Nixon crut devoir conduire lui-même sa propre « purge ».

Les péripéties se succèdent. Le 16 juillet 1973 un obscur employé de la Maison-Blanche révèle devant la commission sénatoriale que toutes les conversations qui se déroulent dans le bureau présidentiel sont enregistrées depuis trois ans. C'est le début de la bataille des enregistrements. Elle va durer plus d'un an, car Nixon refuse d'abord de communiquer les bandes magnétiques, s'appuyant sur le « privilège » de l'exécutif. Mais la justice fédérale est aussi saisie et d'une instance à l'autre, le président est acculé dans ses derniers retranchements. Le 18 juillet 1974 la commission judiciaire recommande son *impeachment,* c'est-à-dire sa mise en accusation devant le sénat pour « abus de pouvoir » et « obstruction à la justice ». Le 8 août, force lui est d'annoncer sa démission, qui prit effet le lendemain. Ce même jour entrait à la Maison-Blanche son nouvel occupant, le vice-président Gerald Ford. Il avait été choisi pour ce poste par Nixon, pour succéder à son précédent choix, Spiro Agnew, lui-même acculé le 10 octobre 1973 à la démission pour fraude fiscale.

Ainsi se terminait le scandale de Watergate, qui avait passionné l'opinion du monde entier, mais avant tout celle du pays qui l'avait sécrété. Quelle leçon ce dernier allait-il en tirer?

Selon certains, ce parfait roman-détective avait eu son utilité, car il avait exposé la faiblesse des institutions américaines, il avait dévoilé la turpitude, le cynisme, le total manque de scrupules des chefs politiques du pays et de leurs complices.

Selon les journaux et les périodiques de grande diffusion, au contraire, l'inlassable critique des gouvernants par les gouvernés, l'honnêteté des magistrats ou sénateurs enquêteurs, le respect de la procédure judiciaire fermement établie par la loi, le dépistage de la vérité par une presse consciente de sa responsabilité, tout cela démontrait de façon spectaculaire la solidité et la souplesse des institutions américaines ainsi que la qualité des normes de droit, de justice et de probité requises par le public lui-même. En d'autres termes, selon les éditorialistes les plus écoutés, la constitution des États-Unis, dûment obéie, contenait en elle-même le mécanisme permettant d'en déceler et d'en corriger les abus.

Le nouveau président, Gerald R. Ford, avait derrière lui une carrière exemplaire de représentant du Michigan. C'était un homme modeste, sans prétention, foncièrement bon. Il s'attacha de son mieux à « panser les blessures internes du Watergate », comme il avait promis de le faire dans son allocution inaugurale. Aussi son premier geste fut-il d'accorder à Richard Nixon « un plein, libre et absolu pardon pour tous les actes délictueux (*offenses*) qu'il a commis ou qu'il peut avoir commis à l'encontre des États-Unis au cours de son mandat présidentiel ». Ford était dûment investi de ce pouvoir par la constitution. Mais son geste ne fut pas aussi bien accueilli qu'il l'espérait. A part son entourage immédiat, il n'avait consulté personne. Il n'avait pas prévu les réactions que ce pardon allait susciter dans de nombreux cercles. N'était-il pas en effet troublant que l'ex-président demeurât indemne, alors que ses complices subissaient, ou allaient subir en prison les rigueurs de la loi en raison d'actes délictueux commis à son instigation?

D'autre part Ford avait affaire à un Congrès encore ulcéré par la désinvolture et l'arrogance avec lesquelles l'ex-chef de l'exécutif avait empiété sur les pouvoirs du législatif les plus fermement établis par la constitution. Aussi les rapports mutuels entre président et Congrès furent-ils assez tendus. Foncièrement conservateur, Ford avait en face de lui une Chambre des Représentants dont la majorité démocrate fut encore accrue aux élections de novembre 1974. Ses générosités budgétaires le choquaient à un moment critique où l'économie du pays oscillait encore entre la poursuite de la récession et de simples prodromes de reprise. Au cours de ses deux ans et quelques mois de présidence, ce n'est pas moins d'une soixantaine de vetos que Ford opposa à des projets de loi qu'il jugeait préjudiciables à l'intérêt du pays : la Chambre des représentants ne put en surmonter qu'un très petit nombre, car, dans la grande majorité des cas, le législatif n'a pas trouvé dans son sein la majorité suffisante pour annuler le veto présidentiel.

En fait, l'ère des humiliations nationales n'était toujours pas close. Car des séquelles du Watergate et de la guerre du Vietnam allaient s'imposer douloureusement à la conscience des citoyens.

Le procès de forfaiture (*impeachment*) de Nixon n'avait pas eu lieu en raison du « pardon » octroyé par le président. Mais un comité du Sénat avait été chargé d'enquêter sur les activités du C.I.A. (*Central Intelligence Agency*) et du F.B.I. (*Federal Bureau of Investigation*), tous deux impliqués dans les tentatives d'étouffement de l'affaire du Watergate. A un moment ou à un autre, en effet, presque tous les inculpés avaient eu des rapports avec eux.

L'enquête fut menée avec le souci de vérité totale que la presse, déchaînée, affichait de son côté. Entre autres agissements qui eussent dû rester secrets, elle dévoila d'étranges plans d'assassinat, qui n'eurent d'ailleurs pas de suite. Mais ils induisirent le Comité à conclure, le 20 novembre 1975, que « le système de commandement et de contrôle de l'exécutif était en soi si ambigu qu'il est difficile de savoir exactement à quel niveau une activité d'assassinat était connue et autorisée ».

Le comité eut non moins libre accès aux archives du F.B.I. Ses *hearings* furent suivis par un auditoire aussi intéressé que s'il avait vu se dérouler un film-détective. Ils révélèrent par exemple que le F.B.I. avait, pendant six ans, tenté de discréditer le pasteur Martin Luther King. Le résultat de toutes ces investigations fut une réorganisation soigneuse du contrôle à exercer sur les deux services fédéraux, sans préjudice du secret indispensable des opérations autorisées.

L'accord signé à Paris le 27 janvier 1973 avait « mis fin à la guerre et restauré la paix » non seulement entre États-Unis et Vietnam-Nord. mais entre les deux Vietnams. Cependant la commission internationale créée pour surveiller le cessez-le-feu s'avéra bientôt impuissante à empêcher les forces communistes du Nord de poursuivre leurs attaques contre la défense sud-vietnamienne. Pendant les deux années 1973 et 1974, les Vietnamiens des deux « côtés » comptèrent plus de tués et de blessés que les Américains pendant toute la décennie de leur participation à la guerre. D'une offensive à l'autre, contre des forces sud-vietnamiennes de plus en plus démoralisées, ce fut l'effondrement final. Le 30 avril 1975 les troupes nord-vietnamiennes firent leur entrée à Saïgon. S'y déroulèrent des scènes indescriptibles, mais dûment décrites par des films, pour l'édification des spectateurs américains. De ce sauve-qui-peut, seuls quelques dizaines de milliers de Sud-Vietnamiens purent atteindre la côte de Californie comme réfugiés et comme vivants symboles de la cuisante erreur politique des États-Unis.

Douloureusement ressentie fut également l'impuissance du pays — dangereusement affaibli — à contrer l'audacieuse mainmise, en 1976, de l'U.R.S.S. sur l'Angola, effectuée par le biais d'un corps expéditionnaire cubain.

Toutefois quelques succès vinrent concurremment apporter aux Américains quelques satisfactions d'amour-propre qui, par leur importance, comptent dans l'histoire des années Nixon-Ford.

Grâce à leurs volumineux excédents de production agricole les États-Unis purent, au moins partiellement, sauver de famines meurtrières des pays tels que le Bangla Desh, l'Éthiopie et toute la région du Sahel totalement desséchée par une succession d'années sans pluie. Voire, en 1972 et en 1975, par d'énormes transports de céréales, ils sauvèrent de la disette l'U.R.S.S. qui connaissait alors deux récoltes catastrophiques. Selon le destinataire et les circonstances, ce furent soit des dons, soit des ventes à des conditions de faveur, soit, normalement, de considérables et très profitables exportations commerciales.

De toute façon les Américains se sont découvert un véritable *food power* (pouvoir alimentaire). Ne sont-ils pas parvenus à produire suffisamment pour nourrir 600 millions de bouches dans le monde? Ils sont fiers d'être devenus le grenier de la planète. Mais il faut convenir que le gouvernement n'a fait de son nouveau pouvoir aucun usage politique, à preuve les ventes records à l'U.R.S.S., le dangereux rival dans la prétention à l'hégémonie mondiale.

Un autre grand succès a fasciné les esprits non seulement aux États-Unis mais dans le monde entier. Depuis de longs mois naviguaient vers la planète Mars deux sondes dénommées Viking I et Viking II. Elles avaient été lancées à un mois et demi d'intervalle. Or toutes deux atterrirent sur le sol martien avec une exactitude et une précision sans précédent, la première le 20 juillet 1976, la seconde le 3 septembre.

En réalité chaque sonde se compose de deux véhicules spatiaux : l'un, *Orbiter*, véhicule porteur, est destiné à demeurer sur orbite martienne ; l'autre, *Lander* (atterrisseur), véhicule porté, est chargé du travail à même le sol. A chacun sa tâche. *Orbiter* dresse la carte de la planète, mesure la température de l'atmosphère, etc. *Lander* — sorte d'appareil ménager à trois pattes, de la taille d'un enfant — recueille des données scientifiques sur la composition du sol, sur la nature des roches de surface, etc. Tous deux prennent d'innombrables photos d'une surprenante netteté et qui débordent d'informations variées. Tous les journaux du monde se les sont arrachées ; 13 équipes de chercheurs attachées à la Mission Viking sont chargées d'analyser les dizaines de milliers de photos qui auront été prises jusqu'en mai 1977. D'ici là, toutes les expériences portant sur la recherche de la vie sur Mars auront été achevées par les deux sondes, et les biologistes auront peut-être alors la réponse à la question qui hante les esprits : la vie existe-t-elle sur Mars ?

Quelques semaines après la conquête scientifique de Mars, les trois prix Nobel de physique, chimie et médecine de 1976 venaient récompenser cinq chercheurs des États-Unis. Ce tiercé n'était pas une « première », car il avait eu des précédents en 1946 et 1968. Mais les Américains constatèrent sans déplaisir que la qualité de leurs hommes de science, la vigueur de leur créativité n'avaient apparemment pas été affectées par les déboires de la grande politique et par les avatars du dollar.

Dans ce choix des élus de Stockholm, un fait est frappant pour qui étudie l'évolution de la société américaine : au début du siècle les lauréats des États-Unis avaient nom Michelson, Compton, Richards. Ils étaient de vieille souche anglaise. Les lauréats de 1976 ont nom Ting, Blumberg, Gajdusek. La plupart appartiennent aux ethnies de fraîche immigration, cette majorité de minorités qui tend à composer la société américaine d'aujourd'hui. C'est une nouvelle couche de la population qui forme désormais l'élite scientifique du pays. Celle-ci paraît promise à un renouvellement assuré, car un *brain-drain* (émigration des cerveaux) mondial ne cesse de faire affluer dans le pays les individus les mieux doués et les plus entreprenants de tous les continents. Et cette sorte d'impérialisme de la matière grise est encore favorisée par le jeu de la loi d'immigration du 3 octobre 1965. Celle-ci donne en effet une priorité préférentielle aux « membres des professions, aux scientifiques et aux artistes exceptionnellement doués » (*of exceptional ability*). Aux termes de cette loi, le nombre de bénéficiaires de cette préférence ne doit toutefois pas dépasser le chiffre de... 17 000 par an.

Ce même automne 1976, achevait de se dérouler, selon le rite immuable, la bruyante campagne électorale en vue de l'élection présidentielle du 1er novembre. Le parti républicain avait désigné comme son candidat le président en exercice, Gerald Ford. Le choix du parti démocrate s'était porté sur un parfait inconnu, James Earl (Jimmy) Carter, exploitant agricole domicilié dans le petit village de Plains, en Georgie. Son expérience des affaires publiques, il venait seulement de l'acquérir comme gouverneur de son État de 1971 à 1975. Par sa jeunesse, par ses promesses d'une politique remontant aux sources les plus pures de la démocratie américaine — ces mêmes sources que la nation venait de célébrer avec tant d'ardeur lors du bicentenaire de son indépendance (4 juillet 1976) — mais beaucoup aussi par la vertu de son frais et franc sourire, vite devenu légendaire, Jimmy Carter s'était acquis un grand nombre de partisans au cours d'une campagne électorale menée tambour battant.

C'est bien lui qui l'emporta le 1er novembre 1976. Il avait obtenu 40 263 549 voix, alors que Gerald Ford n'en recueillait que 38 512 666. Chose imprévue pour un Démocrate, il avait emporté les États du Sud. Mais ce sont sans doute les faiblesses de son rival qui le servirent le mieux. En effet Gerald Ford avait contre lui d'avoir été le choix du président Nixon, maintenant déconsidéré, et non pas celui de la nation. Maint électeur lui tenait rigueur d'avoir placé son prédécesseur en quelque sorte au-dessus de la loi commune à tous en l'absolvant de ses graves manquements. De plus, de nombreux électeurs lituaniens, polonais, hongrois, etc., ne lui ont pas pardonné la gaffe sensationnelle qu'il avait commise le mois précédent, au cours de sa campagne électorale ; n'avait-il pas manifesté avec éclat son ignorance du fait notoire que les États de l'Est de l'Europe ont perdu leur indépendance sous le joug soviétique ?

Jimmy Carter disposait de moins de deux mois et demi pour se préparer à prendre en mains les rênes du gouvernement (le 20 janvier 1977). L'un après l'autre, il choisit les membres de son cabinet et ses principaux conseillers. Malgré ses réponses aux questions des journalistes, sa personnalité, ses intentions demeuraient entourées de mystère. Sous son égide le pays allait apparemment prendre un nouveau départ. Mais lequel? Le monde entier — le Kremlin en tête — s'interrogeait à ce sujet...

⁎

Telle est, outrageusement condensée en quelques chapitres, l'évolution des États-Unis, petite puissance marginale en 1898, devenue grande puissance hégémonique depuis le milieu de ce siècle. Telle est, selon un cliché très répandu, l'origine de leur « impérialisme ».

Impérialisme, c'est là un terme moralement péjoratif, qui recouvre un contenu très variable, et dont les détracteurs des États-Unis font un usage immodéré.

Certes la guerre hispano-américaine de 1898 a été le point de départ d'un impérialisme au sens étroit du mot : d'un impérialisme de conquête. A l'instar des puissances européennes d'alors, les États-Unis se sont conduits exactement comme Staline en Pologne ou en Lituanie à la fin de la Deuxième Guerre mondiale : en même temps en effet qu'ils « libéraient » une population de son oppresseur exécré, l'Espagne, ils la recolonisaient à leur profit.

Mais aux États-Unis le processus de décolonisation, de renonciation au protectorat masqué sur plusieurs républiques latino-américaines a précédé les gestes semblables des puissances colonialistes d'Europe. C'est dès 1934 que Franklin Roosevelt a promis l'indépendance aux Philippines, et la promesse a été rigoureusement tenue à la date indiquée : 1946. Cette poussée de fièvre colonialiste avait été pour les États-Unis un simple incident de parcours.

L'expansionnisme américain n'a toutefois pas cessé. Il a revêtu d'autres formes. Si l'on tient à conserver l'étiquette si commode d' « impérialisme », on peut en distinguer trois sortes principales, qui se sont exercées parallèlement, jusqu'à même se confondre parfois : l'impérialisme américain de la liberté, l'impérialisme du poids économique et l'impérialisme de l'attrait.

Que les Américains aient eu de tout temps la vocation de la liberté, la foi en la liberté, nul ne saurait le nier. C'est le goût ardent de la liberté qui a fait traverser l'Atlantique aux premiers colons anglais, et c'est la volonté de se gouverner librement qui les a induits à se détacher de Londres par la force et à proclamer leur indépendance en 1776. Mais qui dit « foi » dit souvent aussi : besoin de propager cette foi. Si l' « impérialisme » soviétique se donne à tâche de « communiser » le monde, les États-Unis, forts de leur credo — qui n'est cependant pas un dogme rigide — ont eu un objectif mondial — faut-il dire un « messianisme »? — opposé : favoriser et étayer la liberté des nations et des hommes. Ces décolonisés furent donc des décolonisateurs-nés. Ils l'ont amplement prouvé, par exemple en poussant les Britanniques à se retirer de l'Inde, les Néerlandais de l'Indonésie, les Français d'Algérie.

Ils sont même allés trop loin dans cette voie, car leur ardeur décolonisatrice... d'autrui n'était peut-être pas aussi désintéressée qu'il pouvait paraître : n'y avait-il pas une succession à prendre? Une « porte ouverte » par où s'assurer de nouveaux marchés? Et plus d'une fois les décolonisés se sont retournés contre le promoteur de leur décolonisation.

Le souci américain de la liberté d'autrui et de son indépendance s'est le mieux exprimé dans la doctrine de Truman, reprise par Kennedy. Elle a, en cours d'application et au gré des circonstances, subi diverses distorsions. Elle a reçu le coup de grâce lors de la guerre du Vietnam. L'intervention américaine visait sciemment à protéger le Vietnam-Sud contre les attaques et la subversion du Vietnam-Nord soutenu par Pékin et Moscou. Mais, à l'usage, dans la jungle d'Indochine, ce noble culte armé de la liberté s'est révélé néfaste aussi bien pour le libérateur que pour l'État sujet à libération. Car cette dernière croisade en Asie du Sud-Est a largement dépassé les forces des États-Unis, et Nixon a péremptoirement tiré la leçon de l'erreur commise : « *No more Vietnams!* »

Dans une balance, par le jeu de la pesanteur, le plateau le plus lourdement chargé l'emporte sur le plus léger. Il est bien difficile d'éviter qu'il n'en aille de même dans l'équilibre des échanges mondiaux. De là ce que l'on appelle l' « impérialisme des États-Unis ». Il s'agit en réalité d'une simple « pré-pondérance », au sens le plus littéral du mot.

Cette prépondérance économique et, partant, financière, le pays la devait à la conjonction de plusieurs facteurs : les ressources naturelles variées et abondantes de ses 8 millions de km^2; l'immensité de son marché intérieur; la supériorité de ses techniques de production de masse; le poids de ses réserves d'or et de dollars; le dynamisme congénital de sa population; son génie des affaires. De là le véritable *imperium* que les États-Unis se sont créé de par le monde. L'initiative privée a investi dans les cinq continents non loin de 100 milliards de dollars. Il n'est guère de pays de quelque importance (en dehors de l'empire soviétique), où les banques américaines n'aient établi des agences, les grandes affaires des usines et des filiales. A simple titre d'exemple, la *General Motors Corporation* — dont le chiffre d'affaires dépasse de 10 % l'ensemble du produit national des Pays-Bas — fabrique des centaines de milliers de véhicules automobiles en Allemagne, la Société Ford en Grande-Bretagne.

On aimerait savoir quelle proportion du profit global de cette injection de capital américain dans le monde s'en va enrichir l'investisseur et ce qu'en retire le pays économiquement « envahi ». Il est impossible d'établir un bilan exact, mais il semble bien que le pays d'implantation ait tendance à sous-évaluer les avantages qu'il en retire, et qu'en fin de compte la balance des profits de toutes sortes soit au moins aussi favorable à l' « impérialisé » qu'à l' « impérialiste ». Le président Lyndon Johnson n'avait assurément pas tort de déclarer le 10 février 1965 : « La contribution du capitalisme américain au développement et à la prospérité du monde a été immense. »

Mais tout cela est du passé. Cette prépondérance américaine s'effrite chaque jour. Car, relevés de leurs ruines, les Allemands sont devenus un rival redoutable. Les Japonais, les Chinois de Taïwan, les Coréens du Sud se sont approprié les techniques les plus sophistiquées. Les pays du tiers monde ne se bornent plus à fournir des matières premières aux pays industriels du Nord, mais se mettent à les transformer eux-mêmes sur place. Les États-Unis sont désormais submergés de tissus, d'appareils photographiques japonais, de magnétophones sud-coréens de qualité aussi bonne que celle des équivalents fabriqués aux États-Unis, mais moitié moins chers. Car les salaires des ouvriers japonais et autres sont dérisoires par rapport à ceux des travailleurs des États-Unis. Ceux-ci sont ainsi réduits à un chômage chronique qui descend difficilement au-dessous de 7 % de la population active.

Qui plus est, le courant des investissements mondiaux tend à s'inverser. Les États-Unis étaient jadis les plus grands exportateurs de capitaux dans le monde. Maintenant ce sont les « multinationales », Shell, Lever Brothers, Nestlé basées en Europe, qui créent des emplois aux États-Unis. Dans la seule Caroline du Sud c'est 22 firmes étrangères qui ont pris pied. Les pays producteurs de pétrole avaient, en 1976, placé 11,5 milliards de dollars aux États-Unis. Vient s'ajouter l'irruption de capitaux de l'Europe de l'Ouest qu'effraient l'expansionnisme et le surarmement soviétiques.

Que conclure, sinon qu'à l'impérialisme économique des États-Unis est en train de se substituer un impérialisme de la sécurité. Car le monde entier, y compris les pays du pacte de Varsovie, a apparemment confiance dans la solidité de l'appareil économique, social et politique du pays.

L'attirance des États-Unis, pays de liberté et d'abondance, est un phénomène qui s'est fait sentir dès la date de l'indépendance. C'est lui qui a déterminé l'exode vers cette partie du Nouveau Monde de groupes compacts d'émigrants. Ils provenaient d'abord de l'Europe du Nord-Ouest, ensuite de l'Europe méditerranéenne et slave. De 1900 à 1914 c'était en moyenne, chaque année, presque un million de personnes de tous âges qui se déversaient librement dans le pays. Depuis 1921 les restrictions à l'immigration se sont resserrées, en sorte qu'au cours de la dernière décennie le flot légal n'a pas dépassé le chiffre de 400 000 par an.

Mais la tentation est forte de pénétrer à tout prix dans cette mythique enceinte sévèrement gardée, mais difficilement défendable. Aussi l'immigration clandestine fleurit-elle par tous les moyens, toutes les astuces et toutes les complicités. C'est à 5,3 millions que, le 1-1-1977, le Bureau du Recensement évaluait le nombre de personnes qui ont échappé au recensement de 1970 et qui continuent de se cacher dans le fourmillement des villes et des petites communautés rurales.

Dans les pays de l'Europe orientale, sous domination soviétique, toute émigration est interdite et sévèrement punie. Dans les pays de l'Europe occidentale et méridionale, l'émigration est libre, mais limitée par les contingents globaux fixés à l'entrée par la loi américaine d'immigration. L'attrait des États-Unis a donc changé de forme, mais il est aussi fort que jamais. Ce sont désormais les modes et les pratiques américaines, les manières d'être américaines, les amusements américains, l'art et la littérature américains qui, jusque derrière le « rideau de fer », trouvent un « marché » avide, insatiable, voire « noir ».

Un exemple suffira : celui de la France. Cette France qui se veut avant tout française, et qui aspire bruyamment à s'émanciper de la « tutelle » américaine, est littéralement fascinée par tout ce qui vient des États-Unis. Après s'être méfiée de la « cafeteria », elle l'adopte sans qu'il lui vienne à l'idée de lui donner le bon vieux nom français « caféterie », d'usage courant au siècle, et sous la plume de Voltaire. Elle prend goût au « supermarché », à ce « libre service » que les États-Unis ont connu dès avant la Première Guerre mondiale. Elle adopte pêle-mêle le *drug-store*, les *jeans* (1), le *denim* (2), le jazz, le *juke-box*, le *baby-foot*, les chansons et les danses à la mode à New York, le coca-cola, les majorettes en tutu, le jeu de *scrabble*, les sondages d'opinion publique, les pommes « *golden delicious* » qui se substituent aux savoureuses vieilles variétés françaises, les *gadgets* américains, les *slogans* à l'américaine, le *hit-parade*, les *westerns*, les romans traduits de l'« américain », les cigarettes américaines, les films, les dessins animés américains, ces conférences de presse qu'ignoraient un président Loubet, un président Poincaré, etc.

Qu'on ne s'y trompe pas. Cet attrait multiforme entraîne toutes

---

(1) Abrégé de : *Genes* [*fustian*], futaine de Gênes. (*Gênes* se prononce en anglais exactement comme *jeans*.) Tissu autrefois importé de France.
(2) Abrégé de : *de Nîmes* [*serge*], serge de Nîmes. Tissu autrefois importé de France.

sortes de conséquences économiques, sociologiques, et même politiques (dans les pays du Pacte de Varsovie). De tous les impérialismes que l'on peut ou que l'on a pu imputer aux États-Unis, c'est le seul qui se porte bien et qui n'ait rien perdu de sa vigueur.

L'ADMINISTRATION CARTER (1977-1980)

Durant l'administration du président Carter, les États-Unis se sont distancés du double traumatisme que leur avait infligé la guerre perdue du Viet-Nam et l'affaire du Watergate. Leur complexe de culpabilité s'est peu à peu résorbé, accaparés qu'ils étaient par les échéances de la vie quotidienne.

D'emblée, Carter s'efforça de persuader le Congrès qu'il fallait à tout prix mettre fin à la surconsommation nationale du pétrole. Mais il trouva celui-ci peu enclin à déranger l'électeur confortablement assis au volant de sa grosse voiture et indifférent au déséquilibre désastreux de la balance commerciale du pays. Malgré ses pressants appels au « bon sens », la Chambre des représentants refusa massivement, le 5 juin 1980, de voter la création d'un impôt pétrolier propre à réduire considérablement la dépendance des États-Unis à l'égard du pétrole importé.

Le gouvernement éprouva la même difficulté dans sa lutte contre l'inflation : de 13,3 % en 1979, n'était-elle pas en passe d'atteindre 18 % en 1980! Mais une politique de plus en plus ferme de resserrement du crédit arrêta la chute persistante du dollar. D'où, en 1980, l'aggravation du chômage (7,2 % de la population active) et un début de récession.

Cependant la traditionnelle initiative individuelle et collective se déchaînait. En un temps record fut construit un gigantesque pipeline qui, dès 1978, apporta dans le pays le pétrole des très riches puits de l'Alaska. Mais, surtout, les grandes firmes de construction automobile investirent alors des milliards de dollars dans la création de l'équipement permettant de concurrencer, à partir de 1980, les petites autos japonaises et allemandes — tellement moins voraces — qui répondaient aux besoins si urgents de l'économie nationale.

Dans le même temps, à la recherche de la sécurité financière, se multiplièrent les placements aux États-Unis des particuliers et des firmes d'Europe. Une grande partie des énormes surbénéfices des pays exportateurs de brut prenaient massivement le même chemin. S'accélérait également la cadence du transfert d'industries et d'individus des États « froids » du nord et de l'est du pays vers les États « chauds » du sud et de l'ouest : surtout la Californie, le Texas et la Floride. D'où d'importants changements dans la configuration de l'électorat.

Dans le domaine des relations extérieures, l'un des premiers soucis du président Carter était d'accélérer les négociations qui traînaient depuis une douzaine d'années en vue de la conclusion d'un traité transférant à la République de Panama la zone et la gestion du canal reliant les deux océans. Se rendant compte de l'absolue nécessité d'aboutir à un règlement mettant fin à la dangereuse tension avec le Panama — et donc, indirectement, avec toute l'Amérique latine, sympathisante —, le Sénat ratifia enfin les deux accords pertinents en mars-avril 1978.

Depuis la cuisante défaite d'Indochine, les États-Unis étaient demeurés totalement passifs lorsqu'à l'aide de corps expéditionnaires cubains l'U.R.S.S. s'était en fait assujetti tant l'Angola que l'Éthiopie (1976). Ils acceptaient placidement d'être couverts d'opprobre de la part des délégués « progressistes » tant à l'O.N.U. qu'à l'O.I.T. de Genève. Washington osa enfin protester contre « la politisation intolérable des Conférences de l'O.I.T. » et, le 6 novembre 1977, se retirer de l'Organisation. Deux ans après (13 février 1980), Washington jugea que compte avait été tenu de son avertissement et les États-Unis reprirent leur place à Genève.

C'est dans le même esprit de redressement de leur politique extérieure que Carter se manifesta avec une singulière vigueur en automne 1978. Il se démena alors inlassablement pour mener à bien, au Camp David, les tractations de paix entre l'Égypte et Israël dont le président Sadate avait spectaculairement pris l'initiative un an auparavant. Des accords de paix furent en effet signés en septembre 1978 et en mars 1979 entre le président égyptien et le premier ministre israélien Begin. Mais la paix n'était pas pour autant assurée à la sanglante charnière de l'Afrique et de l'Asie, car l'ambiguïté de ce que devait être l' « autonomie » d'une éventuelle « Palestine » demeurait un obstacle majeur qu'il restait à surmonter.

Survinrent alors toute une série d'événements qui allaient porter un coup très dur à la « détente » entre les deux superpuissances et mettre à grave épreuve le gouvernement des États-Unis. Cela, alors que les compétences de Jimmy Carter comme chef de l'exécutif étaient mises en question par une large fraction de l'opinion publique.

Le 11 février 1979, éclatait à Téhéran, sous l'impulsion du charismatique ayatollah Khomeiny, une révolution « islamique » qui chassait le chah d'Iran et ruinait les coûteux efforts de Washington pour se ménager un allié sûr et puissamment armé dans cette région cruciale de l'Asie.

Le 4 novembre 1979, un groupe de soi-disant « étudiants islamiques » fit irruption dans l'ambassade des États-Unis à Téhéran et y prit comme otages tout son personnel. C'était pour les États-Unis, impuissants, un cinglant et humiliant outrage. Il allait encore s'aggraver au cours des mois suivants, car les efforts réitérés de la Maison Blanche pour les libérer — fût-ce avec recours à la force — demeurèrent vains.

Enfin, le 26 décembre 1979 et les jours suivants, parachutistes et blindés soviétiques déferlèrent sur Kaboul, et l'U.R.S.S. installa aussitôt en Afghanistan un gouvernement à sa dévotion. Moscou se rapprochait ainsi dangereusement des puits de pétrole du Golfe Persique dont les États-Unis dépendaient largement.

Moralement soutenu par un sursaut d'indignation et de patriotisme de la nation, Carter ne pouvait toutefois riposter à ce défi que par une rétorsion de faible et douteux impact : embargo sur la vente à l'U.R.S.S. de céréales et de produits de haute technologie; refus de participer, à Moscou, aux jeux olympiques d'été 1980 — ce parfait symbole de paix entre les nations, alors que les armées soviétiques envahissaient un petit pays voisin; mouvements de flotte dans l'océan indien; non-ratification par le Sénat des seconds accords de limitation des armes stratégiques (Salt II), signés à Vienne l'année précédente. Mais l'ensemble de ces sanctions ne pouvait évidemment contraindre l'U.R.S.S. à évacuer ses troupes de l'Afghanistan.

La nation a-t-elle vraiment pris conscience de la menace qui pèse ainsi sur elle? Ce sursaut est-il un dur et durable réveil? Telle est la question qui se pose à l'historien des États-Unis vers la fin de la quatrième année du mandat du président Carter.

DATES PRINCIPALES DE L'HISTOIRE DES ÉTATS-UNIS

1492	Christophe Colomb découvre Cuba et Hispaniola (Haïti ou St-Domingue).
1513	Juan Ponce de Leon découvre et nomme la Floride.
1524	Verrazano explore les côtes de la Nouvelle-Angleterre.
1541	Hernando de Soto découvre le Mississippi.
1579	Sir Francis Drake explore la côte de la Californie.
1607	Le capitaine John Smith et 105 émigrants fondent le premier établissement anglais permanent à Jamestown (Virginie).
1609	Henry Hudson découvre le fleuve qui porte son nom et le remonte dans son sloop jusqu'au site de la future Albany.
1609	Samuel de Champlain découvre le lac qui porte son nom.
1619	La Chambre des Bourgeois (*House of Burgesses*) élue par vote populaire à Jamestown établit le principe du *self-government*.
1619	Un navire hollandais débarque à Jamestown les premiers esclaves africains.
1620	101 « Pèlerins » puritains, séparés de l'Église d'Angleterre, débarquent du *Mayflower* à Plymouth (Massachusetts).
1630	Débarquement d'un important groupe de Puritains qui fonde la « Colonie de la Baie de Massachusetts ».
1636	Fondation de Harvard College, à Cambridge, près de Boston.
1637	Combats meurtriers contre les Indiens dans le Connecticut.
1682	Cavelier de la Salle descend le cours du Mississippi et, au nom de Louis XIV, prend possession de la « Louisiane ».

353

1689-1697	Rivalité entre France et Angleterre : Guerre de la Ligue d'Augsbourg (*King William's War*).
1711-1713	Guerre de la Succession d'Espagne (*Queen Mary's War*).
1743-1748	Guerre de la Succession d'Autriche (*King George's War*).
1754	Début, en Amérique, de la Guerre de Sept ans (*French and Indian War*).
1763	Le traité de Paris consacre l'éviction de la France de l'Amérique du Nord.
1764	La Loi du Timbre (*Stamp Act*).
1773	La « Partie de thé » de Boston (*Boston tea-party*).
1775	Bataille de Lexington.
1776	Déclaration d'Indépendance.
1777	Le général anglais Burgoyne capitule à Saratoga.
1778	La France reconnaît l'indépendance des Treize Colonies.
1781	Victoire des insurgés à Yorktown.
1783	Le Traité de Paris consacre l'indépendance des États-Unis.
1787	Ouverture de la Convention constituante à Philadelphie.
1789	La Constitution des États-Unis entre en vigueur.
1803	Napoléon vend aux États-Unis la Louisiane redevenue française.
1807	Robert Fulton remonte le fleuve Hudson en bateau à vapeur.
1812-1815	Guerre entre les États-Unis et la Grande-Bretagne.
1820	Compromis du Missouri entre États esclavagistes et États libres.
1823	Déclaration de la Doctrine de Monroe.
1825	Ouverture du canal Erie reliant le fleuve Hudson aux Grands Lacs.
1835	Le Texas se proclame indépendant.
1845	Le Congrès admet le Texas comme État de l'Union.
1846	Les E. U. A. déclarent la guerre au Mexique.
1846	Un traité négocié avec la Grande-Bretagne assure aux E.U.A. la possession de l'immense territoire contesté de l'Oregon.
1848	Le Mexique cède par traité aux E. U. A. un vaste territoire comprenant le Texas, la Californie, l'Arizona, le Nouveau Mexique, le Nevada, l'Utah et une partie du Colorado.
1856	Un premier train de chemin de fer franchit le Mississippi entre l'Illinois et l'Iowa.
1857	Grave « décision Dred Scott » de la Cour suprême en matière d'esclavage.
1859	Coup de main de John Brown à Harper's Ferry (Virginie).
1860	Abraham Lincoln est élu Président des États-Unis.
1861-1865	Guerre civile.

1863	Proclamation de l'émancipation des esclaves.
1863	Bataille de Gettysburg.
1865	Capitulation du général sudiste Robert Lee à Appomattox.
1865	Assassinat du président Lincoln.
1867	La Russie vend l'Alaska aux E.U.A.
1873	Panique financière à New York.
1886	Émeute de Haymarket à Chicago.
1898	Guerre hispano-américaine.
1899	Notification par les E.U.A. de la politique de la « Porte ouverte » en Chine.
1903	Le président Th. Roosevelt reconnaît l'indépendance du Panama, qui concède aux E.U.A. le droit de construire et d'exploiter un canal sur son territoire.
1913	Le président Woodrow Wilson fait voter par le Congrès une loi portant création d'un impôt fédéral sur le revenu et une loi instituant le système financier de « Réserve fédérale ».
1914	Ouverture du canal de Panama.
1917	Les États-Unis déclarent la guerre à l'Allemagne.
1918 (8 janvier)	Le président Wilson énonce les 14 points de son programme de paix.
1918 (11 novembre)	L'Allemagne signe l'armistice qui met fin à la Première Guerre mondiale.
1919	Négociations de paix à Versailles.
1920	Le Sénat refuse de ratifier le Traité de Versailles.
1929	Ratification par le Congrès du traité Kellogg-Briand.
1929 (29 octobre)	Panique boursière à New York et début de la Grande Dépression.
1933	Le président F. D. Roosevelt inaugure son *New Deal*.
1933	Le gouvernement des E.U.A. reconnaît l'U.R.S.S.
1941 (24 août)	F. D. Roosevelt et W. Churchill signent la Charte atlantique.
1941 (7 décembre)	Les Japonais attaquent la flotte des États-Unis à Pearl Harbor (Iles Hawaï) et le pays est entraîné dans la Deuxième Guerre mondiale.
1944 (6 juin)	Les armées alliées débarquent en Normandie sous le commandement du général Eisenhower.
1945 (3-11 février)	Conférence de Yalta.
1945 (8 mai)	Fin de la guerre en Europe.
1945 (26 juin)	Adoption par la Conférence de San Francisco de la Charte des Nations Unies.
1945 (17 juillet-2 août)	Conférence de Potsdam.
1945 (6 août)	Un avion américain largue une bombe atomique sur Hiroshima.
1945 (2 septembre)	Capitulation du Japon.

1947	Énonciation de la « Doctrine Truman ».
1948-1949	Pont aérien de Berlin.
1949	Les E.U.A. signent et ratifient le Traité de l'Atlantique Nord et s'apprêtent à devenir membres de l'OTAN (Organisation du Traité de l'Atlantique Nord).
1950-1953	Guerre de Corée.
1951	Signature à San Francisco du traité de paix avec le Japon.
1954	La Cour suprême déclare inconstitutionnelle la ségrégation raciale dans les écoles.
1955	Vaine réunion à Genève de la conférence au sommet proposée à l'U.R.S.S. par les E.U.A., la Grande-Bretagne et la France.
1955	Fusion de la Fédération Américaine du Travail (A.F.L.) et du Congrès des Organisations industrielles (C.I.O.).
1959	Fidel Castro prend le pouvoir à Cuba.
1961 (17 avril)	Échec d'une tentative d'invasion de Cuba par des Cubains antifidélistes.
1962 (octobre)	Le président Kennedy prend des mesures énergiques pour parer au danger créé par la mise en place de fusées russes à Cuba.
1962	Début de la guerre du Vietnam.
1963 (22 novembre)	Assassinat du président Kennedy à Dallas (Texas).
1964 (2 juillet)	Le président Lyndon B. Johnson signe la loi sur les droits civiques proposée par son prédécesseur.
1965	Violentes émeutes raciales de Watts (quartier noir de Los Angeles), suivies en 1966 et 1967 de celles de Chicago et de Détroit.
1969	Premier débarquement de cosmonautes américains sur la lune.
1972	Le président Nixon amorce une nouvelle politique mondiale en nouant à Pékin des relations avec la Chine.
1972-1974	Le scandale de Watergate oblige le président Nixon à démissionner.
1973	Fin de l'engagement des E.U.A. dans la guerre du Viêtnam.

LE PACTE DU MAYFLOWER

Au nom de Dieu, Amen. Nous, les soussignés, loyaux sujets de notre redouté Lord Souverain le Roi Jacques, par la grâce de Dieu Roi de Grande-Bretagne, de France et d'Irlande, Défenseur de la Foi, etc.

Ayant, pour la gloire de Dieu, l'avancement de la Foi chrétienne, et l'honneur de notre Roi et de notre Pays, entrepris un voyage afin d'implanter la première Colonie dans les parties septentrionales de la Virginie, en présence de Dieu et en notre mutuelle présence, nous nous combinons par le présent Pacte en un corps civil et politique tant pour nous assurer un ordre meilleur que pour préserver et favoriser les fins susmentionnées; et en vertu de ce qui précède nous instituons, établissons et promulguons les lois, ordonnances, actes, constitutions et offices justes et égaux qui, de temps à autre, seront jugés être les plus idoines et convenir le mieux au bien général de la Colonie; à quoi nous promettons tous de nous dûment soumettre et d'obéir.

En foi de quoi nous avons ci-dessous apposé notre signature au Cap Cod, le 11 novembre [calendrier julien; le 21, calendrier grégorien] en la dix-huitième année du règne de notre Lord Souverain Jacques, Roi d'Angleterre, de France et d'Irlande et en la cinquante-quatrième de celui du Roi Jacques d'Écosse. Ann. Dom. 1620.

(Suivent les noms de 41 des 101 Pèlerins)

APPENDICE III

ADMISSION DES 50 ÉTATS DANS L'UNION,
SUIVANT L'ORDRE CHRONOLOGIQUE

Il existe aux États-Unis un patriotisme de l'État où l'on se sent enra-
ciné. Chacun d'eux a son drapeau. Chacun présente des caractéristiques
géographiques ou historiques : un climat, une faune, des arbres, un miné-
ral qui lui sont propres et dont il est fier. Voire, chacun d'eux a, ou croit
avoir, un caractère quasi « national » qui est censé marquer ses citoyens
et qui les différencie de ceux des autres États. D'où certains sobriquets
familiers ou humoristiques, certain diminutifs affectueux qui ont cours
et que l'on affiche volontiers jusque sur la plaque minéralogique des
autos.

État	Date d'admission
Delaware (First State ; Diamond State)	1787
Pennsylvanie (Keystone (1) State)	1787
New Jersey (Garden State)	1787
Georgie (Empire State of the South)	1788
Connecticut (Constitution State)	1788
Massachusetts (Bay State ; Old Colony)	1788
Maryland (Old Line State ; Free State)	1788
Caroline du Sud (Palmetto State)	1788

(1) Clef de voûte.

New Hampshire (Granite State)	1788
Virginie (Old Dominion)	1788
New York (Empire State)	1788
Caroline du Nord (Tar Heel (1) State, Old North State)	1789
Rhode Island (Little Rhody)	1790
Vermont (Green Mountain State)	1791
Kentucky (Blue Grass State)	1792
Tennessee (Volunteer State)	1796
Ohio (Buckeye (2) State)	1803
Louisiana (Pelican State)	1812
Indiana (Hoosier (3) State)	1816
Mississippi (Magnolia State)	1817
Illinois (Prairie State)	1818
Alabama (Heart of Dixie (4); Cotton State)	1819
Maine (Pine Tree State)	1820
Missouri (Show me (5) State)	1821
Arkansas (Land of Opportunity)	1836
Michigan (Wolverine (6) State)	1837
Florida (Sunshine State)	1845
Texas (Lone Star (7) State)	1845
Iowa (Hawkeye (8) State)	1846
Wisconsin (Badger (9) State)	1848
Californie (Golden State)	1850
Minnesota (North Star State; Gopher (10) State)	1858
Oregon (Beaver (11) State)	1859
Kansas (Sunflower (12) State)	1861
West Virginia (Mountain State)	1863
Nevada (Sagebrush (13) State, Silver State)	1864

(1) Talon enduit de goudron. Voir p. 42.
(2) Marronnier à fleurs rouges.
(3) Rustre, rustaud.
(4) Terme affectueux appliqué à l'ensemble des États du Sud, autrefois habités par l'immense majorité des Noirs des États-Unis.
(5) Montrez-moi.
(6) Glouton (mammifère américain carnivore).
(7) Allusion à l'unique étoile des armoiries de l'État.
(8) Œil de Faucon.
(9) Blaireau.
(10) Rat à bourse.
(11) Castor.
(12) Tournesol.
(13) Armoise américaine.
(14) Éplucheur de maïs

Nebraska (Beef State, Cornhusker (14) State)	1867
Colorado (Centennial State)	1876
North Dakota (Sioux State; Flickertail (1) State)	1884
South Dakota (Coyote (2) State; Sunshine State)	1884
Montana (Treasure State)	1889
Washington (Evergreen (3) State)	1889
Idaho (Gem State)	1890
Wyoming (Equality State)	1890
Oklahoma (Sooner (4) State)	1907
Utah (Beehive (5) State)	1896
Arizona (Grand Canyon State)	1912
Nouveau-Mexique (Land of Enchantment)	1912
Alaska	1959
Hawaï (Aloha (6) State)	1959

Doté d'une administration propre, le district fédéral de Columbia est situé au bord du Potomac, entre le Maryland et la Virginie. Il est coextensif avec la ville de Washington, dessinée selon les plans de Pierre Charles l'Enfant. La création d'une « ville fédérale » avait été proposée en 1783 au Congrès continental et acceptée par lui.

Depuis le 25 juillet 1952 l'île de Puerto Rico a cessé d'être une colonie des États-Unis. Elle est devenue un libre Commonwealth associé aux États-Unis. Dès avant cette date Puerto Rico avait pu voter sa propre constitution, d'ailleurs modelée sur celle des États-Unis. Les Puerto-Ricains ont la citoyenneté américaine. Pendant et depuis la Seconde Guerre mondiale, plus d'un million d'entre eux ont émigré sur le continent, pour la plupart à New York.

(1) Spermophile, petit mammifère rongeur.
(2) Canidé américain apparenté au loup européen.
(3) Chêne-vert.
(4) Mot à mot : celui qui s'y prend plus tôt, à l'avance. Dans l'Ouest des États-Unis, désignait le pionnier qui s'établissait sur un lot de terre domaniale avant la date officielle à laquelle il pouvait le faire en vue d'en obtenir le titre légal.
(5) Ruche.
(6) En hawaïen « Aloha » signifie affection, bonté, amour, et exprime d'ardents souhaits de bienvenue.

PRÉSIDENTS DES ÉTATS-UNIS

Nom	Durée des fonctions	Parti politique
1. George Washington	1789-1797	Fédéraliste
2. John Adams	1797-1801	Fédéraliste
3. Thomas Jefferson	1801-1809	Républicain
4. James Madison	1809-1817	id.
5. James Monroe	1817-1825	id.
6. John Q. Adams	1825-1829	id.
7. Andrew Jackson	1829-1837	Démocrate
8. Martin Van Buren	1837-1841	id.
9. Wm H. Harrison	1841	Whig
10. John Tyler*	1841-1845	id.
11. James K. Polk	1845-1849	Démocrate
12. Zachary Taylor	1849-1850	Whig
13. Millard Fillmore*	1850-1853	id.
14. Franklin Pierce	1853-1857	Démocrate
15. James Buchanan	1857-1861	id.
16. Abraham Lincoln	1861-1865	Républicain
17. Andrew Johnson*	1865-1869	id.
18. Ulysses S. Grant	1869-1877	id.
19. Rutherford B. Hayes	1877-1881	id.
20. James A. Garfield	1881	id.
21. Chester A. Arthur*	1881-1885	id.
22. Grover Cleveland	1885-1889	Démocrate
23. Benjamin Harrison	1889-1893	Républicain
24. Grover Cleveland	1893-1897	Démocrate

25.	William McKinley	1897-1901	Républicain
26.	Theodore Roosevelt*	1901-1909	id.
27.	William H. Taft	1909-1913	id.
28.	Woodrow Wilson	1913-1921	Démocrate
29.	Warren G. Harding	1921-1923	Républicain
30.	Calvin Coolidge*	1923-1929	id.
31.	Herbert Hoover	1929-1933	id.
32.	Franklin D. Roosevelt	1933-1945	Démocrate
33.	Harry S. Truman*	1945-1953	id.
34.	Dwight D. Eisenhower	1953-1961	Républicain
35.	John F. Kennedy	1961-1963	Démocrate
36.	Lyndon B. Johnson*	1963-1969	id.
37.	Richard M. Nixon	1969-1974	Républicain
38.	Gerald Ford*	1974-1977	id.
39.	Jimmy Carter	1977-	Démocrate

* Vice-président devenu président le jour du décès ou de la démission de son prédécesseur.

NOMBRE DES IMMIGRANTS ENTRÉS LÉGALEMENT AUX ÉTATS-UNIS

Année	Nombre
1783-1819	250.000*
1820	8.385
1821-1830	143.439
1831-1840	599.125
1841-1850	1.713.251
1851-1860	2.598.214
1861-1870	2.314.824
1871-1880	2.813.191
1881-1890	5.246.613
1891-1900	3.687.564
1901-1910	8.795.386
1911-1920	5.735.386
1921-1930	4.107.209
1931-1940	528.431
1941-1950	1.035.039
1951-1960	2.515.000
1961-1970	3.321.000
1820-1970	45.162.000

* Estimation du Bureau de recensement.

Ces chiffres ne représentent naturellement pas un gain net pour la population des États-Unis, car au cours des XIXe et XXe siècles, il y a eu une certaine émigration. Le Bureau du Recensement a essayé de chiffrer ce gain net en défalquant le chiffre approximatif des sorties de celui, plus exact, des entrées. Voici le résultat auquel il est parvenu pour trois années alors typiques :

Année	Entrées	Sorties	Gain net
1910	1 041 500	203 500	839 000
1913	1 198 000	309 000	889 000
1914	1 218 500	303 500	915 000

Resterait à chiffrer l'immigration clandestine. C'est bien difficile. Des chiffres extravagants ont été émis dans la presse. Par exemple chaque année le nombre des immigrants clandestins serait plus élevé que celui des immigrants légaux! Le *Bureau of Census* a fait justice de ces exagérations en estimant que 5,3 millions seulement de personnes ont échappé aux recenseurs de 1970. Mais c'est un fait que l'irrésistible attrait de l'eldorado américain attire un nombre élevé d'immigrants clandestins.

D'abord un grand nombre de *Wetbacks* (Dos nus), comme on les a surnommés, traversent nuitamment à la nage le Rio Grande del Norte qu'épouse la frontière entre Mexique et États-Unis.

D'autre part un certain nombre de *braceros* (travailleurs saisonniers légalement embauchés pour la récolte des fruits et légumes) ne prennent pas le chemin du retour à l'expiration de leur contrat.

Enfin bon nombre de touristes munis d'un visa de trois mois disparaissent dans l'immensité du pays.

Chaque année les fonctionnaires de l'immigration ne réussissent à appréhender et renvoyer dans leur pays d'origine qu'un nombre limité d'immigrés en situation illégale.

ÉVOLUTION DANS LA PARTICIPATION A L'IMMIGRATION AUX ÉTATS-UNIS DES PRINCIPAUX PAYS EUROPÉENS D'ÉMIGRATION

L'analyse, par nationalité des émigrants, de l'immigration européenne aux États-Unis durant deux décennies séparées par un intervalle de trente ans montre l'évolution frappante de la nature du mouvement migratoire pendant cette période.

Décennie	Pourcentage du total de l'immigration européenne aux États-Unis	%
1861-1870	Allemagne	35
	Grande-Bretagne (Irlande comprise)	38
	Autriche-Hongrie	0,33
	Italie	0,51
	Russie	0,2
1901-1910	Allemagne	3,9
	Grande-Bretagne (à l'exclusion de l'Irlande)	4,4
	Irlande	3,9
	Autriche-Hongrie	24,4
	Italie	23,3
	Russie	18,2

C'est pour réduire le nombre considérable des immigrants (jugés indésirables) de ces trois derniers pays et pour tâcher de rétablir les proportions de la décennie 1861-1870 qu'ont été votées les lois de 1921 et 1924. Elles ont été justement taxées de racisme. Ce n'est qu'en 1965 que ce système discriminatoire dit « des origines nationales » a été remplacé par un système d' « admissions préférentielles » basé sur une étroite parenté avec des citoyens américains, sur des qualifications professionnelles, ou sur des capacités exceptionnelles dans le domaine des sciences ou des arts.

ACCROISSEMENT DE LA POPULATION NOIRE
DANS QUELQUES GRANDES VILLES

Au début de notre siècle 1/10 seulement de la population noire habitait dans d'autres États que ceux du Sud. C'est désormais plus de la moitié.

NOMBRE ET POURCENTAGE DES NOIRS

Ville	1940	1970	% de Noirs en 1970
New York	477 494	1 668 116	21,2
Chicago	282 244	1 102 620	32,7
Detroit	150 790	660 428	43,7
Philadelphie	252 757	653 791	33,6
Washington D. C.	188 765	537 712	71,1
Los Angeles	97 847	503 606	17,9
Baltimore	166 395	420 210	46,4
Cleveland	84 919	287 841	38,3
St-Louis	109 254	254 191	40,9
La Nouvelle-Orléans	149 762	267 308	45,0
Houston	86 555	316 551	25,7
Atlanta	104 602	255 051	51,3
Memphis	121 536	242 513	38,9

Tandis qu'au cours des dernières décennies l'afflux des Noirs, accourus des zones rurales et urbaines du Sud, gonflait la population des villes des autres régions, celles-ci perdaient une bonne partie de leur population blanche qui allait résider dans des environs plus plaisants.

RÉSISTANCE A L'ASSIMILATION

Le creuset (*melting-pot*) américain éprouve de la difficulté à fonctionner efficacement lorsque se trouvent dans le pays, ou s'y établissent, certains groupes ethniques physiquement et mentalement par trop différents de la masse américaine d'origine européenne. Les principaux de ces nombreux groupes sont les suivants :

Groupe ethnique	Nombre
Indiens autochtones (1)	792 000
Noirs d'origine africaine (2) et métis	24 038 000
Chinois (2)	435 000
Japonais (1)	591 000
Philippins (1)	343 000
Puerto-Ricains (3)	1 753 000
Mexicains (3)	6 590 000
Cubains (3)	687 000

(1) Recensement de 1970.
(2) Estimation 1974 du Bureau du Recensement.
(3) Estimation, mars 1976, du Bureau du Recensement.

DISPOSITIONS DE LA CONSTITUTION
MENTIONNÉES OU CITÉES

Article I, Section 8 :

1. Le Congrès a le pouvoir de...

18. de faire toutes les lois qui seront nécessaires et appropriées pour exercer les pouvoirs ci-dessus, ainsi que tous les autres pouvoirs dont la présente Constitution investit le Gouvernement des États-Unis ou l'un quelconque de ses départements ou fonctionnaires.

Article II, Section 2 :

Le Président est le commandant en chef de l'Armée et de la Marine des États-Unis, ainsi que de la milice de chacun des États lorsque celle-ci est appelée au service actif des États-Unis [...]

Article II, Section 4 :

Le Président, le Vice-Président et tous les fonctionnaires civils des États-Unis seront destitués de leurs charges en cas de mise en accusation (*impeachment*) et condamnation pour trahison, corruption ou autres crimes et délits majeurs (*treason, bribery or other high crimes and misdemeanors*).

Article III, Section 2 :

Le pouvoir judiciaire des États-Unis est dévolu à la Cour suprême et à telles Cours inférieures que le Congrès pourra de temps à autre créer et établir [...]

Article IV, Section 2 :

Aucune personne tenue au service ou au travail dans un État, sous les lois de cet État, et qui s'enfuit dans un autre, ne peut, en vertu d'une loi ou d'un règlement de cet autre État, être dispensée de ce service ou travail, mais elle doit être livrée sur réclamation de la partie à laquelle ce service ou ce travail sont dus.

Article VI, Section 2 : La présente Constitution et les lois des États [...] sont la loi suprême du pays et les juges de chaque État sont liés par elles, nonobstant tout ce qui peut leur être contraire dans la constitution ou la législation d'un État.

Le « BILL OF RIGHTS »

(Les 10 premiers amendements, en vigueur depuis le 15 décembre 1791)

Premier amendement Le Congrès ne peut faire aucune loi relative à l'établissement d'une religion, ou en interdisant le libre exercice, ou restreignant la liberté de la parole ou de la presse, ou portant atteinte au droit qu'a le peuple de s'assembler paisiblement et d'adresser des pétitions au gouvernement pour obtenir le redressement de griefs.

5ᵉ amendement : Aucune personne [...] n'est contrainte, dans une affaire criminelle, de porter témoignage contre elle-même ni ne peut être privée de sa vie, de sa liberté et de sa propriété sans *due process of law* (c'est-à-dire bonne et due forme de droit, autrement dit sans procédure régulière) [...]

6ᵉ amendement : Dans toute poursuite pénale l'accusé bénéficie du droit à un procès rapide et public et à être jugé par un jury impartial de l'État ou du district où le crime a été commis [...]

7ᵉ amendement : Dans les causes qui relèvent du *common law* (droit coutumier), le droit à un jugement par jury est conservé lorsque le litige porte sur une valeur supérieure à 20 dollars [...]

AMENDEMENTS DEPUIS LE « BILL OF RIGHTS »

13ᵉ amendement (entré en vigueur le 18 décembre 1865) Ni esclavage ni aucune forme de servitude involontaire ne pourront exister aux États-Unis ni en aucun lieu soumis à leur juridiction, excepté en châtiment d'un crime dont l'accusé aura été dûment reconnu coupable [...]

14ᵉ amendement (entré en vigueur le 28 juillet 1868) Toute personne née ou naturalisée dans les États-Unis et soumise à leur juridiction a la qualité de citoyen des États-Unis et de l'État où elle est domiciliée. Aucun État ne fera ou n'exécutera une loi restreignant les privilèges ou immunités des citoyens des États-Unis. Aucun État ne privera personne de sa vie, de sa liberté ou de sa propriété que par suite d'une procédure régulière ni ne déniera à aucune personne soumise à sa juridiction l'égale protection de la loi [...]

15ᵉ amendement (entré en vigueur le 30 mars 1870) Ni les États-Unis ni aucun État ne dénieront aux citoyens des États-Unis le droit de vote ou ne le restreindront en raison de leur race, de leur couleur, ou du fait qu'ils étaient précédemment esclaves [...]

18e amendement (entré en vigueur le 1er janvier 1920)

Un an après la ratification du présent article, seront interdits la fabrication, la vente ou le transport de spiritueux (*intoxicating liquors*) à usage de boisson dans les États-Unis et dans tous les territoires soumis à leur juridiction, de même que leur importation et leur exportation [...]

19e amendement (entré en vigueur le 26 août 1920)

Ni les États-Unis ni aucun État ne dénieront aux citoyens des États-Unis le droit de vote, ni ne le restreindront, en raison de leur sexe [...]

20e amendement (entré en vigueur le 6 février 1933)

1. Le mandat du Président et du Vice-Président expire à midi le 20e jour de janvier, et le mandat des Sénateurs et des Représentants à midi le 3e jour de janvier [...]
2. Le Congrès se réunit au moins une fois par an et cette session commence à midi le 3e jour de janvier.

21e amendement (entré en vigueur le 5 décembre 1933)

Le 18e article portant amendement à la Constitution des États-Unis est abrogé.

26e amendement (entré en vigueur le 5 juillet 1971

Le droit de vote des citoyens des États-Unis âgés de dix-huit ans ou plus ne pourra être dénié ou restreint pour raison d'âge ni par les États-Unis ni par l'un quelconque des États.

BIBLIOGRAPHIE SOMMAIRE

Ouvrages en langue anglaise

HANDLIN, Oscar et al. . *The Harvard Guide to American History*, 1974, **2** vol.
POLLMANN, Werner et al. : *Bibliography for the Study of the History of the United States*, Paderborn, 1975.
BRYCE, James : *The American Commonwealth, 1888* (plusieurs fois réédité).
PARRINGTON, V. L. : *Main Currents of American Thought*, 3 vol., 1927-1930.
TURNER, F. J. : *The Frontier in American History*, 1950.
SCHLESINGER Jr., A. M. : *The Age of Jackson*, 1945.
FREIDEL Jr., F. B. : *America in the XXth Century*, 1960.
GALBRAITH, J. K. : *The Great Crash, 1929*, 1961.
SCHLESINGER Jr., A. M. : *The Age of Roosevelt*, 3 vol., 1957-1961.
MORISON, S. E. et COMMAGER, H. S. : *The Growth of the American Republic*, 2 vol., 1962.
HALLE, Louis J. : *The Cold War as History*, 1967.
LAFEBER, Walter : *America, Russia and the Cold War*, 1945-1975, 1976.
WHITE, Theodore H. : *Breach of Faith, The Fall of Richard Nixon*, 1975.
GRANTHAM, Dewey W. : *The United States since 1945, The Ordeal of Power*, 1976.
DU BOIS, W. E. B. : *Black Reconstruction in America*, 1860-1880, 1964.
UNDERHILL, R. M. : *Red Man's America; a History of Indians in the United States*, 1953.
CURRENT, Richard N., WILLIAMS, T. Harry, FREIDEL, Frank : *American History : a Survey*, 4ᵉ édition, 2 vol., 1975.
KELLEY, Robert : *The Shaping of the American Past*, 2 vol., 1975.

Ouvrages publiés en français

TOCQUEVILLE, Alexis de : *De la démocratie en Amérique, 1835* (réédition de 1951, en 2 vol.).

PASQUET, D. : *Histoire politique et sociale du peuple américain*, 2 vol., 1924-1931.

LEMONNIER, Léon : *La formation des États-Unis (1493-1765)*, 1949.

SIEGFRIED, André : *Les États-Unis d'aujourd'hui*, 1930.

FRANCK, L. R. : *Histoire économique et sociale des États-Unis de 1919 à 1949*, 1950.

DUROSELLE, J. B. : *De Wilson à Roosevelt : Politique extérieure des États-Unis de 1913 à 1945*, 1960.

FREYMOND, Jacques : *De Roosevelt à Eisenhower, la politique étrangère américaine (1945-1952)*, 1953.

JULIEN, Claude : *L'empire américain*, 1968.

ARON, Raymond : *République impériale, Les États-Unis dans le monde, 1945-1972*, 1973.

DUROSELLE, J. B. : *La France et les États-Unis, des origines à nos jours*, 1976.

SCHOELL, F. L. : *La question des Noirs aux États-Unis*, 1923.
—   *Histoire de la race noire aux États-Unis*, 1959.

JACQUIN, Philippe : *Histoire des Indiens d'Amérique du Nord*, 1976.

Ouvrages traduits d'anglais en français

WILSON, Woodrow : *Histoire du peuple américain*, 2 vol., 1918-1919.

EINAUDI, Mario : *Roosevelt et la révolution du New Deal*, 1961.

JOHNSON, Lyndon B. : *Ma vie de président*, 1972.

SCHLESINGER Jr, Arthur M. : *L'ère de Roosevelt*, 2 vol., 1971.

GALBRAITH, J. K. : *L'ère de l'opulence*, 1961.

SCHLESINGER Jr., Arthur M. : *La présidence impériale*, 1976.

INDEX

374

TABLE DES MATIÈRES

petite bibliothèque payot

Si vous vous intéressez à cette collection et si vous désirez être tenu au courant de nos publications, découpez ce bulletin et adressez-le à :

ÉDITIONS PAYOT
106, boulevard Saint-Germain
75006 PARIS

NOM ....

PRÉNOM ....

PROFESSION ....

ADRESSE ....

....

pbp 321

A découper ici

Imprimerie Bussière à Saint-Amand (Cher), France. — 3-9-1980
Dépôt légal : 2ᵉ trim. 1980   *Nᵒ d'imp. : 1456*
IMPRIMÉ EN FRANCE